北京市高等教育精品教材
BEIJINGSHI GAODENG JIAOYU JINGPIN JIAOCAI

预测与决策概论

YUCE YU JUECE GAILUN

（第五版）

陈 江 马立平 ◎ 主编

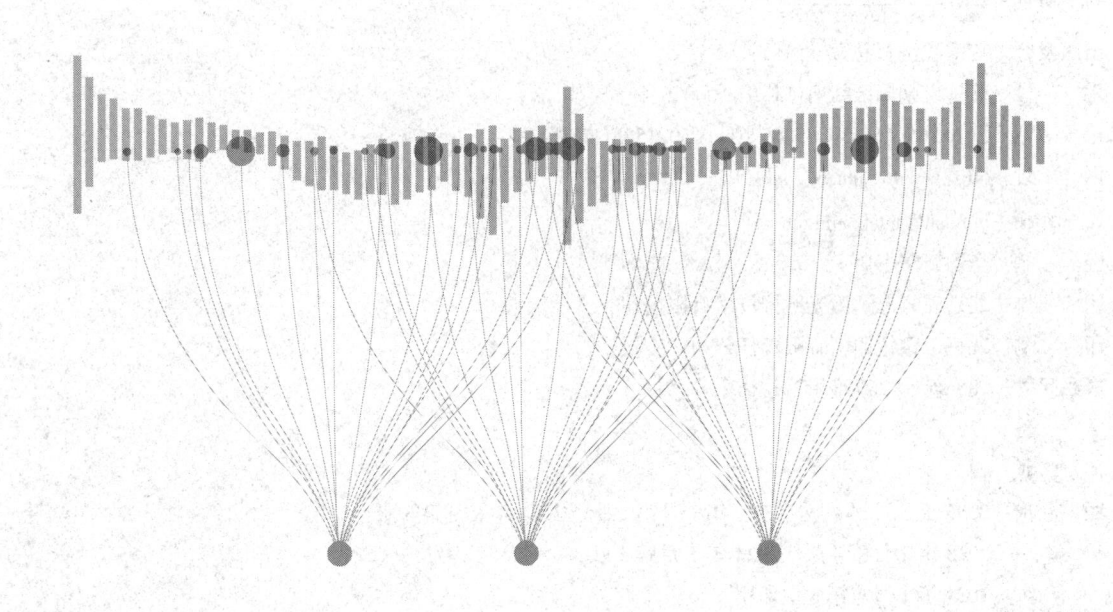

首都经济贸易大学出版社
Capital University of Economics and Business Press
·北京·

图书在版编目(CIP)数据

预测与决策概论／陈江，马立平主编. -- 5 版. -- 北京：首都经济贸易大学出版社，2024.1
ISBN 978-7-5638-3620-8

Ⅰ.①预… Ⅱ.①陈… ②马… Ⅲ.①决策预测 Ⅳ.①C934

中国国家版本馆 CIP 数据核字(2023)第 252725 号

预测与决策概论（第五版）

YUCE YU JUECE GAILUN

陈江　马立平　主编

责任编辑	薛晓红
封面设计	砚祥志远・激光照排　TEL: 010-65976003
出版发行	首都经济贸易大学出版社
地　　址	北京市朝阳区红庙（邮编 100026）
电　　话	（010）65976483　65065761　65071505（传真）
网　　址	http://www.sjmcb.com
E-mail	publish@cueb.edu.cn
经　　销	全国新华书店
照　　排	北京砚祥志远激光照排技术有限公司
印　　刷	北京市泰锐印刷有限责任公司
成品尺寸	185 毫米×260 毫米　1/16
字　　数	522 千字
印　　张	22
版　　次	2006 年 3 月第 1 版　2009 年 7 月第 2 版　2013 年 8 月第 3 版　2018 年 2 月第 4 版　**2024 年 1 月第 5 版**　2024 年 1 月总第 8 次印刷
书　　号	ISBN 978-7-5638-3620-8
定　　价	55.00 元

图书印装若有质量问题，本社负责调换

版权所有　侵权必究

第五版前言

本书自 2006 年 3 月第一次出版以来,已经历了 17 年。期间,本书于 2013 年被评为北京市普通高校精品教材。根据读者的反馈信息,本书得到了广大师生和读者的厚爱、关心及普遍认可。

从 2018 年的第四版出版至今 5 年间,国内外的社会经济发展发生了巨大变化。为了更好适应高水平社会主义市场经济发展的需要,提高经济管理中的科学预测及决策水平,培养新型的经济管理人才,应读者和出版社的要求,我们对教材又做了进一步的修改和完善。本次修订,我们结合"二十大"精神,努力把握习近平新时代中国特色社会主义思想的世界观和方法论,坚持并运用好贯穿其中的立场观点方法,同时注意做好以下三个方面:

一是始终坚持读者至上的原则。在基本理论与方法的阐述上力求简明扼要、通俗易懂,便于学生和读者对经济预测与决策方法的理解和掌握,更好地满足教学和阅读需求。

二是与时俱进,更新了部分数据和案例习题,纠正了一些错误,注重理论和应用相结合。

三是补充完善了一些章节内容,并在软件应用更新上,增加了 SPSS 26.0 简介与例解。

本书共有 17 章。参加第 5 版修订的人员有:首都经济贸易大学陈江副教授、马立平教授、董寒青副教授、李锋副教授、沈威讲师、赵丹亚教授。其中,陈江负责第一章、第二章、第三章、第五章、第七章,董寒青负责第四章、第十七章,马立平负责第十章、第十五章,李锋负责第十一章、第十二章,沈威负责第十三章、第十四章,赵丹亚负责第十六章。全书由陈江、马立平总纂、审定,陈江和马立平担任主编。

本书可作为高等院校经济管理类专业本科和专科学生的教材,也可作为相关专业研究生和从事管理工作相关人员的学习参考书。

此次修订过程中,我们参考了国内外一些相关教材和文献,在此对这些作者一并表示感谢!此次修订还得到了首都经济贸易大学出版社总编辑杨玲老师、责任编辑薛晓红老师的关心和支持,在此表示衷心的感谢!

由于时间和水平有限,书中难免有不妥之处,敬请读者批评指正。

编　者
2023 年 11 月 28 日

目 录

预测学基础

1 预测概论 (3)
  1.1 预测的基本概念 (3)
  1.2 现代预测发展概况 (4)
  1.3 预测的分类 (5)
  1.4 预测的基本原则和程序 (7)
  1.5 预测精度及预测方法的选择 (9)
  1.6 预测与决策的关系 (11)
  思考练习题 (12)

2 定性预测法 (13)
  2.1 预测资料的调查与处理 (13)
  2.2 直观判断分析预测法 (19)
  思考练习题 (30)

3 时间序列平滑预测法 (33)
  3.1 时间序列的构成 (33)
  3.2 移动平均法 (36)
  3.3 指数平滑法 (42)
  3.4 自适应过滤法 (49)
  思考练习题 (52)

4 曲线趋势预测法 (54)
  4.1 直线趋势模型预测法 (54)
  4.2 可线性化的曲线趋势模型预测法 (60)
  4.3 有增长上限的曲线趋势模型预测法 (67)
  思考练习题 (76)

5 季节变动预测法 (80)
  5.1 判断季节变动存在的方法 (80)
  5.2 不变季节指数预测法 (83)
  5.3 可变季节指数预测法 (93)
  5.4 双季节指数预测法 (97)
  思考练习题 (101)

6 马尔科夫预测法 (104)
6.1 马尔科夫链及转移概率 (104)
6.2 转移概率矩阵的固定点 (108)
6.3 马尔科夫链在经济预测等方面的应用 (112)
*6.4 吸收态马尔科夫链及其应用 (119)
思考练习题 (126)

7 回归分析预测法 (129)
7.1 回归分析的基本概念 (129)
7.2 一元线性回归分析预测法 (131)
7.3 多元线性回归分析预测法 (145)
7.4 非线性回归分析预测法 (162)
思考练习题 (165)

8 投入产出分析预测法 (169)
8.1 投入产出分析概述 (169)
8.2 全国价值型投入产出模型 (171)
8.3 价值型投入产出模型在国民经济预测中的应用 (177)
8.4 企业实物型投入产出模型及其应用 (180)
*8.5 投入占用产出技术及其应用 (184)
思考练习题 (188)

决策学基础

9 决策概论 (193)
9.1 决策概念与类型 (193)
9.2 决策的程序与原则 (196)
9.3 决策与信息分析 (199)
思考练习题 (203)

10 确定型与非确定型决策 (205)
10.1 确定型决策的特点与基本思路 (205)
10.2 确定型决策的几种方法 (206)
10.3 非确定型决策的若干决策准则 (209)
思考练习题 (213)

11 风险型决策模型与期望损益决策 (215)
11.1 风险型决策的基本问题 (215)
11.2 期望损益值决策方法 (216)
11.3 增量分析决策模型 (219)
11.4 信息价值的测算 (226)
思考练习题 (229)

*12 抽样信息与贝叶斯决策 (231)
- 12.1 贝叶斯定理与贝叶斯决策法则 (231)
- 12.2 先验分析与预后验分析 (234)
- 12.3 后验分析 (238)
- 思考练习题 (240)

13 效用理论与风险型决策 (242)
- 13.1 期望损益值决策的局限 (242)
- 13.2 效用曲线与决策者类型分析 (244)
- 13.3 效用决策模式 (248)
- 思考练习题 (250)

*14 多目标决策 (253)
- 14.1 多目标决策的特点 (253)
- 14.2 层次分析法 (256)
- 14.3 模糊决策法 (262)
- 思考练习题 (267)

15 决策风险分析 (270)
- 15.1 风险因素辨识的基本方法 (270)
- 15.2 风险估计方法 (274)
- 15.3 决策方案的敏感性分析 (278)
- 思考练习题 (282)

Excel 和 SPSS 在预测与决策中的应用

16 Excel 在预测与决策中的应用 (285)
- 16.1 Excel 概述 (285)
- 16.2 公式与函数的应用 (286)
- 16.3 数据分析工具的应用 (293)
- 16.4 数组与矩阵的应用 (303)

17 IBM SPSS Statistics 26.0 简介与例解 (311)
- 17.1 IBM SPSS Statistics 26.0 简介 (311)
- 17.2 例解 (314)

附录 (331)

参考文献 (341)

预测学基础

1 预测概论

1.1 预测的基本概念

一般来说,预测是指对研究对象的未来状态进行估计和推测,即由过去和现在推测未来,由已知推测未知。这包含两方面的含义:一是根据过去已有的相关历史资料和现在的实际情况,运用科学的理论和方法去分析、推测未来可能出现的情况;二是对已知事件的未来状态做出估计和推测。

预测的历史可以说由来已久,自有人类以来,人们在生产劳动和社会生活中,对未来各种美好生活的推测和憧憬就一直没有间断过,并不断努力地探索和追求。像大家熟悉的一些谚语,如"凡事预则立,不预则废""运筹谋划,须先预测未来""人无远虑,必有近忧""瑞雪兆丰年"等,从这些先人的经验总结中均可看出预测的重要性。但是,人们有目的、有计划地将预测大量应用于社会生产实践中,并使之成为一门自成体系的科学,只有数十年的历史。自20世纪40年代以来,随着现代科学技术的飞速发展,生产社会化程度的逐步提高,自然科学和社会人文科学的快速发展和日趋融合,以及各种影响社会生存和发展的因素日益复杂化,使得从大到国家政府部门,小到企业个人,对准确预见未来的要求变得愈来愈迫切,再加上科学技术及各类理论知识的不断发展,从而为科学的预测提供了可能性和有利的发展条件。

预测是一门科学,同时也是一门艺术。预测的科学性在于它是根据科学的理论和方法、可靠的数据资料、先进的计算方法和技术,经过逻辑推理判断来寻求事物的客观发展规律。预测的艺术性则在于它与人的经验、经历、能力有关,即依赖于预测者的假设条件、选择方法和技巧、学识经验和逻辑判断的能力等。经验、经历、能力不同的人,预测时所用的假设、方法、判断很可能也不同,因而预测结果就会大相径庭。从现代预测的发展实践看,现代预测学已融入了多种学科和现代知识理论方法,是借助于经济学、数理统计学、数学、现代管理学、控制论、系统论、心理学及计算机技术等多种学科所提供的理论方法,并通过建立适当的数学模型,来预测研究对象的未来状态。如今,作为预测的分支,经济预测和技术预测对我们当今高速发展的社会来说显得格外重要,特别是经济预测(包括市场预测、需求预测等)在经济管理中应用最为广泛。

1.2 现代预测发展概况

现代预测产生于20世纪20年代。20世纪初,西方国家的市场经济制度虽然日趋成熟,但发展并不顺利,市场出现萎缩,经济危机的影响日益扩大,导致社会矛盾激化,并对社会生产力造成巨大破坏,宏观经济运行的质量大大下降。现实要求国家领导者、企业家和经济学家对市场经济的运行规律和未来发展前景做出合理的解释和预测,以便对经济活动进行有效的治理。于是,一些预测方法应运而生,从简单到复杂,从微观到宏观,从短期到长期,如综合经济指数法、趋势外推法、常态偏离法等,一度出现了一股预测热潮。但由于受当时科技水平限制,这些预测方法并没能预测出1929年经济危机的爆发,也很难对危机做出正确、合乎实际的解释,结果使预测研究陷入了低潮。

现代经济预测理论与方法的充分发展,依托于第二次世界大战后宏观经济学理论的发展。在第二次世界大战结束后的近30年间,西方国家的经济得到复苏,全球经济有了长足的发展。西方国家充分汲取经济大危机的教训,政府干预经济发展的程度日益扩大,一些重大经济理论取得了突破和进展,像凯恩斯宏观经济理论的发展就为建立国民经济核算体系提供了操作基础,同时也为经济预测提供了理论基础。再加上计算机技术等的迅速发展和普及,从而为各种经济信息资料的迅速整理、储存和使用以及各种复杂计算的完成提供了有力的工具,为现代预测的新热潮创造了条件。

现代预测经历了兴衰起伏的过程。1943年,德国学者弗勒希特海姆提出了"未来学"(Futurology)这一专业名称。第二次世界大战后,"未来学"作为一门新兴学科得到相当快的发展。其原因一方面是经济、科技、社会的高速发展使人类对未来预测的需求变得日益迫切了;另一方面是科技进步创造出的各种方法和手段为未来研究提供了有力的工具和应用条件。目前在国际上,这一新领域还采用一些其他名称,如"未来研究"(Future Studies)、"未来分析"(Future Analysis)和"预测学"(Prognostics)等,所涉及的内容和范围大体都是一致的。

随着各种预测方法在实际问题中的广泛应用,世界上许多国家,尤其是欧美一些国家相继建立了以智库为代表的预测咨询和研究机构,开展包括经济预测在内的各种预测研究工作。根据《全球智库报告2020》统计,2020年全球共有11 175家智库,其中美国2 023家,仍是全球拥有智库机构最多的国家。在当今世界智库架构中,欧美国家无论在质量上还是数量上都占据主导地位,其中以美国最具代表性。在美国,著名的有布鲁金斯学会(Brookings Institution)、兰德公司(Rand)、斯坦福国际咨询研究所(SRI)、总统科技咨询委员会、经济顾问委员会等预测咨询机构,为美国联邦政府、各州政府及其他国家政府和组织提供宏观预测、行业预测和其他预测服务,并为企业的经济活动提供预测和咨询,同时还对预测的理论和方法进行深入研究,促进了包括经济预测在内的各种预测的应用和学科的发展。此外世界著名的其他预测机构还有如英国查塔姆社(Chatham House)、伦敦国际战略研究所(IISS)、日本野村综合研究所(NRI)、欧洲政策研究中心(CEPS)等。

我国的预测工作开始于20世纪80年代初,虽然起步较晚但发展很快,如2010年的智库数量一举由 2008 年的 74 家发展到 425 家,世界排名从 2008 年的第 12 位跃升到 2011 年的第 2 位。2020 年中国仍以 1 413 家智库位居全球第二,仅次于美国,且比上年增加了 906 家。改革开放后,特别是在实行社会主义市场经济体制以来,无论是各级政府还是企业已经越来越认识到,在市场环境下要想做好科学决策,必须首先做好科学预测工作。各级政府和企业均逐步建立了各类的智囊机构和智库,如中国社会科学院、国务院发展研究中心、中国现代国际关系研究院、北京大学国际战略研究院等,从事有关的预测研究工作。目前,我国的咨询服务业已扩展到经济、社会、工程、管理、科技、军事等各领域。随着我国产业结构的升级调整、经济的稳步发展,以及中央关于加强中国特色智库建设意见的逐步落实,我国的咨询行业正呈现出巨大的发展潜力和空间。

1.3 预测的分类

预测所涉及的领域很广,其理论和方法可广泛应用于自然和社会领域的各个方面。根据所涉及领域、研究目标和任务等不同,预测可作如下分类。

1.3.1 气象预测、科学预测、技术预测、经济预测、社会预测、军事预测

按照所涉及领域的不同,预测可分为气象预测、科学预测、技术预测、经济预测、社会预测和军事预测。

气象预测是指分析已有气象资料并对今后的气象走势作出预测。俗话说,做任何事都离不开"天时、地利、人和"。所谓天时,其实就是气候、气象条件。眼下许多时令商品,诸如时装、空调、饮料、风扇、取暖设备等,其销路与"天时"有着密切的关系。精明而有科学头脑的决策者往往能抓住"天时",果断决策,从而在激烈的"商战"中立于不败之地。

科学预测包括对科学体制与结构的变化、科研的发展方向、科研成果的推广、科技发明和科学进步对社会、经济的影响等方面的预测。科学史上曾出现过许多卓越的科学预见实例,例如,门捷列夫的元素周期表就是科学预测的产物。1870 年,门捷列夫第一次预言了一种新元素准铼,后来在镓的位置上确实找到了所预言的准铼,他同时指出镓的密度不可能是布瓦博德朗测定的 4.7,而应为 5.9~6.0,结果证明,纯镓的比重为 5.96。

技术预测是指对技术的发展趋势、应用效果及发展前景,对经济、社会产生的影响等的预测。随着科学发展和技术更新的日新月异,技术预测已成为世界各国及众多企业及时把握未来技术走势,保持领先发展的重要发展战略之一。

经济预测是指对未来经济发展前景所作的预测。它是在有关经济理论的指导下,根据翔实可靠的数据资料和信息,在对经济研究对象进行综合全面的定性与定量分析的基础上,对未来经济发展做出的科学预见。从宏观角度看,可根据过去和现在的经济发展状况,对国家或地区今后若干年的经济发展趋势作出预测;从微观角度看,可对企业未来的生产和销售等作出预测。

社会预测是指对有关社会发展问题的预测。例如,社会的发展模式、社会制度、社会人

口的构成和就业、社会生活方式、社会教育和文化生活、社会福利和公益事业、社会生态环境的发展与变化等方面，都是社会预测的内容。新技术革命的兴起和发展已经并正在对当代经济和社会产生深刻的影响。特别是近十几年来，人类已经获得了空前巨大的改造社会的实践能力，但这种能力的使用和发挥，对未来社会可能是一把双刃剑，既可能造就一个更加适合于人类本身的自然和社会环境，为人类造福，也可能恶化乃至断送人类赖以生存的自然和社会环境，导致人类社会的毁灭。因此，如果没有必要的预测、没有建立在预测基础上的科学决策和规划，将会造成严重的后果。目前，有关社会预测的研究已成为一件涉及人类生存的大事。

军事预测是指以国防和战争作为研究对象的预测，包括研究战争爆发的可能性、武器的发展方向、军事力量的可能变化、战争(包括核战争)的后果以及军事技术对经济发展的作用等等。

1.3.2 定性预测和定量预测

按照预测方法性质的不同，预测可分为定性预测和定量预测。

定性预测是指预测者根据一定的理论知识和经验，在对研究对象的发展进行调查研究和分析的基础上，对其发展趋势做出判断的方法。定性预测的准确程度主要取决于预测者的经验、理论知识、业务水平和分析判断能力，因而此法多用于一些重大问题、难于量化的问题，或缺乏数据资料，甚至是一些无数据资料可参考、无先例可循的问题。

定量预测是指在取得历史数据的基础上，通过建立数学模型或统计方法推导出预测值的方法。近几十年来，定量预测越来越受到重视，许多新的预测方法应运而生，并在多个领域尤其是经济领域得到广泛的应用。

定性预测和定量预测各有其特点和局限性，为提高预测的准确性和可靠程度，往往将定性分析和定量分析相结合进行综合预测。

1.3.3 宏观预测和微观预测

按照预测范围的不同，预测可分为宏观预测和微观预测。

宏观预测是指对整个社会、地区和部门的发展前景进行的各种预测。其特点是以整个社会或某个区域、部门的发展作为考察对象，研究各相关指标之间的联系和发展变化。如对国民经济发展水平、规模和速度，进出口贸易水平，固定资产投资规模，全社会物价总水平变动趋势，居民消费结构的变动趋势等系统的、总体的、综合性的预测均为宏观预测。

微观预测是指对企业或具体单位的发展前景进行的各种预测。其特点是以企业或具体单位的发展前景为考察对象，研究各相关指标之间的关系和发展变化。如对企业产品的产量、销量、市场占有率、广告宣传支出等作出的预测属于微观预测。

宏观预测与微观预测有着密切的关系。宏观预测要以微观预测为参考，微观预测要以宏观预测为指导，二者相辅相成。

1.3.4 长期预测、中期预测、短期预测和近期预测

按照预测时间长短的不同，预测可分为长期预测、中期预测、短期预测和近期预测等，但

具体的期限长短则因预测对象性质的不同而有所不同。如在经济预测中,长期预测一般是指对 5 年以上发展远景的预测;中期预测是指 1~5 年间发展情况的预测;短期预测是指 3 个月至 1 年间的预测;预测时间在 3 个月以内的称为近期预测。在市场预测中,将 3 年以上定为长期预测,半年至 3 年为中期预测,半年以内为短期预测。在技术预测中,常常将 15 年以上定为长期预测,5~15 年为中期预测,5 年以内为短期预测。因此,预测期限的长短要根据实际问题的需要而定,是相对的。总的来说,对近期或短期预测结果的精度要求较高,而对长期预测结果的精度要求则较低。

1.4 预测的基本原则和程序

1.4.1 预测的基本原则

预测的任务是寻求研究对象发展变化的规律,然而这首先涉及一个十分重要的问题,即研究对象的未来状态是否可以预测?结论是肯定的。大量的实践证明,人类可以通过一系列的预测研究活动,了解和把握各种自然、社会、经济事件的演变规律,进而预测其未来状态。进行预测主要应遵循以下三个基本原则:

1) 连贯性原则

连贯性原则是指事物过去和现在的发展变化规律在未发生质变的情况下,可以延续至未来。未来是今天的延续和发展,过去和现在已有的某些规律将在未来一段时期内继续存在,而过去和现在作出的决策,也会或多或少地影响到将来。这种连贯性包含两方面的含义:一是时间上的连贯性,指如果系统停止执行过去一直沿用的政策或措施,并不能立即消除因此而产生的影响,它仍要按原有惯性运行一段时间。因此一项政策的出台要考虑其连续性和过渡性,否则会引发副作用。二是系统结构的连贯性,指系统的结构在短期内可以认为是不变的,具有相对的稳定性。例如,一个国家的经济体制应具有相对的稳定性,不能说变就变。

2) 类推性原则

类推性原则是指事物的结构或规律具有相似性,有些事件可能是另一事件发生的先兆,因而可由已知事件的发展规律类推未知事件的未来。例如,股票的价格暴跌,可能预示着经济危机将要爆发;反之,则可能预示着经济正在复苏。

3) 相关性原则

相关性原则是指任何事物都不是孤立存在的,必将和周围事物发生联系,且在与其他事物的相互影响下发展。例如,将企业作为一个系统来看,其在社会上并非孤立存在,它要与政府、供应商、银行、医院、教育等众多机构发生业务往来,并互相制约。深入分析研究对象与相关事物之间的依存关系和影响程度,是揭示其变化特征和规律的有效途径,并可用以预测其未来的状态。

1.4.2 预测的程序

预测并非只是作出预计推测那一瞬间的行动,而应被看作是一个过程。如图 1.1 所示。

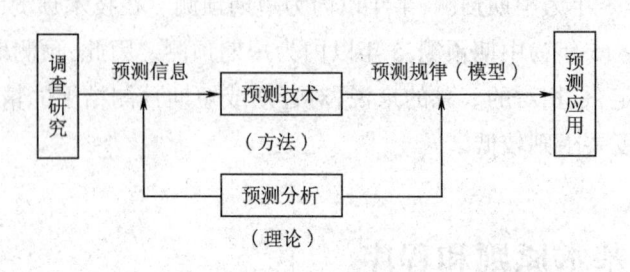

图 1.1 预测过程

调查研究是预测的重要基础工作,它的任务是通过适当的调查方式和方法,搜集研究对象及有关影响因素的资料和信息,并对调查所获取的资料和信息进行处理和分析,得到预测所需的信息。预测技术是预测的方法和手段。预测分析则是根据有关理论所进行的思维研究活动,它贯穿于预测活动的整个过程。预测的关键是寻找和把握研究对象的特性和发展变化的规律,以指导人们的实践活动谋取更大、更多的利益。预测过程表明,预测不是盲目猜测,也不是主观臆想,而是在一定的理论指导下,采用适当的方法,借助于预测者的分析判断能力进行的探索性研究活动。

预测的程序随预测的目的和方法不同而有所差异,一般而言,预测的程序是:

1) **根据预测的任务确定预测目标**

按计划、决策的需要,确定预测对象,选定恰当的评价指标,规定预测的期限和期望预测结果达到的精度等。

2) **收集和分析有关资料和信息**

资料和信息是预测的基础,通过分析可以从中得到反映预测对象特性和变动趋势的信息。原始资料必须经过加工整理,去伪存真,去粗取精。对资料和信息的一般要求是准确、及时、完整和精简实用。

3) **选择预测方法并进行预测**

预测者经分析研究了解预测对象的特性,同时根据各种预测方法的适用条件和性能,选择出合适的预测方法。预测方法是否选用得当,将直接影响预测的精确度和可靠性。运用预测方法的核心,是建立描述、概括研究对象特征和变化规律的模型。定性预测的模型是指逻辑推理的程序,定量预测的模型通常是以数学关系式表示的数学模型。根据预测模型,输入有关资料、数据,进行计算或处理,即可得到预测结果。

4) **分析评价**

分析评价主要是对预测结果的准确性和可靠性进行论证。预测结果受到资料的质量、预测人员的分析判断能力、预测方法本身的局限性等因素的影响,未必能确切地反映预测对象的未来状态。此外,各种影响预测对象的外部因素在预测期间也可能出现新的变化,因而要分析各种影响预测精度的因素以及这些因素的影响程度和范围,进而估计预测误差的大小,评价预测的结果。在分析评价的基础上,通常要对初步预测结果进行修正,得到最终的预测结果。

5) 提交预测报告

预测报告应概括预测研究的主要活动过程,列出预测的目标、预测的对象及有关因素的分析结论,主要资料和数据,预测方法的选择和模型的建立,以及模型预测值的评价和修正等内容。

预测报告最终要提交上级有关部门,作为编制计划、制定决策和拟定策略的依据。

1.5 预测精度及预测方法的选择

我们知道,预测不可能百分之百准确,肯定会存在误差。如何准确恰当地运用预测方法是减少预测误差,得到较为精确预测结果的关键。预测方法虽然不少,但没有哪一种方法对所有的问题都是适用的,只有当预测对象及影响因素之间反映的规律符合预测方法的要求时,该方法才是适用的,得到的预测结果才比较可靠。为此,要得到符合实际的预测结果,就必须对预测方法进行选择和评价。

1.5.1 预测精度

预测精度是指预测结果与实际情况的符合程度,是衡量预测方法是否适用于预测对象的一个重要指标。

1) 影响预测精度的主要因素

(1) 资料的准确与完备性。预测是根据所掌握的资料来推断未来,预测者所掌握的资料是否准确、全面和及时是影响预测结果精度的重要条件之一。如果掌握的资料不完整、不准确或时效性不强,预测结论就会与客观实际有很大误差。所以,在进行预测前,要根据预测的任务要求,利用各种方法手段,以求得到全面可靠的统计资料。当然,必要时还需对资料进行加工处理,以尽量减少由于数据资料本身所引起的预测误差。

(2) 预测方法的适用性。预测中可供选用的方法很多,每种方法都有一定的适用范围。对同一预测对象、同一资料,采用不同的预测方法,会得到不同的预测结果。一旦选错了方法,会造成较大的预测误差或失误。因此,选择合适的预测方法是提高预测精度的一个重要条件。

(3) 所建模型的正确性。预测模型是预测对象的一种简化表达式,它忽略了某些影响因素,因此一般都有一定的误差。但如果我们所建的模型是合理的,即符合预测的要求,则可以取得较高的预测精度。

(4) 预测者的素质。预测者在预测工作中应具有以下基本素质:一是逻辑判断能力,包括对预测对象与其他影响因素之间关系的判断,对各变量所显示的规律的判断等。二是对预测方法的掌握程度,即能正确掌握各种预测方法的适用对象、范围和预测过程等。三是对资料的整理、处理技术,即对原始资料的整理、归类、汇总分析等的能力。四是计算能力。定量预测离不开计算,预测人员应具有一定的计算能力和应用软件能力。

2) 预测精度的度量指标

度量预测精度的指标有多种,这里介绍常用的几种:

(1) 单个预测值的误差 e_t。设变量的实际值为 Y_t,预测值为 $\hat{Y}_t$,则第 t 期的预测误差为:

$$e_t = Y_t - \hat{Y}_t \quad (t=1,2,\cdots,n)$$

$e_t > 0$ 表示预测值低于实际值,$e_t < 0$ 表示预测值高于实际值,$e_t = 0$ 表示预测准确。

(2) 单个预测值的相对误差 $\tilde{e}_t$:

$$\tilde{e}_t = \frac{e_t}{Y_t} = \frac{Y_t - \hat{Y}_t}{Y_t} \quad (t=1,2,\cdots,n)$$

相对预测误差通常用百分数表示,如 $\tilde{e}_t = 3\%$,表示预测值偏低 3%,或简单地说预测精度为 3%。

(3) 平均绝对误差 MAE:

$$MAE = \frac{1}{n}\sum_{t=1}^{n}|e_t| = \frac{1}{n}\sum_{t=1}^{n}|Y_t - \hat{Y}_t|$$

(4) 平均绝对百分误差 MAPE:

$$MAPE = \frac{1}{n}\sum_{t=1}^{n}\frac{|e_t|}{Y_t} = \frac{1}{n}\sum_{t=1}^{n}\frac{|Y_t - \hat{Y}_t|}{Y_t}$$

(5) 均方误差 MSE:

$$MSE = \frac{1}{n}\sum_{t=1}^{n}e_t^2 = \frac{1}{n}\sum_{t=1}^{n}(Y_t - \hat{Y}_t)^2$$

MSE 的大小意味着预测精度的高低。MSE 值越高,预测的准确性就越低。

1.5.2 预测方法的选择

选择合适的预测方法是获得准确预测结果的关键。预测方法的选择应遵循一定的准则,对于经济预测而言,这些准则包括:

1) 符合经济发展的规律和特点

根据社会制度与经济发展规律的不同,在选择变量时,不仅考虑自然资源的约束,而且还要考虑社会制度和国情的约束。例如,一个企业利润的预测方法选择,在考虑其经济效益的同时,还要考虑社会效益及生产目的。另外,若经济体制正处于转型变革时期,各经济变量变动都比较剧烈,在选择预测方法时,必须进行认真分析和判断。比如,当我国的经济变量所构成的时间序列不呈线性趋势时,我们就不能用移动平均法或二次指数平滑法来进行预测。总之,科学的预测必须结合本国的经济体制和经济特点来选取预测方法,否则其预测结果必然是不科学的。

2) 符合统计资料所反映的规律

任何一种定量预测方法都是要靠样本数据来建立模型。它们之间的关系,不是先确定预测方法才有样本数据,而是先有样本数据,然后根据样本数据变动的特征来选取预测方法。对样本数据进行分析,一般来说可先画出散点图,观察散点的走势,根据走势进行直观判断;有时还要进一步地对样本数据进行数量统计分析,如进行一阶差分和二阶差分分析等,在此基础上选择合适的预测方法。例如,当样本数据是时间序列,并且显示出逻辑曲线的变化特征时,我们才能选用逻辑曲线进行建模和预测。统计资料的变动规律是选择预测方法的依据。

3) 力求取得较好的预测精度

预测精度是选择预测方法的一个主要标准。对同一预测对象,采用不同的预测方法,或用同一种预测方法采用不同的参数估计等,会得出不同的预测精度。前面我们给出的几个预测精度的衡量指标,都反映了预测值与实际值的符合程度,因此,可以选择预测精度高的预测方法来进行预测。同时,还应该注意,经济的发展趋势大体上有两种类型:一是未来的发展按与前期发展趋势相一致的方向平稳地发展;二是未来发展从将来某一时刻起,其发展趋势发生了突变,即出现了转折点。当第二种类型的变化发生时,就不能仅以内插检验的精度作为选择预测方法的标准,而应考虑预测方法的预测性质和揭示转折点的效果,并综合进行分析,选择合适的预测方法。

4) 力求实用

预测方法的实用性主要包括三个方面:一是预测方法在实际应用中是可行的,即能被预测人员所理解和采用。二是这种预测方法在预测过程中的各种耗费(时间、经费、人力等)不超过限制条件。三是所选定的预测方法取得的预测结果应能完成预测任务,即得出符合实际的预测结果。

前两个含义要求所选的预测方法力求简单,而后一个含义要求所选的预测方法力求精确,在选择预测方法时要做好这两方面的协调工作。

1.6 预测与决策的关系

1.6.1 预测为决策服务

预测是从方法论的角度探讨规律,研究如何提高科学预见性的一种手段。因此,预测不是目的,它是为决策服务的。

第一,预测为决策者提供了科学预见。决策者虽然都具有较丰富的知识和经验,但在复杂的决策面前往往会感到个人有限的知识和经验是不够的。而预测可为决策者提供事物的发展趋势,扩大决策者的视野,为决策者作出科学判断和决策提供有力的支持。

第二,科学的预测为科学的决策提供了可靠的依据。预测是基于分析研究事物由过去、现状到未来的发展动态趋势(其中包括事物发展的规模、量和质的变化、时间和空间的变化、影响后果等等),从而获得未来发展的信息。决策者有了科学可靠的依据,才能作出科学的决策。

第三,预测可为决策提供多种方案。科学决策的关键就是选择最佳方案。预测不仅能预测事物发展的各种状况,而且能根据各种可能出现的情况,提出不同对策,形成不同方案,并针对各种方案进行预测,为决策提供多种可供选择的方案。

1.6.2 预测与决策的关系

预测是对研究对象的未来发展前景所作的估计和推测,决策是根据预测对未来行为作出的决定。因此,预测是决策的基础和前提,决策是预测的服务对象和实践机会,没有科学的预测就没有科学的决策,二者相辅相成,不可偏废。预测与决策的关系具体表现在:预测侧重于对客观事物的科学分析,而决策则侧重于对有利时机的科学选择。预测是一种客观分析,决策更着重于领导艺术。预测分析提供的是各种可能的方案,决策分析则根据有利时机在多种方案中选取最佳方案。

思考练习题

1)什么是预测?
2)为什么说预测是一门科学,同时也是一门艺术?
3)如何根据预测的目标和任务,对预测进行分类?
4)预测的基本原则有哪些?
5)简述预测程序。
6)什么是定性预测和定量预测?
7)何谓预测精度?影响预测精度的主要因素有哪些?
8)度量预测精度的常用指标有哪些?
9)试述预测与决策的关系。

2 定性预测法

定性预测是指预测者凭借自己的直觉和知识经验,对事物发展的未来状况作出判断的方法,也称判断预测或调研预测。其特点是简便易行,所需数据少,能考虑无法定量的因素,因而适用于重大问题或缺乏原始数据的预测,如新建企业生产经营的发展前景预测、新产品的产销预测等。定性预测的准确程度,主要取决于预测者的经验、理论、业务水平和分析判断能力,它是预测中重要的、不可或缺的一类预测方法。

2.1 预测资料的调查与处理

在实际预测工作中,无论是宏观预测还是微观预测,无论是定性预测还是定量预测,当确定好预测目标后,都需要通过调查来收集预测资料。预测资料的来源除了查阅第二手资料外,还可直接收集第一手原始资料。

2.1.1 资料调查的程序和方法

1) 资料调查的程序

资料调查是一项复杂细致的工作,涉及面广,所研究的对象不固定。为使调查工作能顺利、高效地进行,取得良好的预期效果,就必须加强组织工作,拟定周密的调查计划,合理安排调查程序。只有按一定的调查程序,循序渐进并认真落实,才能保证调查质量。各种类型的资料调查,虽然程序不尽相同,但大致可分为三个阶段:调查准备阶段、调查实施阶段和汇总分析阶段。

(1)调查准备阶段。该阶段是整个调查工作的开始。准备工作是否充分细致,将直接影响后期工作的开展和调查工作的质量。因此,一方面要明确调查的目的和任务,另一方面还要对调查对象作初步分析,为下一步的正式调查做好充分的准备工作。

(2)调查实施阶段。这一阶段在整个调查过程中最为复杂,包括以下内容:①确定调查项目。根据调查的目的和任务,对各种问题进行分类,规定每种问题应调查收集的资料。调查项目应简明扼要,尽可能以表格形式列出,以便于填写和汇总整理。②确定调查对象。根据调查的目的选择符合设计条件的参与者,并确定数目,以明确调查的范围和界限。③确定调查的方式、方法、时间和地点,即确定取得资料的形式、方法、时间和地点。④确定调查期限和进度。即要确定调查工作的起止时间,包括收集资料和报送资料的时间。调查期限越短,资料实效性就越好。确定调查期限后,还应确定相应的工作进度。⑤确定调查预算。调查费用的多少,与调查的种类、方式和内容的繁简有关,因此应合理估计调查的各项开支。编制预算的原则是:要用最小的投入取得最好的调查结果,或是在保证实现调查目标的前提下,力求最小的投入。一般说来,调查费用包括:资料费、文印费、交通费、劳务费和杂费等项。⑥确定组织机构和调查人员。要明确负责调查的组织机构和部门,这是使调查工作有统一指挥并能顺利高效进行的可靠保证。此外还要确定参加调查人员的条件和数量,并对其进行必要的培训。⑦具体实施。

(3) 汇总分析阶段。调查取得的数据资料大多是零散的,需要通过资料的分类汇总、编校、分析等加工处理,才能使之成为有用的信息,最后在此基础上提出调查报告供决策参考。

2) 资料调查的方法

常用的调查方法有以下几种:①普查,是指对研究总体进行逐一的、普遍的、全面的调查。其特点是对每一个个体都进行调查。如工业普查就涉及所有的工业企业。在对市场做调查时,通常仅在个体数量较少时采用普查的方式。②重点调查,是指在调查对象中选取一部分重点单位进行调查。这些重点单位虽然为数较少,但却在调查总量中占较大的比重。如要掌握全国微波炉的产量,可只调查格兰仕、LG、松下等几家大厂商的产量即可,因为这几家的产品产量约占全国产量的80%以上。③典型调查,是指在调查对象中有意识地选择一部分有代表性的典型单位做调查,以调查的结果来推断总体。其优点是节省人力和物力,同时由于调查单位少,调查的内容指标可多一些,有利于进行深入细致的研究。④抽样调查,是指从研究总体中抽取部分个体作为样本进行调查,以其结果来推断研究总体状况的方法。由于此法具有费用小、省时省力的特点,所以在实际调查中被广泛采用。下面仅对抽样调查法做一详细介绍。

3) 抽样调查法

抽样调查法可分为随机抽样和非随机抽样,是资料收集调查中广泛采用的方法。

(1) 随机抽样。随机抽样的特点是按随机的原则抽取样本,即被抽查总体中的每一个个体都有相等的机会被抽到。这样就避免了人为的主观性,增强了样本的客观代表性,而且可推断估算出抽样误差的大小。具体方法有以下三种。

单纯随机抽样(或称简单随机抽样):是从调查总体中直接抽取样本,总体中的每一个个体被抽中的机会是相等的,即完全排除了任何有目的的主观选择。通常采用抽签法或随机数表法来抽取样本。

分层随机抽样:是将调查总体根据某种属性或特征分为若干层,再用单纯随机抽样法从各层中抽取所需样本。这种方法适用于调查总体范围较大,总体中的个体间差异显著,且分布不均匀的情况。若用单纯随机抽样法选取样本,可能集中于某些特征,致使样本代表性较差。

分群随机抽样:是将调查总体分成若干个群体,再用单纯随机抽样方法选定其中的若干群体作为调查样本,对群体内的个体进行普遍调查。分群随机抽样具有省时、方便的特点。

分层随机抽样和分群随机抽样的区别在于:分层随机抽样要求各层之间有差异性,而各层内部具有相同性;分群随机抽样则正相反,它要求各群体之间保持相同性,而各群体内部具有差异性。

（2）非随机抽样。非随机抽样是指抽取样本时并不遵循随机原则，而是根据调查者主观判断有目的地抽取。这种抽样效果的好坏在很大程度上依赖于抽样者的主观判断能力和经验。同随机抽样相比，非随机抽样最大的特点是操作方便、快速、成本低，但无法客观评价抽样结果的精度。非随机抽样方法通常包括任意抽样（或称便利抽样）、判断抽样和配额抽样。

（3）随机抽样误差及样本容量的确定。在抽样调查中有两类误差最为常见：一类是调查误差，主要是由于调查人员在测量、登记、计算中出现的工作失误，或是由于被调查者的原因而产生的误差。另一类是抽样误差，主要是由于抽样方式不合理或样本过小造成的。为尽量减少抽样误差，须注意以下两个原则：①要正确确定抽样的方法，严格遵守随机的原则，使每一个样本都有均等的机会被抽中。②要恰当地确定样本的数目。抽取样本的数量越多，调查结果的准确性就越高，但需要更多的费用和更长的时间，如果抽样数量过多则会失去抽样调查的意义；抽取样本的数量越小，越节省时间和费用，但带来的误差较大，调查结果的准确性较差。因此，在实际调查中，一定要注意从实际出发，按调查问题的性质来确定抽样的数量。另外，抽样数量的多少，还取决于误差允许度。一般来说，允许误差越小，抽样数目应越多；反之，则抽样数量可以适当减小。

在单纯随机重复抽样的情况下，估计总体均值所需的样本数，计算公式如下：

$$n = \frac{t^2 \sigma^2}{\Delta^2} \tag{2.1}$$

在单纯随机不重复抽样的情况下，估计总体均值所需的样本数，计算公式如下：

$$n = \frac{t^2 N \sigma^2}{N \Delta^2 + t^2 \sigma^2} \tag{2.2}$$

其中：n——应抽取的样本数；

t——在标准正态概率分布下置信区间的临界值，如在95.45%的置信水平下，置信区间的临界值为2；

σ^2——总体方差；

Δ——允许的误差范围；

N——总体中的个体总数。

一般在抽样调查时，σ 是未知的，通常用过去做过的调查或试验数据所得到的 σ 来代替。如果有若干个 σ 的值可供参考，则要选取最大的 σ 值。因为 σ 越大，意味着抽取的样本数就越多，也就越能增强样本的代表性，保证调查的精度。

例2.1 某家电企业对其所生产的10 000只电吹风机进行寿命检验。根据正常情况下的试验数据，电吹风机寿命的方差 σ^2 为15小时。现采用不重复抽样方式进行抽样调查，要求在95.45%的概率下，允许误差不超过2小时，问至少要抽取多少样本？

由计算公式(2.2)，可得样本数为：

$$n = \frac{t^2 N \sigma^2}{N \Delta^2 + t^2 \sigma^2} = \frac{4 \times 10\ 000 \times 15}{10\ 000 \times 4 + 4 \times 15} = 15(只)$$

2.1.2 调查资料的整理和分析

通过调查，可获得方方面面、不同类型的原始数据资料。只有对这些数据资料作进一步的整理加工,使之反映出预测对象变化的本质特征,才能从中获取有益的信息,为科学决策提供依据。

1)资料的整理

资料整理是将调查的原始数据资料转换为有用信息的过程,也是对调查结果作进一步分析的过程。整理过程一般要经过对资料的编辑、分类、汇总等基本步骤。

(1)编辑。编辑是对所收集的资料作详细的检查和审核,以筛选出有实用价值的资料。编辑的目的是要保证有用资料的完整性和准确性。对于在编辑中出现问题的资料,应统一标识清楚,尽量避免直接修改资料内容,以确保资料的真实性。对于编辑好的资料要妥善保管,以便对照复查。

(2)分类汇总。编辑工作完成后,一般要对有用的资料进行编号处理,然后分类汇总。常见的分类汇总有以下两种情况:

一是对量化的资料进行分类汇总。实际上在很多情况下,调查问卷中的问句本身就已经对答案进行了分类,如:"请指出您的月收入属于下列哪个范围,并在相应的空格处打勾。"

  1 000元以内　　　　□
  1 001~2 000元　　　□
  2 001~3 000元　　　□
  3 001~5 000元　　　□
  5 001元以上　　　　□

这样,只需汇总即可。但如果问句为"请指出您理想的月收入是多少",而答案要求是具体数值时,就要根据回答的规律进行分类。

二是对定性的资料进行分类汇总。这种分类汇总比较简单,只要根据研究目的和分析的需要确定分类标志,就可进行汇总。做这种分类汇总应注意以下几点:①在分类前,要看是否有一定量的应答存在。②使用的分类标准与其他的资料要相适应以便于比较。③分类应是简洁而互斥的,每个回答只能放在一个间隔里。④应包容所有可能的回答。通常用"其他"来包括所有没有指出的答案选择。

(3)列表。列表就是使问卷的应答结果以某种表格的形式出现。最常见的表格形式有频率分布表和百分比分布表,如表2.1所示。

表2.1　　　　　　　　　　　　频率分布和百分比分布表

"您是否会购买这种产品?"	数值(频率)	百分比(%)
肯定会买	114	10.3
可能会买	221	20.0
不知道	360	32.5
可能不买	210	19.0
肯定不买	202	18.2
合计	1 107	100.0

另外,还可将调查资料的有关情况用图的方式直观地反映出来,如可采用直方图、饼图、

曲线图等,使人一目了然,简明易懂。

2) 资料的分析

常见的资料分析方法有以下几种:

(1) 平均值法。对有些问题来说,特别是对关于被调查者态度问题的回答情况,常用样本平均值来进行描述。例如,调查某地区居民对家用空调问题的看法,结果如表2.2所示。

表2.2 被调查者回答情况的平均分布

描 述	总平均值	平均值 有空调	平均值 无空调	差 别
空调是家庭必需品	5.6	6.6	5.0	1.6
目前空调价格太贵	6.3	5.1	7.0	-1.9
国产空调质量尚可	4.9	5.2	4.7	0.5
样本大小	500	185	315	

例中采用了7级量表测量,即完全同意为7,完全不同意为1,其余情况根据同意程度的不同从1~7取不同大小的值。表中第一列数据给出了500位被调查者回答的总平均值。结果表明,总的来说,被调查者认为家庭需要空调,目前空调的价格太贵,对国产空调的质量有一定的不信任感。而按家庭是否已有空调来分,被调查者的回答又有一些差距。与没有空调的被调查者比,有空调的被调查者倾向认为空调是家庭必需品,不认为目前空调的价格太贵,对国产空调的质量比较认可。

(2) 频率分布法。该方法是根据相应变量值出现的次数占总数的百分比来进行分析。通过计算某个变量的频率分布情况,可以帮助我们掌握这些变量的总体分布特征,因此变量的频率分析是资料分析中最基础和最重要的方法之一。表2.3为被调查者家庭中有无空调的数量及其分布的百分比,以此反映出被调查者家用空调的拥有比例。从表2.3中可以看出,百分比在对数据进行解释、判断时比绝对数量更直观也更有说服力。

表2.3 家庭有无空调的频率分布

家用空调	被调查者数量(人)	百分比(%)
有	185	37
无	315	63
合计	500	100

(3) 多问题和多因素的综合分析法。该方法是针对各个问题,针对不同的被调查者(或不同因素)所进行的分解分析方法,采用此法会对结果的分析更有说服力。如果最初的分析中采用平均值法,则进一步的分析就要判断不同平均值的差别,此时就应使用假设检验等方法;如果最初的分析涉及频率分布法,则进一步的分析就应采用横列表法。下面结合实例仅对横列表法进行介绍。

例2.2 某保险公司对过去一段时间内影响保户发生机动车事故的因素进行了调查,并对各种因素进行了横列表分析。从表 2.4 中可以看出,有 61% 的保户在开车过程中从未出现过事故。

表 2.4　　　　　　　　　　　　　　　保户驾车的事故率

	百分比(%)
开车时无事故	61
开车时至少有一次事故	39
样本数(人)	17 800

然后,在性别基础上分解这个信息,判断男女驾车者之间是否存在差别。可用表 2.5 来体现。

表 2.5　　　　　　　　　　　　　　　男女驾车者的事故率

	男(%)	女(%)
开车时无事故	56	66
开车时至少有一次事故	44	34
样本数(人)	9 320	8 480

表 2.5 显然是一张二维表。该表的结果显示男士驾车的事故率要高。人们因此会进一步产生新的疑问,如果男士驾车的事故多,是不是同他们经常长距离的驾驶有关呢?这样就引入第三个影响因素"驾驶距离",参见表 2.6。

表 2.6　　　　　　　　　　　　　　　不同驾驶距离下的事故率

驾驶距离	男(%)		女(%)	
	≥1万公里	<1万公里	≥1万公里	<1万公里
开车时无事故	51	73	50	73
开车时至少有一次事故	49	27	50	27
样本数(人)	7 170	2 150	2 430	6 050

表 2.6 的结果表明,男士驾车的高事故率是由于他们的驾驶距离比女士要长。这一结果说明事故率仅和驾驶的距离成正比而与驾驶者的性别无关,而不能说明谁驾得更细心或更好。

从例 2.2 可以看出,横列表法是根据研究的目的和需要,将最初形成的一维数据分成两个或多个类目,再形成二维的或多维的数据来进行分析的方法。横列表法使用成功与否,将取决于分析者选择关键因素以及根据这些因素组成横列表的能力。所使用因素的类型和数量会随研究的性质而变化。

横列表法有两个局限性:一是如果有好几个因素要考虑,就需要相当大的样本;二是很难确保所有的有关因素已进行了分析。如果因素选择不当,就会得出错误的结论。

以上只涉及一些简单的资料分析方法,资料的分析还可使用如回归分析、聚类分析、判别分析、因子分析等高层次的分析方法,在此不一一阐述。

2.2 直观判断分析预测法

直观判断分析预测法,是凭借个人或群体的直觉、主观经验与智慧,对研究对象的未来发展趋势的预测。它是在掌握较少资料的基础上,凭主观经验找出规律,用以预测,故属于定性预测法。

2.2.1 市场调查预测法

市场调查预测,是指预测者在深入市场调查研究的基础上,取得必要的经济信息,根据经验和专业知识,对市场商情发展变化的前景所作出的分析判断。如对市场商品供应和需求的发展前景的分析判断,对工农业发展及其结构调整对商品收购来源、销售动向和库存变动前景的可能影响的分析判断,市场商品供求对企业产供销变动影响的分析判断等等。

对于市场商情发展变化前景的预测,当有完备的调查统计资料和经济信息时,可采用以下各章介绍的定量预测方法。当缺少必要的调查统计资料和经济信息时,就需要深入进行市场调查研究,搜集和整理第一手资料,分析判断市场商情发展前景。这种预测虽可提供简单的数据,但主要是预测市场商情发展前景的性质和方向,因此属于定性预测的范畴。常用的市场调查预测法有以下几种:

1) 经营管理人员意见调查预测法

这种方法是由企业的经理召开熟悉市场情况的各业务部门主管座谈会,将与会人员对市场商情的预测意见加以归纳、分析、判断,最后制定出企业的预测方案。其基本过程是:首先,由经理根据决策和经营管理的需要,向各业务主管部门提出预测目标和预测期限的要求;其次,各业务主管部门分头准备,根据掌握的情况提出各自的预测意见;最后,由经理召开座谈会,对各种预测意见进行讨论分析,综合判断,得出反映客观实际的预测结果。

这种预测方法的优点是:上下结合进行预测,有利于调动经理和业务管理人员开展市场预测的积极性,发挥集体智慧,再加上他们处于生产与经营管理第一线,熟悉市场商情的动向,他们的判断也更接近市场变化的实际,使预测结果比较准确可靠;预测不需要经过复杂计算,不需花费多少费用,比较迅速和经济,即使市场商情发生剧烈变化,也可以及时对预测结果进行调整。其缺点是,对市场商情的变化了解得不够深入具体,主要靠经验判断,受主观因素影响大,只能作出粗略的数量估计。

2) 销售人员意见调查预测法

这种方法是向销售人员进行调查,征询他们对产销情况、市场动态以及各自负责的销售区、商店、柜台未来销售量(额)的估计,加以汇总整理,对市场销售前景作出综合判断。这种预测除由公司、企业管理部门提供必要的调查统计资料和市场信息外,主要依靠销售人员掌握的情况、经验、水平和分析判断能力,一般适用于短近期预测,其步骤如下:

(1) 由公司、企业向本单位所属的各销售区、商店提供本公司、企业的经销策略、措施和有关产供销的统计资料及市场信息,作为销售人员预测的参考。

(2)各地区、商店的销售人员根据本身所经营的商品种类、顾客类别和经营情况,估计下季、下年的销售量和销售额。

(3)各地区、商店经销负责人对本区销售人员的估计结果进行审核、修正、整理和汇总,按规定日期上报公司、企业。

(4)公司、企业的各业务主管部门对下面报上来的估计数作进一步的审核、修正、汇总和综合平衡得到总预测数,并参照编制经销计划草案,经经理、厂长批准后下达到各销售区、商店,根据经销计划进行商品调拨,编制日常销售计划。

这种预测方法的优点是:销售人员在市场前沿,最接近顾客,熟悉市场情况;预测经过多次审核、修正,比较接近实际,而根据预测确定的销售任务由自己负责完成,也易于发挥销售人员的积极性和首创精神。其缺点是,销售人员为了超额完成销售计划,获得奖金,估计易偏于保守;由于工作岗位所限,对经济发展和市场变化全局了解不够,所判断预测的结果有一定局限性。

3) 商品展销、订货会调查预测法

这种方法是通过商品展销、订货会直接向用户发放调查表,以了解用户对商品的性能、品种、质量、价格的意见和需求量,会后将意见加以汇总整理,综合判断商品销售的发展前景,做好预测。

2.2.2 专家预测法

专家预测法是利用专家的知识经验,并结合有关背景统计资料进行预测的一类定性预测方法。在这种预测法中,对预测对象的调查研究是由专家而非预测者本身来完成,预测者只是起到一个组织作用,其任务是将专家的意见综合整理归纳,最后作出预测。

专家预测法在社会、经济、科技等领域的发展预测中得到了广泛的应用。其最大的优点是在缺乏历史数据和没有先例可借鉴时,也能有效推测预测对象的未来状态。它有三个特点:一是具有一套选择和组织专家、充分利用专家创造性思维的基本理论和方法;二是主要依靠专家(包括相关领域的专家)作预测;三是预测结果可以量化。

用此法预测的准确度主要取决于专家的知识广度、深度和经验。所以,如何选择参加预测的专家,就显得尤为重要。这里所说的专家,是指在本专业中有较高理论水平或有丰富实践经验的人,如教授、工程师、工人、农民等。专家人选的产生通常采用如下途径:从组织者熟悉的专家中挑选;专家之间相互推荐;通过有关组织推荐等。专家人数可多可少,经验表明:预测小组的专家人数一般为 10~50 人左右为宜,具体要视预测问题的规模来定。

专家预测法最常用的有头脑风暴法和德尔菲法。

1) 头脑风暴法

头脑风暴法又称智暴法(Brain Storming Method),由奥斯邦(A. F. Osborn)于 1957 年提出,之后很快就得到了广泛的应用。

头脑风暴法是通过组织一组专家共同开会讨论,进行信息交流和互相启发,从而激发出专家们的创造性思维,以达到互相补充,并产生"组合效应"的预测方法。它既可以获取所要预测事件的未来信息,也可以就一些问题和影响深入分析,特别是一些交叉事件的相互影响。头脑风暴法可分为创业头脑风暴和质疑头脑风暴两种方法。创业头脑风暴就是组织专家对所要解决的问题自由地发表意见,集思广益,提出所要解决问题的具体方案。质疑头脑风暴就是对已制定的某种计划方案,召开专家会议,由专家提出,使计划方案趋于完善。例如,美国国防部曾邀请50名专家,针对美国制定长远军事科技规划的工作文件,举行了两周的头脑风暴会议,最终通过讨论形成结论一致的报告。该报告只保留了原报告的25%,而修改了其中的75%。

组织头脑风暴会议应遵守以下原则:①专家的选择应与预测对象相一致,而且要注意选择那些在方法论和专业技术领域具有专长的资深专家。②被挑选的专家最好彼此不相识,如果彼此相识,则应从同一资历中挑选。在会议上不公布专家所在的单位、年龄、职称或职务,使与会者感到平等和一视同仁。③为会议创造良好的环境条件,使专家能高度集中注意所讨论的问题。所谓良好的环境条件,是指有一个真正自由发言的环境,组织者要说明政策,使专家没有心理顾虑,做到真正的畅所欲言。④要有措施鼓励讨论者对已提出的设想作任何改进。⑤最好选择熟悉预测程序和处理方法并具备相关经验的专家来负责会议的领导并主持工作。

2) 德尔菲法

德尔菲法(Delphi Method)是头脑风暴法的发展和完善。它是以匿名方式,通过多轮函询专家对预测事件的意见,并不断进行收敛与量化,最终得出较为一致的专家预测意见的一种经验判断法。此法是美国兰德公司于20世纪40年代末期创立,最初用于军事和科技预测,现已广泛用于经济、社会、科技等各个领域的预测。在应用德尔菲法进行预测时,一般按以下程序进行:

(1) 预测准备阶段。它包括确定主题和选定专家。

(2) 预测实施阶段。准备工作就绪之后,就进入了多轮函询过程,通常包括3~5轮。

第一轮,组织者向专家提出预测的主题和具体项目,并提供必要的背景材料。由于在通常情况下,所预测事件的发展变化趋势主要取决于有关政策及相关领域的发展,而专家仅为某一领域的专家,不一定完全清楚有关政策。因此,组织者有必要向专家提供充足的资料,以利于专家作出正确评估,提高意见集中及反馈的速度。专家可以向组织者索取更详细的材料,也可以任何形式回答问题。

第二轮,组织者对专家的各种回答进行综合整理,把相同的事件或结论统一起来,剔除次要的、分散的事件或结论,用准确的术语进行统一描述,制成第二轮征询表,连同补充材料、组织要求等再寄给专家征询意见,请专家对他人的预测意见加以评论,对自己的预测意见进行修改和补充说明。

第三轮,将上一轮征询意见汇总、整理后再制成征询表,附上补充材料和具体要求等再寄送给专家,要求专家根据新材料,深入思考,进一步评价别人意见和修改、补充自己的意见。

最后一轮,经过上述多轮(第四轮、第五轮的具体操作与第三轮相类似)反复修正、汇总后,预测结果较为一致时,预测组织者再进行统计整理以及意见归纳,形成最终的预测结论。

(3)结果处理阶段。上述各轮,尤其是最后一轮的归纳整理,涉及结果的处理。要合理运用数理统计方法,处理和统计专家们的分散意见。最后的预测结论必须忠实于专家意见,从专家意见中提炼出真正的预测值。

(4)提出预测报告。当组织者有了切合实际的预测答案后,就应编制预测报告,介绍预测的组织情况、资料的整理情况、预测结论以及决策建议等。

德尔菲法和前述几种方法都属于通过收集众多专家意见进行预测的方法。但与其他方法的组织处理方式不同的是,该法有其鲜明的特点:①匿名性。德尔菲法是通过匿名函询方式收集专家意见,专家之间不存在横向联系,且组织者对专家的姓名也是保密的。这样,既可减少交叉影响、权威效应,又可使专家毫无顾虑地修改自己的意见。②多轮反馈性。德尔菲法不同于民意测验式的一次征求专家意见,而是多次轮番,通常要经过3~5轮,而且每轮都将上轮的意见集中,或部分信息反馈给每位专家,以供专家修改自己意见时参考。③收敛性。每轮意见收集后,组织者都将意见进行处理,根据专家意见的集中程度,重新整理问题,再次征询专家意见。同时,每轮都要整理问题和提供集中意见供专家参考,进而使意见趋于集中。④广泛性。因采用函询方式,所以可以在比较广泛的范围内征询专家意见,不仅可用于有历史资料和无历史资料情况下的预测,而且还可用于近期探索性和远期开放性情况下的预测。

以上述特点为核心,德尔菲法克服了其他预测法的不足,形成了较为突出的优点:①集思广益,可发挥专家的集体智慧,从而避免主观性和片面性,提高预测质量,并且,由于以信函方式征询专家意见,具有广泛性和经济合理性。②有利于专家独立思考,各抒己见,充分发表自己的意见。③有利于探索性地解决问题。通过反馈,专家可相互交流和相互启发,修改并完善自己的意见。

德尔菲法也存在着一些不足:①易忽视少数人的创意。②缺少思想交锋和商讨。专家都是背靠背,凭个人知识和经验做估测,难免要受到个人的信息占有量和知识经验局限性的影响,而带有一定的主观片面性,而且,专家没有机会相互启发和正面交锋,使预测意见难以碰撞出思想火花。③组织者主观意向明显。德尔菲法的多轮反馈,都是组织者通过归纳整理上一轮专家意见进行的,其意见的取舍、新资料的提供等都可能会直接影响专家的思考,因而,汇总结果会带有明显的组织者的主观意向。

德尔菲法自诞生以来,以其广泛的适用性和结果的可靠性立足于预测领域。但是,德尔菲法预测一般要经过3~5轮反馈,易使专家生厌、疲惫和反感,同时又占用较多时日。为克服德尔菲法的不足,可采用下述几种办法:一是更多更充实地提供前一轮预测意见和相关背景材料,以及较具体地提出组织者的目的和要求,适当减少反馈的轮数。二是采用顺序量表、分值表和事件出现的概率等方式,由组织者进行统计整理,但组织者不能将自己的意见强加于人或给专家以某种暗示或诱导。三是部分取消匿名,增加思想交锋。具体做法是:先采用匿名信函征询,专家意见大致接近后,取消匿名,展开面对面的辩论,最后再度匿名作出预测判断。这样,既保持了德尔菲法的优点,又吸取了头脑风暴法的优点,有助于迅速而又准确地进行判断预测。纵观德尔菲法,其应用虽具有广泛性,但更多地适用于下述几种情况:①缺乏足够的资料;②做长远规划或大趋势预测;③预测事件的影响因素很多;④主观因素对预测事件的影响较大。

3) 专家意见的统计处理方法

(1) 中位数法。所谓中位数，是一种较算术平均数更为合理的平均数，通常作为有代表性的预测值，并将上、下四分位数作为有 50% 以上把握的预测区间。中位数及上、下四分位数的计算方法如下：

设有 n 位专家参加某项预测工作，他们的预测值从小到大排列为 $x_1 \leq x_2 \leq \cdots \leq x_n$，记 $x_中$ 为该序列的中位数，$x_上$ 和 $x_下$ 分别为上、下四分位数，则可按下述简单算法，求出近似值：

$$x_中 = \begin{cases} x_{k+1} & (当\ n=2k+1\ 时) \\ \dfrac{x_k + x_{k+1}}{2} & (当\ n=2k\ 时) \end{cases}$$

$$x_上 = x_中 + \frac{1}{2}(x_n - x_中)$$

$$x_下 = x_中 - \frac{1}{2}(x_中 - x_1)$$

其中，x_1 和 x_n 分别为序列的最小值和最大值。

例 2.3 设有 10 位专家对某地某年外贸进出口总额进行了预测，结果排序如下（单位：亿元）：

30, 32, 33, 34, 35, 37, 38, 38, 39, 40

则用中位数法预测该地区某年外贸进出口总额为：

$$x_中 = \frac{35+37}{2} = 36(亿元)$$

$$x_上 = 36 + \frac{1}{2}(40-36) = 38(亿元)$$

$$x_下 = 36 - \frac{1}{2}(36-30) = 33(亿元)$$

这些数据表明，专家们基本上认为某年的外贸进出口总额将达到 36 亿元，至少有 50% 的专家的预测值在 33 亿 ~ 38 亿元之间。

(2) 评分法。先规定各种预测结果的计分标准，然后由各专家对自己的预测结果按标准记分，最后进行综合整理便得到预测结果。对分数整理的具体方法有：总分法、平均分法、比重系数法和满分频率法。

总分法：将各专家对某方案评分的总和作为标准进行比较。

平均分法：计算出各个方案的平均得分值，作为相互比较的依据。其公式如下：

$$M_j = \frac{\sum_{i=1}^{m_j} x_{ij}}{m_j} \quad (j=1,2,\cdots,n) \tag{2.3}$$

式中：M_j ——方案 j 的平均分数值；

m_j ——对方案 j 评分的专家数；

x_{ij} ——专家 i 对方案 j 的评分值。

比重系数法：计算出各个方案得分总数占全部方案总分数的比重，作为各个方案进行比较的依据。其公式如下：

$$W_j = \frac{L_j \sum_{i=1}^{m_j} x_{ij}}{\sum_{j=1}^{n} \sum_{i=1}^{m_j} x_{ij}} \quad (j=1,2,\cdots,n) \tag{2.4}$$

式中：W_j——方案 j 的比重系数；

L_j——积极性系数，$L_j = m_j/m$，m 为专家数；

n——方案数。

满分频率法：用得到满分的频率作为各个方案比较的依据。公式如下：

$$f_j = \frac{m'_j}{m_j} \quad (j=1,2,\cdots,n) \tag{2.5}$$

式中：f_j——方案 j 的满分频率；

m'_j——对方案 j 给满分的专家数。

例 2.4 某家电公司拥有一项环保电器产品的实用新型专利技术。为尽快将此项技术商品化、及时收回成本，现假设有两种方案需要作出决策：一种方案是自行生产和销售，这样需购置一些设备，固定成本为 300 万元，原材料、加工费等每件产品的可变成本为 50 元，广告宣传费用为 20 万元，预计销售单价为 80 元。根据以往经验可以断定，在此价格和宣传措施下，产品销售量将在 10 万~90 万件之间。另一种方案是拍卖此专利，预计可得 1 000 万元的收入。为了作出自产自销还是拍卖专利的决策，需要预测该产品的销售量。公司决定采用德尔菲法，具体做法是：

第一，选择本企业技术、营销和管理方面的专家 4 人，本系统的专家 4 人，社会上相关领域的知名学者 4 人。

第二，准备相关资料及调查表。相关资料包括提供该技术产品的样品、产品本身的性能特点和各项指标、国内外同类和相关产品的发展情况，以及本企业过去所生产家电产品的销售情况等。在设计调查表时，假定把该产品销售量分为 3 个档次，分别为 30 万件以下、30 万~70 万件和 70 万件以上，要求填写销售量在各个档次内的可能性（各种可能性之和必须等于 1）。

第三，将调查表和相关参考资料发给各专家征求意见，填好后交回。如此反复征询 4 次后，意见已基本统一。现将最后一次调查情况汇总于表 2.7 中。

表 2.7　　　　　　　　　　新产品销售量最后一次调查汇总表

专家		销售量在各档次内的可能性		
代号	权重	30 万件以下	30 万~70 万件	70 万件以上
1	1	0.2	0.3	0.5
2	3	0.5	0.5	0
3	1	0.3	0.7	0
4	2	0.7	0.1	0.2
5	3	0.4	0.5	0.1

续表

专家		销售量在各档次内的可能性		
代 号	权 重	30万件以下	30万~70万件	70万件以上
6	2	0.6	0.3	0.1
7	2	0.2	0.3	0.5
8	3	0.4	0.2	0.4
9	2	0.3	0.1	0.6
10	1	0.2	0.2	0.6
11	2	0.5	0.3	0.2
12	3	0.3	0.1	0.6
加权平均		0.404	0.292	0.304

根据各位专家对本专业的熟悉程度及权威性的大小,分别指定权重(见表2.7中的第2列,注意此权重必须严格保密),然后分别计算3个档次内专家估计可能性的加权平均值,得:0.404,0.292,0.304,将这3个平均值分别作为真实销售量落在3个档次内的可能值。3个档次的销售量分别取20万件、50万件和80万件作为代表值,则可预测平均销售量为:

$$20×0.404+50×0.292+80×0.304=47(万件)$$

若本公司自行产销该产品,平均可获利为:

$$(80-50)×47-(300+20)=1\ 090(万元)$$

因此,决策的结果应为自行生产和销售。

2.2.3 主观概率法

主观概率法是对市场调查预测法、专家预测法进行集中整理的常用方法。主观概率是指在一定条件下,个人对某一事件在未来发生或不发生的可能性所作的估计,反映了个人对未来事件的主观判断和信任程度。常用的主观概率法有主观概率加权平均法和累计概率中位数法等。下面仅介绍主观概率加权平均法。

主观概率加权平均法是以主观概率为权数,对各种预测意见进行加权平均,求得综合性预测结果的方法。其步骤如下:①确定主观概率。即根据过去预测的经验来确定各种可能情况的主观概率。②计算综合预测值。③计算平均偏差程度,校正预测结果。

例2.5 某大型空调生产企业欲对下一年首季度空调产品的销售额进行预测,且预测工作主要由市场营销部和投资计划部来完成。过程如下:

(1)确定主观概率,即以主观概率为权数,计算两部门预测人员的最高销售、最低销售和最可能销售的加权算术平均数,作为预测期望值。如表2.8所示。

表2.8　　　　　　　　　　　市场营销部预测期望值计算表

预测人员 (1)	估计 (2)	销售额(万元) (3)	主观概率 (4)	销售额×概率 (5)=(3)×(4)
甲	最高销售	1 100	0.2	220
	最可能销售	900	0.5	450
	最低销售	700	0.3	210
	期望值			880
乙	最高销售	1 000	0.2	200
	最可能销售	800	0.6	480
	最低销售	600	0.2	120
	期望值			800
丙	最高销售	900	0.3	270
	最可能销售	700	0.4	280
	最低销售	500	0.3	150
	期望值			700

如预测员甲的期望值为：

$$\frac{1\ 100\times20+900\times50+700\times30}{100}=880(万元)$$

(2) 以主观概率为权数,计算每人期望值的平均数。如果3位预测人员的判断能力不相上下,其主观概率各为1/3,则3人预测的平均销售额为：

$$\frac{880+800+700}{3}=793.33(万元)$$

同理,如果投资计划部预测员甲的期望值为950万元,乙的期望值为750万元,二人的主观概率各为50%,则投资计划部预测员预测的平均销售额为：

$$\frac{950+750}{2}=850(万元)$$

如果市场营销部预测人员的主观概率为60%,投资计划部预测人员的主观概率为40%,则该公司下一年首季的预测销售额为：

$$\frac{793.33\times60+850\times40}{100}=816(万元)$$

上述每人期望值的主观概率,主要根据过去的经验来确定。

(3) 计算平均偏差程度,校正预测结果。将过去若干季的实际数和预测数对比,计算平均比率和平均偏差程度。设过去8个季度的实际数与预测数之比如表2.9所示。

表2.9　　　　　　　　　　　实际数与预测数之比

季度	1	2	3	4	5	6	7	8	平均比率(%)
实际数/预测数	0.98	1.03	1.02	0.86	0.97	1.02	0.93	1.04	0.98

平均比率是各季比率的简单算术平均数,为98%,即实际数比预测数有高有低,平均为98%;平均偏差程度为2%,即实际数比预测数平均低2%,因此应将预测数扣除2%进行校正。经校正后,该公司下一年首季预测销售额为:816×98%=799.68(万元)。

本例也可应用Excel软件来完成,参见本书16.2.2中例16.1。

2.2.4 点面联想法与类推预测法

1) 点面联想法

点面联想法是以调查对象的普查资料或抽样调查资料为基础,通过分析、判断、联想等来进行预测的一种方法。在实际市场预测中,由于受到人力、财力、物力和时间等客观因素的制约,往往只能进行局部普查或抽样调查。但是,我们可以此调查资料为基础,从点到面联想整个行业或市场的相关预测值。运用此法的关键在于所调查的资料应具有代表性,能近似反映出总体的特征,否则,预测结果就没有实用价值。

下面用例题来说明点面联想法的基本步骤。

例2.6 某自来水公司主要供应周边几个居民区,经调查得到某年该公司所供应的7个地区的基本资料,见表2.10。由抽样调查得到了D_1区的需求率为0.9,要求预测下一年该公司所供应7个地区的自来水需求量。

表2.10　　　　　　　　　　　　　基本资料

地 区	D_1	D_2	D_3	D_4	D_5	D_6	D_7
某年自来水实际销售量Y(万吨)	18	12	9	28	17	28	18
居民户数Z(万户)	25	15	10	25	18	30	20

点面联想法的基本步骤为:

(1) 计算各地区的销售率。销售率=实际销售量Y÷居民户数Z,它反映了各地区的消费水平。如D_1地区的销售率$Q_{D_1}=\dfrac{Y_1}{Z_1}=\dfrac{18}{25}=0.72$(吨/户),其他依此类推。

(2) 计算各地区销售率比。销售率比实质上是各地区以D_1地区为基准的销售率指数。如D_2地区销售率=$\dfrac{Q_{D_2}}{Q_{D_1}}=\dfrac{0.8}{0.72}=1.111$,其他依此类推。

(3) 计算各地区的需求率。假设销售率比大约等于需求率比,则需求率$G_{D_i}=G_{D_1}\times\dfrac{Q_{D_i}}{Q_{D_1}}$,$(i=2,3,\cdots,7)$,$D_2$地区需求率$G_{D_2}=0.9\times1.111=0.999$,其余依此类推。

(4) 计算各地区需求量。需求量=需求率$G_{D_i}\times$居民户数Z。如D_1地区需求量为$0.9\times25=22.5$(万吨),其余依此类推。

(5) 汇总各地区需求量,即为该公司的7个供应区需求量总预测值,见表2.11。

表 2.11　　　　　　　　　　　　　　　需求量预测

地区	实际销售 Y(万吨)	地区居民户 Z(万户)	销售率 Y/Z	销售率比 Q_{D_i}/Q_{D_1}	需求率 $G_{D_1} \times \dfrac{Q_{D_i}}{Q_{D_1}}$	预测期需求量 (万吨)
D_1	18	25	0.72	1.000	0.900	22.50
D_2	12	15	0.80	1.111	0.999	14.99
D_3	9	10	0.90	1.250	1.125	11.25
D_4	28	25	1.12	1.556	1.400	35.00
D_5	17	18	0.94	1.306	1.175	21.15
D_6	28	30	0.93	1.292	1.163	34.89
D_7	18	20	0.90	1.250	1.125	22.50
合计	130	143	—			162.28

2) 类推预测法

类推预测法即类比推理。它与演绎推理、归纳推理并列为三大分析推理方法。类推预测法就是根据事物及市场环境因素的相似性，从一个已知事件的发展变化，类推预测尚未发生的某些现象变化趋势的一种判断预测方法。与演绎推理、归纳推理在适用范围上受到很大限制相比，类推预测法则以其极大的灵活性被广泛使用。如企业要推出一种新产品时，因没有历史资料，所以只能用同类型或近似产品的历史与现实资料，通过类推、比较和判断，来预测新产品的未来销售情况。当然，要对预测结果不断地加以调整和修正，才能使预测值更接近于实际情况。

例 2.7　某地区近十几年来电动摩托车销售统计资料如表 2.12 所示，试以此资料分析预测本地区家用轿车的市场销售发展趋势和销售量。

表 2.12　　　　　　　　　　　　　　　摩托车销售统计资料

年　份	2007	2008	2009	2010	2011	2012	2013	2014
销售量(万台)	0.4	0.6	0.9	1.2	2.8	2.4	3.8	6.1
环比指数	100	150	150	133	233	86	158	161
年　份	2015	2016	2017	2018	2019	2020	2021	2022
销售量(万台)	8.5	7.2	12.1	21.5	38.5	60.1	78.2	91.6
环比指数	139	85	168	178	179	156	130	117

从对表 2.12 的数据分析可以看出，除少数年份的销售量略有下降外，其他年份都是稳步上升，基本可分为三个阶段：2007—2015 年为稳步增长的导入期，其基数低，增长幅度大；2016—2020 年为迅速成长期，基数放大，增长幅度大且稳定；2021—2022 年开始进入成熟期，其增长幅度明显放慢。

由于轿车与摩托车都属高档耐用消费品，具有豪华、舒适、快捷、安全的代步功能。根据类推法，家用轿车的上市大致也有类似的导入期和成长期，且当市场拥有率达到每 100 户

10~20辆时便明显放慢增长速度,进入成熟期。假设最初具有购买摩托车经济条件的家庭占所有家庭的30%,其第一年实际购买量为400辆,而购买家用轿车经济条件的家庭如果占具有购买摩托车经济条件家庭的1/2,那么,家用轿车第一年的销售预测值为200辆。

2.2.5 指标判断分析法和扩散指数预测法

市场是处在一定经济环境中的,经济形势的变化必然会对市场产生影响,而且这种影响有时表现得非常突出。如有时商品销售量停滞或下降,并不是由商品的生产质量、销售手段或商品本身的其他原因所引起的,而是由经济形势的变化所决定的。指标判断分析法和扩散指数预测法,就是根据经济发展中各种经济指标的变化,来判断分析市场未来发展变化趋势的方法。

1) 指标判断分析法

指标判断分析法,是根据经济发展指标的变化与市场现象变化之间的关系,由经济指标的变化来分析、判断和预测市场未来变化的方法。国民经济发展中的许多指标的变化,都会先后影响到市场需求及其他各方面的变化。根据经济发展指标对市场需求影响的关系,可以把经济发展指标分为三类,即先行指标、同步指标、滞后指标。

先行指标,是指其变化先于市场变化,并由这些经济指标的变化引起市场的变化。属于这一类的指标有:财政金融政策、价格政策、消费者支出水平、人口变动趋势等。如基本建设投资的规模,积累和消费的数量和结构,价格指数,人口数量增减等,都会直接影响到市场需求量的增减。在市场预测中,注意搜集整理这些指标的有关资料,根据其变动,能够对未来市场的总趋势进行预测。

同步指标,是指其变化与市场变化基本同时发生的经济指标。属于这一类的经济指标有:国民生产总值、工业生产总值、批发价格指数等。积累这些指标的资料,也是市场预测所必需的。

滞后指标,是指其变动落后于市场变动的指标。虽然这类指标是市场出现变化之后才呈现出自身的变化,但这些指标可以验证根据先行指标所做的市场预测,同时可对下一周期的市场进行预测。如农副产品收购价格变化这个先行指标,不但会引起当年农副产品收购数量的明显变化,而且还会引起明年农业生产投资和播种结构的变化。

上述三类经济指标不是孤立、静止的。采用指标判断分析法进行预测,在不同国家和不同经济发展阶段,所采用的指标不尽相同。不同的国家由于经济制度不同,经济指标的内涵不同,指标所反映的经济关系不同,在市场预测中所采用的经济指标也会有所不同。在不同经济发展阶段中,经济指标与市场关系的表现是有区别的:在某一经济发展阶段,市场变化可能与某一些经济指标的变化联系比较直接,关系比较紧密;在另一个经济发展阶段,市场变化则与另一些经济指标的变化关系比较直接。因此,采用指标判断分析法进行市场预测,首先必须正确确定市场变动与指标变动之间的关系,选择适当的指标。做到这一点,需要通过长期的分析和观察,根据我国的经济发展实践,根据社会主义市场经济发展阶段,找到一套适合中国的市场预测经济指标,并且在不断的使用过程中,使其更合理、更完善。

2)扩散指数预测法

扩散指数预测法,是根据若干个经济指标的变动,计算出扩散指数,以扩散指数为依据来判断市场未来的发展趋势。这种方法的具体做法是,选定若干个经济指标,并搜集本期和上期的数值,再对两期的数值加以比较,本期比上期数值大为正,小为负;正值表示上升,负值表示下降。若以 X 表示上升指标个数,Y 表示下降指标个数,$Z=X+Y$ 表示指标总个数,则 $(X/Z)\times 100\%$ 称为扩散指数,以此扩散指数作为预测未来市场的标准,判断市场的未来趋势。

例 2.8 现假定选择 8 个经济指标,对某期市场趋势进行预测,其比较结果参见表 2.13。

表 2.13　　　　　各指标本期数值与上期数值比较

指标名称	本期数值与上期数值之差
1	+
2	+
3	+
4	−
5	+
6	+
7	+
8	−

由表 2.13 可见,上升的经济指标数是 6 个,$X=6$,下降的经济指标数是 2 个,$Y=2$,则 $Z=8$,扩散指数为:

$$\frac{X}{Z}\times 100\% = \frac{6}{8}\times 100\% = 75\%$$

一般认为,扩散指数达到 50% 以上,表示未来市场需求有上升动向;扩散指数达到 60% 以上,则可判断将会出现上升状态;若扩散指数为 50% 以下,则预计市场有下降趋势;若扩散指数为 40% 以下,则市场将会出现下降局面。本例中扩散指数达到 75%,说明市场需求将会出现较大幅度的上升。

扩散指数预测法的计算周期,可以根据市场预测的需要而定。较长的可以年为周期,较短的可以季、月为周期,采用不同的周期做市场预测,所搜集的经济指标值应与之相适应。

思考练习题

1)什么是定性预测?定性预测法适用于什么情况的预测?

2)简述资料调查的程序和方法?

3)什么是抽样调查?如何减少抽样误差?

4) 常用的随机抽样方法有哪些？

5) 什么是专家预测法？如何选择专家？

6) 什么是头脑风暴法？

7) 何谓德尔菲法？其特点和优、缺点是什么？

8) 用德尔菲法汇总整理专家意见时,常用的方法有哪些？

9) 已知某公司3个销售人员对明年销售的预测意见与主观概率如下表,又知计划人员预测销售的期望值为1 000万元,统计人员预测销售的期望值为900万元,计划、统计人员的预测能力分别是销售人员的1.2倍和1.4倍。试用主观概率加权平均法求:(1)每位销售人员的预测销售期望值;(2)三位销售人员的平均预测期望值;(3)该公司明年的预测销售额。

销售人员预测期望值计算表

销售人员	估计	销售额(万元)	主观概率
甲	最高销售	1 120	0.25
	最可能销售	965	0.50
	最低销售	640	0.25
	期望值		0.30
乙	最高销售	1 080	0.20
	最可能销售	972	0.50
	最低销售	660	0.30
	期望值		0.35
丙	最高销售	1 200	0.25
	最可能销售	980	0.60
	最低销售	600	0.15
	期望值		0.35

10) 张先生在银行有一笔存款,他想利用此款购买债券或股票。在今后5年内,债券的价值将提高25%,而股票价值的提高与股息依赖于这5年的经济状况:若通货膨胀,它将增长100%;若通货紧缩,它将下降10%;在一般情况下,它将提高15%。为预测今后5年的经济状况,他请到5位专家,用德尔菲法征询意见,最后一轮的意见已接近一致,如下表所示:

专家编号	各种情况发生的可能性		
	通货膨胀	一般情况	通货紧缩
1	0.15	0.75	0.1
2	0.2	0.7	0.1
3	0.2	0.65	0.15

续表

专家编号	各种情况发生的可能性		
	通货膨胀	一般情况	通货紧缩
4	0.3	0.65	0.05
5	0.15	0.75	0.1

如按这些专家的意见(假定平等对待各位专家的意见),为使张先生在5年后取得最大的经济收益,他应该用该存款购买债券还是购买股票?

3 时间序列平滑预测法

时间序列平滑预测法旨在通过研究事物自身的发展规律,去预测其未来发展趋势。最早将这种方法用于商情研究和预测的是美国哈佛大学的珀森斯(Warren Persons)教授。到20世纪70年代,随着计算机技术的发展,该方法被广泛地应用于水文、气象、地震、经济等各个领域,目前已成为世界各国进行经济预测的基本方法之一。

本章主要介绍的预测方法有移动平均法、指数平滑法及自适应过滤法。这些方法既可用于宏观预测,也可用于微观预测,预测期限主要为短、中期,不适于有拐点的长期预测。利用时间序列平滑预测法进行经济预测所依据的基本假定是:经济变量过去的发展变化规律,在未发生质变的情况下,可以被延伸到未来时期。当预测期与观测期的经济环境基本相同时,这一假定可以被接受。

3.1 时间序列的构成

所谓时间序列,是指各种社会、经济、自然现象的数量指标按照时间顺序排列起来的统计数据。例如,某种商品的销售额按季度顺序排列起来的统计数据,职工工资总额按年度顺序排列起来的统计数据等都是时间序列。时间序列一般用 $y_1, y_2, \cdots, y_t, \cdots$ 表示,t 为时间,简记为 $\{y_t\}$。

3.1.1 时间序列的构成因素

影响经济变量的时间序列变动的因素很多,有些因素属于根本性因素,它对时间序列的变动起决定性作用,会使时间序列变动呈现出一定的规律性;有些因素属于偶然因素,对时间序列变动只起局部的非决定性作用,使时间序列呈现出不规则波动。为了研究经济变量的发展变化规律,并据此预测未来,需要将这些影响因素加以分解,分别进行测定。在具体分析中,通常按影响因素的性质不同,将影响时间序列总变动的因素分解为长期趋势、季节变动、循环变动和随机变动四种主要类型。

1) 长期趋势

长期趋势是指时间序列在较长时期内,受某种根本性因素影响所呈现出的总趋势,是经济现象的本质在数量方面的反映,也是我们对时间序列进行分析和预测的重点。如图3.1所示,长期趋势可以是上升的,也可以是下降的,或者是平稳的(或称水平的)。

上升趋势　　　　下降趋势　　　　水平趋势

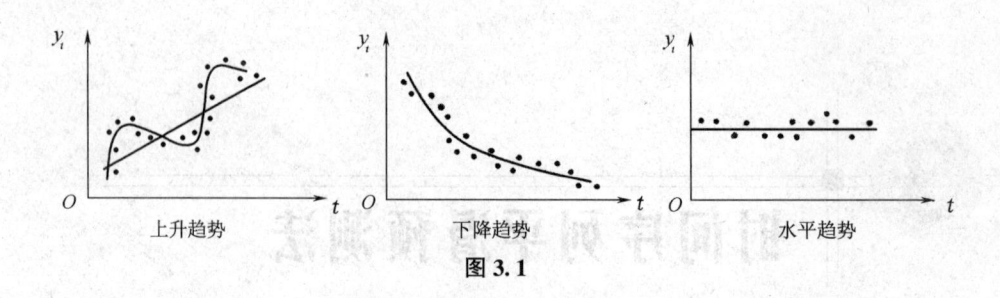

图 3.1

2) 季节变动

季节变动是指时间序列受季节更替规律或节假日的影响而呈现出的周期性变动。例如，农作物的生长受季节影响，从而导致农产品加工业的季节性变化，并且波及运输、仓储、价格等方面的季节性变动；再如空调、燃料、冷饮等商品的销售量受天气冷暖的影响，出现销售旺季及销售淡季；另外，当春节、中秋节、国庆节等节假日来临时，某些食品的需求量剧增，也会出现购买高峰。

季节变动的周期比较稳定，一般是以一年为一个周期反复波动，当然也有不到一年的周期变动。如，银行的活期储蓄额以月为周期，每天早晨乘公共汽车上班的客流量一般以七天为一个周期。季节变动有固定规律可循，周期效应可以预见。

3) 循环变动

循环变动是一种变化非常缓慢、需要经过数年或数十年才能显现出来的循环现象。它虽类似于周期变动，但规律性不明显，无固定周期，出现一次循环变动之后，下次何时出现，周期多长难以预见，因而周期效应难以预测。

为了掌握时间序列受循环变动因素的影响情况，需要取得很长时期的样本数据加以分析，以获得循环变动的信息。在短期内，循环变动是显现不出来的，因而在短期预测中，可以不考虑循环变动的影响。

4) 随机变动（或称随机干扰）

随机变动是指时间序列由于突发事件或各种偶然因素引起的无规律可循的变动。如，自然灾害、意外事故、战争和政策改变等原因对时间序列的影响。这种随机变动有时对经济发展影响较大，但却不能以趋势、季节或循环变动来解释，也难以预测。

了解构成时间序列的四种因素后，我们就能有的放矢地加以处理。在预测时，需要从时间序列中分离出长期趋势，并找到循环变动、季节变化的规律，排除随机干扰。

3.1.2 时间序列的构成模式

时间序列的变动可以看成是上述四种因素的叠加，是它们综合作用的结果。其作用形式一般有两种模式：

加法模式：
$$y_t = T_t + S_t + C_t + I_t \tag{3.1}$$

乘法模式：
$$y_t = T_t \cdot S_t \cdot C_t \cdot I_t \tag{3.2}$$

式中：y_t——第 t 期的时间序列值；
T_t——第 t 期的长期趋势值；
S_t——第 t 期的季节变动值；
C_t——第 t 期的循环变动值；
I_t——第 t 期的随机变动值。

上面所研究的是时间序列的一般构成。实际进行时间序列分析和预测时，四个分量不一定同时存在。有时可能没有 S_t，即时间序列无季节变动的影响；有时可能没有 C_t，即时间序列无循环变动的影响；但是不能没有 T_t，因为任何模式都以长期趋势 T_t 为它的主干。

一般而言，若时间序列的季节变动、循环变动和随机变动的幅度随着长期趋势的增长（或衰减）而加剧（或减弱），应采用乘法模式；若季节变动、循环变动和随机变动的幅度不随长期趋势的增衰而变化，应采用加法模式。

3.1.3 时间序列数据的类型

在下面的讨论中，我们假定经济变量的时间序列无循环变动的影响。在时间序列预测中，常遇到的数据类型有以下几种：

1) 水平趋势型

这时时间序列表现为既无上升或下降趋势，也无季节影响，只是沿着水平方向发生变动，可表示为：

$$y_t = T_t + I_t \quad \text{（加法模式）}$$

或

$$y_t = T_t \cdot I_t \quad \text{（乘法模式）}$$

如图 3.2(a)所示。

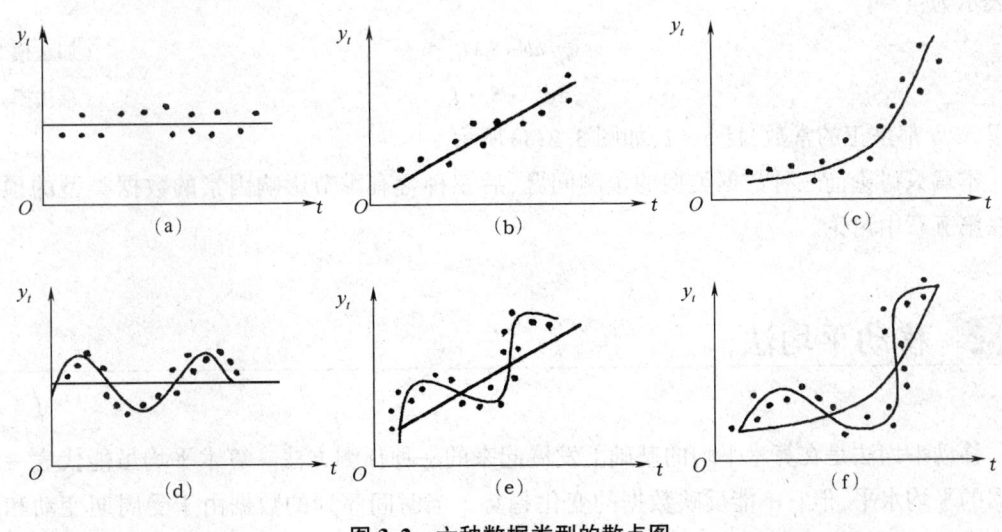

图 3.2 六种数据类型的散点图

2) 线性趋势型

这时时间序列的长期趋势值是时间 t 的线性函数，无季节影响，可表示为：

$$y_t = (a+bt) + I_t \quad \text{(加法模式)}$$

或
$$y_t = (a+bt) \cdot I_t \quad \text{(乘法模式)}$$

这里，a,b 都是常数，且 $b \neq 0$，如图 3.2(b) 所示。

3）曲线趋势型

这时时间序列的长期趋势值是时间 t 的非线性函数，无季节影响。以二次曲线为例，可表示为：

$$y_t = (a+bt+ct^2) + I_t \quad \text{(加法模式)}$$

或
$$y_t = (a+bt+ct^2) \cdot I_t \quad \text{(乘法模式)}$$

这里，a,b,c 均为常数，且 $c \neq 0$，如图 3.2(c) 所示。

4）水平趋势季节型

这时时间序列无上升或下降趋势，但受季节影响，可表示为：

$$y_t = T_t + S_t + I_t \quad \text{(加法模式)}$$

或
$$y_t = T_t \cdot S_t \cdot I_t \quad \text{(乘法模式)}$$

如图 3.2(d) 所示。

5）线性趋势季节型

这时时间序列的长期趋势值是时间 t 的线性函数，且受季节影响，可表示为：

$$y_t = (a+bt) + S_t + I_t \quad \text{(加法模式)}$$

或
$$y_t = (a+bt) \cdot S_t \cdot I_t \quad \text{(乘法模式)}$$

这里，a,b 都是常数，且 $b \neq 0$，如图 3.2(e) 所示。

6）曲线趋势季节型

这时时间序列的长期趋势值是时间 t 的非线性函数，且受季节影响。以指数函数为例，可表示为：

$$y_t = ab^t + S_t + I_t \quad \text{(加法模式)}$$

或
$$y_t = ab^t \cdot S_t \cdot I_t \quad \text{(乘法模式)}$$

这里，a,b 都是正的常数，且 $b \neq 1$，如图 3.2(f) 所示。

本章只讨论前三种数据类型的预测问题，后三种含有季节影响因素的数据类型的预测将在第五章中讨论。

3.2 移动平均法

移动平均法是在算术平均的基础上发展起来的一种预测方法。算术平均虽能代表一组数据的平均水平，但它不能反映数据的变化趋势。当时间序列的数据由于受周期变动和随机变动的影响起伏较大，不易显示出发展变化趋势时，可用移动平均法消除这些因素的影响，显露出时间序列的长期趋势。

移动平均法包括一次移动平均法、加权移动平均法和二次移动平均法等，现分别介绍如下。

3.2.1 一次移动平均法

所谓一次移动平均法,就是取时间序列的 N 个观测值予以平均,并依次滑动,直至将数据处理完毕,得到一个平均值序列。

设时间序列为 $y_1, y_2, \cdots, y_t, \cdots, y_n$; n 为样本容量。

一次移动平均计算公式为:

$$M_t^{(1)} = \frac{y_t + y_{t-1} + \cdots + y_{t-N+1}}{N} \quad (t \geq N) \tag{3.3}$$

式中: $M_t^{(1)}$——第 t 期的一次移动平均值;

N——移动平均的项数(或称步长)。

由(3.3)式可以得到一个时间序列的移动平均数列。移动平均的作用在于修匀数据,消除一些随机干扰,使时间序列的长期趋势显露出来,从而可用于趋势分析及预测。

一般情况下,如果时间序列没有明显的周期变化和趋势变化,可用第 t 期的一次移动平均值作为第 $t+1$ 期的预测值,其预测模型为:

$$\hat{y}_{t+1} = M_t^{(1)} \tag{3.4}$$

式中: $\hat{y}_{t+1}$——第 $t+1$ 期的一次移动平均预测值。

例 3.1 某商场 2019 年 1~12 月份儿童服装销售额的数据如表 3.1 所示,试用一次移动平均法预测 2020 年 1 月份的销售额。

表 3.1　　　　　　　　儿童服装销售额及移动平均计算表　　　　　　　　单位:万元

年、月		t	销售额 y_t	$N=3$ 的一次移动平均			$N=5$ 的一次移动平均			$N=3$ 的加权移动平均		
				$\hat{y}_t$	$y_t - \hat{y}_t$	e_t^2	$\hat{y}_t$	$y_t - \hat{y}_t$	e_t^2	$\hat{y}_t$	$y_t - \hat{y}_t$	e_t^2
2019	1	1	25.5									
	2	2	28.1									
	3	3	25.0									
	4	4	27.5	26.2	1.3	16.9				26.1	1.4	1.96
	5	5	23.5	26.9	-3.4	11.56				26.8	-3.3	10.89
	6	6	21.9	25.3	-3.4	11.56	25.9	-4.00	16.00	25.1	-3.2	10.24
	7	7	23.8	24.3	-0.5	0.25	25.2	-1.40	1.96	23.4	0.4	0.16
	8	8	24.5	23.1	1.4	1.96	24.3	0.20	0.04	23.1	1.4	1.96
	9	9	26.0	23.4	2.6	6.76	24.2	1.80	3.24	23.8	2.2	4.84
	10	10	25.0	24.8	0.2	0.04	23.9	1.10	1.21	25.1	-0.1	0.01
	11	11	28.1	25.2	2.9	8.41	24.2	3.90	12.21	23.3	2.8	7.84
	12	12	25.0	26.4	-1.4	1.96	25.5	-0.50	0.25	26.7	-1.7	2.89
2020	1	13	预测值	26.0			25.7			26.0		
合计						44.19			37.91			40.79

解 首先根据数据绘制散点图,如图 3.3 所示。观察散点图可知,销售额的走势基本沿

水平方向变化且无季节影响,因而可用一次移动平均法进行预测。

分别取 $N=3$ 和 $N=5$,按预测模型:

$$\hat{y}_{t+1} = \frac{y_t + y_{t-1} + y_{t-2}}{3}$$

和

$$\hat{y}_{t+1} = \frac{y_t + y_{t-1} + y_{t-2} + y_{t-3} + y_{t-4}}{5}$$

计算 3 个月和 5 个月的移动平均预测值,将结果列于表 3.1 中。

为了便于比较,将 3 个月和 5 个月的移动平均预测值也画在图 3.3 中。从图中看出,$N=5$ 的移动平均预测值比 $N=3$ 的移动平均预测值波动要小。前 6 期数据总的来说呈下降趋势,$N=5$ 时预测值下降较慢,$N=3$ 时下降较快;后 6 期数据呈上升趋势,$N=5$ 时预测值上升较慢,$N=3$ 时上升较快。这说明,$N=5$ 的预测值比 $N=3$ 的预测值对数据变化的反应迟钝。

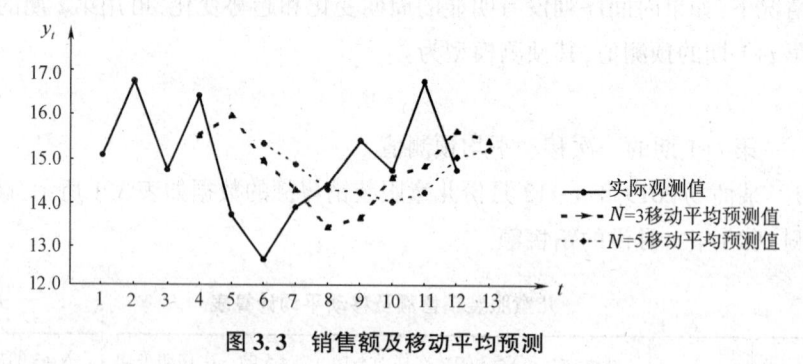

图 3.3 销售额及移动平均预测

预测时,我们既希望模型的数据平滑能力要强,以便更好地抵消随机干扰,显示出规律性,同时又希望预测值对数据变化要反应灵敏,以使预测值不要滞后太多,但二者不可兼得,因为要使预测值能很快跟上数据的变化,必然要带进更多的随机误差。

那么,N 究竟应该选择多大合适? 一般来说,当时间序列的变化趋势较为稳定时,N 宜取大些;当时间序列波动较大、变化明显时,N 宜取小些,但这一原则使用起来并不方便。实际预测中,一个行之有效的方法是试算法,即选择几个 N 值进行计算,比较它们的预测误差,从中选择使预测误差较小的那个 N。

如在本例中,要预测儿童服装的销售额,究竟应取 $N=3$ 还是 $N=5$ 合适,可通过计算这两个预测模型的均方误差 MSE,选取使 MSE 较小的那个 N。

当 $N=3$ 时,

$$\text{MSE} = \frac{1}{9} \sum_{t=4}^{12} (y_t - \hat{y}_t)^2 = \frac{44.19}{9} = 4.91$$

当 $N=5$ 时,

$$\text{MSE} = \frac{1}{7} \sum_{t=6}^{12} (y_t - \hat{y}_t)^2 = \frac{37.91}{7} = 5.42$$

计算结果表明:$N=3$ 时,MSE 较小,故选取 $N=3$。预测 2020 年 1 月份的儿童服装销售额预测值为:

$$\hat{y}_{2020.1} = \hat{y}_{13} = \frac{y_{12}+y_{11}+y_{10}}{3} = 26.0(万元)$$

注意,一次移动平均法的预测能力只有一期。

3.2.2 加权移动平均法

在一次移动平均法中,各期数据在移动平均值中的作用是同等的。但实际上,各期数据所包含的信息量并不相同,近期数据比远期数据包含更多的关于未来的信息。因此,在预测中应更加重视近期数据,给近期数据以较大的权数,给远期数据以较小的权数,这就是加权移动平均法的基本思想。

加权移动平均法的计算公式为:

$$M_{tw} = \frac{w_1 y_t + w_2 y_{t-1} + \cdots + w_N y_{t-N+1}}{w_1 + w_2 + \cdots + w_N} \quad (t \geq N) \tag{3.5}$$

式中:M_{tw}——第 t 期的加权移动平均值;

w_i——观测值 y_{t-i+1} 的权数。

w_i 体现了相应的 y_i 在加权移动平均值中的重要程度。实际中常选 $w_1 \geq w_2 \geq \cdots \geq w_N$。若以第 t 期的加权移动平均值作为第 $t+1$ 期的预测值,则预测模型为:

$$\hat{y}_{t+1} = M_{tw} \tag{3.6}$$

例 3.2 根据表 3.1 中儿童服装销售额的数据,用加权移动平均法预测 2020 年 1 月份的销售额。

解 为了突出新数据的作用,取 $w_1=3, w_2=2, w_3=1$,按预测模型

$$\hat{y}_{t+1} = \frac{3y_t + 2y_{t-1} + y_{t-2}}{3+2+1}$$

计算 3 个月的加权移动平均值,结果列于表 3.1 中。2020 年 1 月份销售额的预测值为:

$$\hat{y}_{2020.1} = \hat{y}_{13} = \frac{3y_{12}+2y_{11}+y_{10}}{3+2+1} = \frac{3 \times 25.0 + 2 \times 28.1 + 25.0}{6} = 26.0(万元)$$

均方误差为:

$$MSE = \frac{1}{9} \sum_{t=4}^{12} (y_t - \hat{y}_t)^2 = \frac{40.79}{9} = 4.5322$$

计算结果显示,采用加权移动平均法,可以更准确地反映实际情况,因为其均方误差比 $N=3$ 时一次移动平均值的均方误差要小。

注意,加权移动平均法的预测能力也只有一期。

3.2.3 二次移动平均法

所谓二次移动平均法,就是将一次移动平均序列再进行一次移动平均。其计算公式为:

$$M_t^{(2)} = \frac{M_t^{(1)} + M_{t-1}^{(1)} + \cdots + M_{t-N+1}^{(1)}}{N} \tag{3.7}$$

它的递推公式为:

$$M_t^{(2)} = M_{t-1}^{(2)} + \frac{M_t^{(1)} - M_{t-N}^{(1)}}{N} \tag{3.8}$$

式中：$M_t^{(2)}$——第 t 期的二次移动平均值。

当时间序列具有线性发展趋势时，用一次移动平均法和加权移动平均法进行预测就会出现滞后偏差，表现为对于线性增加的时间序列，预测值偏低，而对于线性减少的时间序列，则预测值偏高。这种偏低、偏高的误差统称为滞后偏差。为了消除滞后偏差对预测的影响，可在一次、二次移动平均值的基础上，利用滞后偏差的规律来建立线性趋势模型，利用线性趋势模型进行预测。预测步骤为：

（1）对时间序列 $\{y_t\}$ 计算 $M_t^{(1)}$ 和 $M_t^{(2)}$。

（2）利用 $M_t^{(1)}$ 和 $M_t^{(2)}$ 估计线性趋势模型的截距 $\hat{a}_t$ 和斜率 $\hat{b}_t$：

$$\left.\begin{array}{l}\hat{a}_t = 2M_t^{(1)} - M_t^{(2)} \\ \hat{b}_t = \dfrac{2}{N-1}(M_t^{(1)} - M_t^{(2)})\end{array}\right\} \quad (3.9)$$

（3）建立线性趋势预测模型：

$$\hat{y}_{t+\tau} = \hat{a}_t + \hat{b}_t \tau \quad (3.10)$$

式中：t——当前期；

τ——预测超前期；

$\hat{y}_{t+\tau}$——第 $t+\tau$ 期的预测值；

$\hat{a}_t$——截距的估计值；

$\hat{b}_t$——斜率的估计值。

（4）进行预测。

例 3.3 表 3.2 给出了 2004—2017 年某市居民人均年生活费支出的统计资料。试用二次移动平均法预测 2018 年和 2019 年该地居民人均年生活费支出。

表 3.2　　　　　人均年生活费支出及二次移动平均法计算表　　　　单位：元

年份	t	人均年生活费支出 y_t	$M_t^{(1)}$	$M_t^{(2)}$	$\hat{y}_t$	$\dfrac{|y_t - \hat{y}_t|}{y_t}$
2004	1	4 134.1				
2005	2	5 019.8				
2006	3	5 729.5				
2007	4	6 531.8	5 353.8			
2008	5	6 970.8	6 063.0			
2009	6	7 498.5	6 682.6			
2010	7	8 493.5	7 373.7	6 368.3		
2011	8	8 922.7	7 971.4	7 022.7	9 049.4	0.014 2
2012	9	10 285.8	8 800.1	7 707.0	9 552.6	0.071 3
2013	10	11 123.8	9 706.5	8 462.9	10 621.9	0.045 1
2014	11	12 200.4	10 633.2	9 277.8	11 779.2	0.034 5
2015	12	13 244.2	11 713.6	10 213.4	12 892.2	0.026 6

续表

年份	t	人均年生活费支出 y_t	$M_t^{(1)}$	$M_t^{(2)}$	$\hat{y}_t$	$\dfrac{|y_t-\hat{y}_t|}{y_t}$
2016	13	14 825.0	12 848.4	11 225.4	14 213.9	0.041 2
2017	14	15 330.0	13 899.9	12 273.8	15 553.4	0.014 6
2018	15	预测值			16 610.1	
2019	16				17 694.2	

解 预测步骤如下：

(1) 绘制散点图 3.4。由散点图可以看出，人均年生活费支出基本呈线性增长趋势，所以可用二次移动平均法进行预测。

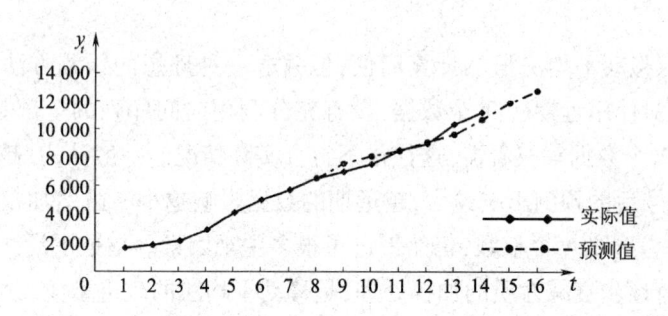

图 3.4 人均年生活费支出散点图

(2) 取 $N=4$，分别计算 $M_t^{(1)}$ 和 $M_t^{(2)}$，结果列于表 3.2 中。

(3) 计算线性趋势模型的截距和斜率：

$$\hat{a}_{14}=2M_{14}^{(1)}-M_{14}^{(2)}=2\times13\,899.9-12\,273.8=15\,526$$

$$\hat{b}_{14}=\frac{2}{N-1}(M_{14}^{(1)}-M_{14}^{(2)})=\frac{2}{3}\times(13\,899.9-12\,273.8)=1\,084.1$$

于是，得到 $t=14$ 时线性趋势预测模型为：

$$\hat{y}_{14+\tau}=15\,526+1\,084.1\tau$$

(4) 计算追溯预测值，并求平均绝对百分比误差 (MAPE)。通常模型建立之后，要计算 MAPE，目的是考察模型的预测效果。为了求各期的追溯预测值，可将 (3.9) 式代入预测模型 (3.10) 中，并令 $\tau=1$，得：

$$\hat{y}_{t+1}=(2M_t^{(1)}-M_t^{(2)})+\frac{2}{N-1}(M_t^{(1)}-M_t^{(2)}) \tag{3.11}$$

令 $t=7,8,\cdots,13$，由上式可求出 8~14 期的追溯预测值。

如 $t=10$，则：

$$\hat{y}_{11}=\hat{y}_{10+1}=(2M_{10}^{(1)}-M_{10}^{(2)})+\frac{2}{4-1}(M_{10}^{(1)}-M_{10}^{(2)})$$

$$=(2\times9\,706.5-8\,462.9)+\frac{2}{3}\times(9\,706.5-8\,462.9)=11\,779.2$$

其余类推，结果列于表 3.2 中。进而计算可得：

$$\text{MAPE} = \frac{1}{7} \sum_{t=8}^{14} \frac{|y_t - \hat{y}_t|}{y_t} = \frac{1}{7} \times 0.247\ 5 = 3.54\%$$

结果表明,MAPE 仅为 3.54%,说明预测模型的精度较高,可用于趋势预测。

(5)预测 2018 年和 2019 年的人均年生活费支出。分别将 $\tau=1$ 和 $\tau=2$ 代入预测模型中,即得预测值:

$$\hat{y}_{2018} = \hat{y}_{15} = 15\ 526 + 1\ 084.1 \times 1 = 16\ 610.1(元)$$

$$\hat{y}_{2019} = \hat{y}_{16} = 15\ 526 + 1\ 084.1 \times 2 = 17\ 694.2(元)$$

因此,二次移动平均法有多期的预测能力。

3.3 指数平滑法

3.2 节介绍的移动平均法虽然计算简便,但并非一种理想的预测方法。原因一是当计算移动平均值时,只使用近期的 N 个数据,没有充分利用时间序列的全部数据信息;原因二是对参与运算的 N 个数据等权看待,这往往不符合实际情况。一般认为,越近期的数据越能反映当前情况,对今后的预测影响越大,越远期的数据影响越小。虽然加权移动平均法能克服这个缺点,但人为选取 N 个权数,仍然带进了很多主观因素。指数平滑法则是对时间序列由近及远采取具有逐步衰减性质的加权处理,是移动平均法的改进型。

指数平滑法根据平滑次数的不同,可分为一次、二次、三次指数平滑法,分别适合于对不同类型的时间序列进行预测。

3.3.1 一次指数平滑法

1) 计算公式

设时间序列为 $\{y_t\}$,一次指数平滑计算公式为:

$$S_t^{(1)} = \alpha y_t + (1-\alpha) S_{t-1}^{(1)} \tag{3.12}$$

式中:$S_t^{(1)}$——第 t 期的一次指数平滑值;

y_t——第 t 期的观测值;

α——加权系数,$0<\alpha<1$。

实际上,(3.12)式是由一次移动平均计算公式改进得到的。推证如下:

由(3.3)式可推出

$$M_t^{(1)} = M_{t-1}^{(1)} + \frac{y_t - y_{t-N}}{N} \tag{3.13}$$

(3.13)式中,$M_{t-1}^{(1)}$ 是观测值 $y_{t-1}, y_{t-2}, \cdots, y_{t-N}$ 的一次移动平均值,故可作为 $y_{t-1}, y_{t-2}, \cdots, y_{t-N}$ 中任何一个观测值的估计值,若以 $M_{t-1}^{(1)}$ 作为 y_{t-N} 的估计值,则(3.13)式可改写为:

$$M_t^{(1)} = M_{t-1}^{(1)} + \frac{y_t - M_{t-1}^{(1)}}{N} = \frac{1}{N} y_t + \left(1 - \frac{1}{N}\right) M_{t-1}^{(1)}$$

令 $\alpha = \frac{1}{N}$,以 $S_t^{(1)}$ 替换 $M_t^{(1)}$,则得到一次指数平滑计算公式(3.12):

指数平滑法如何克服移动平均法的不足之处,通过将(3.12)式展开即可一目了然:

$$\begin{aligned}S_t^{(1)}&=\alpha y_t+(1-\alpha)S_{t-1}^{(1)}\\&=\alpha y_t+(1-\alpha)[\alpha y_{t-1}+(1-\alpha)S_{t-2}^{(1)}]\\&=\alpha y_t+\alpha(1-\alpha)y_{t-1}+(1-\alpha)^2 S_{t-2}^{(1)}\\&\quad\vdots\\&=\alpha y_t+\alpha(1-\alpha)y_{t-1}+\alpha(1-\alpha)^2 y_{t-2}+\cdots+\alpha(1-\alpha)^{t-1}y_1+(1-\alpha)^t S_0^{(1)}\\&=\alpha\sum_{i=0}^{t-1}(1-\alpha)^i y_{t-i}+(1-\alpha)^t S_0^{(1)}\end{aligned} \qquad (3.14)$$

由(3.14)式看出,$S_t^{(1)}$ 的主要部分是 $y_t,y_{t-1},\cdots,y_2,y_1$ 的加权平均,权数由近及远分别为 $\alpha,\alpha(1-\alpha),\alpha(1-\alpha)^2,\cdots$,按几何级数衰减,满足近期权数大,远期权数小的要求,而且利用了时间序列的全部数据信息。由于加权系数符合指数规律,又具有平滑数据的作用,故称为指数平滑法。

2) 预测模型

如果时间序列的变化呈水平趋势,可用第 t 期的一次指数平滑值作为第 $t+1$ 期的预测值,其预测模型为:

$$\hat{y}_{t+1}=S_t^{(1)}=\alpha y_t+(1-\alpha)\hat{y}_t \qquad (3.15)$$

(3.15)式说明,$t+1$ 期预测值是 t 期观测值和 t 期预测值的加权平均。用 y_t 代表新的数据信息,用 $\hat{y}_t$ 代表历史的数据信息,若 α 取 0.5,表明预测者认为新的数据信息和历史的数据信息是同等重要的;若 α 大于 0.5,表明预测者更重视新的数据信息。(3.15)式也可改写为:

$$\hat{y}_{t+1}=\hat{y}_t+\alpha(y_t-\hat{y}_t) \qquad (3.16)$$

(3.16)式说明,新的预测值是在原预测值的基础上,利用原预测误差进行修正得到的。α 的大小体现了修正的幅度,α 越大,修正的幅度越大;α 越小,修正的幅度也越小。由此可见,α 既代表了预测模型对时间序列变化的反应速度,又决定了预测模型修匀误差的能力。因此,α 的选取是重要的,它直接影响着预测结果。

一般 α 的选取可遵循下列原则:

(1)当时间序列波动不大、较为平稳时,可取较小的 α 值(0.05~0.2),以减小修正幅度,使预测模型包含较长时间序列的信息。

(2)当时间序列具有明显的变动趋势时,可取较大的 α 值(0.3~0.6),以便迅速跟上数据的变化,提高预测模型的灵敏度。

(3)实际应用中,可多取几个 α 值进行试算,选取使均方误差最小的 α 作为加权系数。

用一次指数平滑法进行预测,还涉及初始值 $S_0^{(1)}$ 的选取问题。由(3.14)式可知,当 $t\to+\infty$ 时,$S_0^{(1)}$ 的系数 $(1-\alpha)^t\to 0$,这说明随着 t 的增大,$S_0^{(1)}$ 对预测值的影响越来越小。

初始值是由预测者估计或指定的,具体方法是:

(1)当时间序列的样本容量 $n>20$ 时,初始值对预测结果影响很小,可选取第一期观测值作为初始值。

(2)当时间序列的样本容量 $n \leq 20$ 时,初始值对预测结果影响较大,应选取最初几期观测值的均值作为初始值。

例 3.4 根据例 3.1 所给数据,用一次指数平滑法预测 2020 年 1 月份儿童服装的销售额。

表 3.3　　　　　　　　儿童服装销售额及一次指数平滑法计算表　　　　　　　单位:万元

年、月		t	销售额 y_t	$\alpha=0.2$		$\alpha=0.5$		$\alpha=0.7$	
				$\hat{y}_t$	$(y_t-\hat{y}_t)^2$	$\hat{y}_t$	$(y_t-\hat{y}_t)^2$	$\hat{y}_t$	$(y_t-\hat{y}_t)^2$
2019	1	1	25.5	25.25	0.062 5	25.25	0.062 5	25.25	0.062 5
	2	2	28.1	25.30	7.840 0	25.38	7.398 4	25.43	7.128 9
	3	3	25.0	25.86	0.739 6	26.74	3.027 6	27.30	5.290 0
	4	4	27.5	25.69	3.276 1	25.87	2.656 9	25.69	3.276 1
	5	5	23.5	26.05	6.502 5	26.69	10.176 1	26.96	11.971 6
	6	6	21.9	25.54	13.249 6	25.10	10.240 0	24.54	6.969 6
	7	7	23.8	24.81	1.020 1	23.50	0.090 0	22.69	1.232 1
	8	8	24.5	24.61	0.012 1	23.65	0.722 5	23.47	1.060 9
	9	9	26.0	24.59	1.988 1	24.08	3.686 4	24.19	3.276 1
	10	10	25.0	24.87	0.016 9	25.04	0.001 6	25.46	0.211 6
	11	11	28.0	24.90	10.240 0	25.02	9.486 0	25.14	8.761 6
	12	12	25.0	25.54	0.291 6	26.56	1.433 6	27.21	4.884 1
2020	1	13	预测值	25.43		25.78		25.66	
	合计				45.239 1		49.982 0		54.125 1
	平均				3.769 9		4.165 2		4.510 4

解 由于儿童服装销售额的变化呈水平趋势,见散点图 3.3,所以可用一次指数平滑法进行预测。

为了进行比较,分别选取 $\alpha=0.2,\alpha=0.5,\alpha=0.7$ 进行试算。初始值为:

$$S_0^{(1)}=\frac{1}{6}\sum_{i=1}^{6}y_i=25.25$$

即

$$\hat{y}_1=S_0^{(1)}=25.25$$

按预测模型 $\hat{y}_{t+1}=\alpha y_t+(1-\alpha)\hat{y}_t$ 计算各期预测值:

当 $\alpha=0.2,\hat{y}_1=25.25$ 时:

$$\hat{y}_2=\alpha y_1+(1-\alpha)\hat{y}_1=0.2\times25.5+(1-0.2)\times25.25=25.30$$

$$\hat{y}_3=\alpha y_2+(1-\alpha)\hat{y}_2=0.2\times28.1+(1-0.2)\times25.30=25.86$$

…………

$$\hat{y}_{12}=\alpha y_{11}+(1-\alpha)\hat{y}_{11}=0.2\times28.1+(1-0.2)\times24.90=25.54$$

$$\hat{y}_{13}=\alpha y_{12}+(1-\alpha)\hat{y}_{12}=0.2\times25.0+(1-0.2)\times25.54=25.43$$

类似地,可以计算出 $\alpha=0.5,\alpha=0.7$ 时各年度的预测值,将计算结果列于表 3.3 中,并将计算得到的均方误差也列于表 3.3 中。

从表 3.3 中可以看出,当 $\alpha=0.2,\alpha=0.5,\alpha=0.7$ 时,均方误差分别为 3.796 6,4.165 2,

4.510 4,故选取 $\alpha=0.2$ 作为加权系数,预测 2016 年 1 月份儿童服装销售额为 25.43 万元。

本例也可应用 Excel 软件计算,详见 16.2.2 的例 16.2。

注意:一次指数平滑法的预测能力只有一期。

3.3.2 二次指数平滑法

所谓二次指数平滑法,就是对一次指数平滑序列再进行一次指数平滑。其计算公式为:

$$S_t^{(2)} = \alpha S_t^{(1)} + (1-\alpha) S_{t-1}^{(2)} \tag{3.17}$$

式中:$S_t^{(2)}$——第 t 期的二次指数平滑值。

当时间序列具有线性趋势时,用一次指数平滑法进行预测,就会产生滞后偏差,消除滞后偏差的方法与二次移动平均法类似,即在一次、二次指数平滑值的基础上,利用滞后偏差的规律建立线性趋势模型,用线性趋势模型进行预测。预测步骤为:

(1)确定加权系数 α 和初始值 $S_0^{(1)}$,$S_0^{(2)}$。$S_0^{(2)}$ 的确定原则和方法与 $S_0^{(1)}$ 相同。

(2)对时间序列 $\{y_t\}$ 计算 $S_t^{(1)}$ 和 $S_t^{(2)}$。

(3)利用 $S_t^{(1)}$ 和 $S_t^{(2)}$ 估计线性趋势模型的截距 $\hat{a}_t$ 和斜率 $\hat{b}_t$:

$$\left.\begin{array}{l} \hat{a}_t = 2S_t^{(1)} - S_t^{(2)} \\ \hat{b}_t = \dfrac{\alpha}{1-\alpha}(S_t^{(1)} - S_t^{(2)}) \end{array}\right\} \tag{3.18}$$

(4)建立线性趋势预测模型,并进行预测。

$$\hat{y}_{t+\tau} = \hat{a}_t + \hat{b}_t \tau \tag{3.19}$$

例 3.5 北京市 2000—2017 年城镇居民人均可支配收入的统计数据如表 3.4 所示,试用二次指数平滑法预测 2018 年和 2019 年的城镇居民人均可支配收入。

解 预测过程如下:

(1)绘制散点图,如图 3.5 所示。由散点图可以看出,城镇居民人均可支配收入呈二次曲线趋势,应该用下面将要介绍的三次指数平滑法进行预测,但为了进行方法的比较,在此仍用二次指数平滑法进行预测。

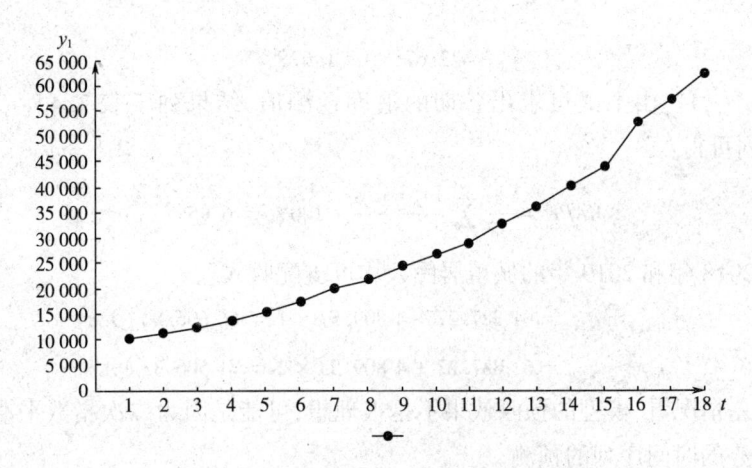

图 3.5 城镇居民人均可支配收入散点图

(2) 取 $\alpha = 0.4$，初始值为：

$$S_0^{(1)} = \frac{y_1 + y_2 + y_3}{3} = 11\,463.80$$

令 $S_0^{(2)} = S_0^{(1)} = 11463.80$，对预测结果影响不大。

(3) 分别计算 $S_t^{(1)}$ 和 $S_t^{(2)}$：

$$S_t^{(1)} = \alpha y_t + (1-\alpha) S_{t-1}^{(1)}$$

$S_1^{(1)} = 0.4 y_1 + 0.6 S_0^{(1)} = 0.4 \times 10\,349.70 + 0.6 \times 11\,463.80 = 11\,018.16$

$S_2^{(1)} = 0.4 y_2 + 0.6 S_1^{(1)} = 0.4 \times 11\,577.80 + 0.6 \times 11\,018.16 = 11\,242.02$

……

$$S_t^{(2)} = \alpha S_t^{(1)} + (1-\alpha) S_{t-1}^{(2)}$$

$S_1^{(2)} = 0.4 S_1^{(1)} + 0.6 S_0^{(2)} = 0.4 \times 11\,018.16 + 0.6 \times 11\,463.80 = 11\,285.54$

$S_2^{(2)} = 0.4 S_2^{(1)} + 0.6 S_1^{(2)} = 0.4 \times 11\,242.02 + 0.6 \times 11\,285.54 = 11\,268.13$

……

结果列于表 3.4 第(4)(5)列中。

(4) 建立线性趋势预测模型：

$$\hat{y}_{t+\tau} = \hat{a}_t + \hat{b}_t \tau$$

由公式(3.18)计算参数 $\hat{a}_t$ 和 $\hat{b}_t$：

$$\hat{a}_{18} = 2 S_{18}^{(1)} - S_{18}^{(2)} = 2 \times 54\,672.97 - 47\,458.67 = 61\,887.27$$

$$\hat{b}_{18} = \frac{\alpha}{1-\alpha}(S_{18}^{(1)} - S_{18}^{(2)}) = \frac{0.4}{1-0.4} \times (54\,672.97 - 47\,458.67) = 4\,809.53$$

于是，得到 $t = 18$ 时的线性趋势预测模型为：

$$\hat{y}_{18+\tau} = 61\,887.27 + 4\,809.53 \tau$$

(5) 计算追溯预测值，并求 $MAPE$。

将式(3.18)代入预测模型(3.19)中，并令 $\tau = 1$，得到追溯预测值计算公式：

$$\hat{y}_{t+1} = (2 S_t^{(1)} - S_t^{(2)}) + \frac{\alpha}{1-\alpha}(S_t^{(1)} - S_t^{(2)}) = \left(1 + \frac{1}{1-\alpha}\right) S_t^{(1)} - \frac{1}{1-\alpha} S_t^{(2)} \quad (3.20)$$

本例中

$$\hat{y}_{t+1} = 2.67 S_t^{(1)} - 1.67 S_t^{(2)}$$

令 $t = 1, 2, \cdots, 17$，由上式可求出各期的追溯预测值，结果列于表 3.4 第(7)列中。由表 3.4 第(8)列可得：

$$MAPE = \frac{1}{17} \sum_{t=2}^{18} \frac{|y_t - \hat{y}_t|}{y_t} \times 100\% = 6.95\%$$

(6) 预测 2018 年和 2019 年的城镇居民人均可支配收入：

$$\hat{y}_{2018} = \hat{y}_{18+1} = 61\,887.27 + 4\,809.53 \times 1 = 66\,696.80 \text{ (元)}$$

$$\hat{y}_{2019} = \hat{y}_{18+2} = 61\,887.27 + 4\,809.53 \times 2 = 71\,506.33 \text{ (元)}$$

从预测误差情况看，模型的预测效果不是很理想，可能是因为二次指数平滑法不适于具有二次曲线趋势的时间序列的预测。

注意：二次指数平滑法有多期的预测能力。

表 3.4　城镇居民人均可支配收入及二次、三次指数平滑法计算表　　单位:亿元

年份	t	城镇居民人均可支配收入 y_t	$S_t^{(1)}$	$S_t^{(2)}$	$S_t^{(3)}$	$\hat{y}_t$	$\dfrac{\|y_t-\hat{y}_t\|}{y_t}$	$\hat{y}_t$	$\dfrac{\|y_t-\hat{y}_t\|}{y_t}$
(1)	(2)	(3)	(4)	(5)	(6)	(7)	(8)=|(3)-(7)|/(3)	(9)	(10)=|(3)-(9)|/(3)
2000	1	10 349.70	11 018.16	11 285.54	11 392.50				
2001	2	11 577.80	11 242.02	11 268.13	11 342.75	10 571.63	0.086 9	10 128.31	0.125 2
2002	3	12 463.90	11 730.77	11 453.19	11 386.93	11 198.40	0.101 5	11 333.50	0.090 7
2003	4	13 882.60	12 591.50	11 908.51	11 595.56	12 194.33	0.121 6	12 779.03	0.079 5
2004	5	15 637.80	13 810.02	12 669.12	12 024.98	13 732.09	0.121 9	14 753.96	0.056 5
2005	6	17 653.00	15 347.21	13 740.35	12 711.13	15 715.33	0.109 8	17 084.95	0.032 2
2006	7	19 978.00	17 199.53	15 124.02	13 676.29	18 030.67	0.097 5	19 620.42	0.017 9
2007	8	21 989.00	19 115.32	16 720.54	14 893.99	20 665.62	0.060 2	22 390.06	0.018 2
2008	9	24 725.00	21 359.19	18 576.00	16 366.79	23 114.59	0.065 1	24 670.31	0.002 2
2009	10	26 738.00	23 510.71	20 549.89	18 040.03	26 007.12	0.027 3	27 574.96	0.031 3
2010	11	29 073.00	25 735.63	22 624.18	19 873.69	28 455.30	0.021 2	29 679.39	0.020 9
2011	12	32 903.00	28 602.58	25 015.54	21 930.43	30 931.74	0.059 9	31 904.08	0.030 4
2012	13	36 469.00	31 749.15	27 708.98	24 241.85	34 592.93	0.051 4	35 952.41	0.014 2
2013	14	40 321.00	35 177.89	30 696.54	26 823.73	38 496.22	0.045 3	40 048.85	0.006 7
2014	15	43 910.00	38 670.73	33 886.22	29 648.73	42 661.73	0.028 4	44 308.62	0.009 1
2015	16	52 859.00	44 346.04	38 070.15	33 017.29	46 660.87	0.117 0	48 133.73	0.089 4
2016	17	57 275.00	49 517.62	42 649.14	36 870.03	54 826.78	0.042 7	58 164.07	0.015 5
2017	18	62 406.00	54 672.97	47 458.67	41 105.49	60 987.99	0.022 7	63 947.78	0.024 7
2018	19	预测值				66 696.80		69 088.80	
2019	20					71 506.33		75 811.93	
平均							0.069 5		0.039 1

资料来源:北京市统计局网站。

3.3.3　三次指数平滑法

如果时间序列的变化呈现二次曲线趋势时,可用三次指数平滑法进行预测。所谓三次指数平滑法,就是将二次指数平滑序列再进行一次指数平滑。其计算公式为:

$$S_t^{(3)} = \alpha S_t^{(2)} + (1-\alpha) S_{t-1}^{(3)} \tag{3.21}$$

其中, $S_t^{(3)}$ 为第 t 期的三次指数平滑值。初始值 $S_0^{(3)}$ 可选取 $S_0^{(2)}$。

三次指数平滑的目的与二次指数平滑类似,是为了计算二次曲线预测模型的参数。设时间序列的二次曲线预测模型为:

$$\hat{y}_{t+\tau} = \hat{a}_t + \hat{b}_t \tau + \hat{c}_t \tau^2 \tag{3.22}$$

其中的参数 $\hat{a}_t, \hat{b}_t, \hat{c}_t$ 分别为:

$$\left.\begin{array}{l} \hat{a}_t = 3S_t^{(1)} - 3S_t^{(2)} + S_t^{(3)} \\ \hat{b}_t = \dfrac{\alpha}{2(1-\alpha)^2} \left[(6-5\alpha)S_t^{(1)} - 2(5-4\alpha)S_t^{(2)} + (4-3\alpha)S_t^{(3)} \right] \\ \hat{c}_t = \dfrac{\alpha^2}{2(1-\alpha)^2} \left[S_t^{(1)} - 2S_t^{(2)} + S_t^{(3)} \right] \end{array}\right\} \tag{3.23}$$

例 3.6 对表 3.4 中的数据,用三次指数平滑法预测 2018 年和 2019 年的城镇居民人均可支配收入。

解 取 $\alpha = 0.4$,初始值为:

$$S_0^{(1)} = S_0^{(2)} = S_0^{(3)} = \frac{y_1 + y_2 + y_3}{3} = 11\,463.80$$

计算 $S_t^{(1)}$, $S_t^{(2)}$ 和 $S_t^{(3)}$,结果列于表 3.4 第(4)(5)(6)列中,得到:

$$S_{18}^{(1)} = 54\,672.97$$
$$S_{18}^{(2)} = 47\,458.67$$
$$S_{18}^{(3)} = 41\,105.49$$

由式(3.23)可得,当 $t = 18$ 时,

$$\begin{cases} \hat{a}_{18} = 62\,748.39 \\ \hat{b}_{18} = 6\,149.05 \\ \hat{c}_{18} = 191.36 \end{cases}$$

故 $t = 18$ 时的二次曲线预测模型为:

$$\hat{y}_{18+\tau} = 62\,748.39 + 6\,149.05\tau + 191.36\tau^2$$

预测 2018 年和 2019 年的城镇居民人均可支配收入:

$$\hat{y}_{2018} = \hat{y}_{18+1} = 62\,748.39 + 6\,149.05 \times 1 + 191.36 \times 1^2 = 69\,088.80(元)$$
$$\hat{y}_{2019} = \hat{y}_{18+2} = 62\,748.39 + 6\,149.05 \times 2 + 191.36 \times 2^2 = 75\,811.93(元)$$

与二次指数平滑法一样,为了计算各期的追溯预测值,可将式(3.23)代入预测模型(3.22)中,并令 $\tau = 1$,得到追溯预测值计算公式:

$$\hat{y}_{t+1} = \left[3S_t^{(1)} - 3S_t^{(2)} + S_t^{(3)} \right] + \frac{\alpha}{2(1-\alpha)^2} \left[(6-5\alpha)S_t^{(1)} - 2(5-4\alpha)S_t^{(2)} + (4-3\alpha)S_t^{(3)} \right] +$$

$$\frac{\alpha^2}{2(1-\alpha)^2} \left[S_t^{(1)} - 2S_t^{(2)} + S_t^{(3)} \right]$$

即

$$\hat{y}_{t+1} = \left[1 + \frac{1}{1-\alpha} + \frac{1}{(1-\alpha)^2} \right] S_t^{(1)} - \left[\frac{1}{1-\alpha} + \frac{2}{(1-\alpha)^2} \right] S_t^{(2)} + \frac{1}{(1-\alpha)^2} S_t^{(3)} \tag{3.24}$$

本例中

$$\hat{y}_{t+1} = 5.44 S_t^{(1)} - 7.22 S_t^{(2)} + 2.78 S_t^{(3)}$$

令 $t=1,2,\cdots,17$,由上式可求出各期的追溯预测值,结果列于表 3.4 第(9)列中。由表 3.4 第(10)列可得:

$$MAPE = \frac{1}{17}\sum_{t=2}^{18}\frac{|y_t-\hat{y}_t|}{y_t}\times 100\% = 3.91\%$$

可见,这时的预测误差比二次指数平滑法的预测误差减小了不少,说明这里采用三次指数平滑法预测更为可靠。

注意:三次指数平滑法有多期的预测能力。

3.4 自适应过滤法

用移动平均法和指数平滑法进行预测,虽然简便易行,但在操作上存在一个难点,即权数不好确定,没有固定的规则可循,随意性较大。当数据的特征发生变化时,不能自动调整权数,以适应新数据的要求。为了解决这个问题,需要寻找新的确定权数的方法,这就是本节要介绍的自适应过滤法。

与移动平均法和指数平滑法一样,自适应过滤法也是对时间序列观测值进行某种加权平均来预测未来值的一种方法,因此它的基本预测公式为:

$$\hat{y}_{t+1} = \sum_{i=1}^{N} w_i y_{t-i+1} \tag{3.25}$$

式中:$\hat{y}_{t+1}$——第 $t+1$ 期的预测值;

y_{t-i+1}——第 $t-i+1$ 期的观测值;

w_i——第 $t-i+1$ 期的观测值的权数;

N——权数的个数。

不同的是它提供了一种新的确定权数的方法,用这种方法获得的权数,可以说是一组"最佳"的权数。

3.4.1 自适应过滤法的基本思想

假定我们所研究的变量处在一个复杂的动态运行系统中,对于实际输入则会有实际输出与之对应。在进行预测时,我们很难得到变量总体的全部信息,只能通过抽样来进行研究,将抽取的样本输入到预测模拟系统中,通过预测模型对样本进行处理计算得到预测值。预测值与实际值误差的大小,取决于权数的选择,因而减少误差的办法就是要调整权数,把调整后的权数重新输入到预测系统中,再计算预测值。如果预测值与实际值的误差仍然很大,再调整权数,这样反复进行下去,直到找出一组"最佳"的权数,使预测误差减小到最低限度。

由此可见,权数的反复调整过程,实际上就是把动态运行系统中变量受各种因素影响的结果体现到新的权数中去。由于这种调整权数的过程类似于通信工程中过滤传输噪声的过程,故称为自适应过滤法。

3.4.2 具体步骤

设：给定一组时间序列的观测值 $y_1, y_2, \cdots, y_t, \cdots, y_n$。

第一步，确定权数的个数 N 及初始权数。一般可以取等权，即

$$w_1 = w_2 = \cdots = w_N = \frac{1}{N}$$

第二步，按预测公式(3.25)计算预测值：

$$\hat{y}_{t+1} = w_1 y_t + w_2 y_{t-1} + \cdots + w_N y_{t-N+1}$$

第三步，计算预测误差：

$$e_{t+1} = y_{t+1} - \hat{y}_{t+1}$$

第四步，根据预测误差调整权数。权数调整公式为：

$$w'_i = w_i + 2k e_{t+1} y_{t-i+1} \quad (i = 1, 2, \cdots, N) \tag{3.26}$$

式中：w'_i——调整后的第 i 个权数；

w_i——调整前的第 i 个权数；

k——调整常数。

第五步，利用调整后的权数计算下一期的预测值：

$$\hat{y}_{t+2} = w'_1 y_{t+1} + w'_2 y_t + \cdots + w'_N y_{t-N+2}$$

第六步，重复3,4,5步，一直计算到 $\hat{y}_n, e_n$ 和相应的权数。这时一轮的调整就此结束。

第七步，如果预测误差(指一轮预测的总误差)已达到一定的预测精度，且权数已无明显变化，则可用这组权数预测第 $n+1$ 期的值。否则，用所得到的权数作为初始权数，重新从头开始调整权数。

3.4.3 N,k 值和初始权数的确定

在开始调整权数时，要确定权数的个数 N。一般来说，当时间序列 $\{y_t\}$ 呈现季节变动时，N 应取季节长度值。如 $\{y_t\}$ 以一年为周期进行季节变动时，若序列的观测值是月度数据，则取 $N=12$，若是季度数据，则取 $N=4$；如果 $\{y_t\}$ 无明显的周期变动，则可用自相关系数法来确定 N，即以序列的最高自相关系数的滞后期作为 N。

调整常数 k 的大小影响到权数调整的速度。k 值大，调整得快，k 值小，调整得慢，但 k 值过大，有可能导致权数振动，不能收敛于一组"最佳"的权数。通常 k 值取 $\frac{1}{N}$，也可以用不同的 k 值进行试算，以确定一个能使 MSE 最小的 k 值。初始权数的确定很重要，一般取：

$$w_1 = w_2 = \cdots = w_N = \frac{1}{N}$$

注意：在自适应过滤法中，权数 w_i 可以为负数，且权数之和一般不等于1，因此它不是严格意义上的加权平均。

由于自适应过滤法有两个明显的优点：一是使用了全部的数据信息来寻求最佳权数，并随数据轨迹的变化而不断更新权数，从而不断提高预测精度；二是技术比较简单，便于用计算机实现，所以这种预测方法应用较为广泛。

例 3.7 已知时间序列前 10 期的观测值如表 3.5 所示,试用自适应过滤法求第 11 期的预测值。

表 3.5   时间序列前 10 期的观测值

t	1	2	3	4	5	6	7	8	9	10
y_t	0.1	0.2	0.3	0.4	0.5	0.6	0.7	0.8	0.9	1.0

预测步骤为:

(1) 取 $N=2$,初始权数 $w_1=w_2=\dfrac{1}{N}=0.5, k=0.8$,预测总误差 $\sum|e_t|<10^{-4}$。

(2) 根据(3.25)式,计算预测值:

$$\hat{y}_{t+1}=\hat{y}_3=w_1 y_2+w_2 y_1=0.5\times 0.2+0.5\times 0.1=0.15$$

(3) 计算预测误差:

$$e_{t+1}=e_3=y_3-\hat{y}_3=0.3-0.15=0.15$$

(4) 根据(3.26)式调整权数:

$$w'_1=w_1+2ke_3 y_2=0.5+2\times 0.8\times 0.15\times 0.2=0.548$$
$$w'_2=w_2+2ke_3 y_1=0.5+2\times 0.8\times 0.15\times 0.1=0.524$$

(5) 利用调整后的权数 w'_1, w'_2 计算下一期的预测值:

$$\hat{y}_{t+2}=\hat{y}_4=w'_1 y_3+w'_2 y_2=0.548\times 0.3+0.524\times 0.2=0.269\ 2$$

(6) 重复(3)(4)(5)步。

计算预测误差:

$$e_4=y_4-\hat{y}_4=0.4-0.269\ 2=0.130\ 8$$

调整权数:

$$w'_1=w_1+2ke_4 y_3=0.548+2\times 0.8\times 0.130\ 8\times 0.3=0.610\ 8$$
$$w'_2=w_2+2ke_4 y_2=0.524+2\times 0.8\times 0.130\ 8\times 0.2=0.565\ 9$$

计算下期预测值:

$$\hat{y}_{t+3}=\hat{y}_5=w'_1 y_4+w'_2 y_3=0.610\ 8\times 0.4+0.565\ 9\times 0.3=0.414\ 1$$

$$\cdots\cdots\cdots\cdots$$

一直计算到:

$$\hat{y}_{10}=w'_1 y_9+w'_2 y_8=0.618\ 6\times 0.9+0.565\ 8\times 0.8=1.009\ 4$$
$$e_{10}=y_{10}-\hat{y}_{10}=1.0-1.009\ 4=-0.009\ 4$$
$$w'_1=w_1+2ke_{10} y_9=0.618\ 6+2\times 0.8\times(-0.009\ 4)\times 0.9=0.605\ 1$$
$$w'_2=w_2+2ke_{10} y_8=0.565\ 8+2\times 0.8\times(-0.009\ 4)\times 0.8=0.553\ 8$$

这时,第一轮的调整就此结束。第一轮预测的总误差为 0.4614,没有达到预测精度的要求,需要再进行调整。把现有的新权数 $w'_1=0.605\ 1, w'_2=0.553\ 8$ 作为初始权数,重新从第 2 步开始。这样反复进行下去,当调整到第 895 轮时,预测的总误差小于 10^{-4},且权数达到稳定不变,则停止调整。最后得到的"最佳"权数 $w'_1=2, w'_2=-1$。用"最佳"权数预测第 11 期的值为:

$$\hat{y}_{11} = w'_1 y_{10} + w'_2 y_9 = 2 \times 1.0 + (-1) \times 0.9 = 1.1$$

如果加大调整常数 k，可以加快权数调整的速度。如 $k=2$ 时，只要调整 120 轮，就可以达到上面的结果。但 k 过大，可能导致权数振动，不收敛于一组"最佳"权数。如 $k=2.1$ 时，权数振动，不收敛。

实际应用中，权数调整的计算工作量很大，必须借助计算机才能完成。

思考练习题

1) 通常一个时间序列是由几种因素构成的？

2) 在时间序列预测中，常遇到的数据类型有哪几种？

3) 一次、二次移动平均法分别适合处理什么类型数据的预测问题？它们的预测能力如何？

4) 一次、二次、三次指数平滑法分别适合处理什么类型数据的预测问题？它们的预测能力如何？

5) 简述自适应过滤法的基本思想。

6) 已知某商品 2022 年 1~12 月份的销售量 y_t 如下表所示：

单位：万件

t	1	2	3	4	5	6	7	8	9	10	11	12
y_t	31	30	28	29	29	31	32	30	29	30	28	30

(1) 试用一次移动平均法（分别取 $N=3$ 和 $N=6$），预测 2023 年 1 月份的销售量。

(2) 试用加权移动平均法（取 $w_1=4, w_2=2, w_3=1$），预测 2023 年 1 月份的销售量。

(3) 比较上述各种预测方法的优劣。

7) 对第 6 题表中的数据，试用一次指数平滑法预测 2023 年 1 月份的销售量（取 $\alpha=0.4$，初始值为 30）。

8) 某市 2004—2021 年地方财政收入如下表所示：

单位：亿元

年 度	地方财政收入	年 度	地方财政收入
2004	84.10	2013	600.96
2005	99.85	2014	665.94
2006	115.26	2015	830.03
2007	150.90	2016	1 007.35
2008	209.91	2017	1 235.78
2009	265.61	2018	1 882.04
2010	320.44	2019	2 282.04
2011	398.39	2020	2 678.77
2012	507.68	2021	3 810.91

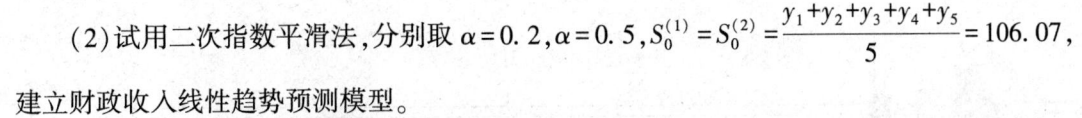

(1)试用二次移动平均法(取 $N=3$),建立财政收入线性趋势预测模型。

(2)试用二次指数平滑法,分别取 $\alpha=0.2, \alpha=0.5, S_0^{(1)}=S_0^{(2)}=\dfrac{y_1+y_2+y_3+y_4+y_5}{5}=106.07$,建立财政收入线性趋势预测模型。

(3)比较上面两个预测模型的优劣,用最优的预测模型预测 2022 年和 2023 年地方财政收入。

9)对第 8 题表中的数据,试用三次指数平滑法预测 2022 年和 2023 年地方财政收入。

10)已知时间序列前 10 期的观测值如下表所示,用自适应过滤法预测(取 $N=2$,初始权数 $w_1=w_2=0.5, k=1.5$):

t	1	2	3	4	5	6	7	8	9	10
y_t	0.1	0.2	0.3	0.4	0.5	0.6	0.7	0.8	0.9	1.0

(1)当权数调整到多少轮时,可使预测的总误差小于 10^{-5},且权数达到稳定不变?

(2)用最终得到的权数求第 11 期的预测值。

(此题用计算机完成。)

4 曲线趋势预测法

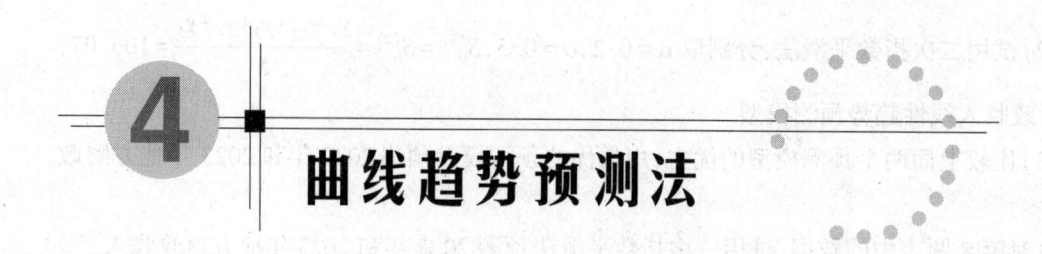

对不同的时间序列来说,其四种构成因素,即长期趋势、季节变动、循环变动和随机变动所起的作用大小不同。有时季节变动和循环变动的作用很小,例如一段时期的年度数据常表现出这样的特点,它依时间变化呈现某种上升或下降的趋势,但看不出季节变动,若再无明显的循环变动,则我们可以试图找到一条适当的函数曲线来反映这种变化趋势,即以时间 t 为自变量,时间序列 y_t 为因变量,建立曲线趋势模型:$y_t = f(t)$。当这种趋势可以延伸至未来时,给定时间 t 的未来值,将其代入模型即可得到相应时刻时间序列变量的预测值,这就是曲线趋势预测法。

4.1 直线趋势模型预测法

4.1.1 直线趋势模型

直线趋势模型为:

$$\hat{y}_t = a + bt \tag{4.1}$$

式中:t——时间变量;

$\hat{y}_t$——预测值;

a, b——模型参数。

其中,a 表示 $t=0$ 时的预测值,几何意义为截距;b 表示逐期增长量,几何意义为斜率,$b>0$ 表示上升趋势,$b<0$ 表示下降趋势。如图 4.1 所示。

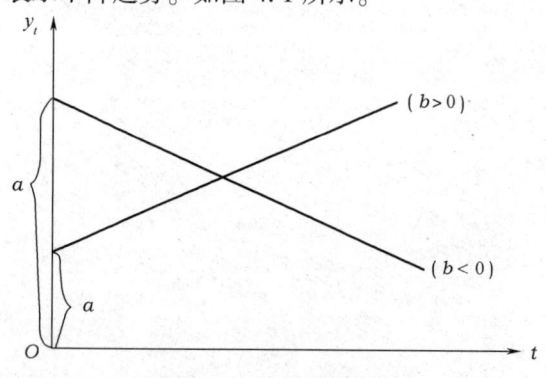

图 4.1　直线趋势模型图

此模型表示当时间每过一个时期，y_t 都有等量的增长或减少。

4.1.2 直线趋势模型的识别

设某一经济变量 y_t 的时间序列为 $\{y_t\}$，$t=1,2,\cdots,n$；n 为样本容量。

首先绘制 y_t 的散点图(或称时序图)，若散点图走势近似于一条直线，则初步判断该时间序列可以选用直线趋势模型进行预测。另外可用阶差法识别。根据模型(4.1)可知，其一阶差分

$$\Delta \hat{y}_t = \hat{y}_t - \hat{y}_{t-1} = (a+bt) - [a+b(t-1)] = b$$

为一个常数，如表 4.1 所示。计算给定的时间序列 $\{y_t\}$ 的一阶差分，若一阶差分近似为一个常数，则可以选择直线趋势模型进行预测。

表 4.1　　　　　　　　　　直线趋势模型的阶差计算表

时间 t	模型 $\hat{y}_t = a+bt$	一阶差分 $\Delta\hat{y}_t = \hat{y}_t - \hat{y}_{t-1}$
1	$a+b$	—
2	$a+2b$	b
3	$a+3b$	b
$\vdots$	$\vdots$	$\vdots$
$n-1$	$a+(n-1)b$	b
n	$a+nb$	b

4.1.3 直线趋势模型的参数估计

1) 最小二乘法

最小二乘法的基本思想是：使误差平方和

$$Q = \sum_{t=1}^{n}(y_t - \hat{y}_t)^2 = \sum_{t=1}^{n}(y_t - a - bt)^2$$

达到最小，从而得到参数 a 和 b 的估计值。

根据极值原理，Q 在其偏导数为 0 时取得极值。因此，令

$$\begin{cases} \dfrac{\partial Q}{\partial a} = -2\sum(y_t - a - bt) = 0 \\ \dfrac{\partial Q}{\partial b} = -2\sum(y_t - a - bt)t = 0 \end{cases}$$

整理后，得到正规方程组：

$$\left.\begin{array}{l} \sum y_t = na + b\sum t \\ \sum ty_t = a\sum t + b\sum t^2 \end{array}\right\} \tag{4.2}$$

解之，得到参数估计式：

$$\left.\begin{array}{l} b = \dfrac{n\sum ty_t - \sum t \sum y_t}{n\sum t^2 - (\sum t)^2} \\ a = \dfrac{\sum y_t}{n} - b\dfrac{\sum t}{n} = \bar{y} - b\bar{t} \end{array}\right\} \qquad (4.3)$$

时间变量 t 一般取值为自然数列 $1,2,3,\cdots$，有时也会从 0 开始取值，或为了简化 (4.3) 式的计算，取值使 $\sum t = 0$，则当样本容量 n 为奇数时，t 分别取为 $\cdots,-2,-1,0,1,2,\cdots$；当 n 为偶数时，t 分别取为 $\cdots,-5,-3,-1,1,3,5,\cdots$，则参数估计式 (4.3) 可简化为：

$$\left.\begin{array}{l} a = \dfrac{\sum y_t}{n} = \bar{y} \\ b = \dfrac{\sum ty_t}{\sum t^2} \end{array}\right\} \qquad (4.4)$$

2) 折扣最小二乘法

最小二乘法是线性模型参数估计的一种常用方法，但它存在一个缺陷，即对近期误差与远期误差同等看待。实际上，近期误差比远期误差对预测值的影响更大。为了克服这个缺陷，预测有时也采用折扣最小二乘法来估计模型的参数。

折扣最小二乘法的基本思想是：对误差平方进行指数折扣加权后，使其总和达到最小，即 $Q = \sum_{t=1}^{n} \alpha^{n-t}(y_t - \hat{y}_t)^2 \rightarrow \min$，其中 α 称为折扣系数，且 $0 < \alpha < 1$。第 t 期的误差平方的权数为 α^{n-t}。若 t 值按 $1,2,\cdots,n$ 排列，则权数分别为 $\alpha^{n-1},\alpha^{n-2},\cdots,\alpha^1,\alpha^0=1$，是一个按指数递增的序列，说明越是远期的误差平方的折扣越大，而对最近期（$t=n$）的误差平方未打折扣。

折扣系数 α 的大小，反映了折扣程度。特殊情况下，当 $\alpha = 1$ 时，即退化为最小二乘法。当 α 越接近于 1 时，折扣加权作用越小；反之，当 α 越接近于 0 时，折扣加权作用越大。但折扣系数 α 究竟选取多大为宜，尚需试算，对预测模型进行误差分析，最终选取使折扣误差平方和 Q 为最小的 α 值。

为了使 $Q = \sum_{t=1}^{n} \alpha^{n-t}(y_t - \hat{y}_t)^2 = \sum_{t=1}^{n} \alpha^{n-t}(y_t - a - bt)^2 \rightarrow \min$，令其偏导数为 0，得到关于参数 a,b 估计值的正规方程组：

$$\left.\begin{array}{l} \sum_{t=1}^{n} \alpha^{n-t} y_t = a \sum_{t=1}^{n} \alpha^{n-t} + b \sum_{t=1}^{n} \alpha^{n-t} t \\ \sum_{t=1}^{n} \alpha^{n-t} ty_t = a \sum_{t=1}^{n} \alpha^{n-t} t + b \sum_{t=1}^{n} \alpha^{n-t} t^2 \end{array}\right\} \qquad (4.5)$$

解此方程组，可得到参数的估计值 a 和 b，从而得到直线趋势模型。

4.1.4 预测

建立预测模型是为了预测未来。事实上，将样本范围所取的 t 值代入预测模型中，得到的估计值 $\hat{y}_t$ 为追溯预测值，而将未来所取的 $t = t_0$ 代入模型中，得到的 $\hat{y}_{t_0} = a + bt_0$ 即为变量的预测值。

例 4.1 表 4.2 是某啤酒厂 2015—2022 年间各年的啤酒产量,试预测 2023~2025 年该厂的啤酒产量。

表 4.2　　　　　　　　　某啤酒厂历年啤酒产量　　　　　　　　　单位:万桶

年份	时间 t	啤酒产量 y_t	一阶差分 $\Delta y_t = y_t - y_{t-1}$
2015	1	149	—
2016	2	156	7
2017	3	161	5
2018	4	164	3
2019	5	171	7
2020	6	179	8
2021	7	184	5
2022	8	194	10

解 (1)选择模型。首先画出啤酒产量 y_t 的散点图,如图 4.2 所示。

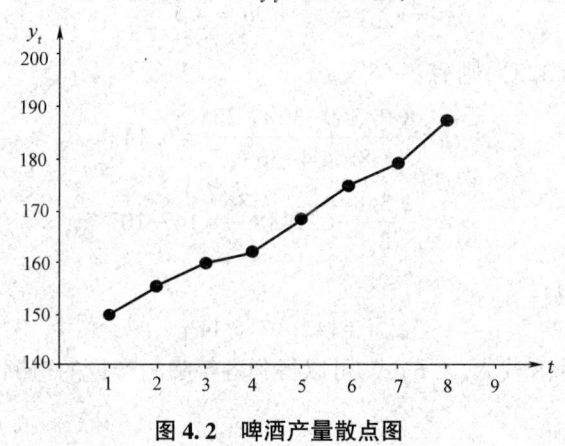

图 4.2　啤酒产量散点图

从图 4.2 可以看出,啤酒产量 y_t 大致呈直线变化的趋势。再从表 4.2 的一阶差分序列 $\{\Delta y_t\}$ 中得知它也围绕 7 这个常数变化,因此可以选择直线趋势模型进行预测。

(2)建立直线趋势模型。设所求直线趋势模型为 $\hat{y}_t = a + bt$,用最小二乘法估计参数 a 和 b。根据原始数据计算得到表 4.3。

表 4.3　　　　　　啤酒产量直线趋势模型最小二乘法计算表

年份	t	y_t	ty_t	t^2	追溯预测值及预测值 $\hat{y}_t$	$e_t = y_t - \hat{y}_t$	$e_t^2 = (y_t - \hat{y}_t)^2$
2015	1	149	149	1	148.250	0.750	0.563
2016	2	156	312	4	154.393	1.607	2.582
2017	3	161	483	9	160.536	0.464	0.215
2018	4	164	656	16	166.679	-2.679	7.177

续表

年份	t	y_t	ty_t	t^2	追溯预测值及预测值 $\hat{y}_t$	$e_t = y_t - \hat{y}_t$	$e_t^2 = (y_t - \hat{y}_t)^2$
2019	5	171	855	25	172.821	−1.821	3.316
2020	6	179	1 074	36	178.964	0.036	0.001
2021	7	184	1 288	49	185.107	−1.107	1.225
2022	8	194	1 552	64	191.250	−2.750	7.563
合计	36	1 358	6 369	204	—		22.642
2023	9				197.394		
2024	10				203.537		
2025	11				209.680		

根据表中数据计算得：

$$\bar{y} = \frac{1}{n}\sum y_t = \frac{1}{8} \times 1\,358 = 169.75$$

$$\bar{t} = \frac{1}{n}\sum t = \frac{1}{8} \times 36 = 4.5$$

将有关数据代入公式(4.3)，则有：

$$b = \frac{8 \times 6\,369 - 36 \times 1\,358}{8 \times 204 - 36^2} = 6.143$$

$$a = \frac{1\,358}{8} - 6.143 \times \frac{36}{8} = 142.107$$

因此，直线趋势模型为：

$$\hat{y}_t = 142.107 + 6.143t \tag{4.6}$$

分别将 $t = 1, 2, \cdots, 8$ 代入(4.6)式，可以得到各年啤酒产量的追溯预测值，列于表4.3第6列中。

(3)预测。利用直线趋势模型预测该厂2023—2025年的啤酒产量。

将 $t = 9, 10, 11$ 分别代入模型(4.6)中得到：

$$\hat{y}_{2023} = \hat{y}_9 = 142.107 + 6.143 \times 9 = 197.394 \text{(万桶)}$$

$$\hat{y}_{2024} = \hat{y}_{10} = 142.107 + 6.143 \times 10 = 203.537 \text{(万桶)}$$

$$\hat{y}_{2025} = \hat{y}_{11} = 142.107 + 6.143 \times 11 = 209.680 \text{(万桶)}$$

以上用最小二乘法得到的啤酒产量直线趋势模型有一个缺陷，即模型(4.6)对于近期实际观测值的预测误差，如 $|e_8| = 2.75$ 比远期的 $|e_1|, \cdots, |e_7|$ 都大些(参见表4.3)，这说明此模型不能很好地跟踪啤酒产量未来的变化趋势。因此，为了加大近期数据的作用，再选择折扣最小二乘法来建立直线趋势模型。

为了突出折扣加权作用，取 $\alpha = 0.4$，计算有关数据列于表4.4中。将有关数据代入(4.5)式得到正规方程组：

$$\begin{cases} 1.665\,57a + 12.223b = 313.914\,1 \\ 12.223a + 91.479\,8b = 2\,317.021\,6 \end{cases}$$

解得：
$$\begin{cases} a = 133.538 \\ b = 7.486 \end{cases}$$

表 4.4 　　　　　啤酒产量直线趋势模型折扣最小二乘法计算表

年份	t	y_t	$n-t$	α^{n-t}	$\alpha^{n-t}y_t$	$\alpha^{n-t}ty_t$	$\alpha^{n-t}t$	$\alpha^{n-t}t^2$	$\hat{y}_t$
2015	1	149	7	0.001 64	0.244 1	0.244 12	0.001 6	0.001 6	141.024
2016	2	156	6	0.004 10	0.639 0	1.277 95	0.008 2	0.016 4	148.510
2017	3	161	5	0.010 24	1.648 6	4.945 92	0.030 7	0.092 2	155.996
2018	4	164	4	0.025 60	4.198 4	16.793 60	0.102 4	0.409 6	163.482
2019	5	171	3	0.064 00	10.944 0	54.720 00	0.320 0	1.600 0	170.968
2020	6	179	2	0.160 00	28.640 0	171.840 0	0.960 0	5.760 0	178.454
2021	7	184	1	0.400 00	73.600 0	515.200 0	2.800 0	19.600 0	185.940
2022	8	194	0	1.000 00	194.000 0	1 552.000 0	8.000 0	64.000 0	193.426
合计	—	1 358	—	1.665 58	313.914 1	2 317.021 6	12.223	91.479 8	—
2023	9								200.912
2024	10								208.398
2025	11								215.884

故用折扣最小二乘法得到的直线趋势模型为：
$$\hat{y}_t = 133.538 + 7.486t \tag{4.7}$$

分别将 $t=1,2,\cdots,11$ 代入式(4.7)中，得到啤酒产量的追溯预测值及预测值，列于表 4.4 的最后一列。

与最小二乘法估计的模型(4.6)比较，用折扣最小二乘法得到的模型(4.7)的斜率稍大些，有利于跟踪啤酒产量 y_t 的未来变化趋势。若将两个模型与实际值画在同一坐标系中进行比较，会更加直观地显现出来，参见图 4.3。

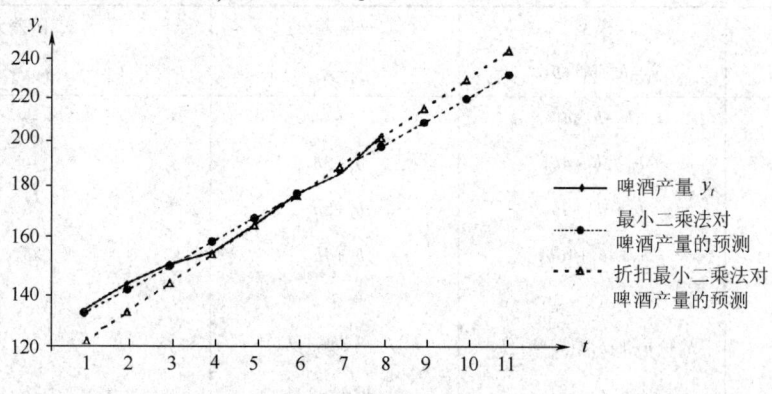

图 4.3　最小二乘法与折扣最小二乘法对啤酒产量的拟合与预测图

通过例 4.1，展示了从建模到预测这一过程，这样有利于读者深入理解最小二乘法及折扣最小二乘法的原理。然而对于实际预测问题，往往数据很多，即样本容量 n 很大，加之模型的复杂化（如曲线预测模型等），手算就显得十分困难，甚至不能实现。因此，目前做定量分析至少掌握一种统计软件包进行数据处理是十分必要的。

4.2 可线性化的曲线趋势模型预测法

4.2.1 多项式曲线模型

多项式曲线模型的一般形式为：

$$\hat{y}_t = b_0 + b_1 t + b_2 t^2 + \cdots + b_p t^p \qquad (b_p \neq 0) \tag{4.8}$$

式中，$b_0, b_1, b_2, \cdots, b_p$ 为待估参数。

当 $p=1$ 时，即退化为直线趋势模型。当 $p=2$ 时，称其为二次曲线模型，即 $\hat{y}_t = b_0 + b_1 t + b_2 t^2$，几何图形为抛物线，如图 4.4 所示。当 $p=3$ 时，称其为三次曲线模型，即 $\hat{y}_t = b_0 + b_1 t + b_2 t^2 + b_3 t^3$，几何图形如图 4.5 所示。这两种形式是比较常用的多项式曲线模型。

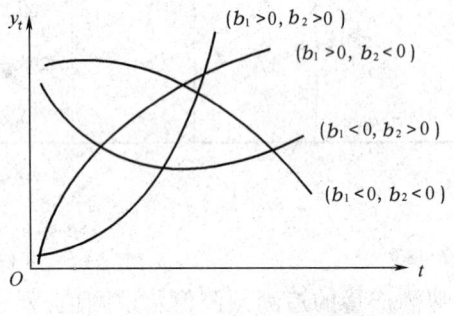

图 4.4 二次曲线模型图　　　　图 4.5 三次曲线模型图

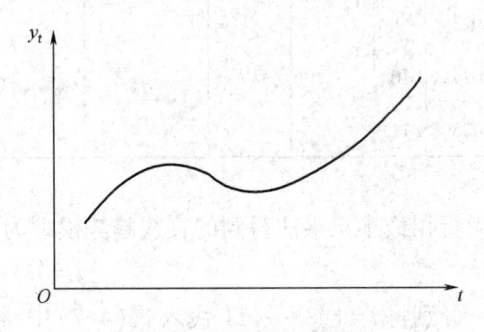

用阶差法识别二次曲线模型，如表 4.5 所示。

表 4.5　　　　　　　　　　二次曲线模型的阶差计算表

时间 t	模型 $\hat{y}_t = b_0 + b_1 t + b_2 t^2$	一阶差分 $\hat{y}_t - \hat{y}_{t-1}$	二阶差分 $(\hat{y}_t - \hat{y}_{t-1}) - (\hat{y}_{t-1} - \hat{y}_{t-2})$
1	$b_0 + b_1 + b_2$	—	
2	$b_0 + 2b_1 + 4b_2$	$b_1 + 3b_2$	—
3	$b_0 + 3b_1 + 9b_2$	$b_1 + 5b_2$	$2b_2$
4	$b_0 + 4b_1 + 16b_2$	$b_1 + 7b_2$	$2b_2$
⋮	⋮	⋮	⋮
$n-1$	$b_0 + (n-1)b_1 + (n-1)^2 b_2$	$b_1 + (2n-3)b_2$	$2b_2$
n	$b_0 + nb_1 + n^2 b_2$	$b_1 + (2n-1)b_2$	$2b_2$

由表 4.5 可知，二次曲线模型的特点是二阶差分为一常数。同理可知，三次曲线模型的特点是三阶差分为一常数。因此，当一个时间序列 $\{y_t\}$ 的二阶（或三阶）差分近似为一个常数时，可以选择二次（或三次）曲线模型进行预测。

二次（或三次）曲线模型的参数估计可以采用最小二乘法。下面以二次曲线模型的参数估计为例。

首先，将二次曲线模型线性化，令 $t_1=t, t_2=t^2$，这样将二次曲线模型转化为二元线性模型：

$$\hat{y}_t = b_0 + b_1 t_1 + b_2 t_2$$

然后，根据最小二乘法原理得到正规方程组：

$$\begin{cases} \sum y_t = nb_0 + b_1 \sum t_1 + b_2 \sum t_2 \\ \sum t_1 y_t = b_0 \sum t_1 + b_1 \sum t_1^2 + b_2 \sum t_1 t_2 \\ \sum t_2 y_t = b_0 \sum t_2 + b_1 \sum t_1 t_2 + b_2 \sum t_2^2 \end{cases}$$

即

$$\left.\begin{array}{l} \sum y_t = nb_0 + b_1 \sum t + b_2 \sum t^2 \\ \sum t y_t = b_0 \sum t + b_1 \sum t^2 + b_2 \sum t^3 \\ \sum t^2 y_t = b_0 \sum t^2 + b_1 \sum t^3 + b_2 \sum t^4 \end{array}\right\} \tag{4.9}$$

最后，求解三元一次线性方程组(4.9)，即可得到参数 b_0, b_1 和 b_2 的估计值，从而得到二次曲线模型。试想为了估计三次曲线模型的参数 b_0, b_1, b_2 和 b_3 就需要解四元一次线性方程组。当然这里也可以采用对称选点的技巧使得 $\sum t = 0, \sum t^3 = 0$，甚至 $\sum t^5 = 0$，从而简化方程组求解。

例 4.2 某税务局 2015—2022 年的税收总收入如表 4.6 所示，试预测 2023 年和 2024 年的税收总收入。

表 4.6　　　　　　　　税务局 1998—2005 年税收总收入　　　　　　　单位：万元

年　　份	税收总收入
2015	44 766
2016	54 313
2017	63 397
2018	74 971
2019	91 142
2020	118 711
2021	142 906
2022	176 600

解 绘制散点图(参见图4.6),从图4.6看出,可用二次曲线模型来对税收总收入进行预测,采用对称选点的方法,设 $t=-7,-5,\cdots,5,7$,如表4.7所示。

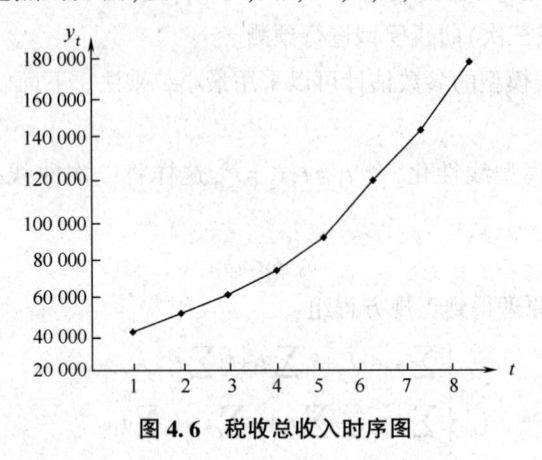

图4.6 税收总收入时序图

将有关数据代入正规方程组(4.9),可以得到:

$$\begin{cases} 8b_0+168b_2=766\ 806 \\ 168b_1=1\ 547\ 916 \\ 168b_0+6\ 216b_2=17\ 582\ 494 \end{cases}$$

解之,得:

$$\begin{cases} b_0=84\ 291.72 \\ b_1=9\ 213.79 \\ b_2=550.43 \end{cases}$$

表4.7 税收总收入二次曲线模型计算表

年份	t	y_t	t^2	t^3	t^4	ty_t	t^2y_t	$\hat{y}_t$
2015	−7	44 766	49	−343	2 401	−313 362	2 193 534	46 766.26
2016	−5	54 313	25	−125	625	−271 565	1 357 825	51 983.52
2017	−3	63 397	9	−27	81	−190 191	570 573	61 604.22
2018	−1	74 971	1	−1	1	−74 971	74 971	75 628.36
2019	1	91 142	1	1	1	91 142	91 142	94 055.94
2020	3	118 711	9	27	81	356 133	1 068 399	116 887.0
2021	5	142 906	25	125	625	714 530	3 572 650	144 121.4
2022	7	176 600	49	343	2 401	1 236 200	8 653 400	175 759.3
合计	0	766 806	168	0	6 216	1 547 916	17 582 494	—
2023	9	—	81	—	—	—	—	211 800.66
2024	11	—	121	—	—	—	—	252 245.44

因此,税收总收入的二次曲线预测模型为:

$$\hat{y}_t=84\ 291.72+9\ 213.79t+550.43t^2 \tag{4.10}$$

预测:

$$\hat{y}_{2023}=\hat{y}_9=84\ 291.72+9\ 213.79\times9+550.43\times9^2=211\ 800.66(万元)$$

$$\hat{y}_{2024} = \hat{y}_{11} = 84\ 291.72 + 9\ 213.79 \times 11 + 550.43 \times 11^2 = 252\ 245.44(万元)$$

将预测值与实际值绘于同一图上,如图4.7所示,可以看出该模型预测效果很好。

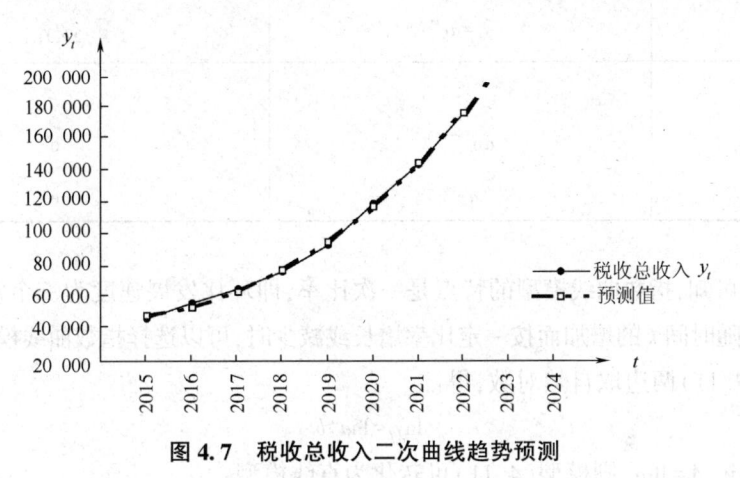

图4.7 税收总收入二次曲线趋势预测

4.2.2 指数曲线模型

指数曲线模型的一般形式为:

$$\hat{y}_t = ae^{bt} \quad (或 \hat{y}_t = ab^t) \tag{4.11}$$

式中,a,b为待估参数;t为时间变量;e为自然对数的底。

模型(4.11)的几何图形如图4.8所示。图4.8(a)中$b>0$表示上升趋势,(b)中$b<0$表示下降趋势。

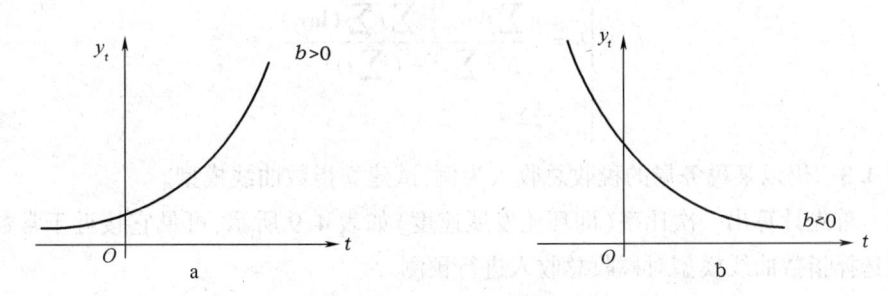

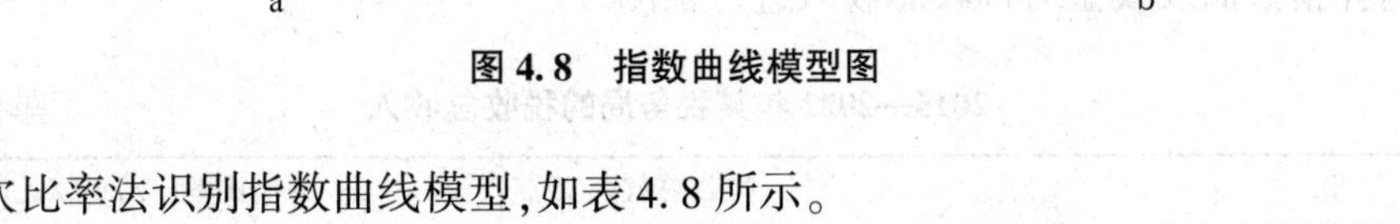

图4.8 指数曲线模型图

用一次比率法识别指数曲线模型,如表4.8所示。

表4.8 指数曲线模型的比率计算表

时间 t	模型 $\hat{y}_t = ae^{bt}$	一次比率 $\hat{y}_t/\hat{y}_{t-1}$
1	ae^b	—
2	ae^{2b}	e^b
3	ae^{3b}	e^b

续表

时间 t	模型 $\hat{y}_t = ae^{bt}$	一次比率 $\hat{y}_t / \hat{y}_{t-1}$
⋮	⋮	⋮
$n-1$	$ae^{(n-1)b}$	e^b
n	ae^{nb}	e^b

由表4.8可知,指数曲线模型的特点是一次比率,即环比发展速度为一个常数。因此,当时间序列$\{y_t\}$随时间t的增加而按一定比率增长或减少时,可以选择指数曲线模型进行预测。

对模型(4.11)两边取自然对数,得:

$$\ln \hat{y}_t = \ln a + bt \tag{4.12}$$

令$\hat{y}'_t = \ln \hat{y}_t, A = \ln a$,则模型(4.11)可转化为直线模型:

$$\hat{y}'_t = A + bt$$

根据直线模型的最小二乘参数估计公式(4.3)得到:

$$\begin{cases} b = \dfrac{n\sum ty'_t - \sum t \sum y'_t}{n\sum t^2 - (\sum t)^2} \\ A = \dfrac{1}{n}\sum y'_t - b\dfrac{\sum t}{n} \end{cases}$$

从而有:

$$\begin{cases} b = \dfrac{n\sum t\ln y_t - \sum t \sum (\ln y_t)}{n\sum t^2 - (\sum t)^2} \\ a = e^{\frac{1}{n}\sum \ln y - b\bar{t}} \end{cases} \tag{4.13}$$

例4.3 仍以某税务局的税收总收入为例,试建立指数曲线模型。

解 首先计算出一次比率(即环比发展速度)如表4.9所示,可见它接近于常数120%,因此可选择指数曲线模型对税收总收入进行预测。

表4.9　　　　　　　　2015—2022年某税务局的税收总收入　　　　　　　　单位:万元

年份	t	税收总收入 y_t	一次比率(%) (y_t/y_{t-1})
2015	1	44 766	—
2016	2	54 313	121.33
2017	3	63 397	116.73
2018	4	74 971	118.26
2019	5	91 142	121.57
2020	6	118 711	130.25
2021	7	142 906	120.38
2022	8	176 600	123.58

表 4.10　　　　　　　　　税收总收入指数曲线模型计算表

年份	t	y_t	t^2	$\ln y_t$	$t\ln y_t$
2015	1	44 766	1	10.71	10.71
2016	2	54 313	4	10.90	21.80
2017	3	63 397	9	11.06	33.18
2018	4	74 971	16	11.22	44.88
2019	5	91 142	25	11.42	57.10
2020	6	118 711	36	11.68	70.08
2021	7	142 906	49	11.87	83.09
2022	8	176 600	64	12.08	96.64
合计	36	—	204	90.94	417.48
均值	4.5	—	—	11.367 5	—

将计算的有关数据列于表 4.10 中,并将其代入公式(4.13),得到:

$$\begin{cases} b = \dfrac{8\times 417.48 - 36\times 90.94}{8\times 204 - 36^2} = 0.196 \\ a = e^{11.3675 - 0.196\times 4.5} = 35\ 792.73 \end{cases}$$

因此所求的税收总收入的指数曲线模型为:

$$\hat{y}_t = 35\ 792.73 e^{0.196t}$$

4.2.3　幂函数曲线模型

幂函数曲线模型的一般形式为:

$$\hat{y}_t = at^b \tag{4.14}$$

其几何图形如图 4.9 所示:

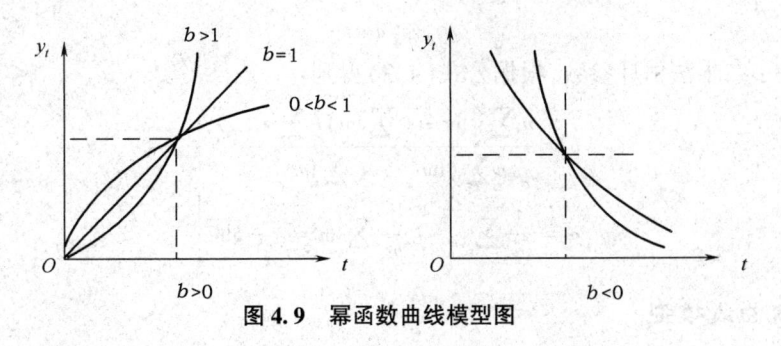

图 4.9　幂函数曲线模型图

对模型(4.14)两边取对数,得到:

$$\ln \hat{y}_t = \ln a + b\ln t$$

令 $\hat{y}'_t = \ln \hat{y}_t$, $t' = \ln t$, $A = \ln a$,则模型(4.14)转化为直线模型:

$$\hat{y}'_t = A + bt'$$

根据公式(4.3),得到参数估计式:

$$b = \frac{n\sum \ln y_t \cdot \ln t - (\sum \ln t)(\sum \ln y_t)}{n\sum (\ln t)^2 - (\sum \ln t)^2}$$

$$a = e^{\overline{\ln y_t} - b\overline{\ln t}}$$

(4.15)

式中:$\overline{\ln y_t}$——$\{\ln y_t\}$的均值,即$\overline{\ln y_t} = \frac{1}{n}\sum \ln y_t$;

$\overline{\ln t}$——$\{\ln t\}$的均值,即$\overline{\ln t} = \frac{1}{n}\sum \ln t$。

4.2.4 对数曲线模型

对数曲线模型的一般形式为:

$$\hat{y}_t = a + b\ln t \tag{4.16}$$

其几何图形如图4.10所示。

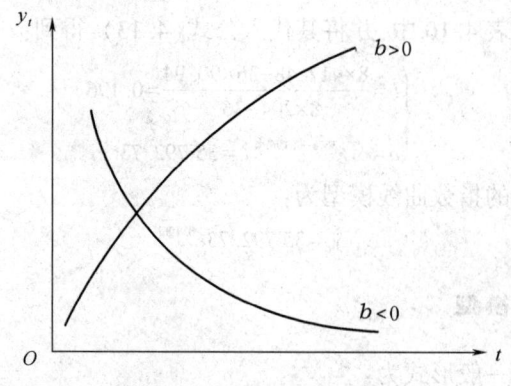

图 4.10 对数曲线模型图

令$t' = \ln t$,则模型(4.16)转化为直线模型:

$$\hat{y}_t = a + bt'$$

采用最小二乘法估计参数,根据公式(4.3)得到:

$$b = \frac{n\sum y_t \ln t - (\sum \ln t)(\sum y_t)}{n\sum (\ln t)^2 - (\sum \ln t)^2}$$

$$a = \frac{1}{n}\sum y_t - b\frac{1}{n}\sum \ln t = \bar{y} - b\overline{\ln t}$$

(4.17)

4.2.5 双曲线模型

双曲线模型的一般形式为:

$$\hat{y}_t = a + \frac{b}{t} \quad (或\frac{1}{\hat{y}_t} = a + \frac{b}{t}) \tag{4.18}$$

其几何图形如图4.11所示。

令$t' = \frac{1}{t}$,则模型(4.18)转化为直线模型:

$$\hat{y}_t = a + bt'$$

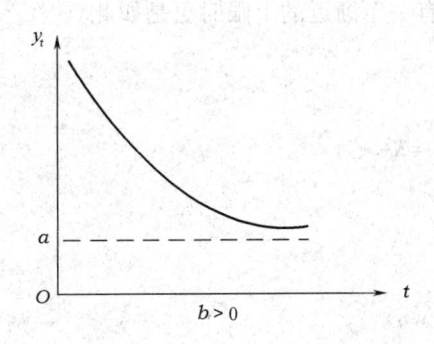

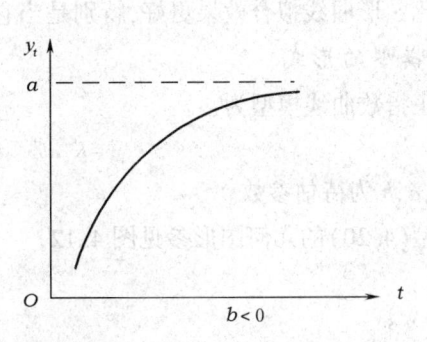

图 4.11 双曲线模型图

根据公式(4.3),得到最小二乘估计式:

$$\left. \begin{array}{l} b = \dfrac{n \sum y_t \cdot \dfrac{1}{t} - (\sum \dfrac{1}{t})(\sum y_t)}{n \sum \dfrac{1}{t^2} - (\sum \dfrac{1}{t})^2} \\ a = \bar{y} - b(\overline{\dfrac{1}{t}}) = \bar{y} - b(\dfrac{1}{n} \sum \dfrac{1}{t}) \end{array} \right\} \quad (4.19)$$

以上所用方法均是将曲线模型经过变换使其线性化来估计模型的参数,这种方法不如曲线拟合方法精确。曲线拟合方法不需要对模型进行线性化,而是直接使用原始数据(可给出参数的初值),经过多次搜索逼近找到使误差平方和达到最小的参数,因此曲线拟合的误差非常小,是其他方法所达不到的。但曲线拟合的计算量大,所以一定要借助于统计软件包来完成。

另外,将曲线模型经过变换转化为线性模型来估计参数,然后再将其还原,这样一来使得各个误差平方和都会有所变化,因此,原来的平方和分解公式也不再成立,所以变换后的线性模型效果好,并不等于非线性模型对原始数据的拟合效果也好,因而对直线模型的各种统计检验法如 t 检验、F 检验就不适用了,所以一般不特别强调对曲线模型的参数检验,但也可以通过预测误差,如估计标准差 S_y,平均绝对百分误差 MAPE,或拟合优度 R^2,对所建模型的优劣做一个整体的评价。

4.3 有增长上限的曲线趋势模型预测法

有增长上限的曲线趋势模型一般包括三种:修正指数曲线模型和两个 S 形曲线模型,即龚珀兹(Gompertz)曲线模型和逻辑(Logistic)曲线模型,它们常被用于商品的需求预测中。

4.3.1 修正指数曲线模型预测法

修正指数曲线是一种具有增长上限的曲线。当一种新产品刚刚问世时,借助于广告宣传的作用,市场会出现对该产品需求的骤增,随后需求的增长速度放慢,最后渐近趋向于某一正常数极限值 K,如图 4.12(a)所示。对于经济变量的这种变动规律,采用修正指数曲线拟合要比 S 形曲线拟合效果更好，特别是当它具有一个渐近的上限时更是如此。

1) 模型的形式

修正指数曲线模型为：

$$\hat{y}_t = K + ab^t \quad (\text{或} \ \hat{y}_t = K + ae^{bt}) \tag{4.20}$$

式中，K, a, b 为待估参数。

模型(4.20)的几何图形参见图 4.12。

(1) 模型 $y_t = K + ab^t$ $(K>0, a<0, 0<b<1)$

(2) 模型 $y_t = K + ab^t$ $(K>0, a>0, 0<b<1)$

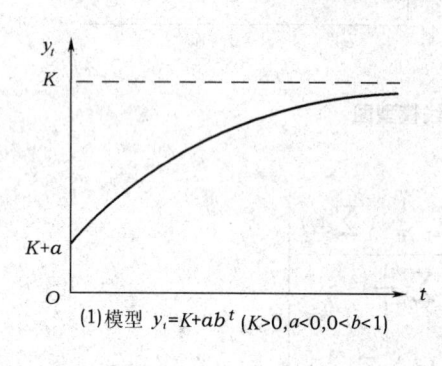

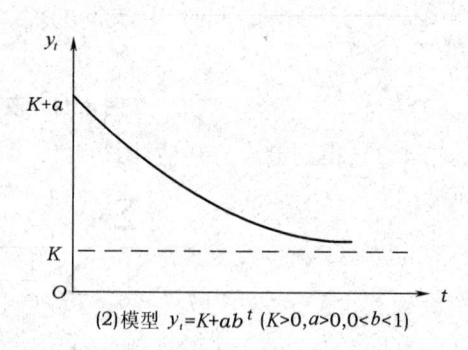

图 4.12　修正指数曲线模型图

从图 4.12 可以看出，当 $t \to +\infty$ 时，$\hat{y}_t \to K$，所以 $\hat{y}_t = K$ 是曲线的渐近线。图 4.12(a) 中的 K 常被称为增长上限，该模型为本节重点讨论对象。图 4.12(b) 中的模型可用来描述如产品的成本初期减少较快，中期减少缓慢，直至最终趋向于某一正的极限值 K 的情况。

2) 模型的识别

由表 4.11 可知，修正指数曲线模型的特点是一阶差分的环比为一个常数。根据这一特点，当某一时间序列 $\{y_t\}$ 的一阶差分的环比近似为一常数时，可用该模型进行预测。

表 4.11　　　　　　　　　　　修正指数曲线模型的阶差计算表

时间 t	模型 $\hat{y}_t = K + ab^t$	一阶差分 $\hat{y}_t - \hat{y}_{t-1}$	一阶差分的环比 $(\hat{y}_t - \hat{y}_{t-1})/(\hat{y}_{t-1} - \hat{y}_{t-2})$
1	$K+ab$	—	—
2	$K+ab^2$	$ab(b-1)$	—
3	$K+ab^3$	$ab^2(b-1)$	b
4	$K+ab^4$	$ab^3(b-1)$	b
⋮	⋮	⋮	⋮
$n-1$	$K+ab^{(n-1)}$	$ab^{(n-2)}(b-1)$	b
n	$K+ab^n$	$ab^{(n-1)}(b-1)$	b

3) 模型的参数估计

下面分两种情况进行讨论。

第一种情况：根据经验，当增长上限 K 已知时，可以采用 4.2 节使用的将曲线模型线性化的最小二乘法来估计其余两个未知参数 a 和 b。

对模型

$$\hat{y}_t = K + ab^t \quad (K>0, a<0, 0<b<1)$$

进行变换

$$K - \hat{y}_t = -ab^t \quad (a<0, K>y_t)$$

两边取对数得：

$$\ln(K - \hat{y}_t) = \ln(-a) + t\ln b$$

令 $\hat{y}'_t = \ln(K - \hat{y}_t)$，$A = \ln(-a)$，$B = \ln b$，则原模型转化为直线模型：$\hat{y}'_t = A + Bt$，用最小二乘法估计参数 A 和 B，再回代求解得：$a = -e^A$，$b = e^B$。

第二种情况：当 K, a, b 均为未知时，模型无法线性化，因而不能用最小二乘法估计参数，此时可用三和法或三点法估计参数。下面介绍三和法（也称三段法）。

设时间序列 $\{y_t\}$ 有 N 个数据。不妨设 $N = 3n$，如表 4.12 所示。

表 4.12

t	1	2	$\cdots$	n	$n+1$	$n+2$	$\cdots$	$2n$	$2n+1$	$2n+2$	$\cdots$	$3n$
y_t	y_1	y_2	$\cdots$	y_n	y_{n+1}	y_{n+2}	$\cdots$	y_{2n}	y_{2n+1}	y_{2n+2}	$\cdots$	y_{3n}

由于 $\{y_t\}$ 的变化趋势可用修正指数曲线模型来描述，所以可近似地认为每个 y_t 值满足模型：

$$\hat{y}_t = K + ab^t \quad (t = 1, 2, \cdots, 3n)$$

将 $\{y_t\}$ 等分成三段，每段含有 n 个数据，对各段求和，得：

$$\sum_1 y_t = \sum_{t=1}^{n} y_t = nK + ab(b^0 + b^1 + \cdots + b^{n-1}) = nK + ab\frac{b^n - 1}{b - 1} \tag{1}$$

$$\sum_2 y_t = \sum_{t=n+1}^{2n} y_t = nK + ab^{n+1}(b^0 + b^1 + \cdots + b^{n-1}) = nK + ab^{n+1}\frac{b^n - 1}{b - 1} \tag{2}$$

$$\sum_3 y_t = \sum_{t=2n+1}^{3n} y_t = nK + ab^{2n+1}(b^0 + b^1 + \cdots + b^{n-1}) = nK + ab^{2n+1}\frac{b^n - 1}{b - 1} \tag{3}$$

(2) - (1) 得：

$$\sum_2 y_t - \sum_1 y_t = ab\frac{(b^n - 1)^2}{b - 1} \tag{4}$$

(3) - (2) 得：

$$\sum_3 y_t - \sum_2 y_t = ab^{n+1}\frac{(b^n - 1)^2}{b - 1} \tag{5}$$

(5) ÷ (4) 再开 n 次方得到：

$$b = \sqrt[n]{\frac{\sum_3 y_t - \sum_2 y_t}{\sum_2 y_t - \sum_1 y_t}} \tag{4.21}$$

将 b 代入 (4) 得到：

$$a = \left(\sum_2 y_t - \sum_1 y_t\right)\frac{b - 1}{b(b^n - 1)^2} \tag{4.22}$$

最后将 a, b 代入 (1) 整理得：

$$K = \frac{1}{n}\left(\sum_{1} y_t - ab\frac{b^n - 1}{b - 1}\right) \tag{4.23}$$

关于修正指数曲线模型的参数估计,也可以用计算机软件实现,如将三和法得到的参数估计值 K, a, b 作为初始值,用统计软件包如 SPSS for Windows 或 E-views 等进行非线性(NLS)拟合,就得到模型参数的精确估计。

例 4.4 我国卫生机构人员总数如表 4.13 所示,试预测 2003 年我国卫生机构总人数。

表 4.13 　　　　　　我国卫生机构总人数的修正指数曲线模型计算表　　　　　　单位:万人

年份	时间 t	卫生机构总人数 y_t	一阶差分 Δy_t	一阶差分的环比 $\Delta y_t / \Delta y_{t-1}$	三段和 $\sum_i y_t$	拟合值 $\hat{y}_t$
1985	1	431.3	—	—		427.003
1986	2	444.6	13.3	—		442.622
1987	3	456.4	11.8	0.89	$\sum_1 y_t = 2278.8$	456.948
1988	4	467.8	11.4	0.97		470.088
1989	5	478.7	10.9	0.96		482.140
1990	6	490.6	11.9	1.09		493.193
1991	7	502.5	11.9	1.00		503.332
1992	8	514.0	11.5	0.97	$\sum_2 y_t = 2559.3$	512.632
1993	9	521.5	7.5	0.65		521.161
1994	10	530.7	9.2	1.23		528.984
1995	11	537.3	6.6	0.72		536.159
1996	12	541.9	4.6	0.70		542.740
1997	13	551.6	9.7	2.11	$\sum_3 y_t = 2741.4$	548.776
1998	14	553.6	2.0	0.21		554.313
1999	15	557.0	3.4	1.70		559.391

解 设我国卫生机构总人数为 y_t,绘制散点图,如图 4.13 所示。从该图中可以看出,我国卫生机构总人数 1985—1992 年增长较快,随后增长速度渐缓。另外,从表 4.13 中可知,其一阶差分的环比近似为常数,因此可选用修正指数曲线模型进行预测。

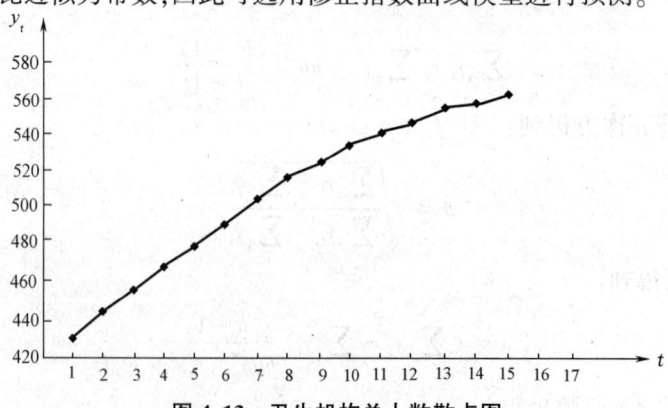

图 4.13 卫生机构总人数散点图

将有关数据分别代入式(4.21),式(4.22),式(4.23)中得到:

$$b = \sqrt[5]{\frac{2\,741.4 - 2\,559.3}{2\,559.3 - 2\,278.8}} = 0.917\,2$$

$$a = (2\,559.3 - 2\,278.8) \times \frac{0.917\,2 - 1}{0.917\,2 \times [(0.917\,2)^5 - 1]^2} = -205.667$$

$$K = \frac{1}{5} \times [2\,278.8 - (-205.667) \times 0.917\,2 \times \frac{(0.917\,2)^5 - 1}{0.917\,2 - 1}] = 615.641$$

所以我国卫生机构总人数修正指数曲线模型为:

$$\hat{y}_t = 615.641 - 205.667 \times (0.917\,2)^t \tag{4.24}$$

将 $t = 19$ 代入模型(4.24),得到 2003 年我国卫生机构总人数的预测值:

$$\hat{y}_{19} = 615.641 - 205.667 \times (0.917\,2)^{19} = 575.832(万人)$$

4.3.2 S形曲线模型预测法

前面所讨论的曲线模型均未考虑曲线的斜率变化速度,然而对于我们所研究分析的时间序列而言,常常具有如下特征:初期阶段以较缓慢的速度逐渐增长,而后增长速度加快,达到一定程度后,增长速度下降,到后期逐渐趋于一条饱和直线。用图形表示大致为一条 S 形曲线。在这条曲线上存在一个拐点,即增长速度由上升突变为下降的点;另外还具有一个增长的上(极)限。拟合这类数据的两个模型为龚珀兹曲线模型和逻辑曲线模型。通常它们能够反映具有生命周期特征的现象,如人口、商品的寿命预测等等,因此也被称为生命周期曲线。

1)龚珀兹曲线模型

(1)模型的一般形式为:

$$\hat{y}_t = K \cdot a^{b^t} \quad (0<a<1, 0<b<1, K>0) \tag{4.25}$$

其几何图形如图 4.14 所示。

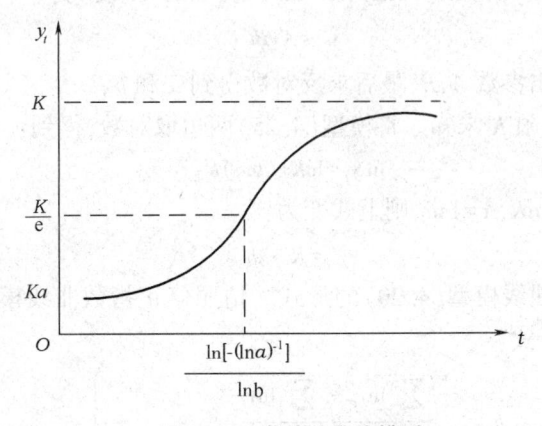

图 4.14 龚珀兹曲线模型

根据模型(4.25)可知,$t = 0$ 时,$\hat{y}_0 = Ka$,$\lim_{t \to -\infty} \hat{y}_t = 0$,$\lim_{t \to +\infty} \hat{y}_t = K$,$K$ 为该曲线的增长上限值;拐点为 $(\frac{\ln[-(\ln a)^{-1}]}{\ln b}, \frac{K}{e})$,曲线关于拐点不对称。

(2) 模型的识别。由表4.14可知,龚珀兹曲线模型的特点是:其对数一阶差分的环比为一个常数。根据这一特点,当某一时间序列$\{y_t\}$的对数一阶差分的环比近似为一常数时,可选用龚珀兹曲线模型进行预测。

表 4.14　　　　　　　　　龚珀兹曲线模型的阶差计算表

时间 t	模型 $\hat{y}_t=Ka^{b^t}$	$\hat{y}_t$的对数 $\ln\hat{y}_t$	$\ln\hat{y}_t$的一阶差分 $\Delta\ln\hat{y}_t=\ln(\hat{y}_t/\hat{y}_{t-1})$	$\Delta\ln\hat{y}_t$的环比= $\Delta\ln y_t/\Delta\ln y_{t-1}$
1	Ka^b	$\ln K+b\ln a$	—	—
2	Ka^{b^2}	$\ln K+b^2\ln a$	$b(b-1)\ln a$	—
3	Ka^{b^3}	$\ln K+b^3\ln a$	$b^2(b-1)\ln a$	b
4	Ka^{b^4}	$\ln K+b^4\ln a$	$b^3(b-1)\ln a$	b
⋮	⋮	⋮	⋮	⋮
$n-1$	$Ka^{b^{n-1}}$	$\ln K+b^{n-1}\ln a$	$b^{n-2}(b-1)\ln a$	b
n	$Ka^{b^{n-2}}$	$\ln K+b^n\ln a$	$b^{n-1}(b-1)\ln a$	b

(3) 模型的参数估计。下面分两种情况来讨论:

第一种情况,增长上限K已知。将模型(4.25)变形为:

$$\frac{\hat{y}_t}{K}=a^{b^t}$$

对上式两边取对数:

$$\ln(\hat{y}_t/K)=b^t\ln a \tag{4.26}$$

由于$\ln(\hat{y}_t/K)<0,\ln a<0$,因此对上式两边同乘以$(-1)$再取对数,最终将龚珀兹曲线模型线性化为:

$$\ln[-\ln(\hat{y}_t/K)]=\ln(-\ln a)+t\ln b \tag{4.27}$$

令$\hat{y}'_t=\ln[-\ln(\hat{y}_t/K)]$,$A=\ln(-\ln a)$,$B=\ln b$,则(4.27)式变为:

$$\hat{y}'_t=A+Bt$$

然后用最小二乘法估计出参数A,B,最后求反对数得到$\hat{a}$和$\hat{b}$。

第二种情况,增长上限K未知。将模型(4.25)两边取对数,得到:

$$\ln\hat{y}_t=\ln K+(\ln a)b^t$$

若令$\hat{y}'_t=\ln\hat{y}_t$,$K'=\ln K$,$A=\ln a$,则上式变为:

$$\hat{y}'_t=K'+Ab^t$$

这恰好是修正指数曲线模型(4.20)的形式。仿照修正指数曲线模型参数估计的方法,可得$b,\ln a$和$\ln K$的估计式:

$$\left.\begin{array}{l}b=\sqrt[n]{\dfrac{\sum_3\ln y_t-\sum_2\ln y_t}{\sum_2\ln y_t-\sum_1\ln y_t}}\\[2mm]\ln a=\left(\sum_2\ln y_t-\sum_1\ln y_t\right)\dfrac{b-1}{b(b^n-1)^2}\\[2mm]\ln K=\dfrac{1}{n}\left[\sum_1\ln y_t-\dfrac{b(b^n-1)}{b-1}\ln a\right]\end{array}\right\} \tag{4.28}$$

最后通过反对数求出 a 和 K 的估计值,从而得到龚珀兹曲线模型(4.25)的参数估计。

另外,可以根据龚珀兹曲线模型 $\hat{y}_t = Ka^{b^t}$ 的参数值大小判断商品生命周期所处的位置:①当 $b>1$,$\ln a>0$ 时,商品生命周期处于成长前期,市场销售量会迅速上升;②当 $0<b<1$,$\ln a<0$ 时,商品生命周期处于成长后期,即进入成熟期,市场销售量仍急剧增加,但增长速度开始变缓;③当 $b>1$,$\ln a<0$ 时,商品生命周期处于衰减前期,市场销售量达到饱和状态,或有替代商品进入市场,导致销售量开始下降;④当 $0<b<1$,$\ln a>0$ 时,商品生命周期处于衰减后期,市场销售量迅速下降,直至该种商品退出市场。

例 4.5 某品牌手机在一个中等城市的销售量统计数据如表 4.15 所示,试建立预测模型,分析并预测 2023 年该城市的手机销售量。

解 首先绘制手机销售量的散点图,如图 4.15 所示。从图中可以看出,销售量的走势大致呈 S 形曲线形状。再用阶差法计算得知,对数一阶差分的环比 $\Delta \ln y_t / \Delta \ln y_{t-1}$ 近似为一个常数,见表 4.15,因此可选择龚珀兹曲线模型进行预测。

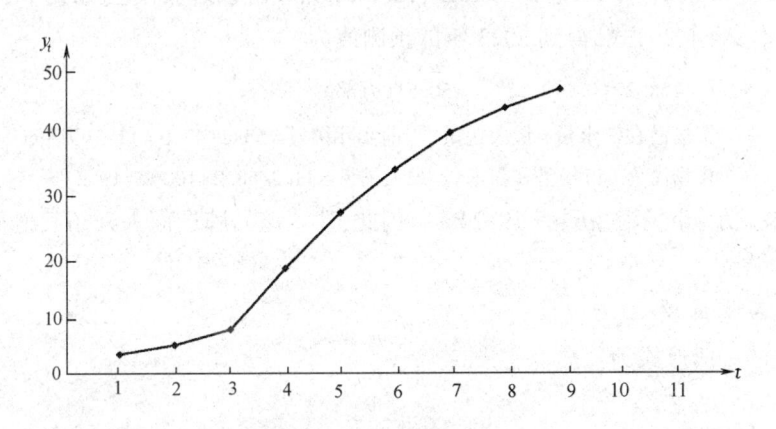

图 4.15 手机销售量散点图

表 4.15 手机销售量龚珀兹曲线模型计算表 单位:万部

年份	时间 t	销售量 y_t	$\ln y_t$	$\ln y_t$ 的一阶差分 $\Delta \ln y_t$	$\Delta \ln y_t$ 的环比	$\ln y_t$ 的三段和	拟合值 $\hat{y}_t$	误差 $e_t = y_t - \hat{y}_t$
2014	1	4.0	1.39	—	—		2.25	1.75
2015	2	5.5	1.70	0.31	—	$\sum_1 \ln y_t = 5.17$	5.87	-0.37
2016	3	8.0	2.08	0.38	1.23		11.51	-3.51
2017	4	18.0	2.89	0.81	2.13		18.57	-0.57
2018	5	27.0	3.30	0.41	0.51	$\sum_2 \ln y_t = 9.72$	26.00	1.00
2019	6	34.0	3.53	0.23	0.56		32.88	1.12
2020	7	40.0	3.69	0.16	0.70		38.92	1.08
2021	8	44.0	3.78	0.09	0.56	$\sum_3 \ln y_t = 11.32$	43.81	0.19
2022	9	47.0	3.85	0.07	0.78		47.62	-0.62

将有关数据代入公式(4.28),得到:

73

$$b = \sqrt[3]{\frac{11.32-9.72}{9.72-5.17}} = 0.706$$

$$\ln a = (9.72-5.17) \times \frac{0.706-1}{0.706 \times (0.706^3-1)^2} = -4.511$$

$$\ln K = \frac{1}{3}\left[5.17 - \frac{0.706 \times (0.706^3-1)}{0.706-1} \times (-4.511)\right] = 4.064$$

求反对数,得 $a = e^{-4.511} = 0.01$, $K = e^{4.064} = 58.2$。

于是,所求龚珀兹曲线模型为:

$$\hat{y}_t = 58.2 \times (0.01)^{(0.706)^t} \tag{4.29}$$

这里 $0 < b = 0.706 < 1$,且 $a = e^{-4.511}$,则 $\ln a = -4.511 < 0$,因此,从理论上讲,该品牌手机处于生命周期成长后期,即已进入成熟期,销售量虽然仍急剧增加,但增长速度开始趋缓。

将 $t = 1, 2, \cdots, 9$ 代入模型(4.29),得到该品牌手机销售量的拟合值,列于表 4.15 中,并求出预测误差列于表 4.15 最后一列。计算 MAPE = 12.1%,预测精度较高,模型(4.29)可用于预测。

将 $t = 10$ 代入(4.29)式,得到 2023 年的预测值为:

$$\hat{y}_{10} = 58.2 \times (0.01)^{(0.706)^{10}} = 50.51(万部)$$

市场潜在需求量 = 最大销量 - 当前实际销量 = 58.2 - 47.0 = 11.2(万部)

市场潜力 = 市场潜在需求量/最大销量 = 11.2/58.2 × 100% = 19.24%

计算结果显示,市场潜力只有 19.24%。因此,建议该品牌厂商去开拓其他地区的市场,或开发研制新产品。

2) 逻辑曲线模型

(1) 模型的一般形式为:

$$\hat{y}_t = \frac{1}{K + ab^t} \tag{4.30}$$

式中,$K > 0, a > 0, 0 < b < 1$。

其几何图形如图 4.16 所示。

当 $t = 0$ 时,$\hat{y}_t = \frac{1}{K+a}$;$\lim\limits_{t \to -\infty} y_t = 0$,$\lim\limits_{t \to +\infty} y_t = \frac{1}{K}$,所以 $\hat{y}_t = 0$ 和 $\hat{y}_t = \frac{1}{K}$ 都是模型(4.30)的渐近线,其中 $\frac{1}{K}$ 为其增长上限。拐点为 $\left(\frac{\ln K - \ln a}{\ln b}, \frac{1}{2K}\right)$,且该曲线关于拐点对称。

(2) 模型的识别。由表 4.16 可知,Logistic 曲线模型的特点是:

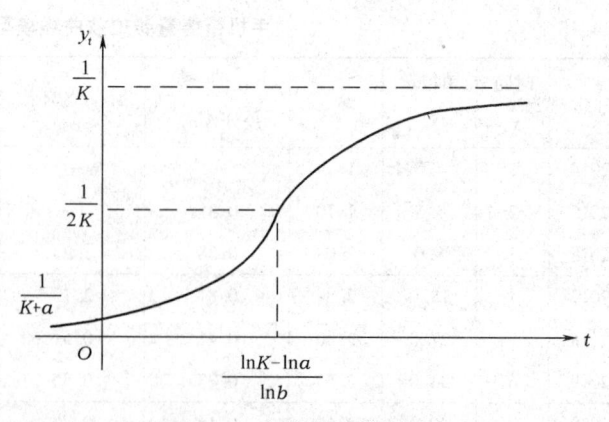

图 4.16 逻辑曲线模型图

其倒数一阶差分的环比为一常数。因此,当某时间序列 $\{y_t\}$ 的倒数的一阶差分的环比近似为一常数时,可用逻辑曲线模型进行预测。

表 4.16 逻辑曲线模型的阶差计算表

时间 t	模型 $\hat{y}_t = \dfrac{1}{K+ab^t}$	$\hat{y}_t$ 的倒数 $1/\hat{y}_t$	$\Delta(1/\hat{y}_t) = (1/\hat{y}_t)-(1/\hat{y}_{t-1})$	$\Delta(1/\hat{y}_{t-1})$ 的环比: $\Delta(1/\hat{y}_t)/\Delta(1/\hat{y}_{t-1})$
1	$1/(K+ab)$	$K+ab$	—	—
2	$1/(K+ab^2)$	$K+ab^2$	$ab(b-1)$	—
3	$1/(K+ab^3)$	$K+ab^3$	$ab^2(b-1)$	b
4	$1/(K+ab^4)$	$K+ab^4$	$ab^3(b-1)$	b
⋮	⋮	⋮	⋮	⋮
$n-1$	$1/(K+ab^{n-1})$	$K+ab^{n-1}$	$ab^{n-2}(b-1)$	b
n	$1/(K+ab^n)$	$K+ab^n$	$ab^{n-1}(b-1)$	b

(3)模型的参数估计。将模型(4.30)两边取倒数,得:

$$\frac{1}{\hat{y}_t} = K + ab^t$$

若令 $\hat{y}'_t = \dfrac{1}{\hat{y}_t}$,则上式变为:

$$\hat{y}'_t = K + ab^t$$

可见,逻辑曲线模型的倒数正是修正指数曲线模型的形式。因此,仿照修正指数曲线模型参数估计的三和法,可得 b,a 和 K 的估计式:

$$\left.\begin{array}{l} b = \sqrt[n]{\dfrac{\sum_3 \dfrac{1}{y_t} - \sum_2 \dfrac{1}{y_t}}{\sum_2 \dfrac{1}{y_t} - \sum_1 \dfrac{1}{y_t}}} \\ a = \left(\sum_2 \dfrac{1}{y_t} - \sum_1 \dfrac{1}{y_t}\right)\dfrac{b-1}{b(b^n-1)^2} \\ K = \dfrac{1}{n}\left(\sum_1 \dfrac{1}{y_t} - ab\dfrac{b^n-1}{b-1}\right) \end{array}\right\} \quad (4.31)$$

例 4.6 根据某小镇 2017—2022 年年底的人口数,如表 4.17 所示,试用逻辑曲线模型对该镇 2023 年年底的人口数进行预测。

表 4.17 某小镇人口数和其趋势值及预测值   单位:万人

年份	时间 t	人口数 y_t	倒数 $\dfrac{1}{y_t}$	$1/y_t$ 的三段和	逻辑模型的趋势值及预测值 $\hat{y}_t$
2017	1	8.2	0.122 0	$\sum_1 \dfrac{1}{y_t} = 0.227\ 3$	8.198 5
2018	2	9.5	0.105 3		9.502 9
2019	3	10.4	0.096 2	$\sum_2 \dfrac{1}{y_t} = 0.178\ 8$	10.693 6
2020	4	12.1	0.082 6		11.721 4

续表

年份	时间 t	人口数 y_t	倒数 $\frac{1}{y_t}$	$1/y_t$ 的三段和	逻辑模型的趋势值及预测值 $\hat{y}_t$
2021	5	12.7	0.078 7	$\sum_3 \frac{1}{y_t} = 0.155\ 0$	12.566 6
2022	6	13.1	0.076 3		13.234 4
2023	7	—	—	—	13.745 6

解 首先画出该小镇人口数 $\{y_t\}$ 的散点图,参见图 4.17。

此图显示可以选择逻辑曲线模型对人口数进行预测,使用三和法估计参数:这里共 6 个实际数据,分 3 段,则取 $n=2$,即每段有 2 个数据。根据公式(4.31),可得:

$$b = \sqrt{\frac{0.155\ 0 - 0.178\ 8}{0.178\ 8 - 0.227\ 3}} = 0.699\ 8$$

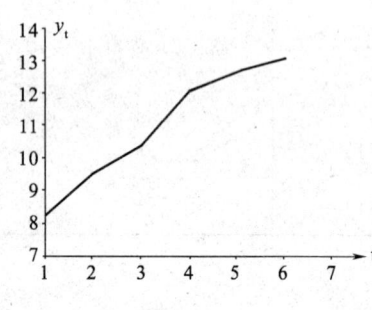

图 4.17 某小镇人口数 $\{y_t\}$ 时序图

$$a = (0.178\ 8 - 0.227\ 3) \times \frac{0.699\ 8 - 1}{0.699\ 8(0.699\ 8^2 - 1)^2} = 0.079\ 7$$

$$K = \frac{1}{2}\left(0.227\ 3 - 0.079\ 7 \times 0.699\ 8 \times \frac{0.699\ 8^2 - 1}{0.699\ 8 - 1}\right) = 0.066\ 2$$

因此,小镇人口数的逻辑曲线预测模型为:

$$\hat{y}_t = \frac{1}{0.066\ 2 + 0.079\ 7 \times 0.699\ 8^t} \tag{4.32}$$

将 $t=1,2,\cdots,6$ 代入(4.32)式,可以得到趋势值如表 4.17 的最后一列,并将 $t=7$ 也代入(4.32)式,可以得到 2006 年小镇人口数的预测值为 13.745 6 万人。

思考练习题

1)在 $t=1,2,\cdots,n$ 时对 y 进行观察,得 $y_1,y_2,\cdots,y_n$,选择直线趋势模型:$\hat{y}_t = a + bt$,用最小二乘法估计参数,求证其估计公式为:

$$\begin{cases} b = \dfrac{12\sum\limits_{t=1}^{n} ty_t - 6(n+1)\sum\limits_{t=1}^{n} y_t}{n(n^2-1)} \\ a = \dfrac{1}{n}\sum\limits_{t=1}^{n} y_t - \dfrac{1}{2}(n+1)b \end{cases}$$

2)仿照二次曲线模型参数估计方法,试给出三次曲线模型的参数估计式,并给出其简化求解式。

3)如何识别多项式曲线模型、(简单)指数曲线模型、双曲线模型、对数曲线模型。

4)试用表格形式小结 S 形曲线模型的特征与识别方法,并给出三和法的参数估计公式。

5)2009—2021 年某商场年销售额资料如下:

年份	2009	2010	2011	2012	2013	2014	2015	2016	2017	2018	2019	2020	2021
销售额(亿元)	23.9	24.1	25.0	26.4	27.8	30.4	32.6	40.2	48.9	50.3	54.0	55.1	60.7

试用适当的模型对该商场2023年的销售额进行预测。

6) 1983—2010年我国外汇储备资料如下：

年份	1983	1984	1985	1986	1987	1988	1989	1990	1991	1992	1993	1994
国家外汇(亿美元)	89.01	82.20	26.44	20.72	29.23	33.72	55.50	110.93	217.12	194.43	211.99	516.20

年份	1995	1996	1997	1998	1999	2000	2001	2002	2003
国家外汇(亿美元)	735.97	1 050.29	1 398.90	1 449.60	1 546.75	1 655.74	2 121.65	2 864.07	4 032.51

年份	2004	2005	2006	2007	2008	2009	2010
国家外汇(亿美元)	6 099.328	188.32	10 663.44	15 282.49	19 460.30	23 991.52	28 473.88

年份	2011	2012	2013	2014
国家外汇(亿美元)	31 811.5	33 115.9	38 213.15	38 430.2

试选择合适的趋势曲线模型，预测2011年我国外汇储备将达到多少亿美元。

7) 根据以下两项指标分别进行趋势外推预测，预测2015,2016年北京市城市居民生活用电量和乡村居民生活用电量。

年　份	居民生活用电(万千瓦时)	
	城市居民	乡村居民
1995	130 897	50 125
1996	158 474	59 077
1997	196 641	68 018
1998	220 543	73502
1999	276 642	79 934
2000	385 396	91 097
2001	439 058	100 256
2002	517 386	108 656
2003	574 623	128 298
2004	647 474	157 861
2005	706 405	182 805
2006	768 884	189 847
2007	862 604	204 155
2008	949 878	213 213
2009	982 720	305 232
2010	951 811	441 535

8) 平均每万人中在校小学学生资料如下：

年　份	1996	1997	1998	1999	2000	2001	2002	2003
平均每万人中在校小学生人数(人)	799	776	742	671	591	481	430	384
年　份	2004	2005	2006	2007	2008	2009	2010	
平均每万人中在校小学生人数(人)	357	331	308	422	404	382	372	

试选择合适的趋势曲线模型，预测2012年北京市平均每万人中，在校小学学生人数。

9) 根据1992年至2014年的资料，试选择适当的具有增长上限的趋势曲线模型对我国2015私人汽车拥有量进行预测。

年份	1992	1993	1994	1995	1996	1997	1998	1999	2000	2001	2002
私人汽车拥有量 y_t(万辆)	118.20	155.77	205.42	249.96	289.67	358.36	423.65	533.88	625.33	770.78	968.98

年份	2003	2004	2005	2006	2007	2008	2009	2010
私人汽车拥有量 y_t(万辆)	1 219.23	1 481.66	1 848.07	2 333.32	2 876.22	3 501.39	4 574.91	5 938.71

年份	2011	2012	2013	2014
私人汽车拥有量 y_t(万辆)	7 326.8	8 838.6	10 501.7	12 339.4

10) 根据国家统计局网站①提供的1994—2010年旅游人数、旅游总花费的数据预测未来三年的各值。

年　份	旅游人数(百万人次)	其　中 城镇居民	其　中 农村居民	旅游总花费(亿元)	其　中 城镇居民	其　中 农村居民
1994	524	205	319	1 023.5	848.2	175.3
1995	629	246	383	1 375.7	1 140.1	235.6
1996	640	256	383	1 638.4	1 368.4	270.0
1997	644	259	385	2 122.7	1 551.8	560.9
1998	695	250	445	2 391.2	1 515.1	876.1
1999	719	284	435	2 831.9	1 748.2	1 083.7
2000	744	329	415	3 175.5	2 235.3	940.3
2001	784	375	409	3 522.4	2 651.7	870.7
2002	878	385	493	3 878.4	2 848.1	1 030.3

① 国家统计局网站 https://data.stats.gov.cn/easyquery.htm？cn=C01.

续表

年 份	旅游人数 （百万人次）	其 中		旅游总花费 （亿元）	其 中	
		城镇居民	农村居民		城镇居民	农村居民
2003	870	351	519	3 442.3	2 404.1	1 038.2
2004	1 102	459	643	4 710.7	3 359.0	1 351.7
2005	1 212	496	716	5 285.9	3 656.1	1 629.7
2006	1 394	576	818	6 229.7	4 414.7	1 815.0
2007	1 610	612	998	7 770.6	5 550.4	2 220.2
2008	1 712	703	1 009	8 749.3	5 971.7	2 777.6
2009	1 902	903	999	10 183.7	7 233.8	2 949.9
2010	2 103	1 065	1 038	12 579.8	9 403.8	3 176.0
2011	2 641	1 687	954	19 305.4	14 808.6	4 496.8
2012	2 957	1 933	1 024	22 706.2	17 678.0	5 028.2
2013	3 262	2 186	1 076	26 276.1	20 692.6	5 583.5
2014	3 611	2 483	1 128	30 311.9	24 219.8	6 092.1
2015	3 990	2 802	1 188	34 195.1	27 610.9	6 584.2
2016	4 435	3 195	1 240	39 389.8	32 241.9	7 147.9
2017	5 001	3 677	1 324	45 660.8	37 673.0	7 987.7
2018	5 539	4 119	1 420	51 278.3	42 590.0	8 688.3
2019	6 006	4 471	1 535	57 250.9	47 509.0	9 741.9
2020	2 879	2 065	814	22 286.3	17 966.5	4 319.8
2021	3 246	2 342	904	29 190.7	23 644.2	5 546.6
2022	2 530	1 928	601	20 444.0	16 881.3	3 562.7

5 季节变动预测法

在现实经济生活中,季节变动是一种极为普遍的现象。许多商品的销售量受气候变化的影响表现出明显的季节性变动,例如,一些农副产品的产量因季节更替而有淡、旺季之分。对于这种含有季节变动的时间序列而言,用数学方法拟合其演变规律并进行预测是相当复杂的,甚至是不可能的。但是,如果我们能够设法从时间序列中分离出长期趋势线,并找到季节变动的规律,将二者结合起来进行预测,就可以使问题得到简化,也能够达到预测精度的要求。季节变动预测法正是基于这种设想,其基本思路是:首先,找到描述整个时间序列总体发展趋势的数学方程,即分离趋势线;其次,找出季节变动对预测对象的影响,即分离季节影响因素;最后,将趋势线与季节影响因素合并,得到能够描述时间序列总体发展规律的预测模型,并用于预测。

对于一个时间序列,如何判断它是否存在季节影响因素,这是首先要解决的问题。

5.1 判断季节变动存在的方法

5.1.1 直观判断法

所谓直观判断法,就是绘制时间序列的散点图,直接观察其变化规律,以判断它是否受季节变动的影响,并确定季节的长度。这种方法的优点是直观,但判断时略带主观性。

5.1.2 自相关系数判断法

设 $y_t(t=1,2,\cdots)$ 表示一个时间序列,它滞后 k 期为 y_{t+k}。随机变量 y_t 与 y_{t+k} 之间的相关系数称为时间序列 y_t 的 k 阶自相关系数,用 ρ_k 表示。即:

$$\rho_k = \frac{\mathrm{Cov}(y_t, y_{t+k})}{\sqrt{\mathrm{Var}(y_t)\mathrm{Var}(y_{t+k})}} \tag{5.1}$$

ρ_k 的值反映了时间序列的项与其后第 k 项之间线性关系的性质及强弱。若 $\rho_k>0$,称此时间序列为 k 阶正自相关,这时,若某一项 y_t 较大(或较小),则 y_{t+k} 也有取大值(或小值)的趋势;若 $\rho_k<0$,称之为 k 阶负自相关,这时,若某一项 y_t 较大(或较小),则 y_{t+k} 有取小值(或大值)的趋势。

如果已获得时间序列 $\{y_t\}$ 的 n 期观测值 $y_1,y_2,\cdots,y_n$,将它们视为来自 $\{y_t\}$ 的样本,则

可用样本自相关系数 r_k 作为 ρ_k 的估计值,即:

$$r_k = \frac{\sum_{t=1}^{n-k}(y_t - \bar{y}')(y_{t+k} - \bar{y}'')}{\sqrt{\sum_{t=1}^{n-k}(y_t - \bar{y}')^2 \sum_{t=1}^{n-k}(y_{t+k} - \bar{y}'')^2}} \tag{5.2}$$

其中

$$\bar{y}' = \frac{1}{n-k}\sum_{t=1}^{n-k} y_t , \quad \bar{y}'' = \frac{1}{n-k}\sum_{t=1}^{n-k} y_{t+k}$$

给定显著性水平 α(一般取 $\alpha=0.05$),自由度 $df=n-k-2$,查相关系数临界值表,得到临界值 r_α。当 $|r_k|>r_\alpha$ 时,认为 y_t 与 y_{t+k} 之间线性关系显著;当 $|r_k| \leq r_\alpha$ 时,认为 y_t 与 y_{t+k} 之间线性关系不显著。在不发生混淆的情况下,r_k 简称为自相关系数。

利用自相关系数 r_k 判断季节变动存在的方法是:如果一时间序列呈现出季节长度为 L 的季节变动,由于同季节的数据同时大或同时小,故 L 阶,$2L$ 阶等自相关系数取正值,并且很大;$\frac{L}{2}$ 阶、$\frac{L}{2}+L$ 阶等自相关系数通常取负值,并且绝对值也很大(这里假设 L 为偶数,若 L 为奇数,应改为 $\frac{L\pm1}{2}$ 阶、$\frac{L\pm1}{2}+L$ 阶等)。利用这一特性,可判断时间序列是否受季节变动的影响,如受影响,也能求出季节长度。

例 5.1 判断下面的时间序列 $\{y_t\}$ 是否存在季节变动的影响。
$\{y_t\} = \{11 \quad 25 \quad 31 \quad 7 \quad 12 \quad 24 \quad 30 \quad 9 \quad 13 \quad 26 \quad 32 \quad 8 \quad 10 \quad 27 \quad 31 \quad 10\}$

解 利用公式(5.2)计算时间序列前 8 阶的自相关系数,得到:

k	1	2	3	4	5	6	7	8
r_k	-0.113 0	-0.882 3	0.016 8	0.985 4	-0.135 4	-0.887 5	0.027 2	0.991 0

计算结果显示,r_4,r_8 取正值,r_2,r_6 取负值,且绝对值都很大,而其他各阶自相关系数的绝对值都很小,所以此时间序列存在季节变动,季节长度 $L=4$。

对于既有趋势又受季节变动影响的时间序列,其自相关系数表现复杂,两种因素交织在一起,有时不容易判断。比较好的处理办法是先将趋势从时间序列中剔除,然后再进行季节分析。

5.1.3 方差分析法

方差分析法是一种检验方法,在一定的条件下,对于给定的显著性水平,可以鉴别出已知数 L 是否为某时间序列的季节长度。因而在使用这种方法之前,最好能根据直观意义(数据的散点图或经济意义),把可能是季节长度的 L 找出来,然后再用这种方法进行检验。

1) 基本原理

首先将给定的时间序列数据的趋势剔除,然后把数据分成 L 组,假定每组包含有同季节的数据。设法检验各组数据的均值是否有显著差异,如果有显著差异,说明该时间序列数据受季节影响,并且 L 为季节长度,如果无显著差异,说明 L 不是季节长度。有关方差分析法更详细的内容请参阅数理统计学。

2) 具体步骤

设时间序列为 $\{y_t\}$，$t=1,2,\cdots,n$；n 为样本容量。如果 $\{y_t\}$ 存在趋势，则将趋势剔除。

(1) 将数据分成 L 组，每组有 $n_1,n_2,\cdots,n_L$ 个数据，即 $n=\sum_{i=1}^{L}n_i$。

(2) 按方差分析法的要求，计算总平方和 S_T、组内平方和 S_E 和组间平方和 S_A，其计算公式为：

$$S_T = \sum_{j=1}^{L}\sum_{i=1}^{n_j}(y_{ij}-\bar{y})^2 = \sum_{j=1}^{L}SS_j - \frac{(\sum_{j=1}^{L}S_j)^2}{n} \tag{5.3}$$

$$S_E = \sum_{j=1}^{L}\sum_{i=1}^{n_j}(y_{ij}-\bar{y}_{\cdot j})^2 = \sum_{j=1}^{L}SS_j - \sum_{j=1}^{L}\frac{S_j^2}{n_j} \tag{5.4}$$

$$S_A = S_T - S_E \tag{5.5}$$

其中

$$\bar{y} = \frac{1}{n}\sum_{j=1}^{L}\sum_{i=1}^{n_j}y_{ij}, \quad \bar{y}_{\cdot j} = \frac{1}{n_j}\sum_{i=1}^{n_j}y_{ij}$$

$$S_j = \sum_{i=1}^{n_j}y_{ij}, \quad SS_j = \sum_{i=1}^{n_j}y_{ij}^2$$

(3) 计算 F 统计量：

$$F = \frac{S_A/(L-1)}{S_E/(n-L)} \sim F(L-1, n-L)$$

(4) 给定显著性水平 α，查 F 分布表，得到临界值 $F_\alpha(L-1, n-L)$。

若 $F > F_\alpha(L-1, n-L)$，则各组数据有显著差异，即可认为有季节影响存在，L 为季节长度。

若 $F \leq F_\alpha(L-1, n-L)$，则各组数据无显著差异，即 L 不是季节长度。

例 5.2 已知时间序列的观测值 x_t 如表 5.1 所示，试用方差分析法检验 $L=4$ 是否为季节长度。

表 5.1

t	1	2	3	4	5	6	7	8	9	10	11	12
x_t	11	25	31	7	12	24	30	8	13	26	32	8
y_t	0.592 9	1.342 8	1.659 2	0.373 3	0.637 7	1.271 0	1.583 1	0.420 7	0.681 2	1.357 8	1.665 3	0.414 9

解 根据 x_t 的散点图可知，序列 $\{x_t\}$ 存在线性趋势，故先将 $\{x_t\}$ 的趋势剔除，得到表 5.1 中第 3 行数据，记为 y_t。剔除的方法是：

用最小二乘法求 x_t 的趋势线方程，得：

$$T_t = 18.485 + 0.066\,4t$$

将 $t=1,2,\cdots,12$ 代入上式，得到各期趋势值 $T_1, T_2, \cdots, T_{12}$，然后用各期 x_t 的值除以相应 T_t 的值，即得 y_t。

假设 $L=4$ 为季节长度，将数据 y_t 按季节长度的假设值分成 4 组，每组有 3 个数据，即 $n_i = 3(i=1,2,3,4)$，得到表 5.2。

表 5.2

组次	1	2	3	4	Σ
数据	0.592 9 0.637 7 0.681 2	1.342 8 1.271 0 1.357 8	1.659 2 1.583 1 1.665 3	0.373 3 0.420 7 0.414 9	
$\sum y_{ij}$	1.911 8	3.971 6	4.907 6	1.208 9	11.999 9
$\sum y_{ij}^2$	1.222 2	5.262 2	8.032 4	0.488 5	15.005 3

$$S_T = \sum_{j=1}^{L} SS_j - \frac{(\sum_{j=1}^{L} S_j)^2}{n} = 15.005\ 3 - \frac{11.999\ 9^2}{12} = 3.005\ 5$$

$$S_E = \sum_{j=1}^{L} SS_j - \sum_{j=1}^{L} \frac{S_j^2}{n_j}$$

$$= 15.005\ 3 - \frac{1}{3}(1.911\ 8^2 + 3.971\ 6^2 + 4.907\ 6^2 + 1.208\ 9^2)$$

$$= 0.013\ 8$$

$$S_A = S_T - S_E = 3.005\ 5 - 0.013\ 8 = 2.991\ 7$$

于是

$$F = \frac{S_A/(L-1)}{S_E/(n-L)} = \frac{2.991\ 7/3}{0.013\ 8/8} = \frac{0.997\ 2}{0.001\ 7} = 586.588\ 2$$

取显著性水平 $\alpha = 0.05$，查 F 分布表，得到临界值：$F_{0.05}(3,8) = 4.07$。由于 $F = 586.588\ 2 > 4.07$，故各组数据的均值有显著差异，说明此时间序列存在季节影响，且 $L = 4$ 是季节长度。

5.2 不变季节指数预测法

在第三章中，我们曾经讨论过时间序列的两种模式：加法模式和乘法模式。季节变动的影响在加法模式中，是由季节加量体现的；在乘法模式中，则是由季节指数体现的。下面以乘法模式为例进行讨论，讨论的原则与处理方法对加法模式也适用。

5.2.1 水平趋势季节型时间序列的预测

如果一个时间序列具有水平趋势且受季节变动的影响，如图 5.1 所示，可采用简单季节预测法或温特斯(Winters)指数平滑法进行预测。

1) 简单季节预测法

设时间序列为 $y_1, y_2, \cdots, y_n$，它是由 m 年的统计数据构成的(一般 $m \geq 3$)，季节长度为 L，则 $n = mL$。预测步骤为：

(1) 求 y_t 的均值，作为趋势的估计值(当时间序列具有水平趋势时，可以用数据的均值 $\bar{y}$ 作为趋势的估计值)。即

预测与决策概论

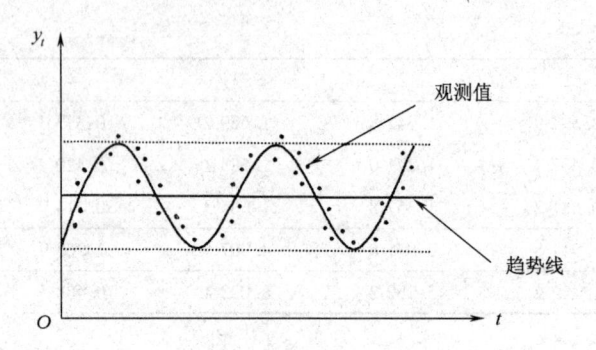

图 5.1 水平趋势季节型时间序列

$$\bar{y} = \frac{1}{n}\sum_{t=1}^{n} y_t$$

（2）剔除趋势。用各期的观测值除以趋势值，得出季节指数和随机干扰的混合值为：

$$\tilde{S}_t = \frac{y_t}{\bar{y}} \quad (t=1,2,\cdots,n)$$

（3）估计季节指数。对同季节的 $\tilde{S}_t$ 求平均值，以消除随机干扰，得到季节指数的估计值：

$$S_i = \frac{\tilde{S}_i + \tilde{S}_{i+L} + \tilde{S}_{i+2L} + \cdots + \tilde{S}_{i+(m-1)L}}{m} \quad (i=1,2,\cdots,L)$$

（4）建立季节预测模型，并进行预测。预测模型为：

$$\hat{y}_{t+\tau} = \bar{y} \cdot S_\tau \quad (\tau=1,2,\cdots,L) \tag{5.6}$$

式中：$\hat{y}_{t+\tau}$——第 $t+\tau$ 期的预测值；

S_τ——第 τ 期的季节指数。

例 5.3 已知某商品连续 3 年各季度的销售量如表 5.3 所示，试用简单季节预测法预测第 4 年各季度的销售量。

表 5.3　　　　　　　　　某商品销售量统计数据　　　　　　　　　单位：万件

年、季		t	销售量 y_t	$\tilde{S}_t$
第 1 年	1	1	11	0.581 5
	2	2	25	1.321 6
	3	3	31	1.638 8
	4	4	7	0.370 0
第 2 年	1	5	12	0.634 4
	2	6	24	1.268 7
	3	7	30	1.585 9
	4	8	8	0.422 9
第 3 年	1	9	13	0.687 2
	2	10	26	1.374 4
	3	11	32	1.691 6
	4	12	8	0.422 9

解 从散点图 5.2 可以看出,这些数据的变化基本呈水平趋势且受季节影响,季节长度 $L=4$,故可用简单季节预测法进行预测。

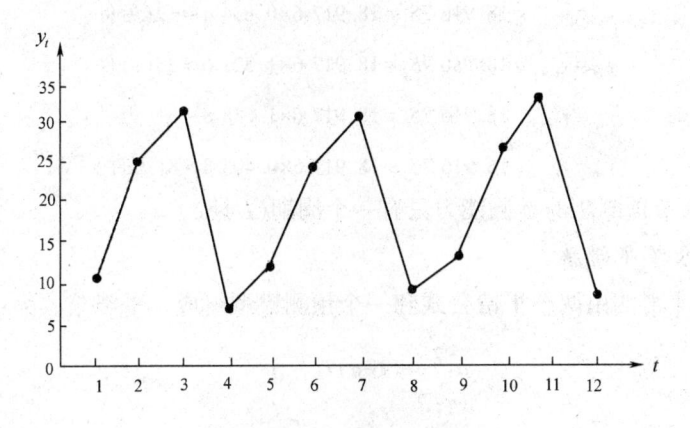

图 5.2 某商品销售量散点图

(1)求 y_t 的均值:

$$\bar{y} = \frac{1}{12}\sum_{t=1}^{12} y_t = \frac{1}{12}(11 + 25 + \cdots + 8)$$
$$= 18.916\ 7$$

(2)剔除趋势:

$$\tilde{S}_t = \frac{y_t}{\bar{y}}$$

如

$$\tilde{S}_1 = \frac{y_1}{\bar{y}} = \frac{11}{18.916\ 7} = 0.581\ 5$$

$$\tilde{S}_2 = \frac{y_2}{\bar{y}} = \frac{25}{18.916\ 7} = 1.321\ 6$$

⋮

结果列于表 5.3 第 4 列中。

(3)估计季节指数。将表 5.3 第 4 列的 $\tilde{S}_t$ 同季平均,得到季节指数的估计值:

$$S_1 = \frac{\tilde{S}_1 + \tilde{S}_5 + \tilde{S}_9}{3} = \frac{0.581\ 5 + 0.634\ 4 + 0.687\ 2}{3} = 0.634\ 4$$

$$S_2 = \frac{\tilde{S}_2 + \tilde{S}_6 + \tilde{S}_{10}}{3} = \frac{1.321\ 6 + 1.268\ 7 + 1.374\ 4}{3} = 1.321\ 6$$

$$S_3 = \frac{\tilde{S}_3 + \tilde{S}_7 + \tilde{S}_{11}}{3} = \frac{1.638\ 8 + 1.585\ 9 + 1.691\ 6}{3} = 1.638\ 8$$

$$S_4 = \frac{\tilde{S}_4 + \tilde{S}_8 + \tilde{S}_{12}}{3} = \frac{0.370\ 0 + 0.422\ 9 + 0.422\ 9}{3} = 0.405\ 3$$

(4)进行预测。预测模型为:

$$\hat{y}_{t+\tau} = 18.9167 S_\tau \quad (\tau=1,2,3,4)$$

分别将 $\tau=1,2,3,4$ 代入预测模型中,可得第 4 年各季度销售量的预测值为:

$$\hat{y}_{13} = \hat{y}_{12+1} = 18.9167 S_1 = 18.9176 \times 0.6344 \approx 12(万件)$$
$$\hat{y}_{14} = \hat{y}_{12+2} = 18.9167 S_2 = 18.9176 \times 1.3216 \approx 25(万件)$$
$$\hat{y}_{15} = \hat{y}_{12+3} = 18.9167 S_3 = 18.9176 \times 1.6388 \approx 31(万件)$$
$$\hat{y}_{16} = \hat{y}_{12+4} = 18.9167 S_4 = 18.9176 \times 0.4053 \approx 8(万件)$$

显然,简单季节预测法的预测能力只有一个周期(L 期)。

2) 温特斯指数平滑法

温特斯指数平滑法由两个平滑公式和一个预测模型组成。平滑公式为:

$$T_t = \alpha \frac{y_t}{S_{t-L}} + (1-\alpha) T_{t-1} \tag{5.7}$$

$$S_t = \gamma \frac{y_t}{T_t} + (1-\gamma) S_{t-L} \tag{5.8}$$

式中,α, γ 为平滑系数,取值在 $(0,1)$ 区间内。

预测模型为:

$$\hat{y}_{t+\tau} = T_t \cdot S_{t+\tau-L} \quad (\tau=1,2,\cdots,L) \tag{5.9}$$

(5.7)式是对趋势值的估计。假设利用前 $t-1$ 期的数据已经得出趋势的估计值 T_{t-1},当取得第 t 期数据 y_t 后,由于存在季节因素的影响,利用新的数据 y_t 对 T 的估计应为 $\frac{y_t}{S_t}$,这里 S_t 表示第 t 期所在季节的季节指数,但此时 S_t 也是未知的,所以只能用上一个周期的 S_{t-L} 替代 S_t,然后对 $\frac{y_t}{S_{t-L}}$ 和 T_{t-1} 进行加权平均,作为第 t 期趋势值 T_t 的估计值。

(5.8)式是对季节指数的估计。利用前 $t-1$ 期的数据对 S_t 的估计是 S_{t-L},利用本期数据对 S_t 所作的估计应该是 y_t/T_t,因此对季节指数的最终估计值 S_t 应为 y_t/T_t 和 S_{t-L} 的加权平均。

温特斯指数平滑法是双参数方法。趋势平滑系数 α 的作用和选取原则与一次指数平滑法相同,季节平滑系数 γ 的选取,根据经验可取大些,如取 0.5,0.6。

在利用(5.7)式和(5.8)式逐期计算时,需要先给定一个趋势的初始值和 L 个季节指数的初始值,一般用第 1 个周期的数据确定初始值。即

$$T_L = \frac{1}{L} \sum_{i=1}^{L} y_i \tag{5.10}$$

$$S_i = \frac{y_i}{T_L} \quad (i=1,2,\cdots,L) \tag{5.11}$$

然后从第 2 个周期开始逐期计算。如果数据很多,可利用前若干周期的数据确定初始值。

温特斯指数平滑法的预测能力也只有一个周期(L 期)。

例 5.4 根据例 5.3 所给数据,用温特斯指数平滑法进行预测。

解 取 $\alpha=0.2, \gamma=0.5$,利用第 1 个周期数据取初始值,由(5.10)式和(5.11)式算得:

$$T_4 = \frac{1}{4} \sum_{i=1}^{4} y_i = \frac{1}{4}(11 + 25 + 31 + 7) = 18.5$$

$$S_1=\frac{y_1}{T_4}=\frac{11}{18.5}=0.594\ 6,\qquad S_2=\frac{y_2}{T_4}=\frac{25}{18.5}=1.351\ 4$$

$$S_3=\frac{y_3}{T_4}=\frac{31}{18.5}=1.675\ 7,\qquad S_4=\frac{y_4}{T_4}=\frac{7}{18.5}=0.378\ 4$$

利用(5.7)式和(5.8)式从第2个周期开始逐期计算:

$$T_5=\alpha\frac{y_5}{S_1}+(1-\alpha)T_4=0.2\times\frac{12}{0.594\ 6}+0.8\times18.5=18.836\ 3$$

$$S_5=\gamma\frac{y_5}{T_5}+(1-\gamma)S_1=0.5\times\frac{12}{18.836\ 3}+0.5\times0.594\ 6=0.615\ 8$$

$$T_6=\alpha\frac{y_6}{S_2}+(1-\alpha)T_5=0.2\times\frac{24}{1.351\ 4}+0.8\times18.836\ 3=18.620\ 9$$

$$S_6=\gamma\frac{y_6}{T_6}+(1-\gamma)S_2=0.5\times\frac{24}{18.620\ 9}+0.5\times1.351\ 4=1.320\ 1$$

....

计算进入第3个周期时,注意季节指数的更换:

$$T_9=\alpha\frac{y_9}{S_5}+(1-\alpha)T_8=0.2\times\frac{13}{0.615\ 8}+0.8\times19.010\ 2=19.430\ 3$$

$$S_9=\gamma\frac{y_9}{T_9}+(1-\gamma)S_5=0.5\times\frac{13}{19.430\ 3}+0.5\times0.615\ 8=0.642\ 4$$

....

结果列于表5.4第4、第5列中。

表5.4　　　　　某商品销售量及温特斯指数平滑法计算表　　　　　单位:万件

年、季		t	y_t	T_t	S_t	$\hat{y}_t$	$\lvert y_t-\hat{y}_t\rvert/y_t$
第1年	1	1	11		0.594 6		
	2	2	25		1.351 4		
	3	3	31		1.675 7		
	4	4	7	18.500 0	0.378 4		
第2年	1	5	12	18.836 3	0.615 8	11.000 1	0.083 3
	2	6	24	18.620 9	1.320 1	25.000 9	0.041 7
	3	7	30	18.477 3	1.649 7	31.000 5	0.033 3
	4	8	8	19.010 2	0.399 6	7.000 4	0.125 0
第3年	1	9	13	19.430 3	0.642 4	11.706 5	0.099 5
	2	10	26	19.483 3	1.327 8	25.095 4	0.034 8
	3	11	32	19.466 1	1.646 8	31.361 1	0.020 0
	4	12	8	19.576 9	0.404 1	7.596 5	0.050 4

根据(5.9)式计算追溯预测值:

$$\hat{y}_5=T_4\cdot S_1=18.5\times0.594\ 6=11.000\ 1$$

$$\hat{y}_6=T_4\cdot S_2=18.5\times1.3514=25.000\ 9$$

....

$$\hat{y}_{10} = T_8 \cdot S_6 = 19.010\ 2 \times 1.320\ 1 = 25.095\ 4$$
$$\hat{y}_{11} = T_8 \cdot S_7 = 19.010\ 2 \times 1.649\ 7 = 31.361\ 1$$
…………

结果列于表5.4第6列中。平均绝对百分比误差为：

$$\text{MAPE} = \frac{1}{8} \sum_{t=5}^{12} \frac{|y_t - \hat{y}_t|}{y_t} = 6.1\%$$

最后，将 $t=12, \tau=1,2,3,4$ 分别代入预测模型(5.9)中，得到第4年1~4季度销售量的预测值分别为：12.576 2万件，25.984 4万件，32.239 2万件，7.911 0万件。

5.2.2 线性趋势季节型时间序列的预测

如果一个时间序列具有线性趋势且受季节变动的影响，如图5.3所示。可用趋势比率法或霍尔特—温特斯指数平滑法进行预测。

1) 趋势比率法

(1) 建立趋势线方程：

$$T_t = \hat{a} + \hat{b}t \qquad (5.12)$$

(2) 根据趋势线方程，计算各期趋势值 $T_1, T_2, \cdots, T_n$。

(3) 剔除趋势：

$$\tilde{S}_t = \frac{y_t}{T_t} \quad (t=1,2,\cdots,n)$$

(4) 初步估计季节指数。对同季节的 $\tilde{S}_t$ 求平均值，以消除随机干扰，将此平均值作为季节指数的初步估计值，即

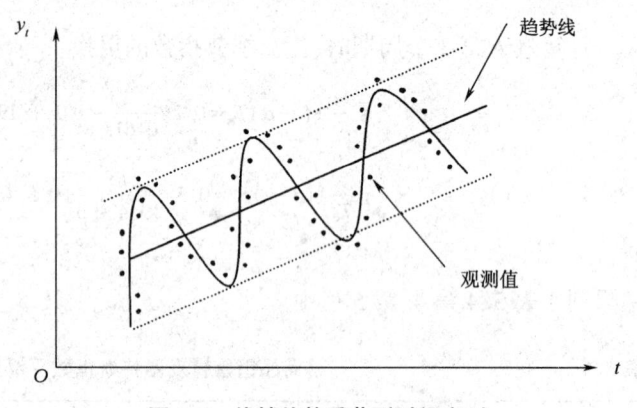

图5.3 线性趋势季节型时间序列

$$\bar{S}_i = \frac{\tilde{S}_i + \tilde{S}_{i+L} + \tilde{S}_{i+2L} + \cdots + \tilde{S}_{i+(m-1)L}}{m} \qquad (i=1,2,\cdots,L) \qquad (5.12)$$

(5) 最终估计季节指数。一个周期内的各季节指数之和应等于 L，即 $\sum_{i=1}^{L} \bar{S}_i = L$，但是用上面的方法求出的季节指数的初步估计值，一般来说不满足这一要求，因此要加以调整。调整的方法是：先求出一个周期内各季节指数初步估计值的均值作为调整系数，即

$$S = \frac{1}{L} \sum_{i=1}^{L} \bar{S}_i$$

然后，用各季节指数初步估计值 $\bar{S}_i$ 除以调整系数 S，可得到季节指数的最终估计值，即

$$S_i = \frac{\bar{S}_i}{S} \quad (i=1,2,\cdots,L)$$

S_i 可满足上面的要求。

(6) 建立趋势季节预测模型，并进行预测。预测模型为：

$$\hat{y}_t = (\hat{a} + \hat{b}t) S_i \qquad (i=1,2,\cdots,L) \qquad (5.13)$$

式中：$\hat{y}_t$——第 t 期的预测值；

S_i——第 t 期所在季节对应的季节指数。

趋势比率法有多个周期的预测能力。

例 5.5 某企业 2016—2018 年各季度的利润额资料如表 5.5 所示，试预测 2019 年各季度的利润额。

表 5.5　　　　　　某企业利润额及趋势比率法计算表　　　　　　单位：万元

年、季		t	利润额 y_t	T_t	$\tilde{S}_t$	$\hat{y}_t$	$|y_t-\hat{y}_t|/y_t$
(1)		(2)	(3)	(4)	(5)	(6)	(7)
2016	1	1	41	31.230 7	1.312 8	41.421 3	0.010 3
	2	2	25	33.006 9	0.757 4	26.689 4	0.067 6
	3	3	29	34.783 1	0.833 7	28.918 7	0.002 8
	4	4	37	36.559 3	1.012 1	37.791 3	0.021 4
2017	1	5	50	38.335 5	1.304 3	50.844 4	0.016 9
	2	6	33	40.111 7	0.822 7	32.434 3	0.017 1
	3	7	32	41.887 9	0.763 9	34.825 6	0.088 3
	4	8	44	43.664 1	1.007 7	45.135 6	0.025 8
2018	1	9	62	45.440 3	1.364 4	60.267 5	0.027 9
	2	10	40	47.216 5	0.847 2	38.179 3	0.045 5
	3	11	44	48.992 7	0.898 1	40.732 5	0.074 3
	4	12	55	50.768 9	1.083 3	52.479 8	0.045 8

解　预测步骤如下：

(1) 绘制散点图。由散点图 5.4 看出，数据变化呈线性趋势并受季节影响，可以选择直线作为趋势线。

(2) 建立线性趋势线方程。根据表 5.5 中利润额的数据用最小二乘法估计参数 $\hat{a},\hat{b}$，得到趋势线方程：

$$T_t = 29.454\ 5 + 1.776\ 2t$$

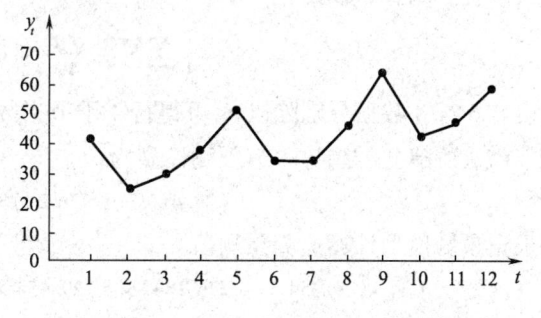

图 5.4　某企业利润额散点图

关于趋势线方程的建立也可以用其他方法，如二次移动平均法、二次指数平滑法，以及三点法和三段法等。

(3) 求各期的趋势值。分别将 $t=1,2,\cdots,12$ 代入趋势线方程中，得到各期的趋势值：

$$T_1 = 29.454\ 5 + 1.776\ 2 \times 1 = 31.230\ 7$$
$$T_2 = 29.454\ 5 + 1.776\ 2 \times 2 = 33.006\ 9$$
$$\cdots\cdots\cdots\cdots$$

结果列于表 5.5 第 (4) 列中。

(4) 剔除趋势。将表 5.5 中的第 (3) 列与第 (4) 列数据对应相除得到 $\tilde{S}_t$：

$$\tilde{S}_1 = \frac{y_1}{T_1} = \frac{41}{31.230\ 7} = 1.312\ 8$$

$$\tilde{S}_2 = \frac{y_2}{T_2} = \frac{25}{33.0069} = 0.7574$$

....

结果列于表 5.5 第(5)列中。

(5)初步估计季节指数。将表 5.5 中第(5)列的 $\tilde{S}_t$ 填入表 5.6 第①行中,然后计算同季节 $\tilde{S}_i$ 的平均值 $\bar{S}_i$,列于表 5.6 行③中。

表 5.6　　　　　　　　　　　季节指数计算表

	季度 年度	1	2	3	4	合计
①	2016	1.3128	0.7574	0.8337	1.0121	
	2017	1.3043	0.8227	0.7639	1.0077	
	2018	1.3644	0.8472	0.8981	1.0833	
②	合计	3.9815	2.4273	2.4957	3.1031	
③	同季平均 $\bar{S}_i$	1.3272	0.8091	0.8319	1.0344	4.0026
④	季节指数 S_i	1.3263	0.8086	0.8314	1.0337	4.0000

(6)最终估计季节指数。表 5.6 第③行的合计数应等于 4,但合计数为 4.0026,故需要进行调整。调整系数为:

$$S = \frac{1}{4} \sum_{i=1}^{4} \bar{S}_i = \frac{1}{4} \times 4.0026 = 1.00065$$

用表 5.6 行③数据分别除以 S,可得行④季节指数的最终估计值 S_i。

(7)所建立的趋势季节预测模型为:

$$\hat{y}_t = (29.4545 + 1.776\,2\,t) S_i \quad (i=1,2,3,4)$$

先根据预测模型计算追溯预测值:

$$\hat{y}_1 = (29.4545 + 1.776\,2 \times 1) S_1 = (29.4545 + 1.776\,2 \times 1) \times 1.3263 = 41.4213$$

$$\hat{y}_2 = (29.4545 + 1.776\,2 \times 2) S_2 = (29.4545 + 1.776\,2 \times 2) \times 0.8086 = 26.6894$$

....

结果列于表 5.5 第(6)列中。然后计算平均绝对百分比误差:

$$\text{MAPE} = \frac{1}{12} \sum_{t=1}^{12} \frac{|y_t - \hat{y}_t|}{y_t} = \frac{1}{12} \times 0.4437 = 3.7\%$$

MAPE<5%,说明该模型的预测精度较高,可用于未来预测。

2019 年各季度利润额的预测值为:

$$\hat{y}_{2019.1} = \hat{y}_{13} = (29.4545 + 1.776\,2 \times 13) \times 1.3263 = 69.6906 (万元)$$

$$\hat{y}_{2019.2} = \hat{y}_{14} = (29.4545 + 1.776\,2 \times 14) \times 0.8086 = 43.9242 (万元)$$

$$\hat{y}_{2019.3} = \hat{y}_{15} = (29.4545 + 1.776\,2 \times 15) \times 0.8314 = 46.6395 (万元)$$

$$\hat{y}_{2019.4} = \hat{y}_{16} = (29.4545 + 1.776\,2 \times 16) \times 1.0337 = 59.8240 (万元)$$

趋势比率法也适用于曲线趋势季节型时间序列的预测,预测的原理与方法同线性趋势季节型类似,在此不再详述。

2) 霍尔特—温特斯指数平滑法

该方法的基本思想是把具有线性趋势、季节变动和随机变动的时间序列进行分解研究,并与指数平滑法相结合,分别对长期趋势(T_t)、趋势的增量(b_t)和季节变动(S_t)作出估计,然后建立预测模型,外推预测值。

(1) 平滑公式与预测模型。霍尔特—温特斯指数平滑法包括三个平滑公式和一个预测模型。

平滑公式:

$$T_t = \alpha \frac{y_t}{S_{t-L}} + (1-\alpha)(T_{t-1} + b_{t-1}) \tag{5.14}$$

$$b_t = \beta(T_t - T_{t-1}) + (1-\beta)b_{t-1} \tag{5.15}$$

$$S_t = \gamma \frac{y_t}{T_t} + (1-\gamma)S_{t-L} \tag{5.16}$$

式中,α,β,γ 为平滑系数,取值在 $(0,1)$ 区间。

预测模型:

$$\hat{y}_{t+\tau} = (T_t + b_t \tau) S_{t+\tau-kL} \qquad (\tau = 1, 2, \cdots) \tag{5.17}$$

其中,k 为整数,且 $(k-1)L+1 \leq \tau \leq kL$。此条件保证 $S_{t+\tau-kL}$ 是落在观测值最后一个周期内的与第 $t+\tau$ 期同季节的季节指数。

(5.14)式是对趋势值的估计。第一项 $\frac{y_t}{S_{t-L}}$ 表示消除了 y_t 中的季节影响后,只含有长期趋势和随机变动。理论上应该用 $\frac{y_t}{S_t}$,但此时现期的季节指数 S_t 尚未求出,故只能用上一个周期的 S_{t-L} 代替 S_t。按照一次指数平滑原理,$(1-\alpha)$ 只要与 T_{t-1} 相乘即可,但对于具有增、减趋势的时间序列而言,这样处理会产生滞后偏差,因此给 T_{t-1} 加上一个趋势增量 b_{t-1},就可以克服滞后偏差,然后对 $\frac{y_t}{S_{t-L}}$ 和 $(T_{t-1} + b_{t-1})$ 进行加权平均,以消除随机干扰,用以反映长期趋势。

(5.15)式是对趋势增量的估计。用差值 $(T_t - T_{t-1})$ 表示趋势的增量是合理的,但由于随机干扰的存在,还应该对这个差值进行平滑修正。修正方法是将这个差值与上期的趋势增量 b_{t-1} 进行加权平均,作为趋势增量的估计。

(5.16)式的意义与(5.8)式的意义相同。

(2) 平滑系数 α,β,γ 及初始值的确定:①α,β,γ 的确定。α,β,γ 的取值可以是相同的,也可以是不同的。确定 α,β,γ 的原则,理论上讲是使预测值与观测值之间的均方误差最小,但试算的工作量很大,需要借助计算机才能完成。EViews 软件有此功能,只要给定了季节长度 L,计算机可自动选择 α,β,γ 的最佳值作为平滑系数。α,β,γ 的值也可以根据经验选定,通常取 0.1~0.2 之间的值。②初始值的确定。假设利用前两个周期的数据取初始值。设 A_1, A_2 表示第 1 个周期和第 2 个周期各数据的平均值,即

$$A_1 = \frac{1}{L}\sum_{i=1}^{L} y_i , \quad A_2 = \frac{1}{L}\sum_{i=L+1}^{2L} y_i$$

则各初始值可按下面的方法选取：

$$b_L = \frac{A_2 - A_1}{L} \tag{5.18}$$

$$T_L = A_1 + \frac{L-1}{2}b_L \tag{5.19}$$

$$S_i = \frac{y_i}{T_L - (L-i)b_L} \quad (i=1,2,\cdots,L) \tag{5.20}$$

霍尔特—温特斯指数平滑法在处理具有线性趋势季节型时间序列数据的预测中，应用较多，被实践证明是一种行之有效的方法。它的预测能力有多个周期。

例 5.6 根据例 5.5 中某企业利润额的季度资料，用霍尔特—温特斯指数平滑法对 2019 年各季度的利润额作出预测。

解 预测过程如下：

(1) 从历史数据看，存在季节变动影响且季节长度 $L=4$。选取 $\alpha=0.2, \beta=0.1, \gamma=0.1$。

(2) 确定初始值 $T_4, b_4, S_i(i=1,2,3,4)$。根据前两年数据计算初始值：

$$A_1 = \frac{1}{4}\sum_{i=1}^{4} y_i = 33 , \quad A_2 = \frac{1}{4}\sum_{i=5}^{8} y_i = 39.75$$

由(5.18)~(5.20)式得：

$$b_4 = \frac{A_2 - A_1}{4} = \frac{39.75 - 33}{4} = 1.6875$$

$$T_4 = A_1 + \frac{4-1}{2}b_4 = 33 + \frac{3}{2} \times 1.6875 = 35.5313$$

$$S_1 = \frac{y_1}{T_4 - (4-1)b_4} = \frac{41}{35.5313 - 3 \times 1.6875} = 1.3456$$

$$S_2 = \frac{y_2}{T_4 - (4-2)b_4} = \frac{25}{35.5313 - 2 \times 1.6875} = 0.7775$$

$$S_3 = \frac{y_3}{T_4 - (4-3)b_4} = \frac{29}{35.5313 - 1.6875} = 0.8569$$

$$S_4 = \frac{y_4}{T_4} = \frac{37}{35.5313} = 1.0413$$

(3) 根据(5.14)~(5.16)式逐期计算 T_t, b_t, S_t。从第 2 个周期开始计算：

$$T_5 = \alpha \frac{y_5}{S_1} + (1-\alpha)(T_4 + b_4) = 0.2 \times \frac{50}{1.3456} + 0.8 \times (35.5313 + 1.6875) = 37.2067$$

$$b_5 = \beta(T_5 - T_4) + (1-\beta)b_4 = 0.1 \times (37.2067 - 35.5313) + 0.9 \times 1.6875 = 1.6863$$

$$S_5 = \gamma \frac{y_5}{T_5} + (1-\gamma)S_1 = 0.1 \times \frac{50}{37.2067} + 0.9 \times 1.3456 = 1.3454$$

$$T_6 = \alpha \frac{y_6}{S_2} + (1-\alpha)(T_5 + b_5) = 0.2 \times \frac{33}{0.7775} + 0.8 \times (37.2067 + 1.6863) = 39.6031$$

$$b_6 = \beta(T_6 - T_5) + (1-\beta)b_5 = 0.1 \times (39.6031 - 37.2067) + 0.9 \times 1.6863 = 1.7573$$

$$S_6 = \gamma \frac{y_6}{T_6} + (1-\gamma)S_2 = 0.1 \times \frac{33}{39.6031} + 0.9 \times 0.7775 = 0.7831$$

....

一直计算到 T_{12}, b_{12}, S_{12}，将计算结果列于表 5.7 第 4,5,6 列中。

表 5.7　　　　　　　　霍尔特—温特斯指数平滑法计算表　　　　　单位：万元

年、季		t	y_t	T_t	b_t	S_t
2016	1	1	41			1.3456
	2	2	25			0.7775
	3	3	29			0.8569
	4	4	37	35.5313	1.6875	1.0413
2017	1	5	50	37.2067	1.6863	1.3454
	2	6	33	39.6031	1.7573	0.7831
	3	7	32	40.5577	1.6771	0.8501
	4	8	44	42.2385	1.6775	1.0414
2018	1	9	62	44.3487	1.7208	1.3507
	2	10	40	47.0727	1.8211	0.7897
	3	11	44	49.4668	1.8784	0.8540
	4	12	55	51.6389	1.9078	1.0438

(4) 预测 2019 年各季度的利润额。预测模型为：

$$\hat{y}_{17+\tau} = (T_{12} + b_{12}\tau)S_{8+\tau} \qquad (k=1)$$

将 $\tau=1,2,3,4$ 分别代入预测模型中，得到 2019 年各季度利润额的预测值分别为：72.3261 万元，43.7927 万元，48.9877 万元，61.8665 万元。

5.3　可变季节指数预测法

实际中我们会遇到这样的问题：某变量的时间序列具有线性增加（或减少）的趋势，同时受季节因素的影响，且这种季节影响因素随着时间的推移有逐渐加大（或减小）的趋势，如图 5.5 所示。

这时我们已经没有理由认为它各年同月份（或同季度）的季节指数都是相等的了，季节指数应与时间有关。对这样问题的预测应采用可变季节指数预测法。预测步骤为：

第一步，估计趋势值 T_t。

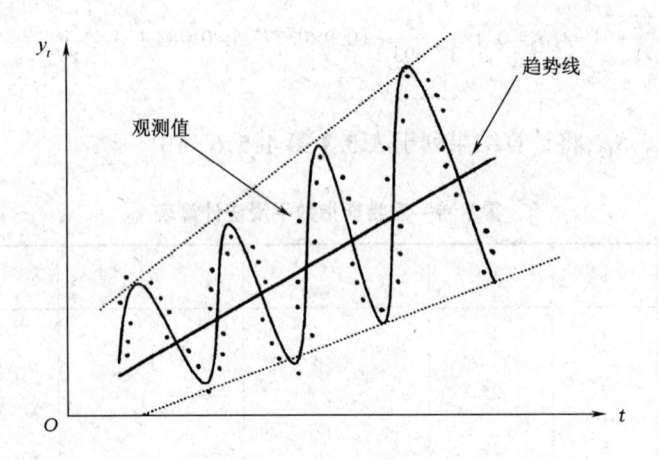

图 5.5 可变季节指数示意图

第二步,剔除趋势,$\tilde{S}_t = \dfrac{y_t}{T_t}$ ($t = 1, 2, \cdots, n$)。

第三步,分别将同一季节的不同周期的 $\tilde{S}_t$ 值构成一个数列,绘制散点图,观察它们随时间而变化的规律,像作趋势预测那样,采用适当的曲线拟合这些 $\tilde{S}_t$ 的值,以求出季节指数的估计值 S_t。

第四步,建立趋势季节预测模型,并进行预测。预测模型为:
$$\hat{y}_t = T_t \cdot S_t$$

例 5.7 表 5.8 给出了某商品第 1 到第 8 年各季度市场销售量的统计数据,根据这些数据,预测第 9 年各季度的市场销售量。

表 5.8　　　　　某商品销售量及可变季节指数预测法计算表　　　　　单位:万件

年、季	t	y_t	T_t	$\tilde{S}_t$	S_t	$\hat{y}_t$
(1)	(2)	(3)	(4)	(5)	(6)	(7)
第1年 1	1	2.359	2.379	0.992	0.989	2.353
2	2	3.053	2.452	1.245	1.215	2.979
3	3	2.526	2.526	1.000	1.004	2.536
4	4	1.982	2.599	0.763	0.721	1.874
第2年 1	5	2.693	2.673	1.007	0.982	2.625
2	6	3.451	2.747	1.256	1.237	3.398
3	7	2.909	2.820	1.032	1.011	2.851
4	8	2.049	2.894	0.708	0.719	2.081
第3年 1	9	2.861	2.967	0.964	0.976	2.896
2	10	3.793	3.041	1.247	1.259	3.829
3	11	3.160	3.115	1.014	1.019	3.174
4	12	2.166	3.188	0.679	0.716	2.283

续表

年、季	t	y_t	T_t	$\tilde{S}_t$	S_t	$\hat{y}_t$
(1)	(2)	(3)	(4)	(5)	(6)	(7)
第4年 1	13	3.133	3.262	0.960	0.970	3.164
2	14	4.147	3.335	1.243	1.281	4.272
3	15	3.494	3.409	1.025	1.027	3.501
4	16	2.406	3.483	0.691	0.714	2.487
第5年 1	17	3.407	3.556	0.958	0.963	3.424
2	18	4.586	3.630	1.263	1.303	4.730
3	19	3.781	3.703	1.021	1.034	3.829
4	20	2.738	3.777	0.725	0.711	2.685
第6年 1	21	3.578	3.851	0.929	0.957	3.685
2	22	5.244	3.924	1.336	1.325	5.199
3	23	4.104	3.998	1.027	1.042	4.166
4	24	2.907	4.071	0.714	0.709	2.886
第7年 1	25	3.934	4.145	0.949	0.951	3.942
2	26	5.632	4.219	1.335	1.347	5.683
3	27	4.488	4.292	1.046	1.050	4.507
4	28	3.113	4.366	0.713	0.706	3.082
第8年 1	29	4.317	4.439	0.973	0.945	4.195
2	30	6.371	4.513	1.412	1.369	6.178
3	31	4.938	4.587	1.077	1.057	4.848
4	32	3.306	4.660	0.709	0.704	3.281
第9年 1	33		4.734		0.938	4.440
2	34		4.807		1.391	6.687
3	35		4.881		1.065	5.198
4	36		4.955		0.701	3.473

解 绘制散点图,如图5.6,可以看出,该商品的市场销售量有明显的线性增长趋势且受季节变动的影响。总的来说,在第二、三季度季节影响有加大的趋势,第一季度有减小的趋势,而第四季度基本保持不变,所以应采用可变季节指数预测法来进行预测。

(1) 用最小二乘法建立趋势线方程:

$$T_t = 2.305 + 0.0736t \tag{5.21}$$

分别将 $t=1,2,\cdots,36$ 代入(5.21)式,得到各观测期及预测期的趋势值,结果列于表5.8第(4)列。

(2) 剔除趋势得到 $\tilde{S}_t$,列于表5.8第(5)列。

(3) 求季节指数。以第二季度为例。将各年第二季度的 $\tilde{S}_t$ 值画在直角坐标系中,参见图5.7。

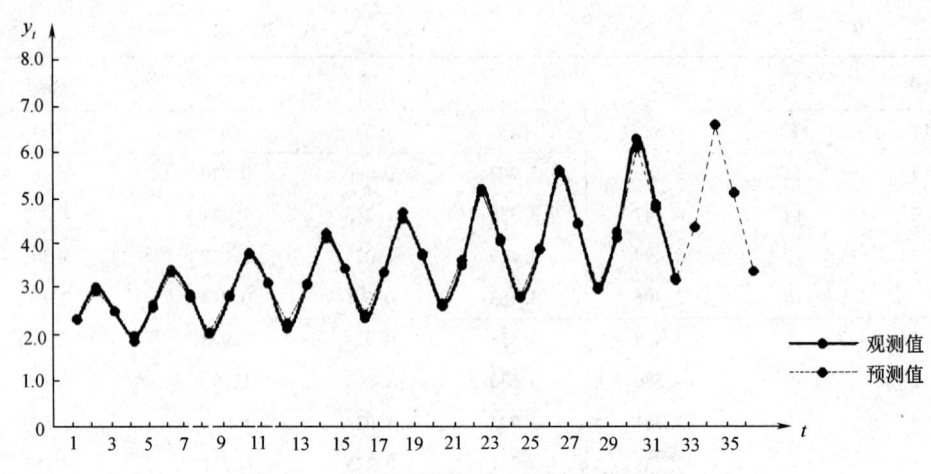

图 5.6 某商品销售量散点图及模拟预测图

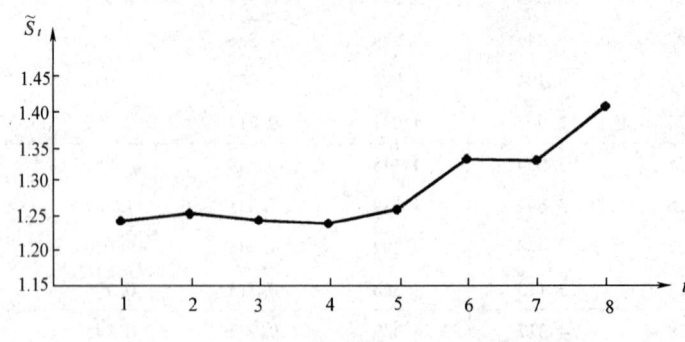

图 5.7 第二季度 $\widetilde{S}_t$ 的散点图

观察其走势,发现可用直线拟合,故采用最小二乘法估计参数,得到直线方程:

$$S_{4(t-1)+2}=1.193+0.022\ 04t \tag{5.22}$$

这里 t 代表年份。分别将 $t=1,2,\cdots,9$ 代入(5.22)式,得到 2008—2016 年第二季度季节指数的估计值 S_i。如:

$t=1$ 时,

$$S_2=1.193+0.022\ 04\times1=1.215$$

$t=2$ 时,

$$S_6=1.193+0.022\ 04\times2=1.237$$

…………

$t=9$ 时,

$$S_{34}=1.193+0.022\ 04\times9=1.391$$

结果列于表 5.8 第(6)列。

同理,可得第一、三、四季度季节指数的直线方程为:

$$S_{4(t-1)+1}=0.995-0.006\ 31t \tag{5.23}$$

$$S_{4(t-1)+3}=0.996+0.007\ 667t \tag{5.24}$$

$$S_{4(t-1)+4}=0.724-0.002\ 55t \tag{5.25}$$

将 $t=1,2,\cdots,9$ 分别代入(5.23)式、(5.24)式、(5.25)式中,可得连续 9 年第一、三、四季度季节指数的估计值。结果列于表 5.8 第(6)列。

(4)进行预测。预测模型为:
$$\hat{y}_t = T_t \cdot S_t$$

将表 5.8 第(4)列与第(6)列对应相乘,得到销售量的追溯预测值和预测值,列于表 5.8 第(7)列。由于采用了可变季节指数预测法,预测精度比较高,MPAE 仅为 1.7%。

5.4 双季节指数预测法

由于变量的取值受多种因素的影响,所以对时间序列来说,可能出现这种情况:某种因素使它表现出长度为 L_1 的季节性,另一种因素却使它表现出长度为 L_2 的季节性。例如,一个企业的产品主要供给两家公司作为生产原料,这两家公司的生产周期分别为 4 个月和 6 个月,这时该企业的这种产品的销售量就可能表现出 $L_1 = 4$ 和 $L_2 = 6$ 的两种周期性。对这样问题的分析及预测应采用双季节指数预测法。预测步骤为:

第一步,估计趋势值 T_t。

第二步,剔除趋势: $\tilde{S}_t = \dfrac{y_t}{T_t}$ ($t = 1, 2, \cdots, n$)。

第三步,计算序列 $\{\tilde{S}_t\}$ 的各阶自相关系数,从而判断时间序列存在长度为 L_1 的季节变动的可能性。

第四步,用方差分析法确认时间序列存在长度为 L_1 的季节性变动。

第五步,以 L_1 为周期,对同季节的 $\tilde{S}_t$ 求平均值并加以调整,得出第一个季节指数 S_{1i} ($i = 1, 2, \cdots, L_1$)。

第六步,从 $\tilde{S}_t$ 中剔除 S_{1i} 的影响,得到 $\tilde{\tilde{S}}_t$,即

$$\tilde{\tilde{S}}_t = \dfrac{\tilde{S}_t}{S_{1i}} \quad (t = 1, 2, \cdots, n)$$

第七步,对序列 $\{\tilde{\tilde{S}}_t\}$ 重复 3,4,5 步中对 $\tilde{S}_t$ 所做的工作,只是把季节长度 L_1 改为 L_2,最后得到第二个季节指数 S_{2i}。

第八步,建立预测模型,并进行预测。预测模型为:
$$\hat{y}_t = T_t \cdot S_{1i} \cdot S_{2i}$$

式中:$\hat{y}_t$——第 t 期的预测值;

S_{1i}——第 t 期所在季节对应的长度为 L_1 的季节指数;

S_{2i}——第 t 期所在季节对应的长度为 L_2 的季节指数。

例 5.8 某企业产品连续 20 个月的销售量如表 5.9 所示,试预测第 21~第 30 月的销售量。[①]

---

① 侯文超. 经济预测——理论、方法及应用[M]. 北京:商务印书馆,1993. 318.

表 5.9　　　　　　　　　　双季节指数预测法计算表　　　　　　　单位:万件

t	y_t	T_t	$\tilde{S}_t$	S_{1i}	$\tilde{\tilde{S}}_t$	S_{2i}	I_t	$\hat{y}_t$
(1)	(2)	(3)	(4)	(5)	(6)	(7)	(8)	(9)
1	3	6.6714	0.4497	0.6888	0.6529	0.7277	0.8972	3.3440
2	8	6.8007	1.1763	1.1407	1.0312	1.0259	1.0052	7.9585
3	12	6.9300	1.7316	1.3155	1.3163	1.2189	1.0799	11.1120
4	7	7.0593	0.9916	0.8550	1.1598	1.2303	0.9427	7.4257
5	3	7.1886	0.4173	0.6888	0.6058	0.7972	0.7599	3.9473
6	6	7.3179	0.8199	1.1407	0.7188	0.7277	0.9878	6.0745
7	9	7.4472	1.2085	1.3155	0.9187	1.0259	0.8955	10.0505
8	8	7.5765	1.0559	0.8550	1.2350	1.2189	1.0132	7.8959
9	8	7.7058	1.0382	0.6888	1.5073	1.2303	1.2251	6.5301
10	9	7.8351	1.1487	1.1407	1.0070	0.7972	1.2632	7.1250
11	9	7.9644	1.1300	1.3155	0.8590	0.7277	1.1804	7.6242
12	8	8.0937	0.9884	0.8550	1.1560	1.0259	1.1268	7.0993
13	7	8.2230	0.8513	0.6888	1.2359	1.2189	1.0139	6.9039
14	11	8.3523	1.3170	1.1407	1.1546	1.2303	0.9385	11.7216
15	9	8.4816	1.0611	1.3155	0.8066	0.7972	1.0118	8.8948
16	5	8.6109	0.5807	0.8550	0.6792	0.7277	0.9334	5.3576
17	6	8.7402	0.6865	0.6888	0.9967	1.0259	0.9715	6.1762
18	11	8.8695	1.2402	1.1407	1.0872	1.2189	0.892	12.3321
19	13	8.9988	1.4446	1.3155	1.0981	1.2303	0.8925	14.5642
20	6	9.1281	0.6573	0.8550	0.7688	0.7972	0.9644	6.2218
21		9.2574		0.6888		0.7277		4.6402
22		9.3867		1.1407		1.0259		10.9847
23		9.5160		1.3155		1.2189		15.2586
24		9.6453		0.8550		1.2303		10.1460
25		9.7746		0.6888		0.7972		5.3673
26		9.9039		1.1407		0.7277		8.2211
27		10.0332		1.3155		1.0259		13.5405
28		10.1625		0.8550		1.2189		10.5909
29		10.2918		0.6888		1.2303		8.7216
30		10.4211		1.1407		0.7972		9.4766

解 绘制散点图,如图 5.8 所示,可以看出销售量呈线性上升趋势,但季节性不明显,需要进一步通过自相关系数来判断季节性的存在。

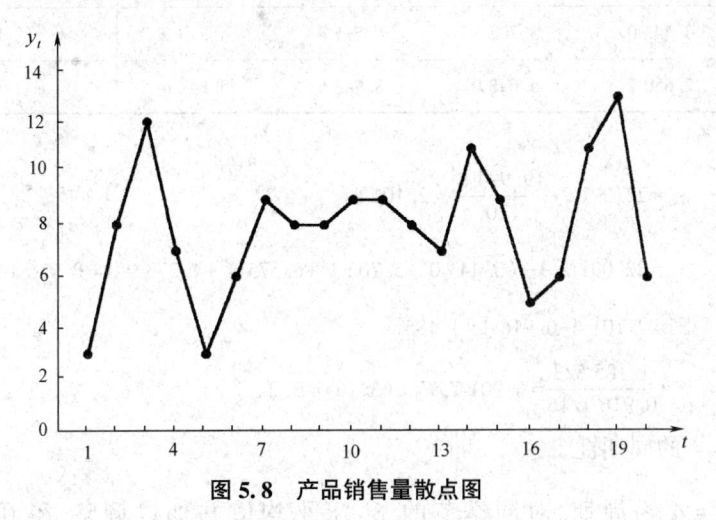

图 5.8 产品销售量散点图

(1)建立线性趋势方程,估计趋势值。用最小二乘法估计参数,得到趋势线方程:

$$T_t = 6.5421 + 0.1293t$$

将 $t=1,2,\cdots,30$ 代入上式,得到各观测期及预测期的趋势值。结果列于表 5.9 第(3)列。

(2)剔除趋势得到 $\tilde{S}_t$。结果列于表 5.9 第(4)列。

(3)计算序列 $\{\tilde{S}_t\}$ 的各阶自相关系数。因为原观测数据季节性不明显,为了分析数据变化是否有周期性,需要利用(5.2)式计算 $\tilde{S}_t$ 的自相关系数。计算结果如下:

k	1	2	3	4	5	6	7	8	9	10
r_k	0.0450	-0.6887	-0.1505	0.3646	0.0526	-0.2109	0.0957	0.0975	-0.1599	-0.1099

由于 $r_2<0, r_4>0$,相对来说它们的绝对值都比较大,所以可能存在长度为 $L=4$ 的周期性。

(4)对 $L=4$ 作方差分析,以确认存在长度为 4 的季节性变动。将表 5.9 第(4)列数据填入表 5.10 中,数据记为 x_{ij}。

表 5.10 $L=4$ 的方差分析

组次	1	2	3	4	合计
数据	0.4497	1.1763	1.7316	0.9916	
	0.4173	0.8199	1.2085	1.0559	
	1.0382	1.1487	1.1300	0.9884	
	0.8513	1.3170	1.0611	0.5807	
	0.6865	1.2402	1.4446	0.6573	

续表

组次	1	2	3	4	合计
$\sum x_{ij}$	3.443 0	5.702 1	6.575 8	4.273 9	19.994 8
$\sum x_{ij}^2$	2.650 2	6.648 0	8.948 6	3.844 4	22.091 2

$$S_T = 22.091\ 2 - \frac{19.994\ 8^2}{20} = 2.101\ 6$$

$$S_E = 22.091\ 2 - \frac{1}{5}(3.443\ 0^2 + 5.702\ 1^2 + 6.575\ 8^2 + 4.273\ 9^2) = 0.916\ 1$$

$$S_A = 2.101\ 6 - 0.916\ 1 = 1.185\ 5$$

$$F = \frac{1.185\ 5/3}{0.916\ 1/16} = 6.901\ 7 > F_{0.05}(3,16) = 3.24$$

故数据中有 $L=4$ 的周期性。

(5) 以 $L_1 = 4$ 为周期,对同季节的 $\tilde{S}_t$ 求平均值并加以调整,得到季节指数 S_{1i}: 0.688 8, 1.140 7, 1.315 5, 0.855 0。将它们列于表 5.9 第(5)列。

(6) 从 $\tilde{S}_t$ 中剔除 S_{1i} 的影响,即将表 5.9 第(4)列与第(5)列对应相除,得到 $\tilde{\tilde{S}}_t$,列于表 5.9 第(6)列。

(7) 对序列 $\{\tilde{\tilde{S}}_t\}$ 重复 3,4,5 步中对 $\tilde{S}_t$ 所做的工作,进而得到 S_{2i}。

$\tilde{\tilde{S}}_t$ 是从季节与随机因素的混合值 $\tilde{S}_t$ 中除去了 $L=4$ 的季节成分后剩余的部分。为了观察它是否还有季节性,计算其自相关系数如下:

k	1	2	3	4	5	6	7	8	9	10
r_k	0.258 2	-0.502 4	-0.469 9	0.133 7	0.469 0	0.112 2	-0.428 0	-0.389 7	0.155 4	0.342 1

我们看到,$r_5, r_{10} > 0, r_2, r_3, r_7, r_8 < 0$,且绝对值都比较大,故可能存在 $L=5$ 的周期性。对 $L=5$ 作方差分析,将表 5.9 第(6)列数据填入表 5.11 中。

表 5.11 $L=5$ 的方差分析

组次	1	2	3	4	5	合计
数据	0.652 9	1.031 2	1.316 3	1.159 8	0.605 8	
	0.718 8	0.918 7	1.235 0	1.507 3	1.007 0	
	0.859 0	1.156 0	1.235 9	1.154 6	0.806 6	
	0.679 2	0.996 7	1.087 2	1.098 1	0.768 8	
$\sum x_{ij}$	2.909 9	4.102 6	4.874 4	4.919 8	3.188 2	19.994 9
$\sum x_{ij}^2$	2.142 1	4.237 1	5.967 3	6.156 0	2.622 7	21.125 2

$$S_T = 21.1252 - \frac{19.9949^2}{20} = 1.1354$$

$$S_E = 21.1252 - \frac{1}{4}(2.9099^2 + 4.1026^2 + 4.8744^2 + 4.9198^2 + 3.1882^2) = 0.2683$$

$$S_A = 1.1354 - 0.2683 = 0.8671$$

$$F = \frac{0.8671/(5-1)}{0.2683/(20-5)} = 12.1194 > F_{0.05}(4,15) = 3.06$$

故数据中有 $L=5$ 的周期性。

对同季节的 $\tilde{S}_t$ 取平均值并加以调整,得到季节指数 S_{2i}: 0.7277, 1.0259, 1.2189, 1.2303, 0.7972,将它们列于表 5.9 第(7)列。

最后,将 $\tilde{S}_t$ 除以 S_{2i} 得到序列 $\{I_t\}$,列于表 5.9 第(8)列。计算 I_t 的自相关系数:

k	1	2	3	4	5	6	7	8	9	10
r_k	0.5634	0.2219	0.0311	-0.2430	-0.3810	-0.2274	-0.2383	-0.2671	-0.1868	-0.1622

可见,I_t 中已无周期性,即 I_t 为随机成分。

(8)进行预测。利用预测模型:

$$\hat{y}_t = T_t \cdot S_{1i} \cdot S_{2i}$$

可作追溯预测及未来预测。即将表 5.9 中第(3)、(5)、(7)列对应相乘便可得到预测值。结果列于表 5.9 第(9)列。

思考练习题

1)简述季节变动预测法的基本思想。
2)如何判断一个时间序列是否受季节变动的影响?常用的方法有哪些?
3)季节变动预测的基本方法有哪些?分别适合处理什么类型的时间序列的预测问题?
4)用直观判断法判断下列时间序列适合采用什么方法进行预测?

(1)

t	1	2	3	4	5	6	7	8	9	10	11	12	13	14	15	16
y_t	18	22	10	13	21	26	14	20	24	28	17	16	27	32	20	19

(2)

t	1	2	3	4	5	6	7	8	9	10	11	12
y_t	7.4	8.1	7.5	7.0	7.7	8.5	7.9	7.0	7.9	8.8	8.2	7.2
t	13	14	15	16	17	18	19	20	21	22	23	24
y_t	8.1	9.1	8.5	7.4	8.4	9.6	8.8	7.7	8.6	10.2	9.1	7.9

(3)

t	1	2	3	4	5	6	7	8	9	10	11	12	13	14	15	16
y_t	3	5	8	4	2	8	7	2	3	7	9	3	2	9	8	3

5) 用自相关系数判断法判断时间序列 $\{y_t\}$ 是否受季节变动的影响？如果是,季节长度是多少？

t	1	2	3	4	5	6	7	8	9	10	11	12	13	14	15	16
y_t	9	13	15	7	8	14	16	7	9	15	13	7	6	14	12	8

6) 已知剔除趋势后的数据 y_t 如下表所示：

t	1	2	3	4	5	6	7	8	9	10	11	12
y_t	0.5929	1.3428	1.6592	0.3733	0.6377	1.2710	1.5831	0.4207	0.6812	1.3578	1.6653	0.4149

试用方差分析法检验 $L=5$ 是否为季节长度？

7) 某企业 2016—2018 年空调的销售量资料如下表所示：

单位:台

年份＼月份	1	2	3	4	5	6	7	8	9	10	11	12
2016	11	10	17	32	50	78	118	71	54	18	13	14
2017	10	11	16	31	52	82	120	76	55	17	16	13
2018	12	10	18	34	50	84	126	78	58	18	14	16

试用简单季节预测法预测 2019 年 6,7,8 月份的销售量。

8) 已知某产品连续 3 年各季度的销售量如下表所示：

单位:万件

年份＼季度	1	2	3	4
第1年	3	8	10	2
第2年	4	9	10	4
第3年	3	10	12	5

试用温特斯指数平滑法预测第 4 年各季度的销售量。

9) 某商品 2015—2018 年的季度销售额资料如下表所示：

单位:万元

年 份 \ 季 度	1	2	3	4
2015	12	17	16	13
2016	14	20	18	16
2017	17	22	23	18
2018	21	26	25	22

试用趋势比率法和霍尔特—温特斯指数平滑法,预测2019年各季度的销售额(取 $\alpha=0.3, \beta=0.1, \gamma=0.05$)。

10)已知某经济变量 y_t 连续8年的统计数据如下表所示:

年、季	y_t	年、季	y_t	年、季	y_t	年、季	y_t
第1年 1	3.0	第3年 1	3.6	第5年 1	4.3	第7年 1	5.1
2	4.0	2	4.9	2	6.0	2	7.4
3	3.3	3	4.0	3	4.8	3	5.9
4	2.4	4	2.8	4	3.4	4	4.0
第2年 1	3.3	第4年 1	3.9	第6年 1	4.7	第8年 1	5.6
2	4.4	2	5.4	2	6.7	2	8.2
3	3.6	3	4.4	3	5.3	3	6.4
4	2.6	4	3.1	4	3.7	4	4.4

试用可变季节指数预测法求第9年各季度 y_t 的预测值。

6 马尔科夫预测法

马尔科夫(A. A. Markov,1856—1922年)是俄国伟大的数学家。马尔科夫链是人类历史上第一个从理论上提出并加以研究的随机过程模型。马尔科夫预测法是应用马尔科夫链的基本原理和基本方法研究分析时间序列的变化规律,并预测其未来变化趋势的一种方法。这种方法在经济预测与经营决策等方面有着广泛的应用。本章将简要地介绍马尔科夫链的基本原理以及在市场预测和经营决策方面的一些应用。

6.1 马尔科夫链及转移概率

6.1.1 随机过程

在自然界和人类社会中,事物的变化过程可分为两类:一类是确定性变化过程;另一类是不确定性变化过程。确定性变化过程是指事物的变化是由时间唯一确定的,或者说,对给定的时间,人们事先能确切地知道事物变化的结果。因此,变化过程可用时间的函数来描述。不确定性变化过程是指,对给定的时间,事物变化的结果不止一个,事先人们不能肯定哪个结果一定发生,即事物的变化具有随机性。这样的变化过程称为随机过程。在现实世界中,大量事物的变化过程都是随机过程。

例 6.1 设 $Z(t)$ 是北京市未来一天 t 时刻的温度。显然,对任意指定的时间 $t \in [0,24]$,事先无法确定 $Z(t)$ 的取值,即 $Z(t)$ 是一随机变量,因此 $Z(t),t \in [0,24]$ 是一随机过程。

例 6.2 设 $Z(t)$ 是某市电话局在未来时间 t 内收到的呼叫次数,$t \in [0,+\infty)$。由于对任意给定的时间 t,事先无法确定 $Z(t)$ 的取值,即 $Z(t)$ 是一随机变量,因此 $Z(t),t \in [0,+\infty)$ 是一随机过程。

例 6.3 设 $Z(t)$ 是未来第 t 个交易日收盘时的上证指数,$t \in T = \{1,2,3,\cdots\}$,则 $Z(t),t \in T$ 是随机过程。

例 6.4 考查未来第 t 个交易日上证指数的涨跌情况,记

$$Z(t) = \begin{cases} 1, & 上涨 \\ 0, & 平盘 \\ -1, & 下跌 \end{cases} \quad t \in T = \{1,2,3,\cdots\}$$

则 $Z(t),t \in T$ 是一随机过程。

由上面4个例子我们看到,如果对每个给定的时间$t \in T$,$Z(t)$都是一随机变量,我们就称$Z(t),t \in T$是一随机过程。

由于随机变量与时间参数T都有连续与离散之分,所以随机过程又可分为以下4类:①连续型随机过程:随机变量$Z(t)$与时间T都是连续的。参见例6.1。②离散型随机过程:随机变量$Z(t)$是离散的,时间T是连续的。参见例6.2。③连续随机序列:随机变量$Z(t)$是连续的,时间T是离散的。参见例6.3。④离散随机序列:随机变量$Z(t)$与时间T都是离散的。参见例6.4。

6.1.2 马尔科夫链

离散随机序列也称时间序列。时间参数空间通常取$T = \{0,1,2,3,\cdots\}$,$Z(t)$习惯上记为Z_t。Z_t所有可能的取值构成的集合称为序列的状态空间,记为S。不妨设S是一个整数集合。

马尔科夫链是指具有无后效性的时间序列。所谓无后效性是指序列将来处于什么状态只与它现在所处的状态有关,而与它过去处于什么状态无关。

例 6.5 考察一个"成熟"股票市场指数的涨跌情况。记

$$Z_t = \begin{cases} 1, & \text{第 } t \text{ 个交易日不跌} \\ -1, & \text{第 } t \text{ 个交易日下跌} \end{cases} \quad t \in T = \{0,1,2,\cdots\}$$

则$Z_t,t \in T$是一时间序列。

所谓"成熟"的股票市场是指这样的市场:未来一天指数的涨跌只与未来一天将要公布的信息有关,同时对当前指数的涨跌进行必要的修正。也就是说,以前股票市场的涨跌对未来一天的涨跌不产生任何影响,只有当天的涨跌可能会影响到未来一天的涨跌。换句话说,该时间序列在$t+1$时刻将处于什么状态只与t时刻其所处的状态有关,与t时刻之前所处的状态无关。因此$Z_t,t \in T$具有无后效性,是一马尔科夫链。

6.1.3 一步转移概率矩阵

在例6.5中,Z_t的状态空间为$S = \{-1,1\}$。在第t个交易日指数不跌的条件下,第$t+1$个交易日指数可能不跌,也可能下跌。同样,在第t个交易日指数下跌的条件下,第$t+1$个交易日可能不跌,也可能下跌。记

$$p_{-1,-1} = P\{Z_{t+1} = -1 | Z_t = -1\}; \quad p_{-1,1} = P\{Z_{t+1} = 1 | Z_t = -1\}$$
$$p_{1,-1} = P\{Z_{t+1} = -1 | Z_t = 1\}; \quad p_{1,1} = P\{Z_{t+1} = 1 | Z_t = 1\}$$

其中,$p_{-1,-1}$表示在第t个交易日指数下跌的条件下,第$t+1$个交易日指数继续下跌的概率。我们称这些条件概率为马尔科夫链的一步转移概率。一步转移概率通常与时间t有关。如果一步转移概率与t无关,我们称马尔科夫链是平稳的。以后提到的马尔科夫链都是指平稳的马尔科夫链。

由一步转移概率构成的矩阵 $\boldsymbol{P} = \begin{pmatrix} p_{-1,-1} & p_{-1,1} \\ p_{1,-1} & p_{11} \end{pmatrix}$ 称为马尔科夫链的一步转移概率矩阵。一般地,我们给出如下定义:

定义 6.1 设马尔科夫链 $Z_t, t \in T$ 的状态空间为 $S=\{1,2,\cdots,n\}$，用 p_{ij} 表示已知 t 时刻 Z_t 处于状态 i 的条件下，$t+1$ 时刻 Z_{t+1} 处于状态 j 的条件概率，即 $p_{ij}=\{Z_{t+1}=j|Z_t=i\}$ $(i,j=1,2,\cdots,n)$，称 $p_{ij}(i,j=1,2,\cdots,n)$ 为马尔科夫链的一步转移概率，并称 $p_{ij}(i,j=1,2,\cdots,n)$ 构成的 n 阶方阵

$$\boldsymbol{P}=(p_{ij})_{n\times n}=\begin{pmatrix} p_{11} & p_{12} & \cdots & p_{1n} \\ p_{21} & p_{22} & \cdots & p_{2n} \\ \vdots & \vdots & & \vdots \\ p_{n1} & p_{n2} & \cdots & p_{nn} \end{pmatrix}$$

为一步状态转移概率矩阵。

一步转移概率矩阵 $\boldsymbol{P}=(p_{ij})_{n\times n}$ 描述了 t 时刻系统内各状态到 $t+1$ 时刻系统内各状态的变化规律性。比如，矩阵 $\boldsymbol{P}$ 的第 i 行元素 $p_{ij}(j=1,2,\cdots,n)$ 描述了 t 时刻状态 i 向 $t+1$ 时刻系统内各状态转移的可能性。如表 6.1 所示。

表 6.1 各状态转移的可能性

t 时刻状态 i	\multicolumn{4}{c}{$t+1$ 时刻系统内之状态}
	1	2	$\cdots$	n
转移概率 p_{ij}	p_{i1}	p_{i2}	$\cdots$	p_{in}

一步转移概率矩阵 $\boldsymbol{P}$ 的第 i 行元素实际上是已知 $Z_t=i$ 的条件下 Z_{t+1} 的条件分布，因此第 i 行的元素满足如下两个条件：①$p_{ij}\geq 0$，$j=1,2,\cdots,n$；②$\sum_{j=1}^{n}p_{ij}=1$。

6.1.4 k 步转移概率矩阵

我们再回到例 6.5 中，在第 t 个交易日指数不跌的条件下，第 $t+2$ 个交易日指数可能不跌，也可能下跌。类似地，记

$$p_{-1,-1}(2)=P\{Z_{t+2}=-1|Z_t=-1\}; \quad p_{-1,1}(2)=P\{Z_{t+2}=1|Z_t=-1\}$$
$$p_{1,-1}(2)=P\{Z_{t+2}=-1|Z_t=1\}; \quad p_{1,1}(2)=P\{Z_{t+2}=1|Z_t=1\}$$

其中，$p_{-1,-1}(2)$ 表示在第 t 个交易日指数下跌的条件下，第 $t+2$ 个交易日指数继续下跌的概率。

我们称这些条件概率 $p_{-1,-1}(2), p_{-1,1}(2), p_{1,-1}(2), p_{1,1}(2)$ 为马尔科夫链 $Z_t, t \in T$ 的两步转移概率；称由它们构成的矩阵

$$\boldsymbol{P}(2)=\begin{pmatrix} p_{-1,-1}(2) & p_{-1,1}(2) \\ p_{1,-1}(2) & p_{1,1}(2) \end{pmatrix}$$

为马尔科夫链的两步转移概率矩阵。

一般地，设马尔科夫链 $Z_t, t \in T$ 的状态空间为 $S=\{1,2,\cdots,n\}$，称 $p_{ij}(k)=P\{Z_{t+k}=j|Z_t=i\}, i,j=1,2,\cdots,n$ 为马尔科夫链的 k 步转移概率矩阵。由 $p_{ij}(k), i,j=1,2,\cdots,n$ 构成的矩阵

$$P(k)=(p_{ij}(k))_{n\times n}=\begin{pmatrix} p_{11}(k) & p_{12}(k) & \cdots & p_{1n}(k) \\ p_{21}(k) & p_{22}(k) & \cdots & p_{2n}(k) \\ \vdots & \vdots & & \vdots \\ p_{n1}(k) & p_{n2}(k) & \cdots & p_{nn}(k) \end{pmatrix}$$

为马尔科夫链的 k 步转移概率矩阵。$P(k)$ 的第 i 行元素描述的是在 t 时刻 Z_t 处于状态 i 的条件下，$t+k$ 时刻 Z_{t+k} 处于各状态的概率。

由全概率公式及矩阵的乘法可以得到一步转移概率矩阵 P 和 k 步转移概率矩阵 $P(k)$ 的关系：

$$P(k)=P^k, \quad k=1,2,3\cdots \tag{6.1}$$

即 k 步转移概率矩阵等于一步转移概率矩阵的 k 次幂。

例 6.6 设马尔科夫链的一步转移概率矩阵为：

$$P=\begin{matrix} & \begin{matrix} 1 & 2 & 3 \end{matrix} \\ \begin{matrix} 1 \\ 2 \\ 3 \end{matrix} & \begin{pmatrix} 0 & 0 & 1 \\ 1 & 0 & 0 \\ \frac{1}{3} & \frac{1}{3} & \frac{1}{3} \end{pmatrix} \end{matrix}$$

求三步转移概率矩阵 $P(3)$，并写出 t 时刻之状态 3 到 $t+3$ 时刻各状态的转移概率。

解 由 (6.1) 式知 $P(3)=P^3$

因为

$$P^2=\begin{pmatrix} 0 & 0 & 1 \\ 1 & 0 & 0 \\ \frac{1}{3} & \frac{1}{3} & \frac{1}{3} \end{pmatrix}\begin{pmatrix} 0 & 0 & 1 \\ 1 & 0 & 0 \\ \frac{1}{3} & \frac{1}{3} & \frac{1}{3} \end{pmatrix}=\begin{pmatrix} \frac{1}{3} & \frac{1}{3} & \frac{1}{3} \\ 0 & 0 & 1 \\ \frac{4}{9} & \frac{1}{9} & \frac{4}{9} \end{pmatrix}$$

所以

$$P^3=P^2\cdot P=\begin{pmatrix} \frac{1}{3} & \frac{1}{3} & \frac{1}{3} \\ 0 & 0 & 1 \\ \frac{4}{9} & \frac{1}{9} & \frac{4}{9} \end{pmatrix}\begin{pmatrix} 0 & 0 & 1 \\ 1 & 0 & 0 \\ \frac{1}{3} & \frac{1}{3} & \frac{1}{3} \end{pmatrix}=\begin{pmatrix} \frac{4}{9} & \frac{1}{9} & \frac{4}{9} \\ \frac{1}{3} & \frac{1}{3} & \frac{1}{3} \\ \frac{7}{27} & \frac{4}{27} & \frac{16}{27} \end{pmatrix}$$

所以，t 时刻之状态 3 到 $t+3$ 时刻各状态的转移概率依次为 7/27,4/27 和 16/27。

例 6.7 为了解顾客对 A,B,C 三种不同品牌洗衣粉的购买倾向，市场调查小组进行了购买倾向调查。在本月购买 A,B,C 品牌的顾客中分别调查了 100 人、150 人和 120 人，了解他们下月的购买倾向。调查结果用矩阵表示如下：

$$\begin{matrix} & \begin{matrix} 1A & 2B & 3C \end{matrix} \\ \begin{matrix} 1A \\ 2B \\ 3C \end{matrix} & \begin{pmatrix} 40 & 30 & 30 \\ 60 & 30 & 60 \\ 60 & 30 & 30 \end{pmatrix} \end{matrix}$$

其中,第一行表示在本月购买 A 品牌的 100 人中有 40 人在下月仍打算购买 A 品牌,而打算转向购买 B 和 C 品牌的人数都是 30。第二行与第三行类同。要求:①写出状态转移概率矩阵。②求购买 C 品牌的顾客在未来第二个月购买 A 品牌和 B 品牌的概率。

解 (1)题中所给的矩阵也称状态转移频数矩阵。用频数矩阵的各行频数分别除以各行频数之和,得状态转移概率矩阵如下:

$$P = \begin{matrix} & 1A & 2B & 3C \\ 1A \\ 2B \\ 3C \end{matrix} \begin{pmatrix} 0.4 & 0.3 & 0.3 \\ 0.4 & 0.2 & 0.4 \\ 0.5 & 0.25 & 0.25 \end{pmatrix}$$

(2)因为

$$P(2) = P^2 = \begin{pmatrix} 0.4 & 0.3 & 0.3 \\ 0.4 & 0.2 & 0.4 \\ 0.5 & 0.25 & 0.25 \end{pmatrix} \begin{pmatrix} 0.4 & 0.3 & 0.3 \\ 0.4 & 0.2 & 0.4 \\ 0.5 & 0.25 & 0.25 \end{pmatrix}$$

$$= \begin{pmatrix} 0.43 & 0.255 & 0.315 \\ 0.44 & 0.26 & 0.3 \\ 0.425 & 0.2625 & 0.3125 \end{pmatrix}$$

因此,购买 C 品牌的顾客在未来第二个月购买 A 品牌的概率为 0.425,购买 B 品牌的概率为 0.2625。

6.2 转移概率矩阵的固定点

6.2.1 初始分布与绝对分布

对于企业而言,掌握产品的市场占有率及其变化规律是至关重要的。假设某企业的市场调查小组对市场上标号为 1,2 的两种同类型产品的市场占有率及其变化情况做了调查,得到本月两种产品的市场占有率分别为 0.3,0.7,一步转移概率矩阵为 $P = \begin{pmatrix} 0.6, 0.4 \\ 0.5, 0.5 \end{pmatrix}$。那么问题是:在未来第一个月两种产品的市场占有率是多少呢?在未来第 t 个月两种产品的市场占有率又是多少呢?

首先,将此问题模型化。记

$$Z_t = \begin{cases} 1, & \text{顾客第 } t \text{ 个月购买产品 1} \\ 2, & \text{顾客第 } t \text{ 个月购买产品 2} \end{cases} \quad t \in T = \{0, 1, 2 \cdots\}$$

显见,$Z_t, t \in T$ 是一马尔科夫链,其状态空间为 $S = \{1, 2\}$,转移概率矩阵为 $P = \begin{pmatrix} 0.6, 0.4 \\ 0.5, 0.5 \end{pmatrix}$。

本月两种产品的市场占有率,即 Z_0 的概率分布为 $\begin{array}{c|cc} Z_0 & 1 & 2 \\ \hline p & 0.3 & 0.7 \end{array}$,将其用行向量 $\boldsymbol{p}^0 = (p_1^0,$

$p_2^0) = (0.3, 0.7)$ 表示,并称其为马尔科夫链的初始分布。

未来第 t 个月两种产品的市场占有率,即 Z_t 的概率分布为 $\dfrac{Z_t \mid 1, \quad 2}{p \mid p_1^t, \quad p_2^t}$。将其用行向量 $\boldsymbol{p}^t = (p_1^t, p_2^t)$ 表示,并称其为马尔科夫链在 t 时刻的绝对分布。

由于 $\{Z_0 = 1\}$ 与 $\{Z_0 = 2\}$ 是完备事件组,所以由全概率公式得

$$p_1^1 = P\{Z_1 = 1\}$$
$$= P\{Z_0 = 1\} \cdot P\{Z_1 = 1 \mid Z_0 = 1\} + P\{Z_0 = 2\} \cdot P\{Z_1 = 1 \mid Z_0 = 2\}$$
$$= 0.3 \times 0.6 + 0.7 \times 0.5 = 0.53$$

同理可得,$p_2^1 = P\{Z_1 = 2\} = 0.3 \times 0.4 + 0.7 \times 0.5 = 0.47$。于是

$$\boldsymbol{p}^1 = (p_1^1, p_2^1) = (0.53, 0.47) = (0.3, 0.7) \begin{pmatrix} 0.6 & 0.4 \\ 0.5 & 0.5 \end{pmatrix} = \boldsymbol{p}^0 \cdot \boldsymbol{P}$$

由此可见,第一个月的市场占有率等于初始分布与一步转移概率矩阵 $\boldsymbol{P}$ 的乘积。同理,未来第 t 个月两种产品的市场占有率 $\boldsymbol{p}^t$ 等于初始分布 $\boldsymbol{p}^0$ 与 t 步转移概率矩阵 $\boldsymbol{P}(t) = \boldsymbol{P}^t$ 的乘积,即 $\boldsymbol{p}^t = \boldsymbol{p}^0 \cdot \boldsymbol{P}^t = \boldsymbol{p}^0 \boldsymbol{P}^t$。

一般地,设马尔科夫链 $Z_t, t \in T = \{0, 1, 2, \cdots\}$ 的状态空间为 $S = \{1, 2, \cdots, n\}$,则 Z_0 的概率分布

Z_0	1	2	$\cdots$	n
p	p_1^0	p_2^0	$\cdots$	p_n^0

称为马尔科夫链 $Z_t, t \in T$ 的初始分布。Z_t 的概率分布

Z_t	1	2	$\cdots$	n
p	p_1^t	p_2^t	$\cdots$	p_n^t

称为马尔科夫链 $Z_t, t \in T$ 在 t 时刻的绝对分布。初始分布用行向量 $\boldsymbol{p}^0 = (p_1^0, p_2^0, \cdots, p_n^0)$ 表示,t 时刻的绝对分布用行向量 $\boldsymbol{p}^t = (p_1^t, p_2^t, \cdots, p_n^t)$ 表示,并称由概率分布构成的行向量为概率向量。

马尔科夫链 $Z_t, t \in T$ 在 t 时刻的绝对分布 $\boldsymbol{p}^t$ 与初始分布 $\boldsymbol{p}^0$ 及一步转移概率矩阵 $\boldsymbol{P}$ 有如下关系。

$$\boldsymbol{p}^t = (p_1^t, p_2^t, \cdots, p_n^t) = (p_1^0, p_2^0, \cdots, p_n^0) \boldsymbol{P}(t) = \boldsymbol{p}^0 \cdot \boldsymbol{P}^t$$

其中 $\boldsymbol{P}(t)$ 是 t 步转移概率矩阵,即 t 时刻的绝对分布等于初始分布与一步转移概率矩阵 k 次幂的乘积。由此可以看出,对于平稳的马尔科夫链而言,初始分布与一步转移概率矩阵完全决定了马尔科夫链的变化规律。

例 6.8 设马尔科夫链的一步转移概率矩阵为:

$$\boldsymbol{P} = \begin{pmatrix} 0.4 & 0.3 & 0.3 \\ 0.6 & 0.3 & 0.1 \\ 0.6 & 0.1 & 0.3 \end{pmatrix}$$

(1)若初始分布为 $(0.2, 0.2, 0.6)$,求 $t = 1$ 时的绝对分布。

(2)若初始分布为 $(0.5, 0.25, 0.25)$,求马尔科夫链在任一时刻 t 的绝对分布。

解 (1)由题设,初始分布 $\boldsymbol{p}^0 = (0.2, 0.2, 0.6)$,于是

$$p^1 = p^0 P = (0.2 \quad 0.2 \quad 0.6) \begin{pmatrix} 0.4 & 0.3 & 0.3 \\ 0.6 & 0.3 & 0.1 \\ 0.6 & 0.1 & 0.3 \end{pmatrix} = (0.56 \quad 0.18 \quad 0.26)$$

即 $t=1$ 时刻,马尔科夫链的绝对分布为 $(0.56 \quad 0.18 \quad 0.26)$。

(2) 因为 $p^0 = (0.5 \quad 0.25 \quad 0.25)$,所以

$$p^1 = p^0 \cdot P = (0.5 \quad 0.25 \quad 0.25) \begin{pmatrix} 0.4 & 0.3 & 0.3 \\ 0.6 & 0.3 & 0.1 \\ 0.6 & 0.1 & 0.3 \end{pmatrix}$$

$$= (0.5 \quad 0.25 \quad 0.25) = p^0$$

因此,$p^2 = p^0 P(2) = p^0 \cdot P^2 = (p^0 \cdot P) P = p^0 \cdot P = p^0$

一般地,$p^t = p^0 P(t) = p^0 \cdot P^t = p^0$,即该马尔科夫链在任一时刻的绝对分布都等于初始分布。

例 6.9 设马尔科夫链的转移概率矩阵为:

$$P = \begin{pmatrix} u_1 & u_2 & \cdots & u_n \\ u_1 & u_2 & \cdots & u_n \\ \vdots & \vdots & & \vdots \\ u_1 & u_2 & \cdots & u_n \end{pmatrix}$$

初始分布为 $p^0 = (p_1^0, p_2^0, \cdots, p_n^0)$。求马尔科夫链在任一时刻的绝对分布。

解 因为

$$P^2 = \begin{pmatrix} u_1 & u_2 & \cdots & u_n \\ u_1 & u_2 & \cdots & u_n \\ \vdots & \vdots & & \vdots \\ u_1 & u_2 & \cdots & u_n \end{pmatrix} \begin{pmatrix} u_1 & u_2 & \cdots & u_n \\ u_1 & u_2 & \cdots & u_n \\ \vdots & \vdots & & \vdots \\ u_1 & u_2 & \cdots & u_n \end{pmatrix} = P$$

所以 $P^t = P, t = 1, 2, 3, \cdots$

又因为 $\sum_{i=1}^{n} p_i^0 = 1$,所以

$$p^0 \cdot P = (p_1^0, p_2^0, \cdots, p_n^0) \begin{pmatrix} u_1 & u_2 & \cdots & u_n \\ u_1 & u_2 & \cdots & u_n \\ \vdots & \vdots & & \vdots \\ u_1 & u_2 & \cdots & u_n \end{pmatrix} = (u_1, u_2, \cdots, u_n)$$

因此,对任意自然数 t,有

$$p^t = p^0 \cdot P(t) = p^0 \cdot P^t = p^0 \cdot P = (u_1, u_2, \cdots, u_n)$$

即该马尔科夫链在任一时刻 t 的绝对分布为 $(u_1, u_2, \cdots, u_n)$。

6.2.2 固定点与正规矩阵

容易验证,在例 6.8 中,当概率向量 $u = (0.5, 0.25, 0.25)$ 时,使得 $uP = u$;在例 6.9 中,当概率向量 $u = (u_1, u_2, \cdots, u_n)$ 时,使得 $uP = u$。

一般地可以给出如下定义:

定义 6.2 设 P 为马尔科夫链的一步转移概率矩阵。如果存在概率向量 $u=(u_1, u_2,\cdots,u_n)$，使得 $uP=u$，则称 u 为 P 的固定概率向量，或称为 P 的固定点(或均衡点)。

如果马尔科夫链的转移概率矩阵 P 的所有行向量都等于同一向量 u，则称 P 是由 u 构成的稳态矩阵。在例 6.8 中，$u=(0.5,0.25,0.25)$ 是所给矩阵的固定点。在例 6.9 中，所给的转移概率矩阵是稳态矩阵。

读者会很自然地提出如下问题:什么样的转移概率矩阵有固定点?转移概率矩阵、固定点和稳态矩阵之间又有什么关系?为了解决这些问题，我们给出如下定义:

定义 6.3 设 P 是马尔科夫链的一步转移概率矩阵，如果存在自然数 k，使得 P^k 的所有元素都是正数，则称 P 为正规概率矩阵。

例 6.10 试判断下列哪些矩阵是正规概率矩阵，哪些不是。

(1) $P=\begin{pmatrix} 1 & 0 & 0 \\ 0 & 1 & 0 \\ 0 & 0 & 1 \end{pmatrix}$ (2) $P=\begin{pmatrix} \frac{1}{2} & \frac{1}{3} & \frac{1}{4} \\ \frac{2}{5} & \frac{1}{5} & \frac{2}{5} \\ \frac{1}{4} & \frac{1}{2} & \frac{1}{4} \end{pmatrix}$

(3) $P=\begin{pmatrix} 0.2 & 0.6 & 0.2 \\ 0.1 & 0.8 & 0.1 \\ 0.6 & 0.3 & 0.1 \end{pmatrix}$ (4) $P=\begin{pmatrix} 0 & 1 \\ \frac{1}{2} & \frac{1}{2} \end{pmatrix}$

解 (1) 由于对任意自然数 k，都有 $P^k=P$，而 P 除对角线以外都等于 0，所以 P 不是正规概率矩阵。

(2) 尽管 P 的所有元素都大于 0，但是 P 的第一行不是概率向量，所以 P 不是正规概率矩阵。

(3) 因为 P 的所有元素都大于 0，且为概率矩阵，所以 P 是正规概率矩阵。

(4) 由于

$$P^2=\begin{pmatrix} \frac{1}{2} & \frac{1}{2} \\ \frac{1}{4} & \frac{3}{4} \end{pmatrix}$$

的所有元素都大于 0，且 P 为概率矩阵，所以 P 是正规概率矩阵。

定理 6.1 设 P 为正规概率矩阵，则

(a) P 有唯一的由正数构成的固定概率向量 u。

(b) 设方阵 V 的每一行向量都是 P 的固定概率向量 u，则由 P 的各次幂组成的矩阵序列 $P, P^2, P^3, \cdots, P^k, \cdots$ 以 V 为极限，即

$$\lim_{k \to \infty} P^k = V$$

(c) 设 p^0 是任意概率向量，则向量序列 $p^0P, p^0P^2, \cdots, p^0P^k, \cdots$ 以固定概率向量 u 为极限，即

$$\lim_{k\to\infty} p^0 P^k = u$$

定理 6.1 又称马尔科夫链的基本定理。这里不予证明,只作如下两点解释:

(1)由定理 6.1 知,如果马尔科夫链的一步转移概率矩阵 P 是正规矩阵,那么 P 一定存在固定点 u,而且当 k 趋于无穷时,k 步转移概率矩阵 $P(k)$ 收敛于由 u 构成的稳态矩阵 V。这说明一个系统经过无穷多次的状态转移后,几乎以相同的分布转移到系统内的各个状态。也就是说,系统将表现出稳定之势。

(2)由定理 6.1 知,不论马尔科夫链的初始分布如何,经充分多次的转移后,绝对分布会趋于同一分布,即固定概率向量 u 给出的分布。换句话说,不论最初系统处于什么状态,最终都会以分布 u 处于系统内的各个状态,即系统最终会处于均衡状态。

例 6.11 设马尔科夫链的一步转移概率矩阵为:

$$P = \begin{pmatrix} 0.4 & 0.3 & 0.3 \\ 0.6 & 0.3 & 0.1 \\ 0.6 & 0.1 & 0.3 \end{pmatrix}$$

对充分大的 k,求 k 步转移概率矩阵 $P(k)$ 的近似矩阵。

解 因为 P 为正规概率矩阵,所以有固定点 u。设 V 是由 u 构成的 P 的稳态矩阵,由定理 6.2 知:

$$\lim_{k\to\infty} P(k) = \lim_{k\to\infty} P^k = V$$

因此,对于充分大的 k,有:

$$P(k) \approx V$$

解线性方程组:

$$\begin{cases} (P^T - I) u^T = 0 \\ u_1 + u_2 + \cdots + u_n = 1 \end{cases}$$

即

$$\begin{cases} -0.6 u_1 + 0.6 u_2 + 0.6 u_3 = 0 \\ 0.3 u_1 - 0.7 u_2 + 0.1 u_3 = 0 \\ 0.3 u_1 + 0.1 u_2 - 0.7 u_3 = 0 \\ u_1 + u_2 + u_3 = 1 \end{cases}$$

得固定点 $u = (0.5, 0.25, 0.25)$。

因此,对充分大的 k,有:

$$P(k) \approx V = \begin{pmatrix} 0.5 & 0.25 & 0.25 \\ 0.5 & 0.25 & 0.25 \\ 0.5 & 0.25 & 0.25 \end{pmatrix}$$

6.3 马尔科夫链在经济预测等方面的应用

在经济领域中,很多现象都具有马尔科夫链的特征。用马尔科夫链的基本原理和基本方法研究这些现象,可以对这些现象的发展变化作出预测。本节主要通过一些例子介绍马尔科夫链在经济预测等方面的应用。

6.3.1 市场占有率预测

所谓市场占有率,是指在某地区消费某种产品的居民中,使用某一品牌的居民所占的比率,或者说,该地区消费者使用某一品牌的概率。在竞争激烈的市场经济中,对厂家来说,了解自己的品牌在目前及以后的市场中的占有率是至关重要的。如果假设在某地区经营的某种产品有 n 个品牌 $A_1, A_2, \cdots, A_n$,并假定消费者消费这 n 种品牌的产品具有马尔科夫链的特征,那么,用马尔科夫链的基本原理和基本方法可以对这 n 种品牌的市场占有率作出预测。具体步骤如下:

第一步,进行市场调查。

(1)在全体消费此种产品的消费者中,调查目前购买 n 种品牌的消费者各占的比率,获得初始分布 $p^0 = (p_1^0, p_2^0, \cdots, p_n^0)$。在实际问题中,只需调查部分消费者,获得近似的初始分布即可。

(2)调查在 n 种品牌之间消费者的流动情况,获得转移频数矩阵,进而获得转移概率矩阵 P。比如,在被调查的目前正在使用第 i 种品牌的 n_i 个消费者中,在下一时刻将有 n_{ij} 个消费者使用 j 品牌(j=1,2,$\cdots$,n;i=1,2,$\cdots$,n)。于是转移频数矩阵为 $N = (n_{ij})_{n \times n}$。用 n_i 去除矩阵 N 的第 i 行各元素($i=1,2,\cdots,n$)就得到了转移概率矩阵 $P = (p_{ij})_{n \times n}$,其中

$$p_{ij} = \frac{n_{ij}}{n_i} \quad (j=1,2,\cdots,n; i=1,2,\cdots,n)$$

第二步,预测未来第 k 时刻的市场占有率。

计算初始分布 p^0 与 k 步转移概率矩阵 $P(k)$ 的乘积,就可得到未来第 k 时刻的绝对分布,即第 k 时刻的市场占有率:

$$p^k = (p_1^k, p_2^k, \cdots, p_n^k) = (p_1^0, p_2^0, \cdots, p_n^0) P(k)$$

第三步,预测均衡状态下的市场占有率。

如果转移概率矩阵 P 是正规矩阵,那么 P 有唯一的固定点 $u = (u_1, u_2, \cdots, u_n)$,于是,在市场最终达到均衡状态下,各种品牌的最终市场占有率将分别为 $u_1, u_2, \cdots, u_n$。

例 6.12 在某地区销售的鲜牛奶主要由 3 个厂家提供。分别用 1,2,3 表示。去年 12 月份对 2 000 名消费者进行了调查。购买厂家 1,2,3 产品的消费者分别为 800,600 和 600。同时得到的转移频数矩阵为:

$$N = \begin{matrix} & 1 & 2 & 3 \\ 1 \\ 2 \\ 3 \end{matrix} \begin{pmatrix} 320 & 240 & 240 \\ 360 & 180 & 60 \\ 360 & 60 & 180 \end{pmatrix}$$

其中第一行表示,在 12 月份购买厂家 1 产品的 800 个消费者中,有 320 名消费者继续购买厂家 1 的产品。转向购买厂家 2 和 3 产品的消费者都是 240 人。N 的第二行与第三行的含义同第一行。

(1)试对 3 个厂家今年 1~7 月份的市场占有率进行预测。

(2)试求市场处于均衡状态时,各厂家的市场占有率。

解 (1)用 800,600 和 600 分别除以 2 000,得到去年 12 月份各厂家的市场占有率,即初始分布 $p^0 = (0.4, 0.3, 0.3)$。

用 800,600 和 600 分别去除矩阵 N 的第一行、第二行和第三行的各元素,得状态转移概率矩阵:

$$P = \begin{pmatrix} 0.4 & 0.3 & 0.3 \\ 0.6 & 0.3 & 0.1 \\ 0.6 & 0.1 & 0.3 \end{pmatrix}$$

于是,第 k 月的绝对分布,或第 k 月的市场占有率为:

$$p^k = p^0 \cdot P(k) = p^0 \cdot P^k \quad (k = 1, 2, 3, \cdots, 7)$$

$k = 1$ 时,

$$p^1 = (0.4 \quad 0.3 \quad 0.3) \begin{pmatrix} 0.4 & 0.3 & 0.3 \\ 0.6 & 0.3 & 0.1 \\ 0.6 & 0.1 & 0.3 \end{pmatrix} = (0.52 \quad 0.24 \quad 0.24)$$

k = 2 时,

$$p^2 = (0.4 \quad 0.3 \quad 0.3) P^2 = (0.52 \quad 0.24 \quad 0.24) P$$
$$= (0.496 \quad 0.252 \quad 0.252)$$

$k = 3$ 时,

$$p^3 = (0.4 \quad 0.3 \quad 0.3) P^3 = p^2 \cdot P = (0.496 \quad 0.252 \quad 0.252) P$$
$$= (0.500\ 8 \quad 0.249\ 6 \quad 0.249\ 6)$$

类似地可以计算出 p^4, p^5, p^6 和 p^7。

现将计算结果绘制成市场占有率变动表,如表 6.2 所示。

表 6.2   市场占有率变动表

月份 i	3 个厂家的市场占有率		
	p_1^i	p_2^i	p_3^i
1	0.52	0.24	0.24
2	0.496	0.252	0.252
3	0.500 8	0.249 6	0.249 6
4	0.499 84	0.250 08	0.250 08
5	0.500 032	0.249 984	0.249 984
6	0.5	0.25	0.25
7	0.5	0.25	0.25

从表 6.2 中可以看出,厂家 1 的市场占有率随着时间的推移逐渐稳定在 50%,而厂家 2 和厂家 3 的市场占有率都逐渐稳定在 25%。

(2)由于转移概率矩阵 P 是正规矩阵,因此 P 有唯一的均衡点 u。由例 6.11 知,$u = (0.5, 0.25, 0.25)$。由定理 6.2 知,$\lim\limits_{k \to \infty} p^0 \cdot P^k = u = (0.5, 0.25, 0.25)$,即随着时间的推移,3

个厂家的市场占有率逐渐趋于稳定。当市场达到均衡状态时,各厂家的市场占有率分别为 50%,25% 和 25%。

由表 6.2 可以看出,第三个月时,市场基本上已达到均衡状态。此时,各厂家的市场占有率与均衡状态时的市场占有率的误差已不足千分之一。

本例也可用 Excel 软件进行计算,详见 16.4.2 中例 16.5。

6.3.2 人力资源预测

用马尔科夫链的基本理论和基本方法可以对一个单位的人力资源的流动情况进行分析和研究,并对未来该单位人力资源的结构进行预测。

例 6.13 某高校为编制师资发展规划,需要预测未来教师队伍的结构。现在对教师状况进行如下分类:青年、中年、老年和流退(流失或退休)。根据历史资料,各类教师(按 1 年为 1 期)的转移概率矩阵为:

$$P = \begin{matrix} 青 \\ 中 \\ 老 \\ 流退 \end{matrix} \begin{pmatrix} 0.8 & 0.15 & 0 & 0.05 \\ 0 & 0.75 & 0.2 & 0.05 \\ 0 & 0 & 0.8 & 0.2 \\ 0 & 0 & 0 & 1 \end{pmatrix}$$

目前青年教师 400 人,中年教师 360 人,老年教师 300 人。试分析 3 年后教师的结构以及为保持编制不变,3 年内应进多少硕士和博士毕业生充实教师队伍。

解 设目前的教师结构为 $n^0 = (400\ 360\ 300\ 0)$,则 1 年后教师结构为:

$$n^1 = n^0 \cdot P = (320\ 330\ 312\ 98)$$

流退人员 98 人,为保持编制不变,第一年学校需进 98 人。此时青年教师为 320+98 = 418 人,教师结构为 $n^1_* = (418\ 330\ 312\ 0)$。

两年后教师结构为:

$$n^2 = n^1_* \cdot P = (418\ 330\ 312\ 0)P = (334\ 310\ 316\ 100)$$

第二年流退 100 人,因此第二年需进 100 名硕士和博士毕业生。此时青年教师为 334+100 = 434 人,教师结构为 $n^2_* = (434\ 310\ 316\ 0)$。

3 年后的教师结构为:

$$n^3 = n^2_* \cdot P = (434\ 310\ 316\ 0)P = (347\ 298\ 315\ 100)$$

第三年流退 100 人,因此第三年需进硕士和博士 100 人。此时青年教师为 347+100 = 447 人,教师结构为 $n^3_* = (447\ 298\ 315\ 0)$。

综上所述,3 年内需进硕士和博士毕业生 298 名。3 年后教师结构为:青年教师 447 名,中年教师 298 名,老年教师 315 名。

6.3.3 期望利润预测

一个生产厂家的利润时常伴随着市场状态的变化而变化。由于市场状态的变化具有随机性,所以生产厂家的利润也具有不确定性。在这里,根据马尔科夫链的基本原理给出了生产厂家预测期望利润的计算公式,同时,通过例子说明如何利用公式预测期望利润。

1) 利润矩阵

设市场状态空间为 $S=\{1,2,\cdots,n\}$，转移概率矩阵为 $\boldsymbol{P}=(p_{ij})_{n\times n}$。当市场由状态 i 转移至状态 j 时，厂家的利润为 $\pi_{ij}(i,j=1,2,\cdots,n)$，则称由 $\pi_{ij}(i,j=1,2,\cdots,n)$ 构成的 n 阶方阵

$$\boldsymbol{\Pi}=(\pi_{ij})_{n\times n}=\begin{pmatrix}\pi_{11} & \pi_{12} & \cdots & \pi_{1n}\\ \pi_{21} & \pi_{22} & \cdots & \pi_{2n}\\ \vdots & \vdots & & \vdots\\ \pi_{n1} & \pi_{n2} & \cdots & \pi_{nn}\end{pmatrix}$$

为利润矩阵。

2) 期望利润预测公式

设 $v_i(k)$ 为从状态 i 开始，经过 k 步转移到各状态所获得的期望利润，其中，$i=1,2,\cdots,n$。并记：$v(k)=(v_1(k),v_2(k),\cdots,v_n(k))^T$，$k=0,1,2,\cdots$，且规定 $v(0)=\boldsymbol{0}$。

由数学期望的定义知，当 $k=1$ 时，

$$v_i(1)=\pi_{i1}p_{i1}+\pi_{i2}p_{i2}+\cdots+\pi_{in}p_{in}$$

当 $k>1$ 时，$v_i(k)$ 等于由状态 i 开始，经一步转移到各状态所获得的期望利润 $v_i(1)$，再加上经一步转移后所到达的各个状态 j 再经 $k-1$ 步转移到达各状态所获得的期望利润 $v_j(k-1)$ 的数学期望，即：

$$v_i(k)=v_i(1)+\sum_{j=1}^{n}v_j(k-1)p_{ij}=v_i(1)+(p_{i1},p_{i2},\cdots,p_{in})v(k-1)$$

于是

$$v(k)=\begin{pmatrix}v_1(k)\\v_2(k)\\ \vdots \\v_n(k)\end{pmatrix}=\begin{pmatrix}v_1(1)\\v_2(1)\\ \vdots \\v_n(1)\end{pmatrix}+\begin{pmatrix}p_{11} & p_{12} & \cdots & p_{1n}\\ p_{21} & p_{22} & \cdots & p_{2n}\\ \vdots & \vdots & & \vdots\\ p_{n1} & p_{n2} & \cdots & p_{nn}\end{pmatrix}\begin{pmatrix}v_1(k-1)\\v_2(k-1)\\ \vdots \\v_n(k-1)\end{pmatrix}$$

$$=v(1)+\boldsymbol{P}\cdot v(k-1) \tag{6.2}$$

(6.2) 式给出了市场由一种状态开始，经 k 步转移到达各种状态时，生产厂家的期望利润 $v_i(k)(i=1,2,\cdots,n)$ 构成的向量 $v(k)$ 的递推公式。

例 6.14 设一生产厂家的产品每月市场状态有畅销和滞销两种，用 1 表示畅销，用 2 表示滞销。假设从畅销到畅销可获利 30 万元；从畅销转为滞销可获利 10 万元；从滞销转向畅销可获利 20 万元，从滞销到滞销将亏损 10 万元。现有 30 个月的市场销售记录。如表 6.3 所示。

表 6.3　　　　　　　　　　　　30 个月的市场销售状态

月份	1	2	3	4	5	6	7	8	9	10	11	12	13	14	15
市场状态	1	1	2	2	2	1	1	2	2	2	2	2	1	1	2
月份	16	17	18	19	20	21	22	23	24	25	26	27	28	29	30
市场状态	1	2	2	2	2	2	1	1	1	2	2	2	2	1	1

（1）求销售市场状态转移概率矩阵。

(2) 分别预测下个月和未来3个月的期望利润。

解 （1）在30个状态中,有15个滞销,15个畅销,最末一个是畅销,无后续状态,故以14(15减1)个计算。在14个畅销中,有6个连续畅销。因此,$p_{11}=6/14=0.43$,$p_{12}=0.57$。

在15个滞销中,有7个连续滞销。因此,$p_{22}=7/15=0.47$,$p_{21}=0.53$。于是,转移概率矩阵为：

$$P = \begin{pmatrix} 0.43 & 0.57 \\ 0.53 & 0.47 \end{pmatrix}$$

(2) 由已知条件知,利润矩阵为：

$$\Pi = \begin{pmatrix} 30 & 10 \\ 20 & -10 \end{pmatrix}$$

由于本月处于畅销状态,所以下月的期望利润为：

$$v_1(1) = p_{11}\pi_{11} + p_{12}\pi_{12} = 0.43 \times 30 + 0.57 \times 10 = 18.6(万元)$$

又因

$$v_2(1) = 20 \times 0.53 - 10 \times 0.47 = 5.9(万元)$$

所以,由递推公式得：

$$v(2) = v(1) + P \cdot v(2-1) = v(1) + P \cdot v(1)$$

$$= \begin{pmatrix} 18.6 \\ 5.9 \end{pmatrix} + \begin{pmatrix} 0.43 & 0.57 \\ 0.53 & 0.47 \end{pmatrix} \begin{pmatrix} 18.6 \\ 5.9 \end{pmatrix} = \begin{pmatrix} 29.96 \\ 18.53 \end{pmatrix}$$

$$v(3) = v(1) + P \cdot v(3-1) = v(1) + P \cdot v(2)$$

$$= \begin{pmatrix} 18.6 \\ 5.9 \end{pmatrix} + \begin{pmatrix} 0.43 & 0.57 \\ 0.53 & 0.47 \end{pmatrix} \begin{pmatrix} 29.96 \\ 18.53 \end{pmatrix}$$

$$= \begin{pmatrix} 18.6 \\ 5.9 \end{pmatrix} + \begin{pmatrix} 23.44 \\ 24.59 \end{pmatrix} = \begin{pmatrix} 42.04 \\ 30.49 \end{pmatrix}$$

由于本月为畅销,由计算结果可以看出,$v_1(1)=18.6$,$v_1(3)=42.04$。因此,下一个月期望利润为18.6万元,未来3个月的期望利润为42.04万元。

6.3.4 马尔科夫链在其他方面的应用举例

1) 项目选址问题

例6.15 某汽车维修公司在A市有甲、乙、丙3个维修厂。由于公司注重对员工的技术培训,树立顾客至上、信誉第一的理念,采用先进的管理模式,所以公司在本行业具有良好的形象,形成了一定规模的、稳定的客户群。对客户的调查显示,客户在甲、乙、丙3个维修厂之间的转移概率矩阵为：

$$P = \begin{matrix} 甲 \\ 乙 \\ 丙 \end{matrix} \begin{pmatrix} 0.8 & 0.2 & 0 \\ 0.2 & 0 & 0.8 \\ 0.2 & 0.2 & 0.6 \end{pmatrix}$$

由于资金的原因,公司目前打算只对其中的一个维修厂进行改造,并扩大规模。试分析应选择哪个维修厂。

解 由于

$$P^2 = \begin{pmatrix} 0.68 & 0.16 & 0.16 \\ 0.32 & 0.20 & 0.48 \\ 0.32 & 0.16 & 0.52 \end{pmatrix}$$

的所有元素都大于 0，所以 P 是正规矩阵。因此，P 存在唯一的固定概率向量 $u = (u_1, u_2, u_3)$。

解线性方程组：

$$\begin{cases} (P^T - I) u^T = 0 \\ u_1 + u_2 + u_3 = 1 \end{cases}$$

即

$$\begin{cases} -0.2u_1 + 0.2u_2 + 0.2u_3 = 0 \\ 0.2u_1 - u_2 + 0.2u_3 = 0 \\ 0.8u_2 - 0.4u_3 = 0 \\ u_1 + u_2 + u_3 = 1 \end{cases}$$

得唯一解：

$$u = (\frac{1}{2}, \frac{1}{6}, \frac{1}{3})$$

由此可以看出，长期趋势表明，当公司的客户在 3 个维修厂之间的转移达到均衡状态时，大约有 50% 的客户在甲厂维修，大约有 16.67% 的客户在乙厂维修，大约有 33.33% 的客户在丙厂维修。因此，应选择甲厂进行项目投资。

2）**最佳经营策略选择**

例 6.16 设某地区销售的鲜牛奶是由 3 个厂家提供的，该地区客户总数为 100 万户。假定厂家从每个客户那里每年平均获利 50 元，厂家 2 的市场调查显示，状态转移概率矩阵为：

$$P = \begin{pmatrix} 0.4 & 0.3 & 0.3 \\ 0.6 & 0.3 & 0.1 \\ 0.6 & 0.3 & 0.1 \end{pmatrix}$$

均衡状态下的市场占有率分别为 50%，25% 和 25%（参见例 6.11 和例 6.12），厂家 2 认为应采取积极的营销策略，提高自己的市场占有率，为此设计了两套方案。方案一旨在吸引老客户。方案一的实施需花费约 450 万元。实施方案后，估计转移概率矩阵为：

$$P_1 = \begin{pmatrix} 0.4 & 0.3 & 0.3 \\ 0.3 & 0.7 & 0 \\ 0.6 & 0.1 & 0.3 \end{pmatrix}$$

方案二希望吸引厂家 1 和厂家 3 的客户。方案的实施需花费大约 400 万元。实施方案后，估计转移概率矩阵为：

$$P_2 = \begin{pmatrix} 0.3 & 0.5 & 0.2 \\ 0.6 & 0.3 & 0.1 \\ 0.4 & 0.5 & 0.1 \end{pmatrix}$$

试选择最佳方案。

解 方案一:显然 P_1^2 的所有元素都大于 0,所以 P_1 为正规矩阵。故 P_1 有唯一的固定点 $u=(u_1,u_2,u_3)$。解线性方程组:

$$\begin{cases}(P_1^T-I)u^T=0\\ u_1+u_2+u_3=1\end{cases}$$

即

$$\begin{cases}-0.6u_1+0.3u_2+0.6u_3=0\\ 0.3u_1-0.3u_2+0.1u_3=0\\ 0.3u_1-0.7u_3=0\\ u_1+u_2+u_3=1\end{cases}$$

得唯一解

$$u=(0.39\quad 0.44\quad 0.17)$$

因此,当市场达到均衡状态时,厂家 2 的市场占有率达到 44%,比原来增加了 19 个百分点,由此增加的利润为:

$$0.19\times100\times50=950(万元)$$

方案一的成本为 450 万元,因而实际比原来多获利 500 万元。

方案二:类似地可得到 P_2 的固定概率向量为 $u=(0.44\quad 0.42\quad 0.14)$。即,当市场达到均衡状态时,厂家 2 的市场占有率为 42%,比原来增加了 17 个百分点,由此增加的利润为:

$$0.17\times100\times50=850(万元)$$

实施方案二的成本为 400 万元。因而实际比原来多获利 450 万元。

比较方案一和方案二可知,实施方案一要比实施方案二多获利 50 万元。因此应选择方案一。

*6.4 吸收态马尔科夫链及其应用

6.4.1 状态的分类

本章前三节对马尔科夫链的基本概念、基本性质及应用进行了讨论。如果要对马尔科夫链作更深入的探讨,必须对状态空间中各状态在相互转移过程中的相互联系与相互区别作进一步的分析和研究。先看下面的例子。

例 6.17 设马尔科夫链的一步转移概率矩阵为:

$$P=\begin{pmatrix}0.2 & 0.2 & 0 & 0.6\\ 0 & 0.5 & 0.5 & 0\\ 0 & 0.8 & 0.2 & 0\\ 0 & 0 & 0 & 1\end{pmatrix}$$

试分析状态转移过程中各状态的特点。

解 根据转移概率矩阵 P,将状态 1,2,3,4 的转移情况绘成图,如图 6.1 所示。这样的图称为马尔科夫链状态传递图(或马尔科夫链状态转移图)。

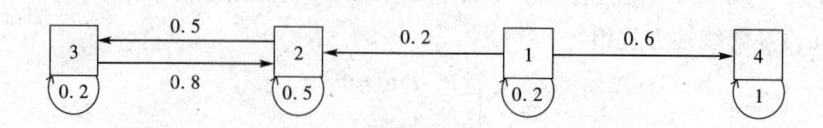

图 6.1 马尔科夫链状态传递图

由图 6.2 可以看出,状态 2 和 3 可以相互转移,但它们都不能转移到其他状态。状态 1 可以转移到状态 2 和 4,但其他状态都不能到达状态 1。状态 4 不能向其他任何状态转移。显然,马尔科夫链的各状态在状态转移过程中具有不同的特点,根据这些特点可以对状态进行分类。为此给出如下定义:

定义 6.4 设马尔科夫链的状态空间为 $S=\{1,2,3,\cdots,n\}$。从状态 i 到状态 j 的 k 步转移概率为 $p_{ij}(k)$,$k=1,2,3,\cdots$

(1) 如果存在自然数 m,使得 $p_{ij}(m)>0$,则称状态 i 可到达状态 j,记为 $i \to j$;否则,称状态 i 不能达到状态 j,记为 $i \nrightarrow j$。如果 $i \to j$,且 $j \to i$,则称状态 i 与状态 j 是相通的,记为 $i \leftrightarrow j$ 或 $i \rightleftarrows j$。比如,在例 6.17 中,状态 2 与状态 3 是相通的。

(2) 如果 S 的子集 $S_\alpha = \{i_1, i_2, \cdots, i_t\}$ 的任意两个状态都是相通的,则称 S_α 是一个相通类。

(3) 如果一个相通类 S_α 的任何一个状态都不能到达 S_α 之外的任何一个状态,则称 S_α 是一个封闭类。如果一个封闭类仅由一个状态构成,则称此状态为吸收态。比如,在例 6.17 中,$S_\alpha=\{2,3\}$ 是一个封闭类。状态 4 是吸收态。

(4) 若在一个相通类 S_α 中存在一状态可到达 S_α 之外的某一状态,则称 S_α 是一过渡类。比如,在例 6.17 中,状态 1 构成一个过渡类。过渡类中的元素称为过渡态。

例 6.18 设马尔科夫链的转移概率矩阵为:

$$P = \begin{pmatrix} 0.4 & 0.6 & 0 & 0 & 0 \\ 0.5 & 0.5 & 0 & 0 & 0 \\ 0.5 & 0 & 0.2 & 0.3 & 0 \\ 0 & 0 & 0 & 0.7 & 0.3 \\ 0 & 0 & 0 & 0.2 & 0.8 \end{pmatrix}$$

状态空间为 $S=\{1,2,3,4,5\}$,试对其状态进行分类。

解 先作马尔科夫链状态传递图。如图 6.2 所示。

由图 6.3 可以看出,S 的子集 $\{1,2\}$ 与 $\{4,5\}$ 都是相通类,同时也都是封闭类。状态 3 是过渡态。此马尔科夫链没有吸收态。

在此例中还可以看到,由于任何其他状态都不能到达状态 3,所以状态 3 经 k 步转移仍处于状态 3 的概率为 $p_{33}(k)=(0.2)^k$,$k=1,2,3,\cdots$(这意味着每一步状态 3 都可能在状态 3 处停留)。因为 $\lim_{k\to\infty} p_{33}(k) = \lim_{k\to\infty}(0.2)^k = 0$,所以状态 3 最终停留在状态 3 处是不可能的。换句话说,状态 3 最终必然被某个封闭类所吸收。

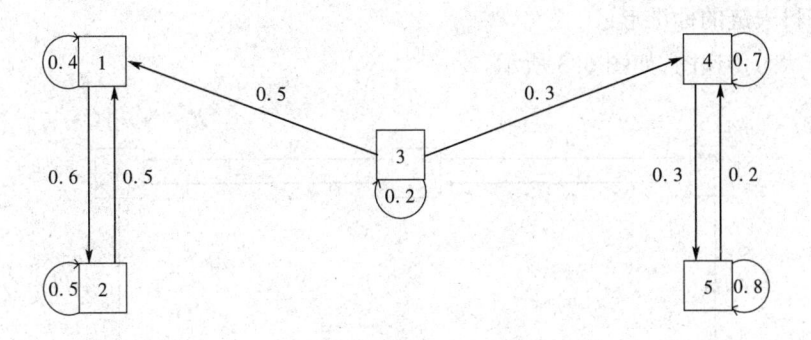

图 6.2

一般地，有如下结论：

定理 6.2 设 S_α 是马尔科夫链的过渡类，则 S_α 中的任一状态都必然被某一封闭类所吸收。（证明从略）

6.4.2 过渡分析

由定理 6.2 知，过渡类中的任一状态都必然被某一封闭类所吸收。那么：①从过渡态 i 开始，在被某一封闭类吸收之前，访问过渡态 j 的平均次数是多少？②从过渡态 i 开始，在被某一封闭类吸收之前，在过渡类停留的平均次数是多少？③从过渡态 i 开始，被某一封闭类吸收的概率是多少？过渡分析回答了上面的这些问题。

1）马尔科夫链的标准形

定义 6.5 如果将马尔科夫链的转移概率矩阵的行列重排得到如下形式的矩阵：

$$\begin{pmatrix} P_1 & O \\ R & Q \end{pmatrix} \text{或} \begin{pmatrix} Q & R \\ O & P_1 \end{pmatrix} \tag{6.3}$$

则称形如(6.2)的矩阵为马尔科夫链的标准形。

显然，如果先排列封闭类各状态向其他状态转移的概率向量，后排列过渡类中各状态向其他状态转移的概率向量，并对列进行相应的重排，那么就得到形如

$$\begin{pmatrix} P_1 & O \\ R & Q \end{pmatrix}$$

的标准形。反之，则得到形如

$$\begin{pmatrix} Q & R \\ O & P_1 \end{pmatrix}$$

的标准形。其中 P_1 为 r 阶方阵，r 是封闭类中状态的个数，Q 为 $n-r$ 阶方阵。$n-r$ 是过渡类中状态的个数。

例 6.19 设马尔科夫链的转移概率矩阵为：

$$P = \begin{matrix} 1 \\ 2 \\ 3 \\ 4 \\ 5 \end{matrix} \begin{pmatrix} 1 & 0 & 0 & 0 & 0 \\ 0.6 & 0 & 0.4 & 0 & 0 \\ 0 & 0.6 & 0 & 0.4 & 0 \\ 0 & 0 & 0.6 & 0 & 0.4 \\ 0 & 0 & 0 & 0 & 1 \end{pmatrix}$$

试写出马尔科夫链的标准形。

解 作状态传递图,如图 6.3 所示。

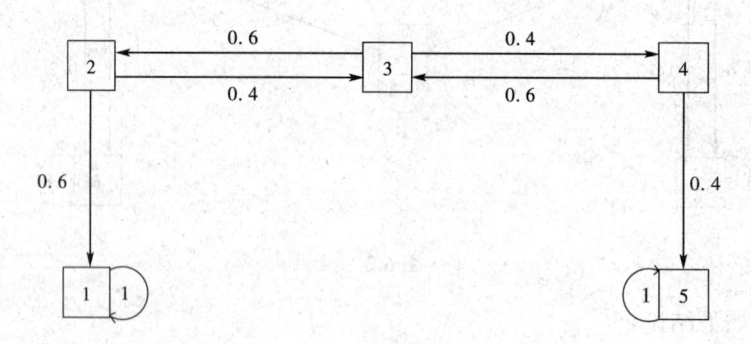

图 6.3

由图 6.3 知,状态 2,3,4 构成过渡类,状态 1 和 5 都是吸收态。
先排列状态 1 和 5,后排列状态 2,3,4,得如下标准形:

$$P = \begin{matrix} & \begin{matrix} 1 & 5 & 2 & 3 & 4 \end{matrix} \\ \begin{matrix} 1 \\ 5 \\ 2 \\ 3 \\ 4 \end{matrix} & \begin{pmatrix} 1 & 0 & 0 & 0 & 0 \\ 0 & 1 & 0 & 0 & 0 \\ 0.6 & 0 & 0 & 0.4 & 0 \\ 0 & 0 & 0.6 & 0 & 0.4 \\ 0 & 0.4 & 0 & 0.6 & 0 \end{pmatrix} \end{matrix} = \begin{pmatrix} P_1 & O \\ R & Q \end{pmatrix}$$

其中 $P_1 = I_2$ (I_2 是 2 阶单位矩阵),

$$R = \begin{pmatrix} 0.6 & 0 \\ 0 & 0 \\ 0 & 0.4 \end{pmatrix}, \quad Q = \begin{pmatrix} 0 & 0.4 & 0 \\ 0.6 & 0 & 0.4 \\ 0 & 0.6 & 0 \end{pmatrix}$$

先排列状态 2,3,4,后排列状态 1 和 5,得如下形式的标准形:

$$P = \begin{pmatrix} Q & R \\ O & P_1 \end{pmatrix}$$

其中 P_1, R, Q 同上。

2) 基本矩阵

定义 6.6 设马尔科夫链的标准形为:

$$P = \begin{pmatrix} P_1 & O \\ R & Q \end{pmatrix}$$

则称矩阵 $M = (I-Q)^{-1}$ 为马尔科夫链的基本矩阵,可以证明该基本矩阵一定存在,证明从略。下面不加证明地给出如下定理。

定理 6.3 设 $S_\alpha = \{i_1, i_2, \cdots, i_{n-r}\}$ 是马尔科夫链的过渡类。$M = (I-Q)^{-1}$ 是基本矩阵,则 $M-I$ 的第 s 行第 t 列元素等于从状态 i_s 开始,在被吸收之前访问过渡态 i_t 的期望次数或平均次数。

定理 6.4 设 $S_\alpha = \{i_1, i_2, \cdots, i_{n-r}\}$ 是马尔科夫链的过渡类,$M = (m_{i_s i_t})$ 是马尔科夫链的

基本矩阵。则从过渡态 i_s 出发,最终进入一个封闭类之前转移的期望总步数为:
$$m_{i_s i_1} + m_{i_s i_2} + \cdots + m_{i_s i_{n-r}} - 1$$

定理 6.5 设 $S_\alpha = \{i_1, i_2, \cdots, i_{n-r}\}$ 是马尔科夫链的过渡类。$\bar{S}_\alpha = \{j_1, j_2, \cdots, j_r\}$ 是封闭类的并集。M 是基本矩阵,R 是标准形中的 R。则矩阵 $B = MR$ 的第 s 行第 t 列元素 b_{st} 恰好等于马尔科夫链从过渡态 i_s 开始,通过访问一封闭类中的状态 j_t 而被该封闭类吸收的概率。

例 6.20 设马尔科夫链的转移概率矩阵为:

$$P = \begin{matrix} 1 \\ 2 \\ 3 \\ 4 \\ 5 \\ 6 \end{matrix} \begin{pmatrix} 0.7 & 0.3 & 0 & 0 & 0 & 0 \\ 0.4 & 0.6 & 0 & 0 & 0 & 0 \\ 0.6 & 0 & 0 & 0.4 & 0 & 0 \\ 0 & 0 & 0.5 & 0 & 0 & 0.5 \\ 0 & 0 & 0 & 0 & 0.1 & 0.9 \\ 0 & 0 & 0 & 0 & 0.2 & 0.8 \end{pmatrix}$$

试对过渡态被吸收的情况进行分析。

解 作状态转移图。如图 6.4 所示。

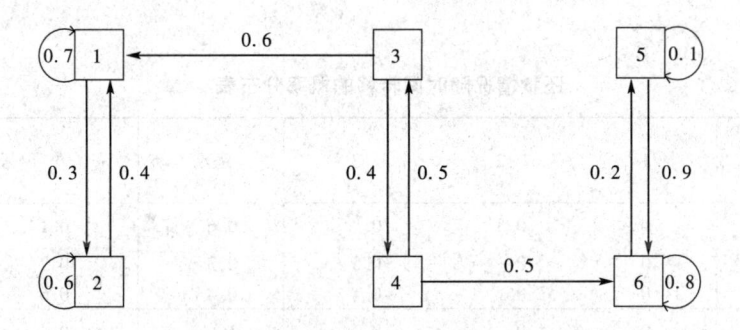

图 6.4 状态转移图

由图 6.4 可以看出,状态 1 和状态 2 与状态 5 和状态 6 分别构成封闭类。状态 3 和状态 4 都是过渡态。

按封闭类、过渡类的顺序重新排列转移概率矩阵,得如下标准形:

$$\begin{matrix} 1 \\ 2 \\ 5 \\ 6 \\ 3 \\ 4 \end{matrix} \begin{pmatrix} 0.7 & 0.3 & 0 & 0 & 0 & 0 \\ 0.4 & 0.6 & 0 & 0 & 0 & 0 \\ 0 & 0 & 0.1 & 0.9 & 0 & 0 \\ 0 & 0 & 0.2 & 0.8 & 0 & 0 \\ \hline 0.6 & 0 & 0 & 0 & 0 & 0.4 \\ 0 & 0 & 0.5 & 0 & 0.5 & 0 \end{pmatrix}$$

其中

$$Q = \begin{matrix} 3 \\ 4 \end{matrix} \begin{pmatrix} 0 & 0.4 \\ 0.5 & 0 \end{pmatrix}, \quad R = \begin{matrix} & 1 & 2 & 5 & 6 \\ & \begin{pmatrix} 0.6 & 0 & 0 & 0 \\ 0 & 0 & 0.5 & 0 \end{pmatrix} \end{matrix}$$

$$M = (I - Q)^{-1} = \begin{matrix} 3 \\ 4 \end{matrix} \begin{pmatrix} 1.25 & 0.5 \\ 0.625 & 1.25 \end{pmatrix}, \quad M - I = \begin{matrix} 3 \\ 4 \end{matrix} \begin{pmatrix} 0.25 & 0.5 \\ 0.625 & 0.25 \end{pmatrix}$$

$$B = \begin{matrix}3\\4\end{matrix}\begin{pmatrix}1.25 & 0.5\\0.625 & 1.25\end{pmatrix}\begin{matrix}1&2&5&6\\ \end{matrix}\begin{pmatrix}0.6 & 0 & 0 & 0\\0 & 0 & 0.5 & 0\end{pmatrix} = \begin{matrix}3\\4\end{matrix}\begin{pmatrix}0.75 & 0 & 0.25 & 0\\0.375 & 0 & 0.625 & 0\end{pmatrix}\begin{matrix}1&2&5&6\\ \end{matrix}$$

由矩阵 $M-I$ 可知,从过渡态 3 开始,在被封闭类吸收之前访问过渡态 3 和 4 的平均次数分别为 1/4 次和 1/2 次;在过渡类停留的平均总次数为 1/4+1/2=3/4 次。过渡态 4 的情况类同。由矩阵 $B=MR$ 可知,从状态 3 开始,转移到封闭类 $\{1,2\}$ 的概率为 0.75,被封闭类 $\{5,6\}$ 吸收的概率为 0.25。从状态 4 开始,分别被封闭类 $\{1,2\}$ 和 $\{5,6\}$ 吸收的概率分别为 0.375 和 0.625。

6.4.3 吸收态马尔科夫链的应用举例

1) 银行贷款回收问题

例 6.21 某商业银行在结算时发现,账目未结清的客户共有 800 户。其中欠款时间为 1 年的有 400 户,2 年的有 250 户,3 年的有 150 户。银行规定,如果 3 年后仍不还款,则将其列入呆账(指无法收回的应收账款)。根据以往经验,还款情况随时间转移的概率分布如表 6.4 所示。

表 6.4 还款情况随时间转移的概率分布表

欠款时间(年) \ 概率	1	2	3	还清	呆账
1	0	0.3	0	0.6	0.1
2	0	0	0.5	0.3	0.2
3	0	0	0	0.4	0.6
还清	0	0	0	1	0
呆账	0	0	0	0	1

(1) 试分析 2 年后应收账款的分布情况。
(2) 试分析应收账款的最终分布情况。

解 这是一个马尔科夫链问题。状态空间为 $S=\{1,2,3,4,5\}$,其中状态 4 是还清,状态 5 是呆账。

由题设知,一步转移概率矩阵为:

$$P = \begin{matrix}1\\2\\3\\4\\5\end{matrix}\begin{pmatrix}0 & 0.3 & 0 & 0.6 & 0.1\\0 & 0 & 0.5 & 0.3 & 0.2\\0 & 0 & 0 & 0.4 & 0.6\\0 & 0 & 0 & 1 & 0\\0 & 0 & 0 & 0 & 1\end{pmatrix}$$

恰好是标准形。其中

$$Q = \begin{pmatrix}0 & 0.3 & 0\\0 & 0 & 0.5\\0 & 0 & 0\end{pmatrix}, \quad R = \begin{pmatrix}0.6 & 0.1\\0.3 & 0.2\\0.4 & 0.6\end{pmatrix}$$

（1）因为连续 2 年的转移概率矩阵为：

$$P(2)=P^2=\begin{pmatrix} 0 & 0 & 0.15 & 0.69 & 0.16 \\ 0 & 0 & 0 & 0.5 & 0.5 \\ 0 & 0 & 0 & 0.4 & 0.6 \\ 0 & 0 & 0 & 1 & 0 \\ 0 & 0 & 0 & 0 & 1 \end{pmatrix}$$

所以，2 年后未结清欠款的客户的构成为：

$$(400,250,150,0,0)P(2)=(0,0,60,461,279)$$

这说明，2 年后，800 户中平均有 461 户已结清，279 户已变为呆账，还有 60 户尚未还清。

（2）由于

$$M=(I-Q)^{-1}=\begin{matrix}1\\2\\3\end{matrix}\begin{pmatrix} 1 & 0.3 & 0.15 \\ 0 & 1 & 0.5 \\ 0 & 0 & 1 \end{pmatrix}$$

所以

$$B=MR=\begin{pmatrix} 1 & 0.3 & 0.15 \\ 0 & 1 & 0.5 \\ 0 & 0 & 1 \end{pmatrix}\begin{pmatrix} 0.6 & 0.1 \\ 0.3 & 0.2 \\ 0.4 & 0.6 \end{pmatrix}=\begin{matrix}&4&5\\&\begin{pmatrix} 0.75 & 0.25 \\ 0.5 & 0.5 \\ 0.4 & 0.6 \end{pmatrix}\end{matrix}$$

由矩阵 B 可以看出，处于状态 1，即欠款 1 年的 400 个应收账款中有 75% 将被状态 4 吸收，其余 25% 将被状态 5 吸收。也就是说，平均有 300 个应收账款将结清，其余 100 个将成为呆账。同理，欠款 2 年的 250 个应收账款中，平均有一半会结清，另一半会成为呆账。欠款 3 年的 150 个应收账款中，平均有 60 个将结清，其余 90 个将成为呆账。

因此，在总共 800 个应收账款中，平均来说，最终将有 485 个结清，其余 315 个成为呆账。

2）保修费估计问题

例 6.22 某手机生产厂家出售的手机有 3 年的保修期。假设保修期内一旦产品需要修理，修理后就能保证在保修期内不需再修理。对出售的产品分 5 种状态进行考查。状态 i 表示产品出售时间在第 i 年内 ($i=1,2,3$)，状态 4 表示保修期满，状态 5 表示产品需要修理。根据以往经验，一步转移概率矩阵为：

$$P=\begin{matrix}1\\2\\3\\4\\5\end{matrix}\begin{pmatrix} 0 & 0.95 & 0 & 0 & 0.05 \\ 0 & 0 & 0.9 & 0 & 0.1 \\ 0 & 0 & 0 & 0.8 & 0.2 \\ 0 & 0 & 0 & 1 & 0 \\ 0 & 0 & 0 & 0 & 1 \end{pmatrix}$$

假设最近 3 年已售出产品的情况为：出售时间在 1 年内的有 30 万个，满 1 年不到 2 年的有 20 万个，满 2 年不足 3 年的有 10 万个，用向量 $v=(30,20,10)$ 表示。试对已售出产品所需的保修费进行估计（假设平均每个手机的修理费为 20 元）。

解 这是马尔科夫链问题。转移概率矩阵恰好是标准形，其中

$$Q = \begin{matrix}1\\2\\3\end{matrix}\begin{pmatrix}0 & 0.95 & 0\\0 & 0 & 0.9\\0 & 0 & 0\end{pmatrix}, \quad R = \begin{matrix}\\1\\2\\3\end{matrix}\begin{matrix}4 & 5\\\end{matrix}\begin{pmatrix}0 & 0.05\\0 & 0.1\\0.8 & 0.2\end{pmatrix}$$

基本矩阵为：

$$M = (I-Q)^{-1} = \begin{matrix}1\\2\\3\end{matrix}\begin{pmatrix}1 & 0.95 & 0.855\\0 & 1 & 0.9\\0 & 0 & 1\end{pmatrix}$$

于是

$$B = MR = \begin{pmatrix}1 & 0.95 & 0.855\\0 & 1 & 0.9\\0 & 0 & 1\end{pmatrix}\begin{pmatrix}0 & 0.05\\0 & 0.1\\0.8 & 0.2\end{pmatrix} = \begin{matrix}1\\2\\3\end{matrix}\begin{matrix}4 & 5\\\end{matrix}\begin{pmatrix}0.684 & 0.316\\0.72 & 0.28\\0.8 & 0.2\end{pmatrix}$$

由矩阵 B 可以看出,在出售时间不满 1 年的 30 万个手机中,约有 $30 \times 31.6\% = 9.48$ 万个需要修理,满 1 年不足 2 年的 20 万个手机中,约有 $20 \times 28\% = 5.6$ 万个需要修理,满 2 年不满 3 年的 10 万个手机中,约有 $10 \times 20\% = 2$ 万个需要修理。因此,在已售出的 60 万个手机中,约有 17.08 万个需要修理。显然,通过计算

$$vB = (30 \quad 20 \quad 10)\begin{pmatrix}0.684 & 0.316\\0.72 & 0.28\\0.8 & 0.2\end{pmatrix} = (42.92 \quad 17.08)$$

可直接得到需要修理的手机为 17.08 万个。修理费用约为 $17.08 \times 20 = 341.6$ 万元。

思考练习题

1）设马尔科夫链的状态空间为 $S = \{1,2,3\}$,一步转移概率矩阵为：

$$P = \begin{pmatrix}0 & 0.2 & 0.8\\0 & 1 & 0\\0.6 & 0.4 & 0\end{pmatrix}$$

（1）求三步转移概率矩阵；

（2）写出 t 时刻之状态 1 到 $t+3$ 时刻各状态的转移概率。

2）设马尔科夫链的状态空间为 $S = \{1,2\}$,初始分布为 $p^0 = (1/2, 1/2)$,一步转移概率矩阵为：

$$P = \begin{pmatrix}0 & 1\\0.6 & 0.4\end{pmatrix}$$

求 $t = 3$ 时刻的绝对分布。

3）设马尔科夫链的一步转移概率矩阵为：

$$P = \begin{pmatrix}0 & 1 & 0\\0 & 0 & 1\\0.5 & 0.5 & 0\end{pmatrix}$$

对充分大的自然数 k，求 k 步转移概率矩阵 $P(k)$ 的近似矩阵。

4）设有甲、乙、丙 3 种商品，目前的市场占有率分别为 (0.4, 0.3, 0.2)，购买这 3 种商品的顾客流动转移概率矩阵为：

$$P = \begin{pmatrix} 0.5 & 0.25 & 0.25 \\ 0.4 & 0.3 & 0.3 \\ 0.6 & 0.2 & 0.2 \end{pmatrix}$$

假设顾客的流动转移是按月统计的，求 2 个月后，这 3 种商品的市场占有率。如果市场环境一直不发生变化，那么 3 种商品的最终市场占有率是多少？它们与目前的市场占有率有关吗？

5）设某市场销售 A, B, C 三种品牌的同类型产品，购买该产品的顾客变动情况如下：过去买 A 牌产品的顾客，在下一季度中有 20% 转买 B 牌产品，25% 转买 C 牌产品；原来买 B 牌产品的顾客，有 30% 转买 A 牌产品，有 20% 转买 C 牌产品；原买 C 牌产品的顾客中有 15% 转买 A 牌产品，有 25% 转买 B 牌产品，问目前的市场条件如果持续下去是否对生产 A 牌产品的工厂有利？

6）设某地区有 A, B, C 三个农药公司生产同种用途的产品。该地区市场总客户假定为 1 万户，上一生产季节市场占有率分别为 A 公司 50%、B 公司 30%、C 公司 20%。C 公司不甘于此，本生产季节改进服务，大力吸收新顾客，关照老客户，结果市场情况变化如下面矩阵所示：

$$\begin{array}{c} \\ A \\ B \\ C \end{array} \begin{pmatrix} A & B & C \\ 3\,500 & 500 & 1\,000 \\ 300 & 2\,400 & 300 \\ 100 & 100 & 1\,800 \end{pmatrix}$$

其中第一行表示原来购买 A 公司产品的顾客仍购买 A 公司产品的有 3 500 个，转向购买 B 公司和 C 公司产品的顾客分别为 500 和 1 000 个。第二行与第三行类同。

（1）试求购买该种产品的顾客在 3 种产品之间转移的概率矩阵。

（2）假设这种市场状况会持续下去，那么 3 个公司产品的市场占有率是多少？与上个生产季节相比，C 公司的市场占有率发生了怎样的变化？

7）某产品每月的市场状态有畅销和滞销两种，3 年来有如下记录，见下表，"1" 代表畅销，"2" 代表滞销。

月份	1	2	3	4	5	6	7	8	9	10	11	12	13	14	15	16
市场状态	1	1	1	2	2	1	1	1	1	2	2	2	1	1	1	1
月份	17	18	19	20	21	22	23	24	25	26	27	28	29	30	31	32
市场状态	1	1	2	2	2	1	2	1	1	1	1	2	1	2	1	1

要求：（1）求市场状态转移的一步和二步转移概率矩阵。

（2）若从畅销到畅销利润为 50 万元，从畅销到滞销利润为 30 万元，从滞销到滞销亏损 10 万元，从滞销到畅销利润为 15 万元。求未来 3 个月的期望利润。

8) 某高等学校为编制师资发展规划,需要预测未来教师队伍构成比例。现将教师状况分为 5 类:助教、讲师、副教授、教授、流失和退休。目前状态向量 $v_0 = (140, 250, 120, 60, 0)$,根据以往资料,各类之间转移概率矩阵如下:

$$P = \begin{pmatrix} 0.6 & 0.4 & 0 & 0 & 0 \\ 0 & 0.6 & 0.25 & 0 & 0.15 \\ 0 & 0 & 0.5 & 0.3 & 0.2 \\ 0 & 0 & 0 & 0.80 & 0.2 \\ 0 & 0 & 0 & 0 & 1 \end{pmatrix} \begin{matrix} 助教 \\ 讲师 \\ 副教授 \\ 教授 \\ 流退 \end{matrix}$$

试求 3 年后的教师结构以及为保持 3 年内编制不变应进的人数。

9) 设马尔科夫链的一步转移概率矩阵为:

$$P = \begin{pmatrix} 1 & 0 & 0 & 0 & 0 \\ 0.6 & 0 & 0.4 & 0 & 0 \\ 0 & 0.6 & 0 & 0.4 & 0 \\ 0 & 0 & 0.6 & 0 & 0.4 \\ 0 & 0 & 0 & 0 & 1 \end{pmatrix}$$

要求:(1) 作马尔科夫链的状态转移图。

(2) 写出马尔科夫链的标准形。

(3) 求基本矩阵 M 及 $B=MR$,并解释 M 和 B 的第 2 行第 3 列元素的含义。

10) 某银行把它应收的短期贷款期限定为 1 个季度,即转移期为 1 季度,并规定将超过 3 个季度不能收回的短期贷款划为呆账。贷款状态划分为 $S=$(欠 1 季,欠 2 季,欠 3 季,结清,呆账),假定未来应分期收回的贷款向量为 $k=(4,2,1)$,单位为千万元。据经验估计,转移概率矩阵为:

$$P = \begin{matrix} 1 \\ 2 \\ 3 \\ 结清 \\ 呆账 \end{matrix} \begin{pmatrix} 0 & 0.8 & 0 & 0.2 & 0 \\ 0 & 0 & 0.5 & 0.5 & 0 \\ 0 & 0 & 0 & 0.7 & 0.3 \\ 0 & 0 & 0 & 1 & 0 \\ 0 & 0 & 0 & 0 & 1 \end{pmatrix}$$

根据以上资料,计算短期贷款的回收率。

7 回归分析预测法

在社会经济活动中,经济现象之间客观地存在着各种各样的有机联系,这种联系经常表现为数量上的相互依存关系,例如,商品的需求量与价格之间,货币投放量与物价指数之间等。回归分析预测法就是从各种经济现象之间的因果关系出发,通过分析与预测对象有联系的现象变动趋势,推算预测对象未来数量状态的一种预测方法。

7.1 回归分析的基本概念

7.1.1 相关分析与回归分析

1) 变量间的相互关系

现实世界中,各种变量之间的关系可分为两类:一类是确定的函数关系,另一类是不确定的相关关系。

函数关系反映的是变量之间存在的严格的数量依存关系。例如,当某种商品的价格 P 不变时,销售额 Y 与销售量 X 之间具有一一对应的确定性关系,即 $Y=PX$。这里,变量 X,Y 都是确定性变量,预测学中不研究这种函数关系。

相关关系反映的是变量之间存在着的非严格的依存关系。这种依存关系有两个显著特点:一是变量之间确实存在数量上的客观内在关系,表现在当一个变量数量上发生变化时,会影响到另一个变量数量上也相应地发生变化,例如,增加农作物施肥量会相应地提高亩产量。二是变量之间的数量依存关系不是确定的,具有一定的随机性。当给定自变量的一个数值时,因变量可能会有若干个数值与之对应,而且因变量总是遵循一定的规律围绕这些数值的平均数上下波动,因为影响因变量发生变化的因素不止一个。例如,影响农作物亩产量的因素除了施肥量之外,还与气温、降雨量、种子质量、耕作技术、农业政策及环境等多种因素有关。

当然,变量间的函数关系和相关关系不是绝对的,在一定的条件下两者可以相互转化。例如,在对确定性研究对象的观测中,往往存在测量误差,这时函数关系常常会通过相关关系表现出来;反之,如果能找到非确定性研究对象的全部影响因素,并将其全部列入变量间的依存关系式中,则变量间的相关关系就会转化为函数关系。

2) 相关分析与回归分析

相关分析是研究两个或两个以上随机变量之间相互依存关系的密切程度,主要包括两个方面:一是确定变量间有无相关关系,这是相关分析的前提。二是确定相关关系的密切程度,这是相关分析的主要目的和主要内容。相关关系的密切程度可用相关系数或相关指数来衡量。直线相关时用相关系数表示,曲线相关时用相关指数表示,多元线性相关时用复相关系数和偏相关系数来表示。

回归分析研究某一随机变量(因变量或被解释变量)与其他一个或几个确定性变量(自变量或解释变量)之间的数量变动关系。由回归分析求出的关系式,称为回归模型。

相关分析与回归分析的区别在于相关分析只研究随机变量间的相关程度,无需考察因果关系,因此不需要区分因变量与自变量;而回归分析注重研究变量间的因果关系,有因变量和自变量之分,并且因变量是随机变量,自变量往往是非随机变量,可通过自变量的变化对因变量作估计或预测。两者的共同点在于,它们都是研究非确定性变量之间的关系。在实际工作中,一般先进行相关分析,由相关系数或相关指数的大小决定是否需要进行回归分析,在相关分析的基础上拟合出回归模型,以便进行推算和预测分析。

7.1.2 回归模型的种类

回归模型作为定量分析的主要工具,在预测分析中占有十分重要的地位。人们从不同的角度出发,可将回归模型作如下分类:

1) 一元回归模型和多元回归模型

根据模型自变量的多少,可分为一元回归模型和多元回归模型。一元回归模型是根据某一因变量与某一自变量之间的相关关系建立的模型;多元回归模型是根据某一因变量与两个或两个以上自变量之间的相关关系建立的模型。

2) 线性回归模型和非线性回归模型

根据模型是否有线性特征,可分为线性回归模型和非线性回归模型。在线性回归模型中,因变量与自变量之间的变动关系线是呈直线形的。在非线性回归模型中,因变量与自变量的关系线是呈曲线形的。

3) 普通回归模型和带虚拟变量回归模型

根据模型是否带虚拟变量,可分为普通回归模型和带虚拟变量回归模型。普通回归模型的自变量都是数量变量;带虚拟变量回归模型的自变量既有数量变量又有品质变量。例如,农作物亩产量不仅受施肥量、降雨量等数量变量的影响,而且也受地势和政府经济政策等品质变量的影响。

此外,根据回归模型是否用滞后的因变量作自变量,还可分为无自回归现象的回归模型和自回归模型。

7.1.3 线性回归模型

引例:根据凯恩斯的绝对收入假设消费理论,可认为消费是由收入唯一决定的,是收入的线性函数。消费随着收入的增加而增加,其数学描述如下:

$$Y = \alpha + \beta X$$

其中,Y 为消费额,X 为收入。

有三点需要注意。首先,在该方程中,似乎给定一个收入值即可以得到一个唯一确定的消费值,但实际上消费除了受到收入的影响外,还受到其他一些因素的影响,如消费者所处群体的平均收入水平、消费习惯、对未来收入的期望等,尽管这些因素对消费的影响不是主要的,甚至是很微小的,但确实是客观存在的;其次,所假定的线性关系并不是严格的而是近似的;再次,即所给定的收入数据本身并不绝对准确地反映收入水平,具有收入数值的近似性。所以,更符合实际情况的是将消费与收入之间的关系用如下方程描述:

$$Y = \alpha + \beta X + u$$

其中,u 为随机误差项。

根据该方程,每给定一个收入 X 的值,消费 Y 并不是唯一确定,而是有许多值,它的概率分布与随机误差项 u 的概率分布相同。

引入随机误差项,将变量之间的关系用一个线性随机方程来描述,用随机数学的方法来估计方程中的参数,这就是线性回归模型的特征。

线性回归模型的一般形式为:

$$Y_i = \beta_0 + \beta_1 X_{1i} + \beta_2 X_{2i} + \cdots + \beta_k X_{ki} + u_i \quad (i = 1, 2, \cdots, n)$$

式中:Y——被解释变量;

$X_1, X_2, \cdots, X_k$——解释变量;

k——解释变量的数目;

u——随机误差项;

i——观测值下标;

n——样本容量;

$\beta_0, \beta_1, \beta_2, \cdots, \beta_k$——模型参数。

客观经济现象是十分复杂的,很难用有限个变量和某一确定的形式来描述,这就是设置随机误差项的原因。随机误差项主要包括:①在解释变量中被忽略的影响因素;②变量观测值的观测误差;③模型的设定误差;④其他随机因素的影响。

7.2 一元线性回归分析预测法

一元线性回归模型是最简单的线性回归模型,由于模型中只有一个解释变量,其参数估计方法最为简单。因此,成为回归分析预测法的基础。一元线性回归模型的一般形式为:

$$Y_i = \beta_0 + \beta_1 X_i + u_i \quad (i = 1, 2, \cdots, n) \tag{7.1}$$

其中,Y_i 为被解释变量,X_i 为解释变量,β_0 和 β_1 为模型参数,u_i 为随机误差项。

7.2.1 一元线性回归模型的基本假设

为了保证模型参数的估计量具有良好的性质,通常对模型提出若干基本假设。对于一元线性回归模型(7.1)式通常要满足下面5个假设条件：

假设1：随机误差项 u_i 的数学期望值(均值)为零，即

$$E(u_i) = 0 \quad (i=1,2,\cdots,n)$$

这表明对 X 的每个观测值来说，u_i 可能大于零、小于零或等于零，但考虑 u_i 所有可能的取值，其均值为零。

假设2：随机误差项 u_i 的方差与 i 无关，为一常数，即

$$\mathrm{Var}(u_i) = \sigma^2 \quad (i=1,2,\cdots,n)$$

这表明 u_i 具有相同的方差，即每次观测受随机因素影响的程度相同。

假设3：不同的随机误差项 u_i 与 u_j 之间相互独立，即

$$\mathrm{Cov}(u_i, u_j) = 0 \quad (i \neq j \quad i,j=1,2,\cdots,n)$$

这表明 u_i 不存在自相关。

假设4：随机误差项 u_i 与解释变量 X_i 之间不相关，即

$$\mathrm{Cov}(X_i, u_i) = 0 \quad (i=1,2,\cdots,n)$$

假设5：u_i 服从正态分布，即

$$u_i \sim N(0, \sigma^2) \quad (i=1,2,\cdots,n)$$

以上这些假设条件称为一元线性回归模型的经典假设条件。在满足上述基本假设条件的情况下，随机抽取一组样本观测值 $(X_i, Y_i)(i=1,2,\cdots,n)$，就可以估计模型的参数了。

7.2.2 一元线性回归模型的参数估计

1) 参数的最小二乘估计量

估计模型参数的方法有多种，普遍使用的是最小二乘法，也称为最小平方法(Ordinary Least Squares, OLS)。

设有一组样本观测值 $(X_i, Y_i)(i=1,2,\cdots,n)$，满足一元线性回归模型(7.1)式。我们可以找到一条直线使之尽可能好地拟合这组观测值，能近似描述变量 Y 和 X 之间的相互关系，称该直线为样本回归直线。记作

$$\hat{Y}_i = \hat{\beta}_0 + \hat{\beta}_1 X_i \tag{7.2}$$

其中，$\hat{Y}_i$ 为第 i 期 Y_i 的预测值，$\hat{\beta}_0, \hat{\beta}_1$ 分别为模型参数 β_0, β_1 的估计值，如图7.1所示。根据最小二乘法原理可知，拟合这条最佳直线的准则是使残差平方和达到最小，即使

$$Q = \sum_{i=1}^{n} e_i^2 = \sum_{i=1}^{n}(Y_i - \hat{Y}_i)^2 = \sum_{i=1}^{n}[Y_i - (\hat{\beta}_0 + \hat{\beta}_1 X_i)]^2$$

达到最小。由于 Q 是关于 $\hat{\beta}_0, \hat{\beta}_1$ 的二次非负函数，所以它的极小值总是存在的。由微分学的极值原理可知，当 Q 对 $\hat{\beta}_0$ 和 $\hat{\beta}_1$ 的一阶偏导数为零时，Q 达到最小。即

$$\begin{cases} \dfrac{\partial Q}{\partial \hat{\beta}_0} = -2\sum(Y_i - \hat{\beta}_0 - \hat{\beta}_1 X_i) = 0 \\ \dfrac{\partial Q}{\partial \hat{\beta}_1} = -2\sum(Y_i - \hat{\beta}_0 - \hat{\beta}_1 X_i)X_i = 0 \end{cases}$$

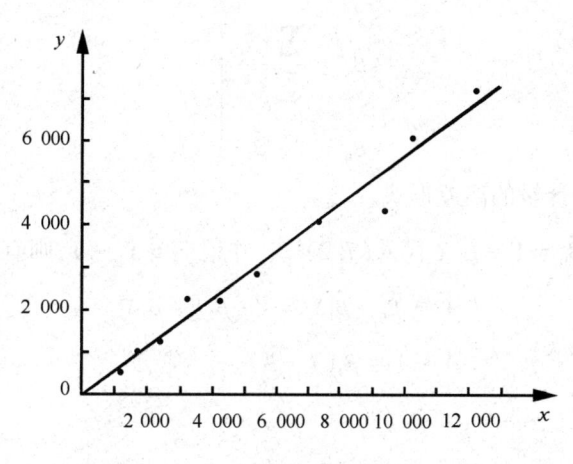

图 7.1

整理上式得一元线性回归的正规方程组：

$$\left.\begin{array}{l}\sum Y_i = n\hat{\beta}_0 + \hat{\beta}_1 \sum X_i \quad (1) \\ \sum X_i Y_i = \hat{\beta}_0 \sum X_i + \hat{\beta}_1 \sum X_i^2 \quad (2)\end{array}\right\} \quad (7.3)$$

解方程组得最小二乘估计量 $\hat{\beta}_0$ 和 $\hat{\beta}_1$：

$$\left.\begin{array}{l}\hat{\beta}_0 = \dfrac{\sum X_i^2 \sum Y_i - \sum X_i \sum X_i Y_i}{n \sum X_i^2 - (\sum X_i)^2} \quad (1) \\ \hat{\beta}_1 = \dfrac{n \sum X_i Y_i - \sum X_i \sum Y_i}{n \sum X_i^2 - (\sum X_i)^2} \quad (2)\end{array}\right\} \quad (7.4)$$

为了减少计算工作量，可对(7.4)式进行简化。令：

$$\bar{X} = \frac{1}{n}\sum X_i, \quad \bar{Y} = \frac{1}{n}\sum Y_i, \quad x_i = X_i - \bar{X}, \quad y_i = Y_i - \bar{Y}$$

其中，x_i 表示 X_i 与样本均值 $\bar{X}$ 的离差，y_i 表示 Y_i 与样本均值 $\bar{Y}$ 的离差。由(7.3)式中(1)式得：

$$\hat{\beta}_0 = \bar{Y} - \hat{\beta}_1 \bar{X}$$

由(7.4)式中(2)式得：

$$\hat{\beta}_1 = \frac{\sum X_i Y_i - n\bar{X}\bar{Y}}{\sum X_i^2 - n\bar{X}^2}$$

因为

$$\sum x_i y_i = \sum (X_i - \bar{X})(Y_i - \bar{Y}) = \sum X_i Y_i - n\bar{X}\bar{Y}$$
$$\sum x_i^2 = \sum (X_i - \bar{X})^2 = \sum X_i^2 - n\bar{X}^2$$

所以

$$\hat{\beta}_1 = \frac{\sum x_i y_i}{\sum x_i^2}$$

故(7.4)式可简化为：

$$\left.\begin{array}{l}\hat{\beta}_1 = \dfrac{\sum x_i y_i}{\sum x_i^2} \\ \hat{\beta}_0 = \bar{Y} - \hat{\beta}_1 \bar{X}\end{array}\right\} \quad (7.5)$$

(7.5) 式称为 OLS 估计量的离差形式。

顺便指出,若将 $\hat{\beta}_0 = \bar{Y} - \hat{\beta}_1 \bar{X}$ 代入(7.2) 式,并记 $\hat{y}_i = \hat{Y}_i - \bar{Y}$,则有:

$$\hat{Y}_i = \hat{\beta}_0 + \hat{\beta}_1 X_i = \bar{Y} - \hat{\beta}_1 \bar{X} + \hat{\beta}_1 X_i$$

$$\hat{Y}_i - \bar{Y} = \hat{\beta}_1 (X_i - \bar{X})$$

即

$$\hat{y}_i = \hat{\beta}_1 x_i \quad (7.6)$$

(7.6)式称为样本回归方程的离差形式。

2) 最小二乘估计量的性质

最小二乘估计量 $\hat{\beta}_0$ 和 $\hat{\beta}_1$ 具有线性、无偏性和有效性这三种数理统计学中最重要的统计性质。

(1)线性,是指估计量 $\hat{\beta}_0, \hat{\beta}_1$ 分别是观测值 Y_i 的线性组合。即

$$\hat{\beta}_1 = \sum w_i Y_i, \quad \hat{\beta}_0 = \sum v_i Y_i$$

其中,$w_i = \dfrac{x_i}{\sum x_i^2}, \quad v_i = \dfrac{1}{n} - \bar{X} w_i$。

(2)无偏性,是指估计量 $\hat{\beta}_0, \hat{\beta}_1$ 的期望值分别等于总体模型参数 β_0 和 β_1,即 $E(\hat{\beta}_0) = \beta_0$,$E(\hat{\beta}_1) = \beta_1$。

(3)有效性(最小方差性),是指最小二乘估计量 $\hat{\beta}_0$ 和 $\hat{\beta}_1$ 在所有线性无偏估计量中,具有最小方差。

证明请参阅计量经济学的有关书籍。

由于最小二乘估计量具有线性、无偏性及最小方差性这样优良的性质,才使得最小二乘法在数理统计学和经济预测中得到了广泛的应用。最小二乘估计量也称为最优线性无偏估计量,这就是著名的高斯—马尔科夫定理(Gauss—Markov theorem)。

由 $\hat{\beta}_0, \hat{\beta}_1$ 的线性性质,可求出它们的方差。

$$\begin{aligned}\operatorname{Var}(\hat{\beta}_0) &= \operatorname{Var}\left(\sum v_i Y_i\right) = \sum v_i^2 \operatorname{Var}(\beta_0 + \beta_1 X_i + u_i) \\ &= \sum \left(\dfrac{1}{n} - \bar{X} w_i\right)^2 \sigma^2 = \sum \left(\dfrac{1}{n^2} - \dfrac{2\bar{X} w_i}{n} + \bar{X}^2 w_i^2\right) \sigma^2 \\ &= \left[\dfrac{1}{n} - \dfrac{2\bar{X} \sum w_i}{n} + \bar{X}^2 \sum \left(\dfrac{x_i}{\sum x_i^2}\right)^2\right] \sigma^2 \\ &= \left(\dfrac{1}{n} + \dfrac{\bar{X}^2}{\sum x_i^2}\right) \sigma^2 = \dfrac{\sum X_i^2}{n \sum x_i^2} \sigma^2\end{aligned} \quad (7.7)$$

$$\text{Var}(\hat{\beta}_1) = \text{Var}(\sum w_i Y_i) = \sum w_i^2 \text{Var}(\beta_0 + \beta_1 X_i + u_i)$$

$$= \sum w_i^2 \text{Var}(u_i) = \sum \left(\frac{x_i}{\sum x_i^2}\right)^2 \sigma^2 = \frac{\sigma^2}{\sum x_i^2} \tag{7.8}$$

3) 随机误差项 u_i 的方差 σ^2 的估计

在完成了模型参数 $\hat{\beta}_0, \hat{\beta}_1$ 的估计后,还要对随机误差项的方差进行估计。由于随机误差项 u_i 无法观测,故只能从 u_i 的估计值——残差 e_i 出发,对 σ^2 作出估计。可以证明

$$\hat{\sigma}^2 = \frac{\sum e_i^2}{n-2} \tag{7.9}$$

故 $\hat{\sigma}^2$ 是 σ^2 的无偏估计量。由此可得 $\hat{\beta}_0$ 和 $\hat{\beta}_1$ 的样本方差:

$$S_{\hat{\beta}_0}^2 = \frac{\hat{\sigma}^2 \sum X_i^2}{n \sum x_i^2} \tag{7.10}$$

$$S_{\hat{\beta}_1}^2 = \frac{\hat{\sigma}^2}{\sum x_i^2} \tag{7.11}$$

7.2.3 一元线性回归模型的检验

得到了模型的参数估计量,就可以说一个线性回归模型基本建立了。然而,该模型能否客观揭示所研究的经济现象中诸因素之间的关系,能否用于实际预测,还需要通过进一步检验才能确定。一元线性回归模型的检验包括经济意义检验、统计检验和计量经济学检验。

1) 经济意义检验

经济意义检验主要检验模型参数的估计量在经济意义上的合理性。方法是将模型参数的估计量同预先拟定的理论期望值进行比较,检验参数估计量的符号和大小,以判断其合理性。

首先,检验参数估计量的符号。以如下假想的社会消费品模型为例:

社会消费品零售总额 = 8 700.12−0.26×居民收入总额

该模型中,居民收入总额前的参数估计量为负,意味着居民收入越多,社会消费品零售总额越低。这从经济行为上无法解释,所以此模型不能通过检验,应找出原因重建模型。

如果参数估计量的符号正确,则要进一步检验参数估计量的大小。以如下假想的企业生产模型为例:

ln(产品产量) = 2.76+1.76ln(固定资产原值)

由于此模型为对数线性模型,所以固定资产原值前的参数的经济意义是明确的,即固定资产原值的产出弹性,表示当固定资产原值增加1%时,产品产量增加的百分数。根据产出弹性的概念,该参数应该为0到1之间的一个数。模型中的参数估计量虽然符号正确,但数值范围与理论期望值不符,所以不能通过检验,应找出原因重建模型。

经济意义检验是一项最基本的检验。如果模型的经济意义不合理,不管其他方面的质量多高,也没有实际价值。

2) 统计检验

统计检验的目的是检验模型的统计学性质。对于已建立的一元线性回归模型,检验其是否符合变量之间的客观规律性,变量 Y 与 X 之间是否具有显著的线性相关关系等。常用的统计检验有拟合优度检验、回归系数的显著性检验(t 检验)等。

(1)拟合优度检验。这是指检验模型对样本观测值的拟合程度。检验的方法是构造一个可以表征拟合程度的统计量,再从检验对象中计算出该统计量的数值,然后与某一标准作比较,得到检验结论。

(a)总离差平方和的分解。已知由 n 对样本观测值 (X_i, Y_i) ($i=1,2,\cdots,n$)得到如下样本回归直线:

$$\hat{Y}_i = \hat{\beta}_0 + \hat{\beta}_1 X_i$$

Y 的第 i 个观测值与样本均值的离差 $y_i = Y_i - \bar{Y}$ 可分解为两部分之和

$$y_i = Y_i - \bar{Y} = (Y_i - \hat{Y}_i) + (\hat{Y}_i - \bar{Y}) = e_i + \hat{y}_i$$

图 7.2 表示了这种分解。其中,$\hat{y}_i = \hat{Y}_i - \bar{Y}$ 是样本回归拟合值与样本均值之差,可以认为是由回归线解释的部分;$e_i = Y_i - \hat{Y}_i$ 是观测值与样本回归拟合值之差,是回归线不能解释的部分。显然,如果 Y_i 落在样本回归线上,则残差 $\sum e_i = 0$,说明离差 y_i 完全可由样本回归线解释,即在该点处实现完全拟合。

对所有样本观测点,则需考虑这些点与样本均值离差的平方和。总离差平方和 $TSS = \sum (Y_i - \bar{Y})^2 = \sum y_i^2$,反映样本观测值总体离差的大小。

图 7.2 离差分解示意图

回归平方和 $ESS = \sum (\hat{Y}_i - \bar{Y})^2 = \sum \hat{y}_i^2$,反映由模型中解释变量所解释的那部分离差的大小。

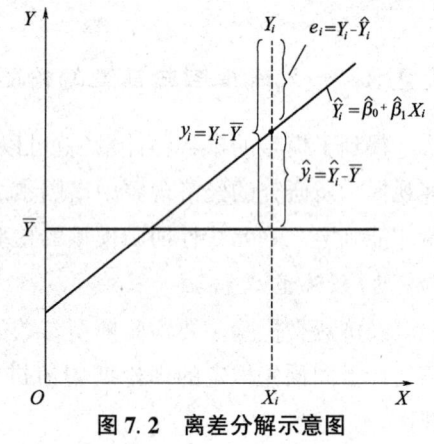

残差平方和 $RSS = \sum (Y_i - \hat{Y}_i)^2 = \sum e_i^2$,反映样本观测值与估计值偏离的大小,也是模型中解释变量未解释的那部分离差的大小。

由于

$$\sum y_i^2 = \sum e_i^2 + \sum \hat{y}_i^2 + 2\sum e_i \hat{y}_i$$

可以证明 $\sum e_i \hat{y}_i = 0$,所以有

$$\sum y_i^2 = \sum e_i^2 + \sum \hat{y}_i^2 \tag{7.12}$$

即

$$TSS = RSS + ESS$$

显然,若模型拟合得好,则总离差平方和与回归平方和应该比较接近。因此可将此作为评判模型拟合优度的一个标准。

(b)判定系数 R^2。根据上述关系,可用

$$R^2 = \frac{ESS}{TSS} = 1 - \frac{RSS}{TSS} \qquad (7.13)$$

来检验模型的拟合优度,称 R^2 为判定系数。显然,在总离差平方和中,回归平方和所占的比重越大,残差平方和所占的比重越小,即 R^2 越接近于 1,则回归直线与样本观测值拟合得越好。R^2 的取值范围是 $[0,1]$。

实际计算 R^2 时,常采用下面公式:

$$R^2 = \hat{\beta}_1^2 \frac{\sum x_i^2}{\sum y_i^2} = \frac{(\sum x_i y_i)^2}{\sum x_i^2 \sum y_i^2} \qquad (7.14)$$

(2) 回归系数的显著性检验(t 检验)。对一元线性回归模型而言,回归系数的显著性检验主要是针对 β_1 是否显著为 0 进行的检验。若 β_1 显著为 0,说明 Y 与 X 之间不存在着线性关系,则回归模型就失去了线性意义;若 β_1 显著不为 0,则 Y 与 X 之间存在着线性关系,所建立的回归模型才有意义。检验步骤为:

第一步:提出原假设 $H_0: \beta_1 = 0$;备择假设 $H_1: \beta_1 \neq 0$。

第二步:计算统计量 $t_{\hat{\beta}_1} = \frac{\hat{\beta}_1}{S_{\hat{\beta}_1}}$。其中,$\hat{\beta}_1$ 的样本标准差 $S_{\hat{\beta}_1} = \sqrt{\frac{\sum e_i^2}{(n-2)\sum x_i^2}}$。

第三步:给定显著性水平 α,查 t 分布表,得到临界值 $t_{\alpha/2}(n-2)$。这里 n 为样本容量。

第四步:比较判断。若 $|t_{\hat{\beta}_1}| \geq t_{\alpha/2}(n-2)$,则拒绝 H_0,接受 H_1,即认为 β_1 显著不为零,从而可判定 Y 与 X 之间有显著的线性关系,检验通过。若 $|t_{\hat{\beta}_1}| < t_{\alpha/2}(n-2)$,则接受 H_0,即认为 β_1 显著为零,从而可判定 Y 与 X 之间无显著的线性关系,检验未通过。

3) 计量经济学检验

计量经济学检验的目的在于检验模型的计量经济学性质。这里只简单介绍随机误差项的自相关检验和异方差检验。

(1) 自相关检验。在线性回归模型的假设条件中,有 $\text{Cov}(u_i, u_j) = 0$,$(i \neq j; i,j = 1,2,\cdots,n)$。若随机误差项 u 违背了这一基本假设,则称 u 出现了自相关或序列相关。对于出现自相关的模型,如果仍采用 OLS 法估计参数,就会产生参数估计量非有效、回归系数的 t 检验失效及模型的预测精度降低等不良后果。因此需要对模型进行自相关的检验。这里只介绍杜宾—瓦特森(Durbin-Watson)检验,即 DW 检验。DW 检验只适用于检验 u 具有一阶自相关的情形。

设随机误差项 u_i 具有一阶自相关形式:

$$u_i = \rho u_{i-1} + v_i$$

其中,ρ 为自相关系数,$|\rho| \leq 1$;v_i 为随机误差项,且满足

$$E(v_i) = 0, \quad E(v_i, v_j) = \begin{cases} \sigma_v^2 & i=j \\ 0 & i \neq j \end{cases}$$

DW 检验方法的假定条件是:

①解释变量 X 非随机;

②随机误差项 μ_i 为一阶自相关形式:

$$\mu_i = \rho\mu_{i-1} + v_i$$

③回归模型中不应含有滞后应变量作为解释变量,即不应出现下列形式:

$$y_i = \beta_0 + \beta_1 X_{1i} + \cdots + \beta_k X_{ki} + \gamma Y_{i-1} + \mu_i$$

④回归含有截距项。

DW 检验步骤如下:

第一步:提出原假设 $H_0: \rho = 0$,即 u 不具有一阶自相关形式;备择假设 $H_1: \rho \neq 0$,即 u 具有一阶自相关形式。

第二步:计算统计量 DW。

$$DW = \frac{\sum_{i=2}^{n}(e_i - e_{i-1})^2}{\sum_{i=1}^{n} e_i^2} \tag{7.15}$$

其中,$e_i = Y_i - \hat{Y}_i$ 是 u_i 的估计值。在大样本情况下,可以证明:

$$DW \approx 2(1 - \hat{\rho}) \tag{7.16}$$

由(7.16)式可知:

若 $\hat{\rho} = 0$,则 DW = 2,u 不存在自相关;

若 $\hat{\rho} = 1$,则 DW = 0,u 存在完全正自相关;

若 $\hat{\rho} = -1$,则 DW = 4,u 存在完全负自相关。

第三步:查 DW 表。根据显著性水平 α,样本容量 n 和解释变量个数,查 DW 分布表,得到下限值 d_L 和上限值 d_u。

第四步:比较判断:

若 $0 < DW < d_L$,则拒绝 H_0,接受 H_1,认为 u 存在正自相关;

若 $d_L \leq DW \leq d_u$,则不能确定 u 是否存在自相关;

若 $d_u < DW < 4 - d_u$,则接受 H_0,认为 u 无自相关;

若 $4 - d_u \leq DW \leq 4 - d_L$,则不能确定 u 是否存在自相关;

若 $4 - d_L < DW < 4$,则拒绝 H_0,接受 H_1,认为 u 存在负自相关。

为了更好地掌握以上判断准则,给出 DW 检验判别域图,见图 7.3。

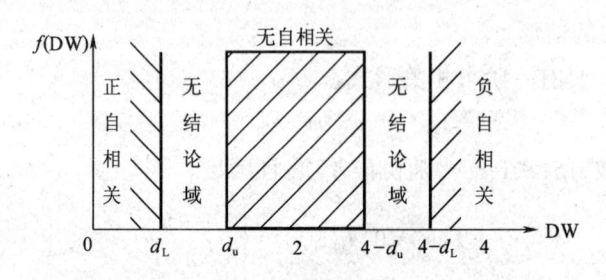

图 7.3 DW 检验判别域图

最后还应指出,DW 检验存在着无结论区域,这是此检验方法的一大缺陷。另外,DW 检验

只能检验 u 的一阶自相关,且对于存在滞后被解释变量的模型无法检验。对于回归模型,若自相关检验未通过,则应分析原因,重建模型,直至检验通过。

(2)异方差检验。在线性回归模型的假设条件中,有 $\mathrm{Var}(u_i)=\sigma^2,(i=1,2,\cdots,n)$。若随机误差项 u 违背了这一基本假设,即 $\mathrm{Var}(u_i)\neq\sigma^2$,则称 u 具有异方差性。例如,为了研究家庭的收入与储蓄的关系,可建立如下储蓄回归模型

$$S_i=\beta_0+\beta_1 Y_i+u_i$$

其中,Y_i 表示第 i 户的收入,S_i 表示第 i 户的储蓄。

该模型中,随机误差项 u_i 的同方差假设就不符合实际情况,因为高收入家庭的储蓄变动倾向比低收入家庭的储蓄变动倾向大得多。原因是低收入家庭在必要支出后剩余较少,只是为了达到某种目的(如为购买高档商品或偿还某笔债务)而储蓄,因此其储蓄行为较有规律,差异性较小。而高收入家庭在必要支出外剩余较多,有更多的选择余地,因而,储蓄的差异就较大。所以,对于该储蓄回归模型来说,随机误差项 u_i 具有异方差性。

对于存在异方差性的模型,如果仍采用 OLS 法估计参数,就会导致参数估计量非有效、回归系数的显著性检验失效以及模型的预测精度降低等不良后果,因此需要对模型进行异方差检验。异方差的检验方法很多,这里只介绍简单的图示检验法。

图示检验法是一种简便直观的判断方法,常用以下两种图示进行检验。

①Y-X 散点图。首先绘制观测值的散点图,然后观察散点的分布情况,若存在明显的散点扩大、缩小或复杂型趋势,则表明 u_i 存在异方差。常见的有如下几种情形,见图 7.4。

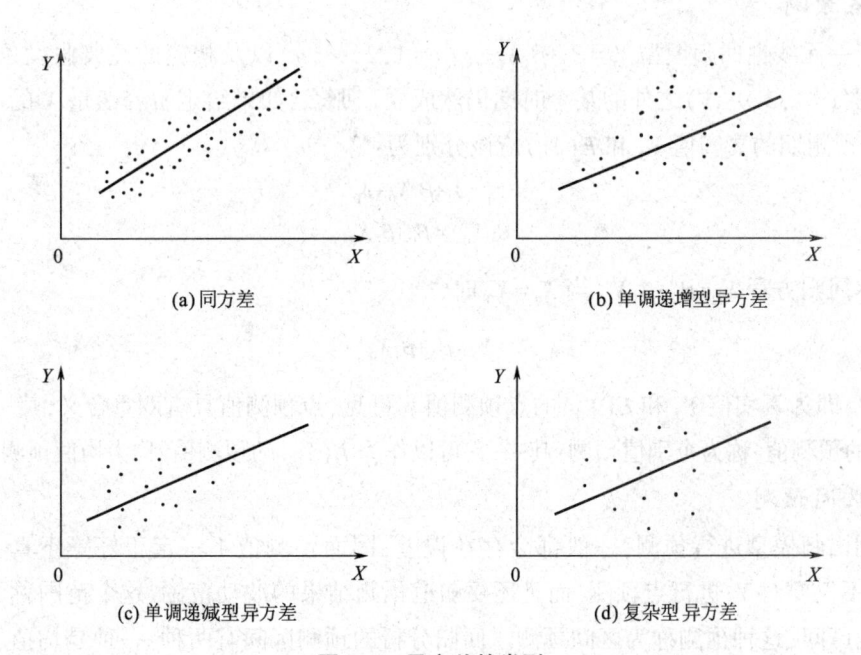

图 7.4 异方差的类型

②e_i^2-X 散点图。先用最小二乘法(OLS)建立回归模型,再计算 e_i^2,绘制 e_i^2-X 散点图。若散点分布呈一斜率为零的直线,则表明 u_i 是同方差,否则 u_i 存在异方差。常见如下几种情形,见图 7.5。

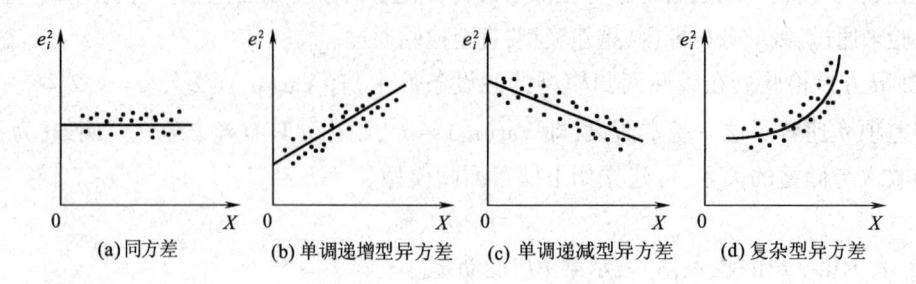

图 7.5 异方差的类型

(a) 同方差　(b) 单调递增型异方差　(c) 单调递减型异方差　(d) 复杂型异方差

图示检验法只能进行粗略的判断,对异方差较为精确的检验还要用到其他方法,如 Goldfeld-Quandt 检验和怀特检验等。修正异方差的方法主要有加权最小二乘法、原模型变换法和对数变换法等。由于篇幅有限,在此不详述。读者可参阅计量经济学和 Eviews 软件等有关书籍。

7.2.4　一元线性回归模型的预测

当我们所建立的一元线性回归模型通过了各种检验之后,即可以认为该回归模型能够正确地反映经济现象,因而可用于预测。所谓预测,就是给定解释变量 X 的一个特定值,利用样本回归方程对被解释变量 Y 的值作出估计。预测分为点预测和区间预测。

1) 点预测

假定一元线性回归模型 $Y_i=\beta_0+\beta_1 X_i+u_i (i=1,2,\cdots,n)$ 以及相应的经典假设条件,对于样本范围 ($i=1,2,\cdots,n$) 之外的某个时期仍然成立。那么,如果给定解释变量 X 的一个特定值 X_0,则预测期的真实值 Y_0 和 $E(Y_0)$ 应该分别为:

$$Y_0=\beta_0+\beta_1 X_0+u_0$$
$$E(Y_0)=\beta_0+\beta_1 X_0$$

根据样本回归方程 $\hat{Y}_i=\hat{\beta}_0+\hat{\beta}_1 X_i$,当 $X_i=X_0$ 时,

$$\hat{Y}_0=\hat{\beta}_0+\hat{\beta}_1 X_0 \tag{7.17}$$

这里的 $\hat{Y}_0$ 即为真实值 Y_0 和 $E(Y_0)$ 的点预测值。可见,点预测值具有双重含义,其一,它可以作为 Y_0 的预测值,称为个别值预测;其二,它可以作为 $E(Y_0)$ 的预测值,称为均值预测。

2) 区间预测

利用回归模型进行预测,一般都会存在误差,因而预测值不一定正好等于真实值。所以,我们不仅要对 Y_i 进行点预测,而且还要知道预测结果的波动范围,这个范围称为预测区间或置信区间,这种预测称为区间预测。回归分析的预测区间有两种:一种是均值 $E(Y_0)$ 的预测区间;另一种是个别值 Y_0 的预测区间。

(1) $E(Y_0)$ 的预测区间。为了求得 $E(Y_0)$ 的预测区间,需要知道 $\hat{Y}_0$ 的抽样分布。由于

$$\hat{Y}_0 = \hat{\beta}_0+\hat{\beta}_1 X_0$$

且

$$\hat{\beta}_1 \sim N\left(\beta_1, \frac{\sigma^2}{\sum x_i^2}\right), \quad \hat{\beta}_0 \sim N\left(\beta_0, \frac{\sigma^2 \sum X_i^2}{n \sum x_i^2}\right)$$

则

$$E(\hat{Y}_0) = E(\hat{\beta}_0) + X_0 E(\hat{\beta}_1) = \beta_0 + \beta_1 X_0$$

$$\mathrm{Var}(\hat{Y}_0) = \mathrm{Var}(\hat{\beta}_0) + 2X_0 \mathrm{Cov}(\hat{\beta}_0, \hat{\beta}_1) + X_0^2 \mathrm{Var}(\hat{\beta}_1)$$

可以证明

$$\mathrm{Cov}(\hat{\beta}_0, \hat{\beta}_1) = \frac{-\sigma^2 \bar{X}}{\sum x_i^2}$$

于是

$$\begin{aligned}
\mathrm{Var}(\hat{Y}_0) &= \frac{\sigma^2 \sum X_i^2}{n \sum x_i^2} - \frac{2 X_0 \bar{X} \sigma^2}{\sum x_i^2} + \frac{X_0^2 \sigma^2}{\sum x_i^2} \\
&= \sigma^2 \left(\frac{\sum x_i^2 + n \bar{X}^2}{n \sum x_i^2} - \frac{2 X_0 \bar{X}}{\sum x_i^2} + \frac{X_0^2}{\sum x_i^2} \right) \\
&= \sigma^2 \left[\frac{1}{n} + \frac{(X_0 - \bar{X})^2}{\sum x_i^2} \right]
\end{aligned}$$

故

$$\hat{Y}_0 \sim N\left\{ \beta_0 + \beta_1 X_0, \sigma^2 \left[\frac{1}{n} + \frac{(X_0 - \bar{X})^2}{\sum x_i^2} \right] \right\}$$

由于 σ^2 未知,用 $\hat{\sigma}^2$ 代替 σ^2,可得 $\hat{Y}_0$ 的样本方差:

$$S_{\hat{Y}_0}^2 = \hat{\sigma}^2 \left[\frac{1}{n} + \frac{(X_0 - \bar{X})^2}{\sum x_i^2} \right] \tag{7.18}$$

对于小样本(例如 $n \leq 30$),可构造 t 统计量

$$t = \frac{\hat{Y}_0 - E(Y_0)}{S_{\hat{Y}_0}} \sim t(n-2)$$

若给定显著性水平 α,则有

$$P\left[-t_{\alpha/2}(n-2) \leq \frac{\hat{Y}_0 - E(Y_0)}{S_{\hat{Y}_0}} \leq t_{\alpha/2}(n-2) \right] = 1 - \alpha$$

即

$$P\left[\hat{Y}_0 - t_{\alpha/2}(n-2) S_{\hat{Y}_0} \leq E(Y_0) \leq \hat{Y}_0 + t_{\alpha/2}(n-2) S_{\hat{Y}_0} \right] = 1 - \alpha$$

于是,在 $(1-\alpha)$ 的置信度下, $E(Y_0)$ 的预测区间为:

$$\left[\hat{Y}_0 - t_{\alpha/2}(n-2) S_{\hat{Y}_0}, \quad \hat{Y}_0 + t_{\alpha/2}(n-2) S_{\hat{Y}_0} \right] \tag{7.19}$$

(2) Y_0 的预测区间。为了求得 Y_0 的预测区间,需要知道预测误差 $e_0 = Y_0 - \hat{Y}_0$ 的抽样分布。可以证明:

$$e_0 \sim N\left\{0, \sigma^2\left[1 + \frac{1}{n} + \frac{(X_0 - \bar{X})^2}{\sum x_i^2}\right]\right\}$$

用 $\hat{\sigma}^2$ 代替 σ^2，对于小样本，可构造 t 统计量

$$t = \frac{Y_0 - \hat{Y}_0}{S_{e_0}} \sim t(n-2)$$

其中，

$$S_{e_0} = \sqrt{\hat{\sigma}^2\left[1 + \frac{1}{n} + \frac{(X_0 - \bar{X})^2}{\sum x_i^2}\right]} \tag{7.20}$$

于是，在 $(1-\alpha)$ 的置信度下，Y_0 的预测区间为：

$$[\hat{Y}_0 - t_{\alpha/2}(n-2)S_{e_0}, \quad \hat{Y}_0 + t_{\alpha/2}(n-2)S_{e_0}] \tag{7.21}$$

$E(Y_0)$ 的预测区间和 Y_0 的预测区间如图 7.6 所示。图中实线所示区域为 $E(Y_0)$ 的预测区间，虚线所示区域为 Y_0 的预测区间。

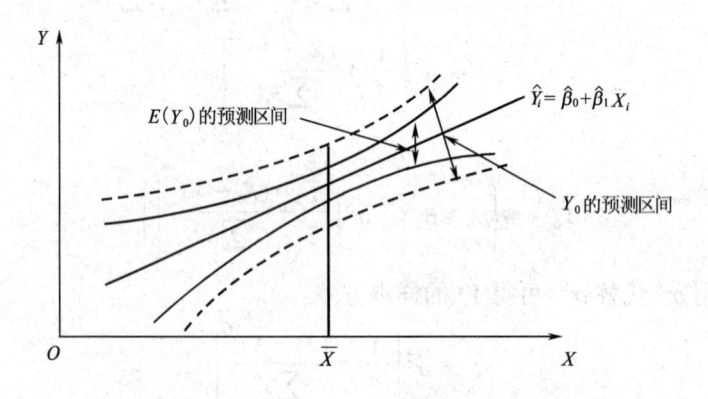

图 7.6 Y 的均值与 Y 的个别值的预测区间

显然，个别值 Y_0 的预测区间要比均值 $E(Y_0)$ 的预测区间宽，这是因为 $S_{e_0}^2$ 比 $S_{\hat{Y}_0}^2$ 大 $\hat{\sigma}^2$ 的缘故。预测区间的宽窄是随 X_0 的变化而变化的。当 $X_0 = \bar{X}$ 时，预测区间的宽度最小，而当 X_0 远离 $\bar{X}$ 时，预测区间的宽度明显增大。这就暗示当 X_0 远离 $\bar{X}$ 时，在过去样本基础上建立起来的样本回归方程的预测能力显著下降。这种预测能力的下降是由两方面原因造成的：一是数学上的原因。当 X_0 远离 $\bar{X}$ 时，预测区间逐渐变宽，不管你构造的数学模型如何正确，可信程度实际上是降低了。二是实际情况的变化。我们所构造的回归模型反映的是样本期的状况，当所取得的样本能够反映总体未来的发展趋势时，用样本回归方程进行预测误差会较小，但是当所取得的样本已经不能反映总体未来情况时，仍用此样本回归方程进行预测，可信度就会降低。

7.2.5 一元线性回归分析预测实例

某市 2009 年到 2018 年 10 年中，个人消费支出和收入资料如表 7.1 所示，试建立回归模型预测 2019 年个人收入为 213 亿元时的个人消费支出额。

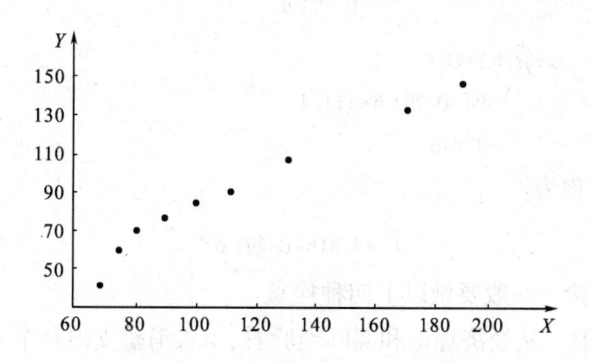

图 7.7　个人消费支出与收入散点图

利用一元线性回归分析进行预测,可分为以下 4 步:

第一步:对预测对象进行分析,建立以预测对象为被解释变量的回归模型。用 Y 表示个人消费支出,X 表示个人收入,作 Y 与 X 的散点图,如图 7.7 所示。由散点图可以看出,Y 与 X 呈线性趋势,因此可以建立如下一元线性回归模型: $Y_i = \beta_0 + \beta_1 X_i + u_i$。

表 7.1　　　　　　　　　　一元线性回归模型计算表　　　　　　　　　　单位:亿元

年份	个人收入 X	消费支出 Y	x	y	xy	x^2	y^2
2009	64	56	−47.4	−37	1 753.8	2 246.76	1 369
2010	70	60	−41.4	−33	1 366.2	1 713.96	1 089
2011	77	66	−34.4	−27	928.8	1 183.36	729
2012	82	70	−29.4	−23	676.2	864.36	529
2013	92	79	−19.4	−14	271.6	376.36	196
2014	107	88	−4.4	−5	22	19.36	25
2015	125	102	13.6	9	122.4	184.96	81
2016	143	118	31.6	25	790	998.56	625
2017	165	136	53.6	43	2 304.8	2 872.96	1 849
2018	189	155	77.6	62	4 811.2	6 021.76	3 844
∑	1 114	930			13 047	16 482.4	10 336

第二步:对模型参数进行估计,求得样本回归方程。由表 7.1 计算得:

$$\bar{X} = \frac{1}{n} \sum X_i = \frac{1}{10} \times 1\,114 = 111.4$$

$$\bar{Y} = \frac{1}{n} \sum Y_i = \frac{1}{10} \times 930 = 93$$

$$\sum x_i y_i = 13\,047$$

$$\sum x_i^2 = 16\,482.4$$

由(7.5)式得:

$$\hat{\beta}_1 = \frac{\sum x_i y_i}{\sum x_i^2} = \frac{13\,047}{16\,482.4}$$

$$= 0.7916$$
$$\hat{\beta}_0 = \bar{Y} - \hat{\beta}_1 \bar{X}$$
$$= 93 - 0.7916 \times 111.4$$
$$= 4.816$$

由此得到样本回归方程为:
$$\hat{Y}_i = 4.816 + 0.7916 X_i$$

第三步:模型检验。一般要做以下四种检验:

(1)经济意义检验。从经济理论和实际经验看,个人消费支出和个人收入之间是有关系的,收入决定消费支出。解释变量 X 的系数 0.7916 说明,收入每增加 1 个货币单位,平均而言消费支出约增加 0.7916 个货币单位。

(2)拟合优度检验。由(7.14)式得:
$$R^2 = \frac{(\sum x_i y_i)^2}{\sum x_i^2 \sum y_i^2} = \frac{13\,047^2}{16\,482.4 \times 10\,336} = 0.9992$$

说明模型的拟合优度很高。

(3)对 β_1 的显著性 t 检验。根据(7.6)式有:
$$\sum \hat{y}_i^2 = \hat{\beta}_1^2 \sum x_i^2$$

因此
$$\sum e_i^2 = \sum y_i^2 - \sum \hat{y}_i^2 = \sum y_i^2 - \hat{\beta}_1^2 \sum x_i^2$$
$$= 10\,336 - 0.7916^2 \times 16\,482.4 = 7.624$$
$$S_{\hat{\beta}_1} = \sqrt{\frac{\sum e_i^2}{(n-2)\sum x_i^2}} = \sqrt{\frac{7.624}{(10-2) \times 16\,482.4}} = 0.0076$$

对 β_1 进行 t 检验:

①提出原假设 $H_0: \beta_1 = 0$;备择假设 $H_1: \beta_1 \neq 0$。

②计算统计量: $t_{\hat{\beta}_1} = \frac{\hat{\beta}_1}{S_{\hat{\beta}_1}} = \frac{0.7916}{0.0076} = 104.16$。

③给定 $\alpha = 0.05$,查自由度为 $n-2=8$ 的 t 分布表,得临界值 $t_{0.025}(8) = 2.306$。

④判断。显然 $t_{\hat{\beta}_1} > t_{0.025}(8)$,因此拒绝 H_0,接受 H_1,认为 β_1 显著不为 0,即 Y 与 X 之间存在着线性关系。t 检验通过。

(4)DW 检验。首先计算各 e_i,列入表 7.2 中。

表 7.2　　　　　　　　　　　　　DW 检验计算表

年份	2009	2010	2011	2012	2013	2014	2015	2016	2017	2018
Y_i	56	60	66	70	79	88	102	118	136	155
$\hat{Y}_i$	55.48	60.23	65.77	69.73	77.64	89.52	103.77	118.01	135.43	154.43
e_i	0.52	-0.23	0.23	0.27	1.36	-1.52	-1.77	-0.01	0.57	0.57

得：

$$\sum_{i=2}^{10}(e_i-e_{i-1})^2=13.755$$

$$\mathrm{DW}=\frac{\sum(e_i-e_{i-1})^2}{\sum e_i^2}=\frac{13.755}{7.624}=1.804$$

由 DW 分布表可以看到,当 n 较小时,查表得 $d_u=1.36$,有 $d_u=1.36<\mathrm{DW}<4-d_u=2.64$,所以随机误差项 u_i 无一阶自相关。

第四步:进行预测。通过以上检验可知,样本回归方程基本符合实际,因此可以用于预测。将 2019 年个人收入 213 亿元代入样本回归方程得：

$$\hat{Y}_{2019}=4.816+0.7916\times213=173.43(亿元)$$

即 2019 年当个人收入为 213 亿元时,消费支出的预测值为 173.43 亿元。

下面进行区间预测：

$$\hat{\sigma}=\sqrt{\frac{\sum e_i^2}{n-2}}=\sqrt{\frac{7.624}{8}}=0.9762$$

故

$$S_{e_0}=\hat{\sigma}\sqrt{1+\frac{1}{n}+\frac{(X_0-\bar{X})^2}{\sum x_i^2}}=1.283$$

当给定 $\alpha=0.05$ 时,查 t 分布表得 $t_{0.025}(8)=2.306$,于是

$$\hat{Y}_0-t_{0.025}(8)S_{e_0}=173.43-2.306\times1.283=170.47$$

$$\hat{Y}_0+t_{0.025}(8)S_{e_0}=173.43+2.306\times1.283=176.39$$

因此,在 95% 的置信水平下,2019 年消费支出的预测区间为 (170.47,176.39)。

7.3 多元线性回归分析预测法

在 7.2 节中我们讨论了一元线性回归分析预测法。由于经济现象的复杂性,某一经济变量往往受到多种因素的影响,仅用一元线性回归模型常常难以解决复杂的经济问题,因此必须使用多元线性回归模型。多元线性回归模型的构造原理与一元线性回归模型的构造原理基本相同,只是计算更为复杂,需引入矩阵这一数学工具。

7.3.1 多元线性回归模型

多元线性回归模型的一般形式为：

$$Y_i=\beta_0+\beta_1X_{1i}+\beta_2X_{2i}+\cdots+\beta_kX_{ki}+u_i \quad (i=1,2,\cdots,n) \tag{7.22}$$

其中,k 为解释变量的数目;β_0 为截距项,它给出了所有未包含在模型中的解释变量对 Y 的平均影响;$\beta_j(j=1,2,\cdots,k)$ 称为偏回归系数,表示在其他解释变量保持不变的情况下,X_j 每变化 1 个单位时,Y 的均值 $E(Y)$ 的变化,它给出了 X_j 的单位变化对 Y 均值的"直接"影响。其他变量和符号的含义与一元线性回归模型相同。

将 n 期观测值 $(Y_i, X_{1i}, X_{2i}, \cdots, X_{ki})$ $(i=1,2,\cdots,n)$ 代入(7.22)式得：

$$\begin{cases} Y_1 = \beta_0 + \beta_1 X_{11} + \beta_2 X_{21} + \cdots + \beta_k X_{k1} + u_1 \\ Y_2 = \beta_0 + \beta_1 X_{12} + \beta_2 X_{22} + \cdots + \beta_k X_{k2} + u_2 \\ \cdots\cdots\cdots\cdots \\ Y_n = \beta_0 + \beta_1 X_{1n} + \beta_2 X_{2n} + \cdots + \beta_k X_{kn} + u_n \end{cases}$$

写成矩阵形式为：

$$\begin{pmatrix} Y_1 \\ Y_2 \\ \vdots \\ Y_n \end{pmatrix} = \begin{pmatrix} 1 & X_{11} & X_{21} & \cdots & X_{k1} \\ 1 & X_{12} & X_{22} & \cdots & X_{k2} \\ \vdots & \vdots & \vdots & & \vdots \\ 1 & X_{1n} & X_{2n} & \cdots & X_{kn} \end{pmatrix} \begin{pmatrix} \beta_0 \\ \beta_1 \\ \vdots \\ \beta_k \end{pmatrix} + \begin{pmatrix} u_1 \\ u_2 \\ \vdots \\ u_n \end{pmatrix}$$

简写为：

$$Y = XB + U \tag{7.23}$$

其中，

$$Y = \begin{pmatrix} Y_1 \\ Y_2 \\ \vdots \\ Y_n \end{pmatrix}_{n \times 1} \quad X = \begin{pmatrix} 1 & X_{11} & X_{21} & \cdots & X_{k1} \\ 1 & X_{12} & X_{22} & \cdots & X_{k2} \\ \vdots & \vdots & \vdots & & \vdots \\ 1 & X_{1n} & X_{2n} & \cdots & X_{kn} \end{pmatrix}_{n \times (k+1)} \quad B = \begin{pmatrix} \beta_0 \\ \beta_1 \\ \vdots \\ \beta_k \end{pmatrix}_{(k+1) \times 1} \quad U = \begin{pmatrix} u_1 \\ u_2 \\ \vdots \\ u_n \end{pmatrix}_{n \times 1}$$

注意：X 矩阵中，元素 X_{ji} 的第一个下标 j 为列序号，表示不同的解释变量，第二个下标 i 为行序号，表示不同的样本。这种表示方法与常见的矩阵行列下标表示法稍有不同，请予以注意。

7.3.2 多元线性回归模型的基本假设

多元线性回归模型通常要满足 6 个假设条件：

假设 1： $E(u_i) = 0$ $(i=1,2,\cdots,n)$，即零均值假设。用矩阵可表示为：

$$E(U) = E\begin{pmatrix} u_1 \\ u_2 \\ \vdots \\ u_n \end{pmatrix} = \begin{pmatrix} E(u_1) \\ E(u_2) \\ \vdots \\ E(u_n) \end{pmatrix} = \mathbf{0}$$

假设 2： $\text{Var}(u_i) = E(u_i^2) = \sigma^2$ $(i=1,2,\cdots,n)$，即同方差假设。

假设 3： $\text{Cov}(u_i, u_j) = E(u_i u_j) = 0$ $(i \neq j; i,j=1,2,\cdots,n)$，即无序列相关假设。

假设 2 和假设 3 用矩阵可表示为：

$$\text{Cov}(U) = \begin{pmatrix} \text{Var}(u_1) & \text{Cov}(u_1, u_2) & \cdots & \text{Cov}(u_1, u_n) \\ \text{Cov}(u_2, u_1) & \text{Var}(u_2) & \cdots & \text{Cov}(u_2, u_n) \\ \vdots & \vdots & & \vdots \\ \text{Cov}(u_n, u_1) & \text{Cov}(u_n, u_2) & \cdots & \text{Var}(u_n) \end{pmatrix}$$

$$= \begin{pmatrix} E(u_1^2) & E(u_1 u_2) & \cdots & E(u_1 u_n) \\ E(u_2 u_1) & E(u_2^2) & \cdots & E(u_2 u_n) \\ \vdots & \vdots & & \vdots \\ E(u_n u_1) & E(u_n u_2) & \cdots & E(u_n^2) \end{pmatrix}$$

$$=\begin{pmatrix} \sigma^2 & 0 & \cdots & 0 \\ 0 & \sigma^2 & \cdots & 0 \\ \vdots & \vdots & & \vdots \\ 0 & 0 & \cdots & \sigma^2 \end{pmatrix} = E(UU') = \sigma^2 I_n \qquad (7.24)$$

其中,I_n 为 n 阶单位矩阵。

矩阵(7.24)称为随机误差项 u 的协方差矩阵,此矩阵主对角线上的元素是方差,而主对角线以外的元素是协方差。注意协方差矩阵是对称的。

假设 4: $Cov(X_{ji}, u_i) = 0$ $(j=1,2,\cdots,k; i=1,2,\cdots,n)$,即假设解释变量与随机误差项不相关。

假设 5: $u_i \sim N(0, \sigma^2)$ $(i=1,2,\cdots,n)$,即随机误差项服从正态分布。用矩阵可表示为: $U \sim N(0, \sigma^2 I_n)$。

对于多元线性回归模型,多了下面一个假设条件。

假设 6:解释变量 $X_1, X_2, \cdots, X_k$ 为非随机变量,且它们之间不存在严格的线性相关,即不存在多重共线性。即 $rank(X) = k+1 < n$。当样本观测值确定后,X 为一常数矩阵,此假设要求矩阵 X 满秩,即要求系数行列式 $|X'X| \neq 0$,这个条件是得到参数估计值矩阵 $\hat{B}$ 的充分必要条件。

以上 6 个假设条件称为多元线性回归模型的经典假设条件。

7.3.3 多元线性回归模型的参数估计

同一元线性回归模型的参数估计一样,多元线性回归模型参数估计的任务仍有两项:一是求得反映变量之间数量关系的结构参数的估计量 $\hat{\beta}_j (j=0,1,2,\cdots,k)$;二是求得随机误差项方差的估计量 $\hat{\sigma}^2$。

对于多元线性回归模型(7.22)式

$$Y_i = \beta_0 + \beta_1 X_{1i} + \beta_2 X_{2i} + \cdots + \beta_k X_{ki} + u_i \qquad (i=1,2,\cdots,n)$$

在上述假设条件下,可利用 OLS 法对模型的参数进行估计。

1) 参数的最小二乘估计量

根据假设 1,可以得到多元线性回归模型的总体回归方程:

$$E(Y_i) = \beta_0 + \beta_1 X_{1i} + \beta_2 X_{2i} + \cdots + \beta_k X_{ki} \qquad (7.25)$$

实际上,该方程只是在理论上存在,通过有限样本是无法求得的。我们只能利用样本回归模型

$$Y_i = \hat{\beta}_0 + \hat{\beta}_1 X_{1i} + \hat{\beta}_2 X_{2i} + \cdots + \hat{\beta}_k X_{ki} + e_i \qquad (7.26)$$

的样本回归方程

$$\hat{Y}_i = \hat{\beta}_0 + \hat{\beta}_1 X_{1i} + \hat{\beta}_2 X_{2i} + \cdots + \hat{\beta}_k X_{ki} \qquad (7.27)$$

对总体进行推断。用(7.26)和(7.27)式分别作为(7.22)和(7.25)式的估计式,即用 $\hat{\beta}_0$, $\hat{\beta}_1, \cdots, \hat{\beta}_k$ 作为总体回归系数 $\beta_0, \beta_1, \cdots, \beta_k$ 的估计量。根据最小二乘法原理可知,要求出

总体回归系数的最佳估计量,应使残差平方和

$$Q = \sum e_i^2 = \sum (Y_i - \hat{Y}_i)^2$$
$$= \sum (Y_i - \hat{\beta}_0 - \hat{\beta}_1 X_{1i} - \hat{\beta}_2 X_{2i} - \cdots - \hat{\beta}_k X_{ki})^2$$

达到最小。根据多元函数的极值原理,$\hat{\beta}_0, \hat{\beta}_1, \cdots, \hat{\beta}_k$ 是下列方程组的解

$$\begin{cases} \dfrac{\partial Q}{\partial \hat{\beta}_0} = 2\sum (Y_i - \hat{\beta}_0 - \hat{\beta}_1 X_{1i} - \hat{\beta}_2 X_{2i} - \cdots - \hat{\beta}_k X_{ki})(-1) = 0 \\ \dfrac{\partial Q}{\partial \hat{\beta}_1} = 2\sum (Y_i - \hat{\beta}_0 - \hat{\beta}_1 X_{1i} - \hat{\beta}_2 X_{2i} - \cdots - \hat{\beta}_k X_{ki})(-X_{1i}) = 0 \\ \cdots\cdots\cdots\cdots \\ \dfrac{\partial Q}{\partial \hat{\beta}_k} = 2\sum (Y_i - \hat{\beta}_0 - \hat{\beta}_1 X_{1i} - \hat{\beta}_2 X_{2i} - \cdots - \hat{\beta}_k X_{ki})(-X_{ki}) = 0 \end{cases}$$

化简整理得到多元线性回归的正规方程组:

$$\left.\begin{array}{l} n\hat{\beta}_0 + \hat{\beta}_1 \sum X_{1i} + \hat{\beta}_2 \sum X_{2i} + \cdots + \hat{\beta}_k \sum X_{ki} = \sum Y_i \\ \hat{\beta}_0 \sum X_{1i} + \hat{\beta}_1 \sum X_{1i}^2 + \hat{\beta}_2 \sum X_{2i} X_{1i} + \cdots + \hat{\beta}_k \sum X_{ki} X_{1i} = \sum X_{1i} Y_i \\ \cdots\cdots\cdots\cdots \\ \hat{\beta}_0 \sum X_{ki} + \hat{\beta}_1 \sum X_{1i} X_{ki} + \hat{\beta}_2 \sum X_{2i} X_{ki} + \cdots + \hat{\beta}_k \sum X_{ki}^2 = \sum X_{ki} Y_i \end{array}\right\} \quad (7.28)$$

写成矩阵形式为:

$$\begin{pmatrix} n & \sum X_{1i} & \sum X_{2i} & \cdots & \sum X_{ki} \\ \sum X_{1i} & \sum X_{1i}^2 & \sum X_{2i} X_{1i} & \cdots & \sum X_{ki} X_{1i} \\ \vdots & \vdots & \vdots & & \vdots \\ \sum X_{ki} & \sum X_{1i} X_{ki} & \sum X_{2i} X_{ki} & \cdots & \sum X_{ki}^2 \end{pmatrix} \begin{pmatrix} \hat{\beta}_0 \\ \hat{\beta}_1 \\ \vdots \\ \hat{\beta}_k \end{pmatrix} = \begin{pmatrix} \sum Y_i \\ \sum X_{1i} Y_i \\ \vdots \\ \sum X_{ki} Y_i \end{pmatrix} \quad (7.29)$$

进一步改写为:

$$\begin{pmatrix} 1 & 1 & \cdots & 1 \\ X_{11} & X_{12} & \cdots & X_{1n} \\ X_{21} & X_{22} & \cdots & X_{2n} \\ \vdots & \vdots & & \vdots \\ X_{k1} & X_{k2} & \cdots & X_{kn} \end{pmatrix} \begin{pmatrix} 1 & X_{11} & X_{21} & \cdots & X_{k1} \\ 1 & X_{12} & X_{22} & \cdots & X_{k2} \\ \vdots & \vdots & \vdots & & \vdots \\ 1 & X_{1n} & X_{2n} & \cdots & X_{kn} \end{pmatrix} \begin{pmatrix} \hat{\beta}_0 \\ \hat{\beta}_1 \\ \vdots \\ \hat{\beta}_k \end{pmatrix} = \begin{pmatrix} 1 & 1 & \cdots & 1 \\ X_{11} & X_{12} & \cdots & X_{1n} \\ X_{21} & X_{22} & \cdots & X_{2n} \\ \vdots & \vdots & & \vdots \\ X_{k1} & X_{k2} & \cdots & X_{kn} \end{pmatrix} \begin{pmatrix} Y_1 \\ Y_2 \\ \vdots \\ Y_n \end{pmatrix}$$

即

$$(X'X)\hat{B} = X'Y \quad (7.30)$$

以上 (7.28)~(7.30) 式都称为多元回归的正规方程组。

根据假设 6,$\text{rank}(X) = k+1$,所以 $X'X$ 满秩,$X'X$ 的逆矩阵 $(X'X)^{-1}$ 存在。因而

$$\hat{B} = (X'X)^{-1} X'Y \quad (7.31)$$

即 $\hat{B}$ 为 B 的 OLS 估计量。

2) 最小二乘估计量的性质

用最小二乘法得到的多元线性回归模型的参数估计量也具有线性性、无偏性和有效性。

(1) 线性性。由参数估计量的公式 $\hat{B}=(X'X)^{-1}X'Y$ 可知，$\hat{B}$ 是 Y 的线性函数，因而它具有线性的性质。

(2) 无偏性。将 $Y=XB+U$ 代入(7.31)式得

$$\begin{aligned}\hat{B} &= (X'X)^{-1}X'(XB+U) \\ &= (X'X)^{-1}X'XB+(X'X)^{-1}X'U \\ &= B+(X'X)^{-1}X'U\end{aligned}$$

对上式两边取期望值，得

$$\begin{aligned}E(\hat{B}) &= E[B+(X'X)^{-1}X'U] \\ &= E(B)+(X'X)^{-1}X'E(U) \\ &= B\end{aligned}$$

可见 $\hat{B}$ 具有无偏性。

(3) 有效性。有效性又称最小方差性。首先计算参数估计量 $\hat{B}$ 的协方差矩阵：

$$\begin{aligned}\mathrm{Cov}(\hat{B}) &= E\{[\hat{B}-E(\hat{B})][\hat{B}-E(\hat{B})]'\} \\ &= E[(\hat{B}-B)(\hat{B}-B)'] \\ &= E[(X'X)^{-1}X'UU'X(X'X)^{-1}] \\ &= (X'X)^{-1}X'E(UU')X(X'X)^{-1} \\ &= \sigma^2(X'X)^{-1}\end{aligned} \qquad (7.32)$$

根据高斯—马尔科夫定理，(7.32)式表示的方差在所有线性无偏估计量的方差中是最小的，所以 $\hat{B}$ 具有有效性。

3) 随机误差项方差 σ^2 的估计

随机误差项 U 的方差 σ^2 为总体参数，无法得到，只能用 $\mathrm{Var}(e_i)$ 近似代替。由于被解释变量的估计值与观测值之间的残差为：

$$\begin{aligned}e &= Y-X\hat{B} \\ &= XB+U-X(X'X)^{-1}X'Y \\ &= XB+U-X(X'X)^{-1}X'(XB+U) \\ &= XB+U-XB-X(X'X)^{-1}X'U \\ &= [I_n-X(X'X)^{-1}X']U\end{aligned}$$

令 $M=I_n-X(X'X)^{-1}X'$，上式变为：

$$e=MU$$

则残差平方和为：

$$e'e=(MU)'MU=U'M'MU$$

因为 M 为对称等幂矩阵，即

$$M=M'$$
$$M^2=M'M=M$$

所以有

$$e'e = U'MU$$

$$\begin{aligned}E(e'e) &= E(U'MU)\\&= E\{U'[I_n - X(X'X)^{-1}X']U\}\\&= \sigma^2 \text{tr}[I_n - X(X'X)^{-1}X']\\&= \sigma^2\{\text{tr}I_n - \text{tr}[X(X'X)^{-1}X']\}\\&= \sigma^2[n-(k+1)]\end{aligned}$$

其中符号"tr"表示矩阵的迹,是矩阵主对角线元素之和。于是

$$\sigma^2 = \frac{E(e'e)}{n-k-1}$$

易知,随机误差项方差的估计量为:

$$\hat{\sigma}^2 = \frac{e'e}{n-k-1} \tag{7.33}$$

且该估计量为无偏估计量。

7.3.4 多元线性回归模型的检验

当多元线性回归模型的参数估计任务完成并建立起模型之后,还需要进一步对模型进行经济意义检验、统计检验和计量经济学检验,以确定模型是否可以用于预测。

1) 经济意义检验

从经济意义检验来讲,一元线性回归模型主要检验参数估计量的符号和大小,而多元线性回归模型除了检验参数估计量的符号和大小之外,还要检验参数估计量之间的关系。例如,有下列职工家庭日用品需求模型:

$$\ln(人均购买日用品支出额) = -3.69 + 1.20\ln(人均收入) - 6.40\ln(日用品价格)$$

该模型是一个对数线性模型,在该模型中,人均收入和日用品价格前的参数的经济意义是明确的,即是它们各自的需求弹性,符号也是正确的,数值范围大体适当。但是,根据经济意义,这两个参数估计量之和应该在1左右,因为当收入增长1%,价格增长1%时,人均购买日用品支出额也应该增长1%左右。于是,该模型的参数估计量不能通过经济意义检验,应该找出原因重新建立模型,只有当模型中的参数估计量通过所有经济意义的检验,方可进行下一步检验。

2) 统计检验

多元线性回归模型统计检验的内容和方法与一元线性回归模型大致相同,一般也包括拟合优度检验、回归方程总体线性的显著性检验、回归系数的显著性检验以及参数的置信区间估计等。

(1) 拟合优度检验。对多元线性回归模型进行拟合优度检验也使用判定系数指标,即

$$R^2 = \frac{ESS}{TSS} = \frac{\sum \hat{y}_i^2}{\sum y_i^2} \tag{7.34}$$

在多元线性回归模型中,可以证明总离差平方和也可以分解为回归平方和与残差平方和两部分之和,即

$$\sum y_i^2 = \sum \hat{y}_i^2 + \sum e_i^2 \tag{7.35}$$

也即
$$TSS = ESS + RSS \tag{7.36}$$

因而
$$R^2 = 1 - \frac{RSS}{TSS} \tag{7.37}$$

又 TSS, ESS, RSS 的矩阵表达式为：

$$TSS = \sum y_i^2 = \sum (Y_i - \bar{Y})^2 = \sum Y_i^2 - n\bar{Y}^2 = Y'Y - n\bar{Y}^2$$

$$ESS = \sum \hat{y}_i^2 = \sum (\hat{Y}_i - \bar{Y})^2 = \sum \hat{Y}_i^2 - n\bar{Y}^2 = \hat{Y}'\hat{Y} - n\bar{Y}^2$$

$$= (X\hat{B})'(X\hat{B}) - n\bar{Y}^2 = \hat{B}'X'X\hat{B} - n\bar{Y}^2$$

$$= \hat{B}'X'X(X'X)^{-1}X'Y - n\bar{Y}^2 = \hat{B}'X'Y - n\bar{Y}^2$$

$$RSS = \sum e_i^2 = TSS - ESS = Y'Y - \hat{B}'X'Y$$

于是，R^2 的矩阵表达式为：

$$R^2 = \frac{\hat{B}'X'Y - n\bar{Y}^2}{Y'Y - n\bar{Y}^2} \tag{7.38}$$

R^2 是检验样本回归方程与样本观测值拟合优度的指标，R^2 越大，表明回归方程与样本观测值拟合得越好，反之，拟合得越差。但人们在应用过程中发现，R^2 的大小还与模型中的解释变量个数有关，随着解释变量个数的增加，R^2 往往是增大的，这是因为残差平方和往往随着解释变量个数的增多而减少，至少不会增加。这就使人们产生一种错觉，要增大 R^2，只要增加模型中的解释变量个数即可。但实际上，由增加解释变量个数引起的 R^2 的增大与模型拟合好坏无关。因此，在多元线性回归模型之间比较拟合优度，R^2 就不是一个合适的指标，必须加以调整，调整的方法是用残差平方和与总离差平方和分别除以各自的自由度，以消除解释变量个数对拟合优度的影响。调整后的判定系数用 $\bar{R}^2$ 表示，即

$$\bar{R}^2 = 1 - \frac{RSS/(n-k-1)}{TSS/(n-1)} \tag{7.39}$$

将 $RSS/TSS = 1 - R^2$ 代入(7.39)式，得到 $\bar{R}^2$ 与 R^2 的关系式

$$\bar{R}^2 = 1 - (1 - R^2)\frac{n-1}{n-k-1} \tag{7.40}$$

最后还应指出，回归分析的目的并不是追求较高的 $\bar{R}^2$ 值，而是要得到总体回归模型中回归系数可信任的估计量，以便作出统计推断。因此，在建立回归模型时，应该更多地从理论上探讨解释变量与被解释变量之间的关系，不能单凭最高的 $\bar{R}^2$ 值来选择模型，有时为了追求模型的经济意义，甚至可以牺牲一点拟合优度。

(2) 回归方程总体线性的显著性检验(F 检验)。回归方程总体线性的显著性检验是为了判断模型中被解释变量与解释变量之间的线性关系在总体上是否显著成立。普遍使用的方法是 F 检验。

对于多元线性回归模型

$$Y_i = \beta_0 + \beta_1 X_{1i} + \beta_2 X_{2i} + \cdots + \beta_k X_{ki} + u_i \quad (i = 1, 2, \cdots, n)$$

检验模型中被解释变量 Y 与解释变量 $X_1, X_2, \cdots, X_k$ 之间的线性关系在总体上是否显著成

立,相当于检验回归模型中参数 $\beta_1,\beta_2,\cdots,\beta_k$ 是否显著不为零。因为如果 $\beta_1,\beta_2,\cdots,\beta_k$ 全为 0,则 Y 与 $X_1,X_2,\cdots,X_k$ 的线性关系不存在,回归方程没有任何意义。由总离差平方和的分解公式(7.36)可知

$$TSS = ESS + RSS$$

由于回归平方和 ESS 反映的是解释变量 $X_1,X_2,\cdots,X_k$ 对被解释变量 Y 的线性作用的程度,残差平方和 RSS 反映的是随机误差项对被解释变量 Y 的影响,故考虑比值

$$\frac{ESS}{RSS} = \frac{\sum \hat{y}_i^2}{\sum e_i^2}$$

如果该比值较大,则 $X_1,X_2,\cdots,X_k$ 对 Y 的解释程度高,可以认为回归方程总体上存在线性关系,反之,总体上可能不存在线性关系。因此,可通过该比值的大小对总体线性关系进行推断。按照假设检验的原理,提出的原假设与备择假设分别为:

$H_0:\beta_1=\beta_2=\cdots=\beta_k=0$

$H_1:\beta_j(j=1,2,\cdots,k)$ 不全为 0

在原假设 H_0 成立的条件下,统计量

$$F = \frac{ESS/k}{RSS/(n-k-1)}$$
$$= \frac{(\hat{\boldsymbol{B}}'\boldsymbol{X}'\boldsymbol{Y}-n\bar{Y}^2)/k}{(\boldsymbol{Y}'\boldsymbol{Y}-\hat{\boldsymbol{B}}'\boldsymbol{X}'\boldsymbol{Y})/(n-k-1)} \sim F(k,n-k-1)$$

因此,给定显著性水平 α,查 F 分布表,得到临界值 $F_\alpha(k,n-k-1)$,根据样本观测值求出 F 统计量的值。若 $F \geq F_\alpha(k,n-k-1)$,则拒绝 H_0,接受 H_1,认为回归方程总体上的线性关系显著成立;若 $F < F_\alpha(k,n-k-1)$,则接受 H_0,认为回归方程总体上的线性关系显著不成立。

(3)回归系数的显著性检验(t 检验)。对于多元线性回归模型,方程的总体线性关系显著成立,并不意味着每个解释变量 $X_1,X_2,\cdots,X_k$ 对被解释变量 Y 的影响都是显著的。因此,必须对每个解释变量进行显著性检验,以决定是否将这个解释变量留在模型中。经过检验,如果发现某个解释变量 $X_j(j=1,2,\cdots,k)$ 对被解释变量 Y 的影响不显著,则应将 X_j 从模型中剔除,重新建立更为简单的回归模型,以利于对 Y 进行更准确的预测。回归系数的显著性检验普遍采用的方法是 t 检验。

参数估计量 $\hat{\boldsymbol{B}}$ 的协方差矩阵为 $\text{Cov}(\hat{\boldsymbol{B}}) = \sigma^2(\boldsymbol{X}'\boldsymbol{X})^{-1}$,此矩阵主对角线上的元素为各参数估计量 $\hat{\beta}_j$ 的方差。以 c_{jj} 表示矩阵 $(\boldsymbol{X}'\boldsymbol{X})^{-1}$ 主对角线上的第 j 个元素,于是参数估计量 $\hat{\beta}_j$ 的方差为:

$$\text{Var}(\hat{\beta}_j) = \sigma^2 \cdot c_{jj} \qquad (j=1,2,\cdots,k)$$

其中,σ^2 未知,用 $\hat{\sigma}^2 = \dfrac{\boldsymbol{e}'\boldsymbol{e}}{n-k-1}$ 代替。

这样,当模型参数估计完之后,就可以计算每个参数估计量的方差值。因为 $\hat{\beta}_j \sim N(\beta_j, \sigma^2 c_{jj})$,所以可以构造如下 t 统计量:

$$t_{\hat{\beta}_j} = \frac{\hat{\beta}_j - \beta_j}{S_{\hat{\beta}_j}} = \frac{\hat{\beta}_j - \beta_j}{\sqrt{c_{jj}\dfrac{\boldsymbol{e}'\boldsymbol{e}}{n-k-1}}} \sim t(n-k-1) \qquad (j=1,2,\cdots,k)$$

该统计量即为对回归系数进行显著性检验的 t 统计量。

t 检验步骤如下：

（a）提出原假设 $H_0: \beta_j = 0$ ($j=1,2,\cdots,k$)；
备择假设 $H_1: \beta_j \neq 0$ ($j=1,2,\cdots,k$)。

（b）计算统计量 $t_{\hat{\beta}_j}$。在原假设 H_0 成立的条件下：

$$t_{\hat{\beta}_j} = \frac{\hat{\beta}_j}{S_{\hat{\beta}_j}} = \frac{\hat{\beta}_j}{\sqrt{c_{jj}\dfrac{e'e}{n-k-1}}}$$

（c）给定显著性水平 α，查 t 分布表，得到临界值 $t_{\alpha/2}(n-k-1)$。

（d）作出判断。若 $|t_{\hat{\beta}_j}| \geq t_{\alpha/2}(n-k-1)$，则拒绝 H_0，接受 H_1，即认为 β_j 显著不为零，从而可断定解释变量 X_j 对被解释变量 Y 的影响显著，可将 X_j 留在模型中。若 $|t_{\hat{\beta}_j}| < t_{\alpha/2}(n-k-1)$，则接受 H_0，即认为 β_j 显著为零，从而可断定解释变量 X_j 对被解释变量 Y 的影响不显著。

回归系数的显著性检验是用来判断所考察的解释变量是否对被解释变量有显著影响，但并未回答在一次抽样中，所得到的参数估计值与参数真实值的接近程度，以及以多大的概率达到指定的接近程度，这需要通过构造参数的置信区间作出回答。

（4）总体参数的置信区间。在回归系数的显著性检验中，我们已经知道

$$t_{\hat{\beta}_j} = \frac{\hat{\beta}_j - \beta_j}{S_{\hat{\beta}_j}} \sim t(n-k-1)$$

这就是说，如果给定置信水平 $(1-\alpha)$，可从 t 分布表中查得自由度为 $(n-k-1)$ 的临界值为 $t_{\alpha/2}$，那么 $t_{\hat{\beta}_j}$ 值落在 $(-t_{\alpha/2}, t_{\alpha/2})$ 的概率是 $(1-\alpha)$。用公式表示为：

$$P(-t_{\alpha/2} < t_{\hat{\beta}_j} < t_{\alpha/2}) = 1-\alpha$$

即

$$P(-t_{\alpha/2} < \frac{\hat{\beta}_j - \beta_j}{S_{\hat{\beta}_j}} < t_{\alpha/2}) = 1-\alpha$$

$$P(\hat{\beta}_j - t_{\alpha/2} \cdot S_{\hat{\beta}_j} < \beta_j < \hat{\beta}_j + t_{\alpha/2} \cdot S_{\hat{\beta}_j}) = 1-\alpha$$

于是得到，在 $(1-\alpha)$ 的置信水平下 β_j 的置信区间为：

$$(\hat{\beta}_j - t_{\alpha/2} \cdot S_{\hat{\beta}_j}, \quad \hat{\beta}_j + t_{\alpha/2} \cdot S_{\hat{\beta}_j}) \tag{7.41}$$

3）计量经济学检验

多元线性回归模型的计量经济学检验主要包括异方差检验、自相关检验和多重共线性检验。由于异方差检验和自相关检验既适用于一元线性回归模型，也适用于多元线性回归模型，已在 7.2 节中作了介绍，这里不再赘述。下面仅对多重共线性检验问题进行讨论。

对于多元线性回归模型

$$Y_i = \beta_0 + \beta_1 X_{1i} + \beta_2 X_{2i} + \cdots + \beta_k X_{ki} + u_i \quad (i=1,2,\cdots,n)$$

其基本假设之一是解释变量 $X_1, X_2, \cdots, X_k$ 是相互独立的。如果某两个或多个解释变量之间出现了相关性，则称为存在多重共线性。如果存在

$$c_1 X_{1i} + c_2 X_{2i} + \cdots + c_k X_{ki} = 0 \quad (i=1,2,\cdots,n)$$

其中 c_j 不全为 0，即某一个解释变量可以用其他解释变量的线性组合表示，则称解释变量之间存在完全共线性。如果存在

$$c_1 X_{1i} + c_2 X_{2i} + \cdots + c_k X_{ki} + v_i = 0 \quad (i=1,2,\cdots,n)$$

其中 c_j 不全为 0，v_i 为随机干扰项，则称为近似共线性。

在实际经济问题中，经常存在多重共线性问题。例如，建立一个商品需求函数模型 $D = \beta_0 + \beta_1 P + \beta_2 Q + \beta_3 I + u$，其中，$D$ 为商品需求量，P 为商品价格，Q 为商品质量水平，I 为居民收入。一般来说，质量较高的商品，价格也比较高，所以价格与质量水平这两个解释变量之间存在一定的相关性，这就产生了多重共线性。

如果模型存在多重共线性，若仍采用 OLS 法估计参数，就会给模型带来严重的不良后果。首先，如果解释变量之间存在完全共线性，则模型的参数 $\boldsymbol{B}$ 无法估计，因为此时 $(\boldsymbol{X}'\boldsymbol{X})^{-1}$ 不存在，无法得到参数的最小二乘估计量 $\hat{\boldsymbol{B}} = (\boldsymbol{X}'\boldsymbol{X})^{-1}\boldsymbol{X}'\boldsymbol{Y}$。其次，如果解释变量之间存在近似共线性，则模型参数估计量的方差会随着多重共线性程度的加大而增加，给模型的构造和应用带来了严重问题。因此，在建立回归模型时，检验解释变量之间是否存在多重共线性是十分重要的。常用的检验方法主要有判定系数检验法、逐步回归检验法等，其中尤以逐步回归检验法应用最为广泛。逐步回归检验法的一般步骤为：

(1) 先求出总体的估计式，并进行各种检验，以确定模型的总体效果。

(2) 经检验，如果总体估计式符合要求，则可计算各解释变量之间的相关系数，以确定模型多重共线性的程度。

(3) 如果多重共线性严重，则求出被解释变量对于每个解释变量的回归方程，并根据经济理论和各判定系数，选择其中最合理的回归方程作为初始的回归模型。

(4) 以初始回归模型为基础，逐个引入解释变量，重新进行回归。根据拟合优度的变化决定新引入的变量是否可以用其他变量的线性组合代替，而不是作为独立的解释变量。如果拟合优度变化显著，则说明新引入的变量是一个独立解释变量；如果拟合优度变化很不显著，则说明新引入的变量不是一个独立解释变量，它可以用其他变量的线性组合代替，也就是说它与其他变量之间存在共线性的关系。

例 7.1[①] 根据理论和经验分析，影响粮食生产(Y)的主要因素有：粮食播种面积(X_1)、有效灌溉面积(X_2)、化肥施用量(X_3)、大型拖拉机(X_4)、小型拖拉机(X_5)、农用排灌柴油机(X_6)。表 7.3 列出了中国 31 个省、市、自治区粮食生产的相关数据，拟建立 2013 年中国粮食生产函数模型。

[①] 李子奈，潘文卿. 计量经济学[M]. 4 版. 北京. 高等教育出版社，2015.

表 7.3　　　　　　　　　　　　　中国粮食生产与相关投入资料

	粮食产量 Y(万吨)	粮食播种面积 X_1(千公顷)	有效灌溉面积 X_2(千公顷)	化肥施用量 X_3(万吨)	大型拖拉机 X_4(千台)	小型拖拉机 X_5(千台)	农用排灌柴油机 X_6(千台)
北京	96.1	158.9	153.0	12.8	6.5	2.4	37.7
天津	174.7	332.8	308.9	24.3	15.6	9.2	63.1
河北	3 365.0	6 315.9	4 349.0	331.0	234.3	1 424.2	1 523.9
山西	1 312.8	3 274.3	1 382.8	121.0	107.2	347.4	144.2
内蒙古	2 773.0	5 617.3	2 957.8	202.4	623.4	428.2	180.5
辽宁	2 195.6	3 226.4	1 407.8	151.8	208.0	322.5	809.9
吉林	3 551.0	4 789.9	1 510.1	216.8	440.4	670.8	197.6
黑龙江	6 004.1	11 564.4	5 342.1	245.0	873.3	645.3	131.2
上海	114.2	168.5	184.1	10.8	6.7	3.6	13.5
江苏	3 423.0	5 360.8	3 785.3	326.8	131.3	925.4	415.9
浙江	734.0	1 253.7	1 409.4	92.4	11.7	139.3	863.3
安徽	3 279.6	6 625.3	4 305.5	338.4	179.9	2 249.7	1 174.2
福建	664.4	1 202.1	1 122.4	120.6	3.1	104.5	65.1
江西	2 116.1	3 690.9	1 995.6	141.6	10.2	289.8	221.5
山东	4 528.2	7 294.6	4 729.0	472.7	500.7	1 997.0	1 259.8
河南	5 713.7	10 081.8	4 969.1	696.4	357.8	3 513.2	1 100.5
湖北	2 501.3	4 258.4	2 791.4	351.9	149.4	1 141.2	698.1
湖南	2 925.7	4 936.6	3 084.3	248.2	106.6	227.5	1 067.8
广东	1 315.9	2 507.6	1 770.5	243.9	23.9	329.2	349.7
广西	1 521.8	3 076.0	1 586.4	255.7	34.2	456.8	271.6
海南	190.9	421.8	260.9	47.6	44.5	52.7	38.0
重庆	1 148.1	2 253.9	675.2	96.6	3.8	7.8	759.5
四川	3 387.1	6 469.9	2 616.5	251.1	121.8	119.1	307.3
贵州	1 030.0	3 118.4	926.9	97.4	41.9	85.8	225.0
云南	1 824.0	4 499.4	1 660.3	219.0	287.0	377	121.6
西藏	96.2	175.9	239.3	5.7	66.4	138.3	0.9
陕西	1 215.8	3 105.1	1 209.9	241.7	99.3	198.7	322.6
甘肃	1 138.9	2 858.4	1 284.1	94.7	130.4	575.6	130.7
青海	102.4	280.0	186.9	9.8	11.1	243.9	2.5
宁夏	373.4	801.6	498.6	40.4	42.6	179.8	27.0
新疆	1 377.0	2 234.8	4 769.9	203.2	397.2	316.9	69.8

资料来源：《中国统计年鉴》(2014)。

设粮食生产函数模型为：

$$\ln Y = \beta_0 + \beta_1 \ln X_1 + \beta_2 \ln X_2 + \beta_3 \ln X_3 + \beta_4 \ln X_4 + \beta_5 \ln X_5 + \beta_6 \ln X_6 + u$$

(1) 用 OLS 法估计模型为：

$$\widehat{\ln Y} = \underset{(-2.24)}{-1.100} + \underset{(8.20)}{0.757\ln X_1} + \underset{(2.53)}{0.246\ln X_2} + \underset{(0.002)}{0.0002\ln X_3}$$

$$+ \underset{(0.92)}{0.030\ln X_4} - \underset{(-0.96)}{0.032\ln X_5} + \underset{(1.22)}{0.051\ln X_6}$$

$$R^2 = 0.9850 \quad \overline{R}^2 = 0.9812 \quad F = 262.32$$

可见，R^2 较大且接近于 1，而且 $F = 262.32 > F_{0.05}(6,24) = 2.51$，故认为粮食生产与上述解释变量间总体线性关系显著。但由于其中 X_3、X_4、X_5、X_6 前参数估计值未能通过 t 检验，而且 X_5 的参数符号的经济意义也不合理，故认为解释变量间存在多重共线性。

(2) 求各解释变量之间的相关系数。$\ln X_1, \ln X_2, \ln X_3, \ln X_4, \ln X_5, \ln X_6$ 的相关系数如表 7.4 所示。

表 7.4　　　　　　　　　　　　　　相关系数表

	$\ln X_1$	$\ln X_2$	$\ln X_3$	$\ln X_4$	$\ln X_5$	$\ln X_6$
$\ln X_1$	1.0000	0.9345	0.9453	0.6736	0.7509	0.7908
$\ln X_2$	0.9345	1.0000	0.9285	0.6847	0.7838	0.7496
$\ln X_3$	0.9453	0.9285	1.0000	0.5946	0.7182	0.8579
$\ln X_4$	0.6736	0.6847	0.5946	1.0000	0.7260	0.3342
$\ln X_5$	0.7509	0.7838	0.7182	0.7260	1.0000	0.4400
$\ln X_6$	0.7908	0.7496	0.8579	0.3342	0.4400	1.0000

表中数据显示 $\ln X_1$、$\ln X_2$、$\ln X_3$ 间存在高度相关性，同时，$\ln X_3$ 与 $\ln X_6$ 间的相关性也较高。

(3) 分别求 Y 对于每个解释变量的回归方程，并确定初始的回归模型。

分别作 $\ln Y$ 关于 $\ln X_1, \ln X_2, \ln X_3, \ln X_4, \ln X_5, \ln X_6$ 的回归，发现 $\ln Y$ 关于 $\ln X_1$ 的回归具有最大的可决系数：

$$\widehat{\ln Y} = \underset{(-3.08)}{-0.684} + \underset{(35.14)}{1.004\ln X_1}$$

$$R^2 = 0.9771 \quad \overline{R}^2 = 0.9763$$

可见，粮食生产受粮食播种面积的影响最大，与经验相符合，因此选该一元回归模型为初始的回归模型。

(4) 逐步回归。将其他解释变量分别引入上述初始回归模型，寻找最佳回归方程，其结果如表 7.5 所示。

表 7.5　　　　　　　　　　　　　逐步回归　　　　　　　　　　　　　单位:元

	C	$\ln X_1$	$\ln X_2$	$\ln X_3$	$\ln X_4$	$\ln X_5$	$\ln X_6$	$\bar{R}^2$
$Y=f(X_1)$	-0.684	1.004						0.9763
t 值	(-3.08)	(35.14)						
$Y=f(X_1,X_2)$	-0.915	0.812	0.238					0.9810
t 值	(-4.26)	(11.3)	(2.87)					
$Y=f(X_1,X_2,X_3)$	-0.722	0.769	0.209	0.071				0.9808
t 值	(-2.25)	(8.62)	(2.31)	(0.81)				
$Y=f(X_1,X_2,X_4)$	-0.90	0.813	0.241		-0.005			0.9803
t 值	(-3.65)	(11.03)	(7.79)		(-0.18)			
$Y=f(X_1,X_2,X_5)$	-0.789	0.820	0.281			-0.041		0.9817
t 值	(-3.46)	(11.60)	(3.24)			(-1.43)		
$Y=f(X_1,X_2,X_6)$	-1.081	0.761	0.231				0.050	0.9823
t 值	(-4.75)	(10.15)	(2.89)				(1.76)	

过程如下:

第一步,在初始模型中引入 X_2,模型拟合优度提高,且参数合理,变量也通过了显著性水平为 5% 的 t 检验;

第二步,引入 X_3,模型拟合优度有所下降,虽然参数符号合理,但变量甚至未通过显著性水平为 10% 的 t 检验;

第三步,去掉 X_3,引入 X_4,模型的拟合优度仍没有只有 X_1、X_2 时高,同时,X_4 的参数未能通过 10% 显著性水平下的 t 检验,且参数符号与经济意义不符;

第四步,去掉 X_4,引入 X_5,模型的拟合优度虽有所提高,但 X_5 的参数未能通过 10% 显著性水平下的 t 检验,且参数符号与经济意义不符。

第五步,去掉 X_5,引入 X_6,模型的拟合优度比只有 X_1、X_2 时有所提高,且 X_6 的参数符号与经济意义相符,并通过了 10% 显著性水平下的 t 检验。

在第五步所得模型的基础上,再尝试引入单个的 X_3、X_4、X_5,或者引入它们的任意线性组合,均达不到以 X_1、X_2、X_6 为解释变量的回归结果。因此最终的粮食生产函数应以 $Y=f(X_1,X_2,X_6)$ 为最优,拟合结果如下:

$$\ln \hat{Y} = -1.081 + 0.761\ln X_1 + 0.231\ln X_2 + 0.050\ln X_6$$

7.3.5　多元线性回归模型的预测

假定所建立的多元线性回归模型 $Y=XB+U$ 在预测期或预测范围内仍然成立,即由样本得到的统计规律不发生太大变化、原有回归模型的假设条件仍然成立的前提下进行预测。对于给定的解释变量的一组特定值

$$X_0 = (1, X_{10}, X_{20}, \cdots, X_{k0})$$

利用样本回归方程可以得到 Y_0 的估计值

$$\hat{Y}_0 = X_0 \hat{B}$$

$\hat{Y}_0$ 既可以作为总体均值 $E(Y_0)$ 的预测值,也可以作为总体个别值 Y_0 的预测值。为了进行科学预测,还需要求出 $E(Y_0)$ 和 Y_0 的预测区间。

1) $E(Y_0)$ 的预测区间

从参数估计量性质的讨论中可知:

$$E(\hat{Y}_0) = E(X_0 \hat{B}) = X_0 E(\hat{B}) = X_0 B = E(Y_0)$$

$$\operatorname{Var}(\hat{Y}_0) = E[\hat{Y}_0 - E(\hat{Y}_0)]^2 = E(X_0 \hat{B} - X_0 B)^2$$

$$= E\{[X_0(\hat{B}-B)][X_0(\hat{B}-B)]'\}$$

由于 $X_0(\hat{B}-B)$ 为标量,因此

$$X_0(\hat{B}-B) = [X_0(\hat{B}-B)]' = (\hat{B}-B)' X_0'$$

代入上式得:

$$\operatorname{Var}(\hat{Y}_0) = E[X_0(\hat{B}-B)(\hat{B}-B)' X_0']$$

$$= X_0 E[(\hat{B}-B)(\hat{B}-B)'] X_0'$$

$$= X_0 \operatorname{Cov}(\hat{B}) X_0'$$

$$= \sigma^2 X_0 (X'X)^{-1} X_0'$$

所以

$$\hat{Y}_0 \sim N[X_0 B, \sigma^2 X_0 (X'X)^{-1} X_0']$$

以 $\hat{\sigma}^2$ 代替 σ^2,得到 $\hat{Y}_0$ 的方差估计量

$$S_{\hat{Y}_0}^2 = \hat{\sigma}^2 X_0 (X'X)^{-1} X_0' \tag{7.42}$$

构造 t 统计量

$$t = \frac{\hat{Y}_0 - E(Y_0)}{S_{\hat{Y}_0}} = \frac{\hat{Y}_0 - E(Y_0)}{\hat{\sigma} \sqrt{X_0 (X'X)^{-1} X_0'}} \sim t(n-k-1)$$

给定了置信度 $(1-\alpha)$,$E(Y_0)$ 的预测区间为:

$$E(Y_0) = \hat{Y}_0 \pm t_{\alpha/2}(n-k-1) \hat{\sigma} \sqrt{X_0 (X'X)^{-1} X_0'} \tag{7.43}$$

2) Y_0 的预测区间

设 e_0 是总体真值 Y_0 与预测值 $\hat{Y}_0$ 的误差,称为预测误差。即

$$e_0 = Y_0 - \hat{Y}_0$$

可以证明

$$e_0 \sim N\{0, \sigma^2 [1 + X_0 (X'X)^{-1} X_0']\}$$

以 $\hat{\sigma}^2$ 代替 σ^2,可得到 e_0 的方差估计量:

$$S_{e_0}^2 = \hat{\sigma}^2 [1 + X_0(X'X)^{-1}X_0'] \tag{7.44}$$

构造 t 统计量：

$$t = \frac{Y_0 - \hat{Y}_0}{S_{e_0}} = \frac{Y_0 - \hat{Y}_0}{\hat{\sigma}\sqrt{1 + X_0(X'X)^{-1}X_0'}} \sim t(n-k-1)$$

给定了置信度 $(1-\alpha)$，Y_0 的预测区间为：

$$Y_0 = \hat{Y}_0 \pm t_{\alpha/2}(n-k-1)\hat{\sigma}\sqrt{1 + X_0(X'X)^{-1}X_0'} \tag{7.45}$$

7.3.6 多元线性回归分析预测实例

在一项关于某地区居民家庭对某种商品消费需求的抽样调查中，得到表 7.6 的资料。根据这些资料，对该地区居民家庭对该商品的消费支出进行回归分析。

表 7.6　　　　　　某地居民家庭的商品消费需求调查　　　　　　单位：元

序号	对某商品的消费支出 Y	商品单价 X_1	家庭人均月收入 X_2
1	591	23	2 540
2	654	24	3 040
3	623	32	3 557
4	647	32	3 720
5	674	31	3 966
6	644	34	4 307
7	680	35	4 780
8	724	38	5 320
9	757	39	6 000
10	760	42	6 433

1）建立模型

用 Y 表示某商品的消费支出，X_1 表示商品单价，X_2 表示家庭人均月收入，根据以往经验和对调查资料的初步分析可知，Y 与 X_1，X_2 呈线性关系，因此可建立总体二元线性回归模型

$$Y_i = \beta_0 + \beta_1 X_{1i} + \beta_2 X_{2i} + u_i$$

其样本回归模型的矩阵表达式为：

$$Y = X\hat{B} + e$$

其中：

$$Y = \begin{pmatrix} 591 \\ 654 \\ \vdots \\ 760 \end{pmatrix}; \quad X = \begin{pmatrix} 1 & 23 & 2540 \\ 1 & 24 & 3040 \\ \vdots & \vdots & \vdots \\ 1 & 42 & 6433 \end{pmatrix}; \quad \hat{B} = \begin{pmatrix} \hat{\beta}_0 \\ \hat{\beta}_1 \\ \hat{\beta}_2 \end{pmatrix}; \quad e = \begin{pmatrix} e_1 \\ e_2 \\ \vdots \\ e_{10} \end{pmatrix}$$

模型参数估计量为：

$$\hat{B} = (X'X)^{-1}X'Y$$

由于

$$X'X = \begin{pmatrix} 1 & 1 & \cdots & 1 \\ 23 & 24 & & 42 \\ 2540 & 3040 & \cdots & 6433 \end{pmatrix} \begin{pmatrix} 1 & 23 & 2540 \\ 1 & 24 & 3040 \\ \vdots & \vdots & \vdots \\ 1 & 42 & 6433 \end{pmatrix}$$

$$= \begin{pmatrix} 10 & 330 & 43\ 663 \\ 330 & 11\ 224 & 1\ 507\ 274 \\ 43\ 663 & 1\ 507\ 274 & 204\ 997\ 543 \end{pmatrix}$$

$$(X'X)^{-1} = \begin{pmatrix} 7.533\ 092\ 28 & -0.476\ 916\ 40 & 0.001\ 902\ 10 \\ -0.476\ 916\ 40 & 0.037\ 257\ 96 & -0.000\ 172\ 36 \\ 0.001\ 902\ 10 & -0.000\ 172\ 36 & 0.000\ 000\ 87 \end{pmatrix}$$

$$X'Y = \begin{pmatrix} 1 & 1 & \cdots & 1 \\ 23 & 24 & & 42 \\ 2540 & 3040 & \cdots & 6433 \end{pmatrix} \begin{pmatrix} 591 \\ 654 \\ \vdots \\ 760 \end{pmatrix} = \begin{pmatrix} 6754 \\ 5\ 474 \\ \vdots \\ 30\ 092\ 103 \end{pmatrix}$$

于是

$$\hat{B} = (X'X)^{-1}X'Y = \begin{pmatrix} 584.512\ 79 \\ -7.210\ 40 \\ 0.075\ 31 \end{pmatrix}$$

故样本回归方程为：

$$\hat{Y}_i = 584.512\ 79 - 7.210\ 40 X_{1i} + 0.075\ 31 X_{2i}$$

2) 模型检验

（1）经济意义检验。从模型参数估计量的符号看，$\hat{\beta}_1 < 0$ 意味着商品价格越高，对该商品的消费需求支出越少；$\hat{\beta}_2 > 0$ 意味着家庭人均月收入越高，对该商品的消费需求支出越多，与理论期望值相符。

从模型参数估计量的大小看，$\hat{\beta}_1 = -7.210\ 40$，表示当 X_2 保持不变时，X_1 每增加 1 元，Y 平均减少约 7.21 元；$\hat{\beta}_2 = 0.075\ 31$，表示当 X_1 保持不变时，X_2 每增加 1 元，Y 平均增加约 0.08 元。参数估计量的取值范围也与实际情况相符，因而模型通过经济意义检验。

（2）统计检验：

(a) 拟合优度检验。由于

$$TSS = Y'Y - n\bar{Y}^2$$

$$= (591\ 654\ \cdots\ 760) \begin{pmatrix} 591 \\ 654 \\ \vdots \\ 760 \end{pmatrix} - 10 \times 675.4^2$$

$$= 4\ 589\ 972 - 4\ 561\ 651.6 = 28\ 320.4$$

$$ESS = \hat{B}'X'Y - n\bar{Y}^2 = 4\ 588\ 307.957\ 9 - 4\ 561\ 651.6 = 26\ 656.36$$

所以
$$R^2 = \frac{ESS}{TSS} = \frac{26\,656.36}{28\,320.4} = 0.941\,24$$

$$\bar{R}^2 = 1-(1-R^2)\frac{n-1}{n-k-1}$$

$$= 1-(1-0.941\,24)\frac{10-1}{10-2-1} = 0.924\,5$$

可见模型在整体上拟合得比较好。

(b) F 检验。由于
$$RSS = TSS - ESS = 28\,320.4 - 26\,656.36 = 1\,664.04$$
所以
$$F = \frac{ESS/k}{RSS/(n-k-1)} = \frac{26\,656.36/2}{1\,664.04/7} = 56.066\,6$$

在 5% 的显著性水平下, 查 F 分布表, 得临界值 $F_{0.05}(2,7) = 4.74$, $F = 56.066\,6 > 4.74$, 表明回归方程的总体线性关系显著成立, 即商品的消费支出与商品单价和家庭人均月收入的线性关系显著, 模型通过 F 检验。

(c) t 检验。由于
$$\hat{\sigma}^2 = \frac{e'e}{n-k-1} = \frac{\sum e_i^2}{n-k-1} = \frac{1\,664.04}{7} = 237.720\,3$$

$$\text{Cov}(\hat{\boldsymbol{B}}) = \hat{\sigma}^2(\boldsymbol{X}'\boldsymbol{X})^{-1}$$

$$= 237.720\,3 \begin{pmatrix} 7.533\,092\,28 & -0.476\,916\,40 & 0.001\,902\,10 \\ -0.476\,916\,40 & 0.037\,257\,96 & -0.000\,172\,36 \\ 0.001\,902\,10 & -0.000\,172\,36 & 0.000\,000\,87 \end{pmatrix}$$

$$= \begin{pmatrix} 1\,790.768\,948 & -113.372\,710 & 0.452\,168 \\ -113.372\,710 & 8.856\,973 & -0.040\,975 \\ 0.452\,168 & -0.040\,975 & 0.000\,206 \end{pmatrix}$$

此矩阵中主对角线上的元素即为 $\hat{\beta}_0, \hat{\beta}_1, \hat{\beta}_2$ 的方差:

$$S^2_{\hat{\beta}_0} = 1\,790.768\,948 \quad S_{\hat{\beta}_0} = 42.317\,5$$

$$S^2_{\hat{\beta}_1} = 8.856\,973 \quad S_{\hat{\beta}_1} = 2.976\,1$$

$$S^2_{\hat{\beta}_2} = 0.000\,206 \quad S_{\hat{\beta}_2} = 0.014\,4$$

由此可得参数估计量的 t 检验值分别为:

$$t_{\hat{\beta}_0} = \frac{\hat{\beta}_0}{S_{\hat{\beta}_0}} = \frac{584.512\,79}{42.317\,5} = 13.812\,6$$

$$t_{\hat{\beta}_1} = \frac{\hat{\beta}_1}{S_{\hat{\beta}_1}} = \frac{-7.210\,40}{2.976\,1} = -2.422\,8$$

$$t_{\hat{\beta}_2} = \frac{\hat{\beta}_2}{S_{\hat{\beta}_2}} = \frac{0.075\,31}{0.014\,4} = 5.245\,6$$

在5%的显著性水平下,查 t 分布表,得临界值 $t_{0.025}(7)=2.365$。由上面计算可见回归系数的 t 检验值的绝对值均大于2.365,说明总体参数 $\beta_0, \beta_1, \beta_2$ 均显著不为零。模型的回归系数均通过 t 检验。

在5%的显著性水平下,模型总体参数置信区间分别为:

$\hat{\beta}_0 \pm t_{0.025} \times S_{\hat{\beta}_0} = 584.51279 \pm 2.365 \times 42.3175$,即 β_0 的置信区间为 $(484.4320, 684.5936)$;

$\hat{\beta}_1 \pm t_{0.025} \times S_{\hat{\beta}_1} = -7.21040 \pm 2.365 \times 2.9761$,即 β_1 的置信区间为 $(-14.2488, -0.1720)$;

$\hat{\beta}_2 \pm t_{0.025} \times S_{\hat{\beta}_2} = 0.07531 \pm 2.365 \times 0.0144$,即 β_2 的置信区间为 $(0.0414, 0.1093)$。

综上,模型通过了各种检验,下面给出模型通常的报告式:

$$\hat{Y}_i = 584.51279 - 7.21040 X_{1i} + 0.07531 X_{2i}$$
$$(13.8126) \quad (-2.4228) \quad (5.2456)$$
$$R^2 = 0.94124, \quad \bar{R}^2 = 0.9245, \quad F = 56.0666$$

3) 预测

如果商品单价变为40元,估计一户人均月收入为5000元的家庭对该商品的消费支出是多少?

将 $\boldsymbol{X}_0 = (1 \quad 40 \quad 5000)$ 代入样本回归方程,得

$$\hat{Y}_0 = \boldsymbol{X}_0 \hat{\boldsymbol{B}} = (1 \quad 40 \quad 5000) \begin{pmatrix} 584.51279 \\ -7.21040 \\ 0.07531 \end{pmatrix} = 672.6518(元)$$

$$S_{\hat{Y}_0}^2 = \hat{\sigma}^2 \boldsymbol{X}_0 (\boldsymbol{X}'\boldsymbol{X})^{-1} \boldsymbol{X}_0' = 237.7203 \times 0.74465 = 177.0191$$

得
$$S_{\hat{Y}_0} = 13.3049$$

$$S_{e_0}^2 = \hat{\sigma}^2 [1 + \boldsymbol{X}_0 (\boldsymbol{X}'\boldsymbol{X})^{-1} \boldsymbol{X}_0'] = 237.7203 \times (1 + 0.74465) = 414.7394$$

得
$$S_{e_0} = 20.3652$$

于是,$E(Y_0)$ 的95%的预测区间为:

$\hat{Y}_0 \pm t_{0.025} \times S_{\hat{Y}_0} = 672.6518 \pm 2.365 \times 13.3049$,即 $(641.1858, 704.1178)$。

Y_0 的95%的预测区间为:

$\hat{Y}_0 \pm t_{0.025} \times S_{e_0} = 672.6518 \pm 2.365 \times 20.3652$,即 $(624.4882, 720.8154)$。

7.4 非线性回归分析预测法

线性回归分析的前提是被解释变量与各解释变量之间的关系是线性的。实际上,各种现象之间的关系极其复杂,研究对象与其影响因素之间并非都呈线性关系,因而往往需要建立非线性回归模型。例如,在对生产问题研究时,资本投入和劳动力投入是影响产出的两个主要因素。研究表明,产出量 Q 与资本投入 K 和劳动力投入 L 之间并非线性关系,而是呈指

数函数关系,建立生产函数模型为:

$$Q = AK^\alpha L^\beta e^u$$

式中,A,α,β 为模型参数。此模型即为非线性模型。在回归分析中,往往将参数为线性的模型称为线性回归模型,否则称为非线性回归模型。在非线性回归模型中有一类可通过适当变换使其成为线性回归模型,这是我们要重点讨论的。

7.4.1 非线性回归模型的几种常见形式

1) 多项式曲线模型

$$Y_i = \beta_0 + \beta_1 X_i + \beta_2 X_i^2 + \cdots + \beta_k X_i^k + u_i$$

2) 双曲线模型

$$Y_i = \beta_0 + \beta_1 \frac{1}{X_i} + u_i \quad \text{或} \quad \frac{1}{Y_i} = \beta_0 + \beta_1 \frac{1}{X_i} + u_i$$

3) 对数曲线模型

常见的对数曲线模型有半对数曲线模型和双对数曲线模型两类。

半对数曲线模型:

$$\ln Y_i = \beta_0 + \beta_1 X_i + u_i \quad \text{或} \quad Y_i = \beta_0 + \beta_1 \ln X_i + u_i$$

双对数曲线模型:

$$\ln Y_i = \ln \beta_0 + \beta_1 \ln X_i + u_i$$

4) 指数曲线模型

$$Y_i = \beta_0 \beta_1^{X_i} \cdot u_i$$

5) 幂函数曲线模型

$$Y_i = \beta_0 X_i^{\beta_1} \cdot u_i$$

7.4.2 非线性回归模型的参数估计

非线性回归模型的参数估计一般采用变量直接或间接置换的方法,将非线性模型转化为线性模型,然后利用线性回归模型的参数估计方法(OLS)来估计原模型中的参数。

(1) 对于多项式曲线模型,可利用变量直接置换的方法使模型线性化。令 $X_{1i}^* = X_i$,$X_{2i}^* = X_i^2$,$\cdots$,$X_{ki}^* = X_i^k$,则原模型可转化为:

$$Y_i = \beta_0 + \beta_1 X_{1i}^* + \beta_2 X_{2i}^* + \cdots + \beta_k X_{ki}^* + u_i$$

即可利用多元线性回归分析的方法来估计原模型中的参数 $\beta_0,\beta_1,\cdots,\beta_k$。

(2) 对于双曲线模型前一种形式,令 $X_i^* = \frac{1}{X_i}$,则

$$Y_i = \beta_0 + \beta_1 X_i^* + u_i$$

对后一种形式,可令 $X_i^* = \frac{1}{X_i}$,$Y_i^* = \frac{1}{Y_i}$,则

$$Y_i^* = \beta_0 + \beta_1 X_i^* + u_i$$

即可利用一元线性回归估参法(OLS 法)来估计参数 β_0,β_1。

(3)对于对数曲线模型,令 $Y_i^* = \ln Y_i$,$X_i^* = \ln X_i$,则半对数曲线模型前一种形式可转化为:

$$Y_i^* = \beta_0 + \beta_1 X_i + u_i$$

后一种形式可转化为:

$$Y_i = \beta_0 + \beta_1 X_i^* + u_i$$

双对数曲线模型,可转化为:

$$Y_i^* = \beta_0 + \beta_1 X_i^* + u_i$$

即可利用 OLS 法来估计参数 β_0, β_1。

(4)对于指数曲线模型,两边取对数化为:

$$\ln Y_i = \ln \beta_0 + X_i \ln \beta_1 + \ln u_i$$

令 $Y_i^* = \ln Y_i$,用 OLS 法可估计出 $\ln \beta_0$ 和 $\ln \beta_1$,进而反解出 β_0, β_1。

(5)对于幂函数曲线模型,两边取对数即为:

$$\ln Y_i = \ln \beta_0 + \beta_1 \ln X_i + \ln u_i$$

令 $Y_i^* = \ln Y_i$,$X_i^* = \ln X_i$,则可用 OLS 法估计出 $\ln \beta_0$ 和 β_1,进而求出 β_0 和 β_1。

总之,非线性回归是针对可线性化的曲线模型而言的,只要曲线模型能通过直接、间接的变换转化成线性模型,我们就可以用熟悉的线性回归估参法进行参数估计。

例 7.2 某市一大型连锁超市的流通费率 Y 与销售额 X 之间满足双曲线模型

$$Y_i = \beta_0 + \beta_1 \frac{1}{X_i} + u_i$$

对其9个连锁店的流通费率和销售额的统计资料如表7.7所示。

表7.7

连锁店编号	1	2	3	4	5	6	7	8	9
销售额 X(万元)	1.5	4.5	7.5	10.5	15.5	16.5	19.5	22.5	25.5
流通费率 Y(%)	7.0	4.8	3.6	3.1	2.7	2.5	2.4	2.3	2.2

试对原模型做参数估计并预测。

令 $X_i^* = \frac{1}{X_i}$,则原模型变换为:

$$Y_i = \beta_0 + \beta_1 X_i^* + u_i$$

根据表7.7,计算得到表7.8,则

$$\hat{\beta}_1 = \frac{\sum X_i^* Y_i - n \bar{X}^* \bar{Y}}{\sum X_i^{*2} - n \bar{X}^{*2}}$$

$$= \frac{7.1456 - 9 \times 0.1530 \times 3.4}{0.5348 - 9 \times (0.1530)^2}$$

$$= 7.6020$$

$$\hat{\beta}_0 = \bar{Y} - \hat{\beta}_1 \bar{X}^* = 3.4 - 7.6020 \times 0.1530 = 2.2369$$

得原模型的估计方程为:

$$\hat{Y}_i = 2.2369 + 7.6020 \frac{1}{X_i}$$

表 7.8　　　　　　　　　　　　　　非线性回归模型计算表

连锁店编号	销售额 X(万元)	流通费率 Y(%)	X^*	X^{*2}	X^*Y
1	1.5	7.0	0.666 7	0.444 5	4.666 9
2	4.5	4.8	0.222 2	0.049 4	1.066 6
3	7.5	3.6	0.133 3	0.017 8	0.479 9
4	10.5	3.1	0.095 2	0.009 1	0.295 1
5	15.5	2.7	0.064 5	0.004 2	0.174 2
6	16.5	2.5	0.060 6	0.003 7	0.151 5
7	19.5	2.4	0.051 3	0.002 6	0.123 1
8	22.5	2.3	0.044 4	0.002 0	0.102 1
9	25.5	2.2	0.037 2	0.001 5	0.086 2
$\sum$		30.6	1.377 4	0.534 8	7.145 6
$\frac{1}{n}\sum$		3.4	0.153 0		

假设该大型连锁超市明年计划销售额为 30 万元,记 $X_0 = 30$ 万元,预测明年流通费率,流通费率用 Y_0 表示,则代入估计方程后有:

$$\hat{Y}_0 = 2.2369 + \frac{7.6020}{30} = 2.49$$

即流通费率的预测值为 2.49%。

思考练习题

1) 为什么线性回归模型的理论方程中要包含随机误差项?

2) 对经济变量进行一元线性回归分析时,模型中的随机误差项 u_i 有哪些假设条件? 为什么对 u_i 要提出这些假设?

3) 最小二乘法的基本原理是什么?

4) 已知模型 $Y_i = \beta_0 + \beta_1 X_i + u_i$,证明估计量 $\hat{\beta}_0$ 可表示为:

$$\hat{\beta}_0 = \sum_{i=1}^n (\frac{1}{n} - \bar{X}k_i) Y_i, \quad 其中 k_i = \frac{x_i}{\sum x_i^2}$$

5) 模型的检验包括几方面内容? 其具体含义是什么?

6) 什么是多重共线性? 多重共线性会给模型带来什么后果?

7) 多元线性回归模型 $Y_i = \beta_0 + \beta_1 X_{1i} + \beta_2 X_{2i} + \cdots + \beta_k X_{ki} + u_i (i = 1, 2, \cdots, n)$ 的矩阵形式是什么? 其中每个矩阵的含义是什么? 熟练地写出用矩阵表示的该模型的最小二乘估计量,并证明在满足基本假设的情况下,最小二乘估计量是无偏估计量。

8) 下表中是从某个行业的 8 个不同工厂收集的数据。

总成本(Y)	36	40	48	53	58	61	67	75
产量(X)	4	6	5	7	8	11	9	12

根据上表：

(1) 估计这个行业的线性总成本函数 $\hat{Y}=\hat{\alpha}+\hat{\beta}X$。

(2) $\hat{\alpha}$ 和 $\hat{\beta}$ 的经济含义是什么？

(3) 计算判定系数 R^2；当显著性水平 $\alpha=0.05$ 时，对模型参数进行显著性检验（t 检验）。

(4) 预测当产量为 10 时的总成本。

9) 下面数据是依据 10 对 X 和 Y 的观测值得到的：

$$\sum Y_i = 1\,110, \quad \sum X_i = 1\,680, \quad \sum X_i Y_i = 204\,200$$
$$\sum X_i^2 = 315\,400, \quad \sum Y_i^2 = 133\,300$$

假定它们满足所有的经典线性回归模型的假设。求：

(1) β_0, β_1 的估计值及标准差。

(2) 判定系数 R^2。

(3) 当显著性水平为 5% 时，对 β_0, β_1 进行 t 检验。

10) 某市 2003—2018 年城镇居民家庭人均可支配收入与人均消费性支出的统计数据如下表所示。

单位：元

年份	人均消费性支出(Y)	人均可支配收入(X)
2003	5 019.8	5 868.4
2004	5 729.5	6 885.5
2005	6 531.8	7 813.1
2006	6 970.8	8 472.0
2007	7 498.5	9 182.8
2008	8 493.5	10 349.7
2009	8 922.7	11 577.8
2010	10 285.8	12 463.9
2011	11 123.8	13 882.6
2012	12 200.4	15 637.8
2013	13 244.2	17 653.0
2014	14 825.0	19 978.0
2015	15 330.0	21 898.0
2016	16 460.0	24 725.0

续表

年份	人均消费性支出(Y)	人均可支配收入(X)
2017	17 893.0	26 738.0
2018	19 934.0	29 073.0

要求：

(1) 建立一元线性回归模型。

(2) 对模型进行经济意义检验、统计检验和计量经济学检验。

(3) 当2019年人均可支配收入为35 000元时，预测该市人均消费性支出。（取显著性水平 $\alpha=0.05$）

11) 已知某高科技开发公司的有关收入、研究经费和研究人员的数据如下表所示。

年份	收入(万元)Y	研究经费(千元)X_1	研究人员(人)X_2
2009	435	354	50
2010	438	357	53
2011	456	375	56
2012	464	390	59
2013	471	395	62
2014	473	396	65
2015	489	411	68
2016	498	418	71
2017	504	427	74
2018	518	441	77

要求：

(1) 试用矩阵法建立二元线性回归模型。

(2) 对回归模型进行经济意义检验、统计检验和计量经济学检验。

(3) 该公司计划2019年将研究经费增加到50万元，研究人员增加到80人，试预测该公司的当年收入。

12) 某地区对某种商品的需求量、价格和当地居民人均年收入的统计资料如下表所示。试求其需求函数，并进行拟合优度检验、t 检验和 F 检验。（取显著性水平 $\alpha=0.05$）

年 次	1	2	3	4	5	6	7	8	9	10
年需求量(百吨)	10	8	8	7	5	6	9	10	11	6
价格(元/千克)	5	7	6	6	8	7	5	4	3	9
人均年收入(千元)	30	18	36	15	9	12	39	33	39	9

13) 某企业的年产值、资金投入及职工人数的统计资料如下表所示。试求其 C-D 型生产函数,并进行拟合优度检验和 F 检验;如果模型检验合格,试预测当职工人数增加到 2 100 人、资金投入增加到 6 000 万元时,其年产值能达到多少?($\alpha = 0.05$)

年　　次	1	2	3	4	5	6	7	8
年产值(万元)	6 000	6 400	6 500	6 900	7 200	7 500	8 000	9 000
资金(万元)	2 500	2 600	2 900	3 100	3 500	4 000	4 500	5 000
职工人数(人)	1 600	1 620	1 650	1 700	1 750	1 850	1 900	2 000

14) 某菜市场每年 1 至 7 月的蔬菜供给量随时间而变化的趋势呈二次抛物线形式,其统计资料如下表所示。试求其供给量对于各月的供给函数,并进行拟合度检验和显著性检验;如果模型检验合格,而且 8 月至 10 月的供给量的变化趋势也与二次抛物线相拟合,试预测该市场 10 月份的蔬菜供给量是多少?

月　　份	1	2	3	4	5	6	7
月平均供给量(10 吨)	18	15	14	30	40	45	60

8 投入产出分析预测法

8.1 投入产出分析概述

8.1.1 投入产出分析的含义

投入产出分析在国际上有各种名称,苏联和东欧国家称为"部门联系平衡法",日本称为"产业联系法",欧美国家则称为"投入产出分析"、"投入产出技术"、"投入产出法"等。尽管名称不同,其实质却都一样,这些名称分别突出了这种经济数学方法不同侧面的特征。这里,我们采用欧美的叫法。投入产出分析是反映经济系统各部分(如各部门、行业、产品等)之间投入与产出的数量依存关系的经济数量分析方法。它是经济学和数学相结合的产物,属于交叉科学。

投入产出分析中的投入,是指经济活动中的各种消耗。例如,国民经济各部门在产品生产和服务过程中所消耗的各种原材料、燃料、动力、服务、固定资产和劳动力等。广义而言,投入还包括经济活动过程中对固定资产、流动资产、自然资源和劳动力的占用。投入产出分析中的产出,是指经济活动的成果(如得到一定数量的某种产品和服务)及其使用去向。例如,国民经济各部门所生产的产品(或服务)被用于生产消费、生活消费、积累和出口等。

国民经济各部门之间的经济技术联系包括:

(1)直接联系和间接联系。所谓直接联系,是指两个部门之间,不经过任何其他部门(或产品)而发生的直接消耗关系。所谓间接联系,是指两个部门(或产品)之间需要通过其他部门(或产品)而发生的间接消耗关系。如生产面包需要直接消耗面粉,这是食品加工部门与粮食加工部门间的直接联系,而生产面粉又需要小麦,生产小麦又需要化肥,则面包与化肥之间存在间接联系。

(2)单向联系和双向联系。所谓单向联系,是指先行部门为后续部门提供生产资料,而后续部门的产品不再作为先行部门的原料投入。如生产生产资料的部门为生产消费资料的部门提供原材料、设备,而生产消费资料的部门生产的产品不再进入其他部门的生产过程中去。所谓双向联系是指部门之间相互消耗、相互提供产品的联系。如煤炭部门与电力部门之间的联系即为双向联系。

(3)顺联系和逆联系。所谓顺联系是指从原料开始,依次经过各加工环节,最后生产出产品。所谓逆联系是指后续部门又返回去成为先行部门生产的前提条件。如,矿山机械→

铁矿石→生铁→钢→钢材→矿山机械,即采矿部门与机械部门之间存在逆联系。

由于国民经济系统是个复杂的大系统,部门之间的联系是极其错综复杂的。以国民经济为主要研究对象的投入产出分析是以经济理论为指导,以国民经济各部门(或产品)之间的技术经济联系为客观基础,以统计学、数学和计算机为工具,通过编制投入产出表并由此建立投入产出数学模型,用以揭示国民经济各部门(或产品)之间投入与产出的相互依存关系,从而进行经济分析、政策模拟、预测、编制计划及控制等。因此,在经济理论指导下,收集数据编制投入产出表,然后建立相应的投入产出模型,最后进行经济分析、预测、政策模拟等,已成为投入产出分析应用的主要内容。

8.1.2 投入产出分析的产生及其发展

投入产出分析是美国经济学家瓦西里·列昂惕夫(Wassily Leontief)于1936年提出来的,之后在世界各国获得了普遍的应用和推广,列昂惕夫也因这一杰出贡献而荣获1973年诺贝尔经济学奖。

1936年,当列昂惕夫在美国《经济统计评论》上发表论文《美国经济体系中投入产出的数量关系》时,该论文可算是经济分析方法论发展的一个转折点。但当时并未引起美国经济界和政府的重视,直到40年代才被实际应用。1942—1944年,美国劳工部劳动统计局在列昂惕夫的主持和指导下,编制了美国1939年投入产出表,并据此对美国的就业状况和战后的钢产量进行了预测。例如,美国劳工部统计局利用1939年投入产出表预测了1945年12月美国的就业状况,在1950年充分就业的情况下,预测钢产量将达到9 800万吨,这与实际产量为9 680万吨相比,其预测误差只有1.24%。作为中长期的预测结果来看,这是很成功的。此后,美国劳工部劳动统计局、商业部、农业部等政府机构编制了一系列投入产出表。

继美国之后,西欧国家和日本也编制了投入产出表。苏联和东欧国家在20世纪50年代末期也开始重视这个方法,并先后编制了一系列投入产出表,使其在理论研究和应用方面都得到了充分而迅速的发展。

20世纪60年代初期,随着经济建设的发展以及宏观管理与调控的需要,我国一些科研院所的少数研究人员开始了投入产出技术的宣传与理论研究工作。20世纪60年代中期,中国科学院数学所运筹室的研究人员在鞍山钢铁公司成功地编制和应用了投入产出模型。1974—1976年间,在国家计委和国家统计局的主持下,第一次试编了1973年全国61种产品的实物型投入产出表。这比美国晚了34年,比日本晚了22年,比苏联晚了14年。1987年,国务院明确规定,以后每5年编制全国投入产出表,即每逢"3""8"年份编制"2""7"年份的投入产出表,5年中间的"5""10"年份通过调整系数编制全国投入产出延长表。这就在全国形成了一种制度。此外,就地区、部门、企业而言,均编制了各个层次、各种类型的投入产出表,在编表和应用方面积累了丰富的经验。

由于投入产出技术能够反映国民经济各部门在投入与产出之间的相互联系,因而得到了广泛的应用,并向一些新的行业扩展,目前国际投入产出技术的发展趋势是:①编表工作经常化和制度化。投入产出表已成为国民经济核算体系的一个有机组成部分。②投入产出技术与其他经济分析方法和数量经济方法日益融合。例如,投入产出技术和经济计量学、数学规划、灰色系统等相结合。③投入产出技术的应用日益深入,特别是在可持续发展、知识创新、生产率增长,以及根据世界经济全球化而编制的国际投入产出表等方面,已得到世界各国广泛的重视。

8.2 全国价值型投入产出模型

经过多年广泛的应用和发展,目前,投入产出分析已形成了具有多种模型的一个体系。解决多方面、多层次、多目标的社会经济问题,可应用不同的投入产出模型来处理。按不同的指标,投入产出模型有如下几种分类:按时间因素的不同,可分为静态模型和动态模型;按计量单位的不同,可分为实物模型和价值模型;按资料范围的不同,可分为宏观模型和微观模型;按资料性质和内容的不同,可分为报告期模型和计划期模型。本节先介绍全国静态价值型投入产出模型,该模型简称为全国价值模型,它由两部分构成:全国价值表和全国价值型数学模型,以货币为计量单位。

8.2.1 全国价值型投入产出表

价值表的基本格式参见表8.1。价值表以整个国民经济作为描述对象,采用表格的形式表现各经济部门间的投入与产出关系。该表由4个象限组成,分别称为第Ⅰ、第Ⅱ、第Ⅲ、第Ⅳ象限。除4个象限外,表的左方称主栏,表的上方称宾栏。

表8.1　　　　　　　　　　全国价值型投入产出表(简表)

投入	产出	中间使用 1　2　⋯　n	最终使用 固定资产更新大修理	积累	总消费	净出口	合计	总产出
中间投入	1	x_{11}　x_{12}　⋯　x_{1n}			Ⅱ			Y_1	X_1
	2	x_{21}　x_{22}　⋯　x_{2n}						Y_2	X_2
	⋮	⋮　⋮　Ⅰ　⋮						⋮	⋮
	n	x_{n1}　x_{n2}　⋯　x_{nn}						Y_n	X_n
初始投入	折旧 劳动报酬 社会纯收入	D_1　D_2　⋯　D_n V_1　V_2　Ⅲ　V_n M_1　M_2　⋯　M_n			Ⅳ				
总投入		X_1　X_2　⋯　X_n							

第Ⅰ象限是投入与消耗部分。其主栏是中间投入,宾栏为中间使用。它是由与主宾栏名称相同、数目相等、排列次序一一对应的产品部门纵横交错而成的棋盘式表格。中间投入是指各部门为生产活动所提供的各种物质产品(原材料、燃料、动力等)和服务。中间使用是指为国民经济各部门的本期生产活动所提供的,包括国内生产和国外进口在内的各部门产品和服务。

本象限中,每个产品部门既是生产者又是消耗者,因此表中的每个数字(x_{ij})都具有投入与消耗的双重含义。它揭示了国民经济各部门之间相互依存、相互制约的技术经济联系,它是投入产出表的核心。第Ⅰ象限 n 行 n 列组成的 n 阶方阵(x_{ij})称为部门间流量矩阵,简称流量方阵。

第Ⅱ象限是第Ⅰ象限向右方向的延伸,称为最终产品象限。该象限的主栏仍是各产品部门,宾栏是最终使用,是由总消费、积累、固定资产更新、大修理和净出口等项组成。最终使用是指已退出或暂时退出本期生产活动而为最终需求所提供的产品和服务。总消费是指本期内,我国居民和社会集体对物质产品和服务的最终消费。净出口是指当年各类产品和服务的进出口差额。因此,第Ⅱ象限反映的是国民经济中各产品部门与最终使用各项之间的经济联系。

从行的方向看,投入产出表的第Ⅰ、第Ⅱ象限构成一张长方形表格,称为产品分配流向表,它反映了国民经济各产品部门的产品或服务的分配使用去向,即

中间使用+最终使用=总产出

其中总产出是指国民经济各部门在一定时期内所进行的生产活动的总成果。

第Ⅲ象限是初始投入(增加值、最初投入)部分。它是第Ⅰ象限向下的延伸。其主栏是由固定资产折旧、劳动者报酬、社会纯收入(生产税净额、营业盈余等)组成的最初投入,其宾栏是各产品部门。该象限反映的是各产品部门增加值的构成,除了反映固定资产折旧以外,还反映国民收入初次分配(劳动报酬和社会纯收入)。

从列向看,第Ⅰ、Ⅲ象限也构成一张长方形表格,称为产品价值形成表。它揭示了国民经济各产品部门的产品和服务的价值构成。即

中间投入+增加值=总投入

其中总投入是指国民经济各部门进行生产活动所投入的总费用。

第Ⅳ象限从理论上应反映国民收入再分配。但由于资金运动和再分配过程极其复杂,难以用限定的栏目充分、完整地表现它们,故通常将此象限省略。

表8.2是按第一、第二、第三产业编制的价值型投入产出表。三次产业,是1940年英国经济学家克拉克(C·Clark)在《经济发展的各种条件》一书中提出的,即按照劳动对象和发展过程,将所有生产部门分为三次产业。1968年联合国统计局根据美、英等国的统计实践,制定了经济活动的国际标准部门分类(简称 ISIC)。这种分类法依据生产的具体性质、用途和工艺组织,将三次产业分为10个部门。其中第一产业包括农业、牧业、林业和渔业、矿山采掘业;第二产业包括加工业(制造业)、建筑业;第三产业包括电力工业、供气和给水业、商业与餐饮业、旅游业、运输邮电业、金融保险业以及其他服务业等。

表8.2　　　　　　　　　　　价值型投入产出表　　　　　　　　　　单位:亿元

投入/产出		中间使用				最终使用			总产出
		第一产业	第二产业	第三产业	合计	积累	消费	合计	
中间投入	第一产业	100	200	100	400	100	500	600	1 000
	第二产业	200	600	400	1 200	570	230	800	2 000
	第三产业	200	400	300	900	65	35	100	1 000
	合计	500	1 200	800	2 500	735	765	1 500	4 000

续表

产出 \ 投入		中间使用				最终使用			总产出
		第一产业	第二产业	第三产业	合计	积累	消费	合计	
初始投入	折旧	25	50	35	110				
	劳动者报酬	355	120	55	530				
	社会纯收入	120	630	110	860				
	合计	500	800	200	1 500				
总投入		1 000	2 000	1 000	4 000				

8.2.2 全国价值型投入产出数学模型

1) 投入产出行模型

利用投入产出表横向的平衡关系,在分配方程组中,引进直接消耗系数建立的数学模型称为投入产出行模型。在全国价值表 8.1 中,第Ⅰ、第Ⅱ象限组成了一张矩形的产品分配流向表,此表中的每一行都可建立一个线性方程,表示 i 部门(行部门)对 j 部门(列部门)的投入量,及提供的最终产品与总产出之间的数量关系。有如下分配方程组:

$$\left.\begin{array}{l} x_{11}+x_{12}+\cdots+x_{1n}+Y_1=X_1 \\ x_{21}+x_{22}+\cdots+x_{2n}+Y_2=X_2 \\ \vdots \\ x_{n1}+x_{n2}+\cdots+x_{nn}+Y_n=X_n \end{array}\right\} \qquad (8.1)$$

缩写为:

$$\sum_{j=1}^{n} x_{ij} + Y_i = X_i \quad (i=1,2,\cdots,n) \qquad (8.2)$$

式中:x_{ij}——从表 8.1 的行向看,表示第 i 部门生产的产品或服务分配给第 j 部门使用,并被用于生产消耗的数量;从列向看,表示第 j 部门生产过程中,直接消耗第 i 部门的产品或服务的数量;

$\sum_{j=1}^{n} x_{ij}$——第 i 部门的产品或服务的中间产出合计,或所有部门生产中,使用第 i 部门的产品或服务的中间使用合计;

Y_i——第 i 部门在本期生产中提供的最终使用额;

X_i——第 i 部门的总产出。

在建模过程中,引入了直接消耗系数(也称投入系数)a_{ij},即

$$a_{ij}=x_{ij}/X_j \quad (i,j=1,2,\cdots,n) \qquad (8.3)$$

直接消耗系数 a_{ij} 表示在生产过程中,第 j 部门单位总产出直接消耗第 i 部门产品或服务的价值。由直接消耗系数定义式(8.3),有

$$x_{ij}=a_{ij}X_j \quad (i,j=1,2,\cdots,n)$$

代入(8.2)式得

$$\sum_{j=1}^{n} a_{ij}X_j + Y_i = X_i \quad (i = 1,2,\cdots,n) \tag{8.4}$$

将(8.4)式写成矩阵形式为：

$$\begin{pmatrix} a_{11} & a_{12} & \cdots & a_{1n} \\ a_{21} & a_{22} & \cdots & a_{2n} \\ \vdots & \vdots & & \vdots \\ a_{n1} & a_{n2} & \cdots & a_{nn} \end{pmatrix} \begin{pmatrix} X_1 \\ X_2 \\ \vdots \\ X_n \end{pmatrix} + \begin{pmatrix} Y_1 \\ Y_2 \\ \vdots \\ Y_n \end{pmatrix} = \begin{pmatrix} X_1 \\ X_2 \\ \vdots \\ X_n \end{pmatrix}$$

简写为

$$AX+Y=X \tag{8.5}$$

式中：A——直接消耗系数矩阵；

Y——最终使用列向量；

X——总产出列向量。

对(8.5)式移项合并，得：

$$Y=(I-A)X \tag{8.6}$$

称其中的$(I-A)$为列昂惕夫矩阵。由于A中所有元素均非负，即

$$a_{ij} \geq 0 \quad (i,j=1,2,\cdots,n)$$

且A中各列元素之和均小于1，即

$$\sum_{i=1}^{n} a_{ij} < 1 \quad (j=1,2,\cdots,n)$$

则可以证明，$|I-A| \neq 0$，列昂惕夫矩阵$(I-A)$可逆。以$(I-A)^{-1}$左乘(8.6)式，得：

$$X=(I-A)^{-1}Y \tag{8.7}$$

称$(I-A)^{-1}$为列昂惕夫逆阵，称(8.6)式和(8.7)式为投入产出行模型。当X为外生变量时，可由(8.6)式求出Y；当Y为外生变量时，可由(8.7)式求出X。

2）投入产出列模型

利用投入产出表纵向的平衡关系，在部门产品价值构成方程组中，引进直接消耗系数建立的数学模型，称为投入产出列模型。由全国价值表8.1第Ⅰ象限、第Ⅲ象限组成一张矩形的产品价值形成表，此表中的每一列都可建立一个线性方程，反映j部门(列部门)投入要素的构成或价值形成的过程。所谓价值形成，是指生产资料转移价值、增加值与总产值之间的平衡关系，有价值构成方程组如下：

$$\left.\begin{array}{r} x_{11}+x_{21}+\cdots+x_{n1}+D_1+V_1+M_1=X_1 \\ x_{12}+x_{22}+\cdots+x_{n2}+D_2+V_2+M_2=X_2 \\ \vdots \\ x_{1n}+x_{2n}+\cdots+x_{nn}+D_n+V_n+M_n=X_n \end{array}\right\} \tag{8.8}$$

缩写为：

$$\sum_{i=1}^{n} x_{ij} + D_j + V_j + M_j = X_j \quad (j=1,2,\cdots,n) \tag{8.9}$$

式中：$\sum_{i=1}^{n} x_{ij}$——第j部门中间投入合计，或第j部门在生产中对所有部门的中间消耗；

D_j——第 j 部门所提取的固定资产折旧;

V_j——第 j 部门生产劳动者的原始收入;

M_j——第 j 部门为社会创造的价值。

在建模中,引入了直接消耗系数 a_{ij} 后,将 $x_{ij}=a_{ij}X_j$ 代入(8.9)式中,得:

$$\sum_{i=1}^{n} a_{ij}X_j + D_j + V_j + M_j = X_j \quad (j=1,2,\cdots,n) \tag{8.10}$$

设 $a_{cj} = \sum_{i=1}^{n} a_{ij}$ 为直接消耗系数矩阵 A 中第 j 列元素之和,其含义是 j 部门生产单位产值对所有物质产品或服务的消耗量,称为直接物耗(当然也可包含服务)系数;令 $N_j = D_j + V_j + M_j$ 为 j 部门本期的增加值(最初投入)。则(8.10)式可改写为:

$$a_{cj}X_j + N_j = X_j \quad (j=1,2,\cdots,n) \tag{8.11}$$

将(8.11)式写成矩阵形式:

$$\hat{A}_c X + N = X$$

$$(I - \hat{A}_c)X = N \tag{8.12}$$

式中

$$\hat{A}_c = \begin{pmatrix} \sum_{i=1}^{n} a_{i1} & 0 & \cdots & 0 \\ 0 & \sum_{i=1}^{n} a_{i2} & \cdots & 0 \\ \vdots & \vdots & & \vdots \\ 0 & 0 & \cdots & \sum_{i=1}^{n} a_{in} \end{pmatrix} = \begin{pmatrix} a_{c1} & 0 & \cdots & 0 \\ 0 & a_{c2} & \cdots & 0 \\ \vdots & \vdots & & \vdots \\ 0 & 0 & \cdots & a_{cn} \end{pmatrix}$$

称为物耗系数对角矩阵;

$$I - \hat{A}_c = \begin{pmatrix} 1-a_{c1} & 0 & \cdots & 0 \\ 0 & 1-a_{c2} & \cdots & 0 \\ \vdots & \vdots & & \vdots \\ 0 & 0 & \cdots & 1-a_{cn} \end{pmatrix}$$

称为增加值系数矩阵,其主对角线上的元素 $1-a_{cj}$ 是第 j 部门单位产值中的增加值。

(8.12)式中,X 为各部门总产值列向量,N 为各部门增加值列向量。以 $(I-\hat{A}_c)^{-1}$ 左乘(8.12)式,得:

$$X = (I - \hat{A}_c)^{-1} N \tag{8.13}$$

式中,$(I-\hat{A}_c)^{-1}$ 中各元素是 $(I-\hat{A}_c)$ 中各元素的倒数。称(8.12)式和(8.13)式为投入产出列模型。当 X 为外生变量时,可由(8.12)式求出 N;当 N 为外生变量时,可由(8.13)式求出 X。

3)价值模型的主要系数

除了在建立数学模型时引入的系数矩阵 A,$\hat{A}_c$,$I-\hat{A}_c$ 之外,还可计算完全消耗系数、完全需要系数、直接折旧系数、直接劳动报酬系数、直接社会纯收入系数等。

(1)完全消耗系数与完全需要系数。完全消耗系数是指第 j 部门每提供一个单位最终产品时，对第 i 部门产品或服务的直接消耗和全部的间接消耗，它通常记为 b_{ij}。完全消耗系数矩阵记为：

$$B = \begin{pmatrix} b_{11} & b_{12} & \cdots & b_{1n} \\ b_{21} & b_{22} & \cdots & b_{2n} \\ \vdots & \vdots & & \vdots \\ b_{n1} & b_{n2} & \cdots & b_{nn} \end{pmatrix}$$

为了实际计算完全消耗系数，以及了解列昂惕夫逆系数矩阵 $(I-A)^{-1}$ 的经济含义，需研究 B 的元素 b_{ij} 的展开式。完全消耗系数是由两部分所组成，为直接消耗系数与所有间接消耗系数之和，即

$$b_{ij} = a_{ij} + \sum_{k=1}^{n} b_{ik} a_{kj} \quad (i,j=1,2,\cdots,n) \tag{8.14}$$

其中，$\sum_{k=1}^{n} b_{ik} a_{kj}$ 表示第 j 部门单位最终产品生产中，通过中间产品 k 实现的对第 i 个部门产品的全部间接消耗量，用矩阵表示，则有：

$$B = A + BA$$

变形为

$$B - BA + I - A = I$$
$$(B+I)(I-A) = I$$
$$B + I = (I-A)^{-1}$$
$$B = (I-A)^{-1} - I \tag{8.15}$$

由上可见，完全消耗系数矩阵是经过 $(I-A)$ 求出逆 $(I-A)^{-1}$ 再去掉单位阵 I 而得到的。在此，将 $B+I=(I-A)^{-1}$ 称为完全需要系数矩阵，记做 $\bar{B}$，即

$$\bar{B} = \begin{pmatrix} \bar{b}_{11} & \bar{b}_{12} & \cdots & \bar{b}_{1n} \\ \bar{b}_{21} & \bar{b}_{22} & \cdots & \bar{b}_{2n} \\ \vdots & \vdots & & \vdots \\ \bar{b}_{n1} & \bar{b}_{n2} & \cdots & \bar{b}_{nn} \end{pmatrix} = \begin{pmatrix} 1+b_{11} & b_{12} & \cdots & b_{1n} \\ b_{21} & 1+b_{22} & \cdots & b_{2n} \\ \vdots & \vdots & & \vdots \\ b_{n1} & b_{n2} & \cdots & 1+b_{nn} \end{pmatrix}$$

从完全消耗系数矩阵 B 与完全需要系数矩阵 $\bar{B}$ 可见，两者只在主对角线位置上差 1，其余各元素均对应相等。完全需要系数 $\bar{b}_{ij}$，表示第 j 个产品部门增加一个单位最终产品时，对第 i 个产品部门产品或服务的完全需要量。

(2)直接折旧系数、直接劳动报酬系数与直接纯收入系数。直接折旧系数

$$a_{d_j} = D_j / X_j \quad (j=1,2,\cdots,n)$$

表示 j 产品部门在生产过程中，单位产值应分摊的固定资产折旧额。向量为：

$$A_d = (a_{d_1}, a_{d_2}, \cdots, a_{d_n}) \tag{8.16}$$

直接劳动报酬系数

$$a_{v_j} = V_j/X_j \quad (j=1,2,\cdots,n)$$

表示 j 产品部门在生产过程中，单位产值的劳动报酬。向量为：

$$A_v = (a_{v_1}, a_{v_2}, \cdots, a_{v_n}) \tag{8.17}$$

直接社会纯收入系数

$$a_{M_j} = M_j/X_j \quad (j=1,2,\cdots,n)$$

表示 j 产品部门在生产过程中，单位产值的社会纯收入。其向量为：

$$A_M = (a_{M_1}, a_{M_2}, \cdots, a_{M_n}) \tag{8.18}$$

4) 行模型与列模型的关系

依据价值表的特点，各经济部门的总投入应与序号相同的部门产品的总产出相等。即 $i=j$ 时，

$$\sum_{j=1}^{n} x_{ij} + Y_i = \sum_{i=1}^{n} x_{ij} + N_j$$

若从国民经济总量上来看，各部门生产量之和应等于产出使用量之和，即

$$\sum_{i=1}^{n}\left(\sum_{j=1}^{n} x_{ij} + Y_i\right) = \sum_{j=1}^{n}\left(\sum_{i=1}^{n} x_{ij} + N_j\right)$$

$$\sum_{i=1}^{n}\sum_{j=1}^{n} x_{ij} + \sum_{i=1}^{n} Y_i = \sum_{j=1}^{n}\sum_{i=1}^{n} x_{ij} + \sum_{j=1}^{n} N_j$$

因为

$$\sum_{i=1}^{n}\sum_{j=1}^{n} x_{ij} = \sum_{j=1}^{n}\sum_{i=1}^{n} x_{ij}$$

所以

$$\sum_{i=1}^{n} Y_i = \sum_{j=1}^{n} N_j \tag{8.19}$$

(8.19) 式表明，价值表中第 II 象限的总量与第 III 象限的总量相等，即最终产品使用量与最终产值生产量相等，但 $Y_i \neq N_i (i=1,2,\cdots,n)$。

8.3 价值型投入产出模型在国民经济预测中的应用

投入产出模型通过直接消耗系数和完全消耗系数反映了国民经济各部门和再生产各环节之间的内在联系。在投入结构、工艺技术和管理水平相对稳定的条件下，假定消耗系数在一定时期是稳定的，这是利用投入产出模型进行经济分析和预测的前提。

现在利用表 8.2 对下面情况进行研究。

(1) 在确定了国民经济各部门计划期内的最终需求数量 Y_i 之后，预测为达到此目标，各部门应安排的产出计划 X_i。

例 8.1 在计划期内，三次产业的最终需求分别为 500 亿元、1 000 亿元和 400 亿元，试预测三次产业总产出的数量。

解 根据表 8.2 所提供的数据可以算出直接消耗系数矩阵为:

$$A = \begin{pmatrix} 0.1 & 0.1 & 0.1 \\ 0.2 & 0.3 & 0.4 \\ 0.2 & 0.2 & 0.3 \end{pmatrix}$$

完全需要系数矩阵为:

$$(I-A)^{-1} = \begin{pmatrix} 1.246 & 0.274 & 0.334 \\ 0.669 & 1.854 & 1.155 \\ 0.547 & 0.608 & 1.854 \end{pmatrix}$$

由题目知

$$Y = \begin{pmatrix} 500 \\ 1\,000 \\ 400 \end{pmatrix}$$

根据公式 $X = (I-A)^{-1}Y$,则有

$$\begin{pmatrix} X_1 \\ X_2 \\ X_3 \end{pmatrix} = \begin{pmatrix} 1.246 & 0.274 & 0.334 \\ 0.669 & 1.854 & 1.155 \\ 0.547 & 0.608 & 1.854 \end{pmatrix} \begin{pmatrix} 500 \\ 1\,000 \\ 400 \end{pmatrix} = \begin{pmatrix} 1\,030.4 \\ 2\,650.5 \\ 1\,623.1 \end{pmatrix}$$

因此,三次产业总产出的预测值分别为 1 030.6 亿元、2 650.5 亿元和 1 623.1 亿元。

此例也可用 Excel 软件求解,详见 16.4.2 中例 16.6。

(2) 当确定了计划年度内国民经济各部门的产出增加量(用 ΔX 表示)后,预测按此计划各部门所能提供的最终产品增加量(用 ΔY 表示)。

例 8.2 计划期三次产业的总产出比基期的总产出分别增长 4%,18% 和 25%,试预测三次产业所提供的最终产品的数量。

解 由题可知:

$$\begin{pmatrix} \Delta X_1 \\ \Delta X_2 \\ \Delta X_3 \end{pmatrix} = \begin{pmatrix} 1\,000 \times 0.04 \\ 2\,000 \times 0.18 \\ 1\,000 \times 0.25 \end{pmatrix} = \begin{pmatrix} 40 \\ 360 \\ 250 \end{pmatrix}$$

根据公式 $\Delta Y = (I-A)\Delta X$,则有

$$\begin{pmatrix} \Delta Y_1 \\ \Delta Y_2 \\ \Delta Y_3 \end{pmatrix} = \begin{pmatrix} 0.9 & -0.1 & -0.1 \\ -0.2 & 0.7 & -0.4 \\ -0.2 & -0.2 & 0.7 \end{pmatrix} \begin{pmatrix} 40 \\ 360 \\ 250 \end{pmatrix} = \begin{pmatrix} -25 \\ 144 \\ 95 \end{pmatrix}$$

由于 $Y_\text{计} = Y_\text{基} + \Delta Y$,即

$$\begin{pmatrix} Y_1 \\ Y_2 \\ Y_3 \end{pmatrix}_\text{计} = \begin{pmatrix} 600 \\ 800 \\ 100 \end{pmatrix} + \begin{pmatrix} -25 \\ 144 \\ 95 \end{pmatrix} = \begin{pmatrix} 575 \\ 944 \\ 195 \end{pmatrix}$$

因此,三次产业的最终产品预测值分别为 575 亿元、944 亿元和 195 亿元。

(3) 当确定了计划年度内国民经济各部门的产出计划后,则可预测出各部门的增加值与国内生产总值 GDP。

例 8.3 设计划年度内,总产出列向量为:

$$X_{\text{计}} = \begin{pmatrix} X_1 \\ X_2 \\ X_3 \end{pmatrix} = \begin{pmatrix} 1\ 040 \\ 2\ 360 \\ 1\ 250 \end{pmatrix}$$

根据公式 $N_j = (1 - \sum_{i=1}^{n} a_{ij})X_j$，则有

$$N = \begin{pmatrix} N_1 \\ N_2 \\ N_3 \end{pmatrix} = \begin{pmatrix} (1 - \sum_{i=1}^{3} a_{i1})X_1 \\ (1 - \sum_{i=1}^{3} a_{i2})X_2 \\ (1 - \sum_{i=1}^{3} a_{i3})X_3 \end{pmatrix} = \begin{pmatrix} 0.5 \times 1\ 040 \\ 0.4 \times 2\ 360 \\ 0.2 \times 1\ 250 \end{pmatrix} = \begin{pmatrix} 520 \\ 944 \\ 250 \end{pmatrix}$$

所以

$$\text{GDP} = N_1 + N_2 + N_3 = 520 + 944 + 250 = 1\ 714 (亿元)$$

因此，计划期内三次产业增加值的预测值分别为 520 亿元、944 亿元和 250 亿元，GDP 为 1 714 亿元。

(4) 当确定了计划期内某些部门最终产品的增加量，则既可预测全社会各部门需要增加的劳动报酬，也可预测社会劳动量(指全社会安排的就业人数)与劳动就业结构(指劳动力在国民经济各部门的分配比例)。

例 8.4 计划期内，仅第二产业的最终产品增加了 150 亿元，其他部门的最终产品不变，则可预测出全社会劳动报酬的增加量、全社会所增加的就业人数以及就业结构。(设三次产业劳动力的人均年货币收入分别为 2 500 元、6 000 元、8 000 元)

解 由公式 $X = (I-A)^{-1}Y$，有 $\Delta X = (I-A)^{-1}\Delta Y$，则有：

$$\begin{pmatrix} \Delta X_1 \\ \Delta X_2 \\ \Delta X_3 \end{pmatrix} = \begin{pmatrix} 1.246 & 0.274 & 0.334 \\ 0.669 & 1.854 & 1.155 \\ 0.547 & 0.608 & 1.854 \end{pmatrix} \begin{pmatrix} 0 \\ 150 \\ 0 \end{pmatrix} = \begin{pmatrix} 41.1 \\ 278.1 \\ 91.2 \end{pmatrix}$$

又因为 $V_j = a_{v_j} X_j$，得 $\Delta V_j = a_{v_j} \Delta X_j \quad (j = 1, \cdots, n)$，其矩阵形式为：

$$\Delta V = \begin{pmatrix} a_{v_1} & & & \\ & a_{v_2} & & \\ & & \ddots & \\ & & & a_{v_n} \end{pmatrix} \begin{pmatrix} \Delta X_1 \\ \Delta X_2 \\ \vdots \\ \Delta X_n \end{pmatrix}$$

则

$$\begin{pmatrix} \Delta V_1 \\ \Delta V_2 \\ \Delta V_3 \end{pmatrix} = \begin{pmatrix} 355/1\ 000 & & \\ & 120/2\ 000 & \\ & & 55/1\ 000 \end{pmatrix} \begin{pmatrix} 41.1 \\ 278.1 \\ 91.2 \end{pmatrix} = \begin{pmatrix} 14.59 \\ 16.69 \\ 5.02 \end{pmatrix}$$

因此，全社会劳动报酬增量的预测值为 $\sum_{i=1}^{3} \Delta V_i = 36.3$ 亿元。又根据题目假设，可得各次产业所增加的劳动力分别为：

第一产业：$\Delta L_1 = 145\,900/2\,500 \approx 58.4$(万人)

第二产业：$\Delta L_2 = 166\,900/6\,000 \approx 27.8$(万人)

第三产业：$\Delta L_3 = 50\,200/8\,000 \approx 6.3$(万人)

由此可见，为了满足第二产业的市场需求，各产业必须增加生产，从而可以为全社会92.5万人提供就业机会。其中三次产业的就业机会分别为58.4万人、27.8万人及6.3万人，同时可见提供就业机会最多的部门并非是第二产业，第一产业增加的就业人数为第二产业的一倍多。这正说明了投入产出分析从系统、全面联系角度出发研究问题的优越性。

8.4 企业实物型投入产出模型及其应用

投入产出分析作为一种数量经济分析方法，不仅可以用于研究全国、地区、行业等方面的经济问题，而且也可作为一种现代化管理方法，来研究企业的经营管理问题。多年的实践证明，投入产出技术在实现企业资源合理配置上发挥了积极有效的作用。

8.4.1 企业实物型投入产出模型

由于企业实物型投入产出表和数学模型是企业投入产出分析的基础，是其他类型投入产出表和模型建立的依据。因此，本节仅对企业实物型投入产出表和模型加以介绍。

1）企业实物型投入产出表

企业实物型投入产出表的简化表式，如表8.3所示。表中包括了 n 种自产产品(即指由本企业加工、制作的产品)，其中包括自产的特种产品、辅助和附属产品。表中还列出了企业从外部购入的 k 种产品，其中包括原材料、动力、辅助材料、器件、零部件、低值易耗品、劳保用品、办公用品等，这些产品统称为外购产品。

表8.3　　　　　　　　　企业实物型投入产出表

投入 \ 产出	单位	中间使用 1　2　j　n	合计	最终使用 外销商品 | 库存增减 | 其他使用	合计	总产品
中间投入 自产产品	1 2 i n	x_{11}　　　x_{1n} x_{21}　I　x_{2n} 　x_{ij} x_{n1}　　　x_{nn}		II	Y_1 Y_2 Y_i Y_n	X_1 X_2 X_i X_n
外购产品	1 2 i k	h_{11}　　　h_{1n} h_{21}　III　h_{2n} 　h_{ij} h_{k1}　　　h_{kn}		IV	F_1 F_2 F_i F_k	H_1 H_2 H_i H_k

对于外协件应视具体情况处理，或作为自产产品处理，或作为外购产品处理。一般情况

下,由本企业向协作厂家提供原材料,同时又支付加工费的外协件,作为自产产品处理;而仅向协作厂家支付加工费,原材料由协作厂家自备的外协件,应视为外购零部件,作为原材料处理。

企业实物型投入产出表由4个象限组成。第Ⅰ象限反映了自产产品之间的投入和产出的数量依存关系,即反映了企业内部产品之间的生产技术联系;第Ⅱ象限反映了自产产品作为最终产品使用的情况,它包括可供外销的商品、库存增减和本企业的其他非工业生产活动的消耗(使用)数量;第Ⅲ象限是企业在生产过程中消耗外购产品的数量,即反映了自产产品在本期生产中,对外购产品的实际消耗量;第Ⅳ象限反映了外购产品用于转手外销或增加库存的数量。将第Ⅰ、Ⅱ象限连起来,就是自产产品按实际用途的分配关系;将第Ⅲ、Ⅳ象限连起来,就是外购产品按实际用途的分配去向。

2) 企业实物型投入产出模型

表8.3中符号的含义如下:

x_{ij}——本期生产第j种自产产品消耗第i种自产产品的数量;

Y_i——本期第i种自产产品用于最终产品的数量;

X_i——本期第i种自产产品的总产量;

h_{ij}——本期生产第j种自产产品对第i种外购产品的消耗量;

F_i——本期第i种外购产品用于最终产品的数量;

H_i——本期第i种外购产品总量。

由于计量单位的不同,表8.3中不能按列相加,故企业实物型投入产出模型只有如下行模型:

$$\sum_{j=1}^{n} x_{ij} + Y_i = X_i \quad (i=1,2,\cdots,n) \tag{8.20}$$

$$\sum_{j=1}^{n} h_{ij} + F_i = H_i \quad (i=1,2,\cdots,k) \tag{8.21}$$

(8.20)式称为自产产品分配平衡方程式,(8.21)式称为外购产品的分配平衡方程式。

为了从数量上确定产品间的生产联系强度,为了求解线性方程组,并进行各种经济分析及其他应用,故引入直接消耗系数:

令

$$a_{ij} = x_{ij}/X_j \quad (i,j=1,2,\cdots,n) \tag{8.22}$$

$$d_{ij} = h_{ij}/X_j \quad (i=1,\cdots,k;j=1,2,\cdots,n) \tag{8.23}$$

分别表示自产产品j对自产产品i的直接消耗系数和自产产品j对外购产品i的直接消耗系数。直接消耗系数的大小,主要取决于生产技术条件,故被称为技术系数。通过同一行业不同企业之间实物型直接消耗系数的对比,可看出不同企业在生产技术水平和管理水平上的差距,并找出增产节约的途径。

将(8.22)式代入(8.20)式中,有

$$\sum_{j=1}^{n} a_{ij} X_j + Y_i = X_i \quad (i=1,2,\cdots,n) \tag{8.24}$$

将(8.24)式写成矩阵形式:

$$AX + Y = X \tag{8.25}$$

由于$(I-A)$逆阵存在,故有

$$X = (I-A)^{-1}Y \tag{8.26}$$

式中:A——自产产品的直接消耗系数矩阵;

Y——最终产品列向量;

X——总产品列向量;

$(I-A)^{-1}$——自产产品的完全需要系数矩阵。

(8.26)式的经济含义非常明显,只要确定了计划期自产产品的销售量与库存增减量等,就可利用以销定产模型(8.26)式,推算出计划期的总产量。

再将(8.23)式代入(8.21)式中,则有

$$\sum_{j=1}^{n} d_{ij}X_j + F_i = H_i \quad (i=1,2,\cdots,k) \tag{8.27}$$

将(8.27)式写成矩阵形式:

$$DX + F = H \tag{8.28}$$

将(8.26)式代入(8.28)式中,则有

$$D(I-A)^{-1}Y + F = H \tag{8.29}$$

式中:D——自产产品对外购产品的直接消耗系数矩阵;

F,H——外购产品的最终使用与外购总量的列向量;

$D(I-A)^{-1}$——自产产品对外购产品的完全消耗系数矩阵。

(8.29)式的经济含义是,在计划期内,按一定方法预测出企业自产产品及外购产品用于最终产品的数量Y与F,再将企业自产产品与外购产品的直接消耗系数进行适当的修正,则由(8.29)式就可以很容易地算出企业对外购产品的总需求量$H_{计}$。

8.4.2 企业实物型投入产出模型在经济预测中的应用

企业实物型投入产出模型能以定量的形式反映出自产产品之间、自产产品与外购产品之间的依存关系。因此,为达到企业生产计划的准确性,可利用投入产出技术,预测出自产产品的计划产量以及外购产品的供应量。

例8.5 已知某钢铁企业实物型投入产出表,如表8.4所示。

表8.4

投入 \ 产出		单位	中间产品				最终产品			总产品
			钢锭	钢坯	钢材	合计	外销	库存	合计	
自产产品	钢锭	万吨		6.75	1.25	8.0		0.2	0.2	8.2
	钢坯	万吨			6.0	6.0		-0.6	-0.6	5.4
	钢材	万吨					6.9		6.9	6.9
外购品	废钢	万吨	8.2			8.2				
	电	万度	4 100	335	305	4 740				

(1) 在现有技术水平与管理水平之下,利用投入产出技术对企业生产现状进行经济分析。

解 自产产品的直接消耗系数矩阵为：

$$A = \begin{pmatrix} 0 & 1.25 & 0.181 \\ 0 & 0 & 0.870 \\ 0 & 0 & 0 \end{pmatrix}$$

由 $\bar{B} = (I-A)^{-1}$ 可求出自产产品的完全需要系数矩阵为：

$$\bar{B} = \begin{pmatrix} 1 & 1.25 & 1.2685 \\ 0 & 1 & 0.87 \\ 0 & 0 & 1 \end{pmatrix}$$

自产产品对外购品的直接消耗系数矩阵为：

$$D = \begin{pmatrix} 1 & 0 & 0 \\ 500 & 62.04 & 44.20 \end{pmatrix}$$

由 $F = D(I-A)^{-1}$ 可算出自产产品对外购产品的完全消耗系数矩阵为：

$$F = \begin{pmatrix} 1 & 0 & 0 \\ 500 & 62.04 & 44.20 \end{pmatrix} \begin{pmatrix} 1 & 1.25 & 1.2685 \\ 0 & 1 & 0.87 \\ 0 & 0 & 1 \end{pmatrix}$$

$$= \begin{pmatrix} 1 & 1.25 & 1.2685 \\ 500 & 687.04 & 732.4248 \end{pmatrix}$$

从矩阵 A,D 可见,每生产 1 吨钢锭直接消耗外购产品 1 吨废钢、500 度电;每生产 1 吨钢坯直接消耗 1.25 吨钢锭,并直接消耗外购品 62.04 度电;每生产 1 吨钢材直接消耗 0.181 吨钢锭、0.87 吨钢坯,并直接消耗外购产品 44.2 度电。再从矩阵 B 与 F 来看,每生产 1 吨钢锭需完全消耗外购产品 1 吨废钢、500 度电;每生产 1 吨钢坯需完全消耗 1.25 吨钢锭,并完全消耗外购产品 1.25 吨废钢、687.04 度电;每生产 1 吨钢材,需完全消耗 1.2685 吨钢锭、0.87 吨钢坯,并完全消耗外购产品 1.2685 吨废钢及 732.4 度电。

用以上这些信息与同行业相关企业的信息进行比较,则可判断本企业生产技术与管理水平的优劣。

(2) 计划期内,若钢锭、钢坯与钢材的最终产品分别为 0.5 万吨、0.1 万吨及 7.5 万吨,试对 3 种自产产品的产量及外购产品需求量进行预测。

解 利用公式 $X = (I-A)^{-1}Y$,可算出：

$$\begin{pmatrix} X_1 \\ X_2 \\ X_3 \end{pmatrix} = \begin{pmatrix} 1 & 1.25 & 1.2685 \\ 0 & 1 & 0.87 \\ 0 & 0 & 1 \end{pmatrix} \begin{pmatrix} 0.5 \\ 0.1 \\ 7.5 \end{pmatrix} = \begin{pmatrix} 10.139 \\ 6.625 \\ 7.5 \end{pmatrix}$$

即计划期应生产钢锭 10.1388 万吨、钢坯 6.625 万吨、钢材 7.5 万吨。

计划期的自产产品生产量确定后,则可根据公式 $DX = D(I-A)^{-1}Y$,计算出对外购产品的需求量,即

$$DX = \begin{pmatrix} 1 & 0 & 0 \\ 500 & 62.04 & 44.20 \end{pmatrix} \begin{pmatrix} 10.139 \\ 6.625 \\ 7.5 \end{pmatrix} = \begin{pmatrix} 10.139 \\ 5811.915 \end{pmatrix}$$

计算结果说明,为了完成计划期市场需求,必须采购 10.139 万吨废钢铁及 5 811.915 万度电。在企业的技术结构与管理水平不发生重大变化的情况下,用上述公式确定的计划方案,才是比较稳妥的方案。根据此方案安排生产才有可能达到产、供、销平衡。

*8.5 投入占用产出技术及其应用

投入产出技术作为一种现代管理科学方法,在世界各国已得到广泛的普及和应用,在我国国民经济的诸多领域也得到成功的应用。其中,由我国著名学者陈锡康教授提出的投入占用产出技术,受到了国际有关著名学者的高度评价。该技术已在水利、粮食产量预测、金融、教育、能源利用、环境保护、对外贸易等多个领域取得了一批可喜的成果。

8.5.1 投入占用产出表及模型

目前世界各国所编制的投入产出表中,总投入由中间投入和最初投入两部分组成。投入产出分析实际上就是利用数学方法和计算机技术来研究经济活动中的投入与产出之间的数量联系。只要确定最终需求向量 Y,利用以下公式:

$$X = (I-A)^{-1}Y$$

就可确定各部门的总产量 X。实际上,生产活动的前提是必须占用生产资料、劳动力和相应的自然资源,如农业生产必须具有土地、农用固定资产、流动资金和农业劳动力等,否则农业生产活动就无法进行。如果各部门占有的固定资产、劳动力、自然资源等的数量不能保证,那么计算所得出的各部门总产出可能无法实现。为了对生产过程进行深入研究,不仅需要研究投入(消耗)与产出的联系,而且需要研究占用与产出的联系,还需要研究占用与投入的联系。也就是说,应当把投入产出分析扩展为投入占用产出分析,把投入产出表扩展为投入占用产出表。

通常的投入产出表在垂直方向上只包含投入部分(中间投入和最初投入),而投入占用产出表则包含投入和占用两个部分。占用是指对生产中长期使用的物品或劳务,如固定资产、流动资金、劳动力、科技和教育资源、自然资源等的拥有状况,具体应包括如下内容:①各类固定资产的占用,包括厂房、机器设备、交通运输工具、仪器、计算机等。②存货。③金融资产,可分为通货、存款、证券、股票等。④劳动力,按受教育程度或熟练程度分类,可分为未上学者、小学、中学、大专以上等。⑤自然资源,可分为土地资源(耕地、水面、草地等)、水资源、矿产资源、森林等。⑥其他(无形资产),可分为商标、专利等。

投入占用产出表式参见表 8.5。投入占用产出模型从水平方向看有如下两类平衡关系式:

第一类,各部门总产出等于中间使用(中间需求)与最终使用(最终需求)之和,即

$$\sum_{j=1}^{n} X_{ij} + Y_i = X_i \quad (i = 1,2,\cdots,n) \tag{8.30}$$

及

$$\sum_{j=1}^{n} a_{ij} X_j + Y_i = X_i \quad (i = 1, 2, \cdots, n) \tag{8.31}$$

式中各符号的含义与前相同。

表 8.5　　　　　　　　　　　投入占用产出表

		中间使用与中间占用			最终使用与最终占用				总产出与总占用
		部门1	部门2	⋯ 部门n	消费	固定资本形成 1,2,⋯,n	增加存货 1,2,⋯,n	出口	进口	
投入部分	中间投入 部门1 部门2 ⋮ 部门n	X_{ij}			Y_i				X_i
	最初投入 固定资产折旧 从业人员报酬 生产税净额 营业盈余									
	总投入	X_j								
占用部分	固定资产 部门1 部门2 ⋮ 部门n									
	存货 部门1 部门2 ⋮ 部门n	R_{ij}			Y_i^R				R_i
	金融资产 通货 存款 证券 股票 其他									
	劳动力 未上学者 小学 中学 大学以上									
	自然资源 土地 水资源 矿产 森林									
	其他 商标 专利 其他									

第二类，各类占用品的总占用量等于中间占用(生产领域占用)与最终占用(最终需求领域占用)之和，即

$$\sum R_{ij} + Y_i^R = R_i \quad (i = 1, 2, \cdots, m) \tag{8.32}$$

式中：R_{ij}——表示第 j 生产部门占用的第 i 种资源数量；

Y_i^R——表示最终需求领域对第 i 种资源的占用量；

R_i——表示第 i 种资源的总占用量。

在建模过程中，引入了直接占用系数 r_{ij}：

$$r_{ij} = R_{ij}/X_j \quad (i = 1, 2, \cdots, m; j = 1, 2, \cdots, n) \tag{8.33}$$

直接占用系数 r_{ij} 表示第 j 种生产部门单位产出对第 i 种资源的直接占用量。

将(8.33)式代入(8.32)式中，有

$$\sum_{j=1}^{n} r_{ij} X_j + Y_i^R = R_i \quad (i = 1, 2, \cdots, m) \tag{8.34}$$

8.5.2 新的完全消耗系数及若干相关系数的计算方法

从(8.14)式可知，完全消耗系数为直接消耗系数与所有间接消耗系数之和，即

$$b_{ij} = a_{ij} + \sum_{k=1}^{n} b_{ik} a_{kj} \quad (i, j = 1, 2, \cdots, n)$$

上式的主要缺点是没有将固定资产对资源的消耗包括进去，比如用上式核算钢对电的消耗，仅能包含钢对电的直接消耗，以及生产中通过生铁、煤、石灰石等对电的各种消耗，但未包含炼钢过程中机器设备和厂房所消耗的电力，以及生产这些固定资产所消耗的各种产品所耗用的电力。现给出修正的完全消耗系数公式如下：

$$b_{ij}^* = a_{ij} + \sum_{k=1}^{n} b_{ik}^* a_{kj} + \alpha_i d_{ij} + \sum_{s=1}^{n} b_{is}^* \alpha_s d_{sj} \quad (i, j = 1, 2, \cdots, n) \tag{8.35}$$

式中：b_{ik}^*——表示包含固定资产消耗的完全消耗系数；

α_i——表示第 i 种固定资产的折旧率；

d_{sj}——表示第 j 部门对第 s 种固定资产的直接占用系数。

从(8.35)式可见，包含固定资产的完全消耗系数由以下 4 部分组成：①直接消耗系数 a_{ij}，如钢对电的直接消耗系数；②第 j 部门通过所消耗的中间投入品对 i 种产品的间接消耗系数，即 $\sum_{k=1}^{n} b_{ik}^* a_{kj}$；③对占用固定资产的直接消耗系数，即 $\alpha_i d_{ij}$；④第 j 部门通过各种占用品对第 i 种产品的间接消耗系数，即 $\sum_{s=1}^{n} b_{is}^* \alpha_s d_{sj}$，如钢通过占用冶金设备对电力的间接消耗系数。

将(8.35)式写成矩阵形式如下：

$$B^* = A + B^* A + \hat{\alpha} D + B^* \hat{\alpha} D \tag{8.36}$$

式中，B^*，D，$\hat{\alpha}$ 分别表示包含固定资产消耗的完全消耗系数矩阵、固定资产直接占用系数矩阵和固定资产折旧率对角矩阵。由此可得

$$B^* (I - A - \hat{\alpha} D) = A + \hat{\alpha} D$$

从数学上可以证明矩阵 $(I - A - \hat{\alpha} D)$ 的逆矩阵 $(I - A - \hat{\alpha} D)^{-1}$ 存在，由此得出：

$$B^* = (A + \hat{\alpha} D)(I - A - \hat{\alpha} D)^{-1}$$

$$B^* = [I-(I-A-\hat{\alpha}D)](I-A-\hat{\alpha}D)^{-1}$$

$$B^* = (I-A-\hat{\alpha}D)^{-1} - I \tag{8.37}$$

(8.37)式即为包含固定资产消耗的完全消耗系数矩阵的计算公式。显然按(8.37)式计算的完全消耗系数大于或等于利用(8.15)式计算的数值。即

$$b_{ij}^* \geq b_{ij} \tag{8.38}$$

根据1987年中国城乡经济投入占用产出表的资料,利用(8.37)式计算完全消耗系数,并与未包括固定资产消耗的完全消耗系数进行比较,全部满足(8.38)式。从表8.6可以看出部分部门 b_{ij}^* 与 b_{ij} 的对比情况。

表8.6　　　　　　　　　部分部门的 b_{ij}^* 与 b_{ij} 对比表

部门 \ 系数 \ 部门		稻谷	棉花	煤炭采选	金属冶压	机械工业	建筑业
煤炭采选	b_{ij}^*	0.006 68	0.005 12	0.028 55	0.055 45	0.022 32	0.023 42
	b_{ij}	0.005 61	0.004 31	0.022 43	0.051 51	0.018 95	0.020 85
电力蒸汽	b_{ij}^*	0.020 45	0.013 66	0.093 34	0.094 75	0.053 59	0.051 39
	b_{ij}	0.018 10	0.011 90	0.080 19	0.086 26	0.046 32	0.045 84
机械工业	b_{ij}^*	0.022 42	0.016 52	0.125 91	0.115 08	0.272 15	0.114 00
	b_{ij}	0.012 05	0.008 49	0.075 62	0.079 88	0.247 75	0.091 22
建筑业	b_{ij}^*	0.017 41	0.014 14	0.108 02	0.072 32	0.055 76	0.042 50
	b_{ij}	0	0	0	0	0	0

8.5.3　投入占用产出技术的应用

近年来,投入占用产出技术不但被用于编制投入占用产出表,而且在水利、能源利用、环境保护、对外贸易、金融、教育、粮食预测等多方面均有广泛的应用。下面仅对部分应用加以简要介绍。

1) 中国城乡经济投入占用产出表的编制及应用

中国科学院数学与系统科学研究院编制了1987年中国城乡经济投入占用产出表,又称为农村经济投入占用产出表,表中将国民经济分为农村和城市两部分。在价值型表中,农村经济分为28个部门,城市经济分为32个部门,占用部分包括土地、劳动力、固定资产和流动资金。由于资料条件的限制,农村经济仅编制了占用部分。利用此表,研究人员曾分析了中国城乡经济联系与城乡差别;研究了中国工农业产品价格剪刀差;探讨了工农业增长速度的最优比例;预测了中国农业的资金需求量和剩余劳动力的数量等问题。

2) 全国粮食产量预测研究

目前国际对农作物产量预测主要采用如下3种方法,即气象产量预测法、遥感技术、统计动力学模拟法。由于种种原因,国际上粮食产量的预测误差通常为产量的5%~10%。

中国科学院数学与系统科学研究院利用以投入占用产出技术、变系数预测模型为核心

的系统综合因素预测法对粮食、棉花、油料等的产量进行预测,综合考虑了社会、经济、技术、政策、气候和自然条件等因素的影响,重点研究了农作物的投入和占用状况与农作物产量的联系。多年来,在每年5月初就向中央或有关部门发布全国粮棉产量的预报信息。实际结果表明,预测提前期一般为半年以上,粮食产量平均预测误差为抽样实割产量的1.9%,获得了中央领导和有关部门的很高评价。

3) 中国乡镇企业环境经济投入占用产出分析

乡镇工业的发展有力地推动了国民经济的发展,但也带来严重的环境问题,表现为对自然资源的浪费、破坏和严重的环境污染。中国科学院数学与系统科学研究院与美国麻省理工学院教授等合作,前后6年对山西省的部分乡镇企业和国有控股炼焦企业进行调查,并在此基础上,编制了中国1992年和1995年乡镇企业环境经济投入占用产出表。此项研究中提出了各部门生态增加值、生态国内生产总值的概念和核算方法,以及与投入占用产出表的结合方法,计算了乡镇企业发展对国民经济的乘数效应,包括就业乘数效应、居民收入乘数效应和环境污染乘数效应等。此次研究对中国乡镇企业的可持续发展有着重要作用。

4) 全国及九大流域水利投入占用产出表的编制及其应用研究

近几十年来,水资源短缺和环境保护日益引起国内外政府的重视,水资源短缺将成为制约我国,特别是制约中国北方地区社会经济发展和人口生活水平提高的最重要因素之一。根据水利部门的要求,由中国科学院数学与系统科学研究院、中国人民大学、国家统计局国民经济核算司、西安交通大学、水利水电科学院等7个单位的28位研究员和教授共同完成的全国及九大流域片水利投入占用产出表,是中国首次,在国际上也前所未有。其主要研究结果,如水利基建投资对国民财富和GDP的总体净效应和分类净效应、工业用水对工业增加值的边际效应、水利基建投资在GDP中的最佳比重、在全社会基建投资总额中的最佳比重,以及在国家财政支出中的最佳比重及理想区间和可接受区间等,都对相关部门具有重要参考价值。

思考练习题

1) 什么是投入产出分析?其基本内容是什么?
2) 如何区分中间产品与最终产品,中间投入与初始投入?
3) 试述全国价值型投入产出表的基本结构。
4) 已知某一报告期投入产出表,请做以下计算:
   (1) 填满下表内的空缺项;
   (2) 计算直接消耗系数、完全消耗系数与完全需要系数;
   (3) 若将计划期各部门总产品向量确定为(600,1 200,800),试推算计划期各部门的最终产品向量;
   (4) 若计划期各部门最终产品比报告期分别增长5%,8%,12%,问计划期各部门的总产量应为多少?

单位:万元

投入\产出	中间产品				最终产品				总产出
	农业	工业	其他	合计	固定资产更新大修	积累	消费	合计	
农业	40	160	0	200	0	40	160		400
工业	80	70	60	210	100	210		690	900
其他	20		40	220	30	30	160	220	
折旧	20	90	20	130					
劳动报酬	160	180		460					
社会纯收入		240	200	520					
总投入									

5) 已知实物型直接消耗系数矩阵为:

$$A = \begin{pmatrix} 0.1 & 0.1 & 0.2 \\ 0 & 0.4 & 0.1 \\ 0.3 & 0.1 & 0.2 \end{pmatrix}$$

总产品列向量为 $Q = (100 \quad 300 \quad 200)^T$,中间产品"其他"项向量为 $Q_s = (540 \quad 20)$,试编制一张实物型投入产出表(中间产品"其他"项是指未包括在模型中的全部产品对包括在模型中的某一产品的中间消耗量)。

6) 试述投入产出表与投入占用产出表有何不同？完全消耗系数 B 与 B^* 的区别何在？

决策学基础

9 决策概论

9.1 决策概念与类型

9.1.1 决策的基本要素与作用

从预测分析中可知,对社会现象和社会活动采取不同的预测方法,在不同的背景条件下,可取得不同的预测结果。对于管理者来讲,预测的目的就是要推断最可能出现的结果及各种可能出现的结果,并面对这一结果确定自己的行动策略,即进行决策。例如,某企业打算研制一种新产品,首先需要研究这种新产品未来的市场需求与收益。企业经过预测与分析,估计市场销路好时,采用新产品可盈利 8 万元;而若不采用新产品而生产老产品,其他竞争者会开发新产品,而使本企业老产品滞销,企业可能亏损 4 万元。在市场销路不好时,采用新产品就要亏损 3 万元,若不采用新产品,就有可能用更多的资源发展老产品,可获得 10 万元。另经调查预测得知,市场销路好的概率为 0.6,销路不好的概率为 0.4。企业面对上述预测信息需要做出选择,是否研制、生产新产品,这即是一个典型的决策问题。

所谓决策是指决策者为了达到某种特定的目标,在调查、预测和对经济发展、管理活动等规律认识的基础上,运用科学的方法,对若干个可行方案进行分析、比较、判断,从中选出一个令人满意的方案,并予以实施的过程,是各种矛盾、各种因素相互影响最后平衡的结果。决策随着人类的发展而产生,是管理工作的主要内容,它涉及管理的各个方面,贯穿于管理的全过程。应该说,调查与预测是决策的基础,决策是根据调查及预测结论作出的决断。在充满竞争的市场中,管理者、决策者往往对事物发展所导致的结果捉摸不透,对情况和信息掌握不足,而摆在面前的又有很多行动方案。这时,决策就是决定应当选择哪一种行动方案。

决策是由目标出发作出选择,并以此指挥行动,而行动产生相应的结果贯穿于事物发展的整个过程。可以说,科学的决策承担了由目标到达结果的中间媒介作用,决策是否科学,小至影响到经济发展的速度和效益,大到决定经济发展的成败,它对于宏、微观经济健康、持续地发展具有重要的作用。决策是管理活动的核心,好的决策与组织长期的成功高度相关。那么,什么是好的决策呢?所谓好的决策就是在一定的背景和约束条件下,能够实现目标或超越目标的决策。换句话说,如果我们在一定条件的限制下,达到了目标,那么就可以说是做了个好决策。对好决策的另一种解释是,解决了已有的问题而未再造成新的问题。但问题是,很多情况下只有在做完了决策之后,才知道它是不是一个好的决策,因此,我们需要根据决策的目标对即将做出的决策进行分析,这也是为什么决策通常很难做出的原因之一。

作为管理核心的决策是一个综合系统,组成该系统的基本要素主要包括:决策主体、决策目标、决策对象及内外部环境。

第一,决策主体即决策者,既可以是单个决策者,也可以是一个决策团体或组织。决策者进行决策的客观条件是他(或他们)必须具有判断、选择和决断的能力,并能够承担决策后果的法定责任。

第二,决策目标是任何决策都不可能回避的问题,决策是围绕着特定的目标展开的,决策的开端是确定管理目标,决策的终端是目标的实现。决策目标既体现了决策者的主观意志,又反映了客观现实,没有决策目标就没有决策,也可以说,管理的成功与否,一定程度上取决于确定的目标是否恰当、科学。

第三,决策对象是决策客体,决策对象涉及的领域十分广泛,可以包括人类活动的各个方面,但决策对象必须具备决策者能够对其施加影响的特点。凡是决策者的行为不能施加影响的事物,不能作为决策对象。

第四,决策环境。决策不是在一个孤立的、封闭的系统中进行的,而是依存于一定的环境,同环境进行物质、能量和信息的交换,决策系统与环境构成一个密不可分的整体,它们之间是相互影响、相互制约的。

9.1.2 决策的基本种类

世界上有无数个决策,却很少有两种完全相同的决策。实际上,作为一个管理者在其生活的每一天都充斥着似乎无止境的许许多多决策,一个决策所需要的支持种类可能和下一个决策的需要完全不同。我们需要对各种各样的决策进行分类,以便于比较和掌握。对决策的分类可以按照管理的层次划分,也可以根据决策的侧重点不同划分,还可以根据所掌握的信息的多少等划分。

1) 基于方法的决策类型

按照决策所用方法的性质,决策可分为定性决策与定量决策。其中定性决策重在对决策质的把握。当决策变量、状态变量及目标无法用数量来描述而只能作抽象的概括时,决策只能依靠知识、智慧和经验选择满意方案,这即为定性决策法。它充分体现了决策者的智慧、胆识和决策艺术。而定量决策是决策者使用统计方法或数学模型,对能用数量表现决策目标和未来行动的问题作出的决定。实践中为了提高决策的科学性,常将定性和定量决策方法相结合。在总的定性决策中可以有局部的定量决策,在总的定量决策中也可以有局部的定性决策,或定性决策和定量决策共同使用,以提高决策的正确性。

2) 基于决策程序的决策类型

按决策问题的性质,决策可分为完全规范化决策、部分规范化决策和非规范化决策。完全规范化决策是指决策过程已经有了规范的程序,包括决策的模型、数学参数名称和参数数量,以及明确的评价标准等,只要外部环境因素基本不变,这些规范化程序就可重复用于解决同类问题,完全不受决策者个人主观看法的影响。这类决策方法通常用于经常重复出现的、有章可循的问题的决策。

非规范化决策是完全无法用常规办法来处理的、一次性的、新的问题的决策,这类决策完全取决于决策者个人。由于参与决策的个人的经验、判断方法或所取得的信息不同,对于同一个问题会有不同的观点,不同的决策者可能作出不同的决断。这类决策法主要用于首次发生的、非例行的、无据可依的新问题的决定。

部分规范化决策是介于以上两者之间的一种决策,即决策过程涉及的问题,一部分是可以规范化的,另一部分是非规范化的。对于这类问题的解决是先按规范化的办法处理规范化部分的问题,然后由决策者在此基础上运用创造性思维对非规范化部分作出决定。

3) 基于信息的决策类型

按决策者所掌握的信息不同,决策可分为确定型决策、非确定型决策、风险型决策和对抗型决策。

确定型决策是指已掌握决策的条件、因素和完整的信息,有明确的目标,每个决策行动方案都只有一个确定的结果,没有不确定因素的情况下所作出的决策。非确定型决策,是指由于存在不可控制的因素,一个方案可能面临不同的自然状态,产生不同的结果,而又缺乏各种结果出现概率的信息时所作出的决策。风险型决策是指虽然存在不可控制的因素,但已知各种可能情况出现的概率,因此可以结合概率来作出判断从而作出决策,这是需要承担一定风险的决策。对抗型决策是指包含了两个或两个以上的决策主体之间的竞争型决策,并且不是所有的决策者都在决策人的直接控制之下,因而要考虑到对方的策略的决策。

4) 基于目标数量的决策类型

按决策目标的数量,决策可分为单一目标决策和多目标决策。单一目标决策是指决策要达到的目标只有一个,如追求利润最大化或实现成本最低的决策。而多目标决策则是指决策要达到的目标不止一个而是多个。如企业的经营目标往往除了当期企业的利润外,还有股东的利益以及企业的长远发展等。在实际决策中,很多的决策问题都是多目标决策问题,而多目标决策问题相对于单一目标决策要复杂很多。

5) 基于过程的决策类型

从决策的过程来看,决策可分为单阶段决策和多阶段决策。所谓单阶段决策是指某一特定时期的某一问题的决策,整个决策问题只是由一个阶段构成。而多阶段决策也称动态决策,整个决策问题必须分为多个阶段,是由多个不同阶段的决策问题构成,前一阶段的决策结果会影响到下一阶段的决策,是下一阶段决策的出发点。多阶段决策必须追求整体的最优而不是其中某一阶段的最优,各阶段决策的最优之和并不构成整体决策结果的最优。

6) 基于行为的决策类型

米特兹伯格(Mintzberg)提出了一种注重与决策过程密切相关的行为的分类方法,即将决策分为企业型行为、适应型行为和计划型行为。其中,企业型行为通常具有高度的不确定性,需要主动地考虑如何选择方案,注重短期利益而不是解决长期问题,这也是此类型决策的一个特点。适应型行为的决策同样具有高度不确定性的特点,但通常是被动地考虑如何选择方案,它也更注重短期利益。计划型行为决策的特点是高风险,制定决策既需要主动地考虑也需要被动地考虑,更注重长期的利益和效用。

7) 基于策略的决策类型

根据作出最终选择所使用的策略,决策可以分为计算型策略、判断型策略、折中型策略和灵感型策略。其中,计算型策略是相关的选择和结果相当确定,而且对于可能的选择存在强烈的偏好;判断型策略是对于可能的选择存在强烈的偏好,存在着高度的不确定性;折中型策略对可能选择的偏好很微弱或者不清楚;灵感型策略同样对可能的选择偏好很微弱。

9.2 决策的程序与原则

9.2.1 决策的程序

决策程序,是指决策由提出到定案所经过的各个阶段。决策无论大小都不是一经提出就定型的,而是要经过分析、研究、选择等过程。一个完整的决策过程,必须经过以下几个阶段:

第一阶段,发现问题。决策工作是从发现问题开始的。发现和确认问题是管理者和领导者的重要职责,这不仅因为他们负管理的责任,还因为他们站得高、看得远,可以统观全局,易于找出问题的关键所在。即使是下属或专家发现的问题,也必须由领导者确认才能成为决策的起点。

第二阶段,确定目标。确定目标是科学决策的重要一步。目标错了,一错百错。所谓目标是指在一定的环境和条件下,决策者所要达到的结果。决策目标的确定,首先,要求是具体、明确的,即目标的含义应准确,易于评估;其次,尽可能将目标数量化,并明确目标的时间约束条件;最后,目标应有实现的可能性,并富有一定的挑战性。

第三阶段,确定价值准则。价值准则是落实目标、评价和选择方案的基本依据,因此必须认真对待。准则失当,决策就不可能达到最初确立的目标,甚至南辕北辙。确定价值准则,主要包括3个方面的内容:①把目标分解为若干层次的价值指标。这些指标实现的程度就是衡量达到决策目标的程度。价值指标一般有3类:学术价值、经济价值和社会价值,三者不可偏废。每类价值指标又可分解成多项,每项又包括多条,由此构成一个价值系统。②规定价值指标的主次及其在相互发生矛盾时的取舍原则。在大多数情况下,要同时达到整个价值系统的各指标的标准是困难的,因此,对于满意决策,掌握这一条就十分重要了。没有主次和取舍,一般是不可能达到目标的,而原则失当也会背离决策目标。③指明实现这些指标的约束条件。任何决策都是在一定环境下的决策,不可能是随心所欲的。约束条件包括各类资源限制、决策权力的范围以及时间限制等。

第四阶段,搜集资料,拟定备选方案,即寻找达到目标的有效途径。途径有效与否,要经过比较才能鉴别,因此必须制定多种可供选择的方案。多种方案必须有原则的区别,不是只有细节的差异。拟定备选方案是一个创新的过程,应具有创新精神,扩展思路,既要充分发挥经验和知识的作用,又要充分发挥人的想象力和创造力。在拟订方案时,还应注意两个方面的问题:一是方案的详尽,在可能的条件下,应拟订出所有的重要方案。二是方案间的相互排斥性,即不同的备选方案之间必须相互排斥,不能同时执行几个方案,只能从中选择一个最满意方案。

第五阶段,方案的分析评估与比较。对各种方案的各个方面进行分析评价,是决策成功与否的关键。所谓分析评估与比较,是指根据预定的决策目标和所建立的价值标准,确定方案的评估要素、评估标准和分析评估方法,对各种备选方案的可行性进行计算、分析和总体比较,不仅要比较经济效益的高低,而且要分析人力、物力、财力的可行性。条件允许时,应尽可能地在评估过程中进行典型试验或运用计算机进行模拟试验。

第六阶段,方案的选优与实施。经过分析与评估,各方案的优劣比较完成之后,就可以进行最终的选优决策。决策方案的选优方法包括:经验判断法、数学分析法、模拟试验法等等。不论采用何种方法,都要将定性分析与定量分析相结合,选取最合理的决策方案;进入实施阶段,应建立信息反馈系统,对实施情况进行追踪验证,对偏离决策目标的情况,应及时取得信息,以便采取措施加以解决,最终实现决策的预定目标。

第七阶段,试验实证。方案选定后,有时需要进行局部试验,以验证其可靠性。试验实证是一个科学的步骤,但必须科学地实施才具有意义。试验既不能简单地随便找一个地方试试,也不能给试点创造特殊的条件,以证明领导者决策正确。试验必须选出在全局情况中具有某些典型性条件的点,并且严格按照所决策的方案实施,同时,还必须有相同条件下的一般对照组,这样才可能从比较中得出科学的结论。如果试验成功,即可进入全面普遍实施阶段,如果不行,那就必须反馈回去,进行决策修正。由于决策过程是一个动态的依赖于时空变量的复杂随机函数,为了能客观地反映决策合理与否,还需要进行可靠性分析。

第八阶段,普遍实施。这是决策程序的最终阶段。由于在实施过程中仍会发生这样那样偏离目标的情况,因此必须加强反馈工作。这时,可以制定一套跟踪检查体系,保证决策贯彻执行。

上述决策程序的8个阶段,也可简化为3大步骤:①确定问题之所在,提出决策目标;②发现、探索和拟定各种可行的行动方案;③从各种可行方案中选出最合适的方案。

9.2.2 决策的公理与基本原则

1) 决策的基本公理

决策的基本公理是正常的决策者应接受或承认的基本原理,它是众多决策者长期决策实践经验的总结。决策的基本公理主要有:

(1)方案之间的优劣是可以比较的,并且是不能相互循环的。

(2)各备选方案应有独立存在的价值。若其中有一方案在各方面均显著劣于另一方案,则这一方案没有存在的价值,应从备选方案中剔除。

(3)分析方案时,只有不同的结果才有比较的必要。若多个方案在某一方面均是相同的,那么进行方案的优劣比较时则可不必进行这一方面的比较。

(4)主观概率与方案结果之间不存在联系,即决策者估计某种状态出现的主观概率不受方案结果的影响,两者是相互独立的。自然状态出现可能性大小的主观概率估计只与决策者主观上对自然状态发展趋势的乐观程度有关。

(5)效用的等同性及替换性。若两个方案对决策者是等同的、不分优劣的,这就说明两方案的效用是等同的,两个方案是可以相互替代的。

决策的公理很容易理解,也容易接受,要合理地进行决策,必须严格遵守以上公理。当然在进行实际决策时,由于心理、环境等多种因素的影响,人们有可能处于不理智的状态,因而不能保证总是严格遵守上面的公理。

2) 决策的基本原则

要作出正确的决策,除了遵循基本公理外,还应遵循下列几项基本原则:

(1)系统原则。决策对象不论是政治问题、经济问题、还是管理问题,它们都处在社会这个大系统中,它们本身又构成了一个子系统。决策,其实是对系统的决策,所以,决策必须遵循系统性原则。系统性原则客观上要求决策要达到整体化、综合化、最优化。

(2)可行性原则。决策所选定的方案,不能超越主客观所具备的条件,包括技术、资源等方面的条件。决策应从实际出发,在对各种方案进行定性、定量分析,及进行可行性科学论证和评价的基础上,进行最优方案的选择。遵循可行性原则,要求决策者着重考虑两个问题,一是决策能否顺利进行,二是决策实施以后是否会带来负面效应。

(3)经济性原则。即通过多方案的比较,所选定的方案应是花费较小、收益较大、投入较少、产出较多的方案,能够获得令人满意的经济效果并达到预期的目标。如果决策所花的代价大而所得收益小,就不是科学的决策,无实施的必要。

(4)创新原则。决策是决策者的一种创造性的劳动。决策之可贵,贵在创新,墨守成规很难做出具有时代性和科学性的决策。一个好的决策绝不是旧事情的简单重复,而是充分吸收符合时代潮流的新鲜因素的产物。创新原则要求决策者在决策的内容、步骤和方法上,敢于提出独到的见解,敢于采用新的科学方法。当然,创新绝不是胡思乱想,想怎么干就怎么干,创新是建立在求实基础上的,应以客观条件和科学根据、科学方法为前提。

(5)定性与定量分析结合的原则。决策方案的确定,需要通过多方案的分析、比较。定量分析有其反映事物本质的可靠性和确定性的一面,但也有其局限性。当决策变量较多、约束条件变化较大、问题较复杂时,进行定量分析不仅往往需要耗费大量的人力、费用、时间,而且,某些方面(如社会、政治、心理等)的重要影响因素较难用定量的方法分析。因此,在进行决策时,不仅应重视定量分析,同时也不能忽略定性分析,而应将定量分析和定性分析相结合,选择令人满意的方案。

(6)信息准、全原则。决策是使用大量信息对影响未来的行动作出的决定,因此信息是决策的基础。没有准确、全面、及时的信息,决策便没有基础,从而导致决策的失误。科学的决策,首先要求有准确的信息,能够真实地反映事物发展的过程,同时要求有全面的信息,能够全面反映所要研究的问题。从时间上看,信息不仅包括过去的信息、现在的信息,同时还包括对未来预测的信息,以尽量减少决策的风险性。从空间看,信息不仅包括内部的信息,更重要的还应包括外部各种环境信息等等。

(7)追踪决策原则。选定了决策方案并付诸实施后,决策部门为保证预定目标的实现,必须追踪监控决策的执行情况，以便根据情况的变化，进行必要的调整或追踪决策，使既定的目标得以实现。

9.3 决策与信息分析

信息与决策是共生共存的。在实际生活中，无论哪一类型的决策，都离不开信息的获取和分析。离开了信息，决策就成了无源之水、无本之木。信息分析是对所搜集的各种信息进行加工、处理、科学抽象的一种劳动，在这类劳动中，信息分析人员根据一定的决策原则，广泛系统地搜集各种信息，去伪存真，对其内容进行鉴定，由表及里、由此及彼进行推理，并对数据进行统计和计算等工作。然后，按照实际决策问题的需要，得出相应形式的结果，作为决策的依据。

9.3.1 信息在决策过程中的作用

在决策的每一阶段，对信息的需求是不同的，因此，信息所提供的服务在决策的各阶段也应有所差异。

1) 决策前期的信息服务——超前服务

决策前信息主要起到为决策提供依据的作用，即超前服务。所谓超前，一是指信息提供的内容要超前，应该是该领域处于领先地位的最新知识和成果。二是时间上的超前，即信息的搜集、分析工作要做在决策之前。信息的超前服务可以起到如下作用：①能坚定决策者的决策信心。有些决策是在突发的情况下产生的，需要决策者当机立断，如果信息工作没有一定的超前性，决策者面临突发情况就很难作出决定。②有助于决策者掌握预测性的信息。决策需要预测，决策者的远见卓识很大程度上依赖于预测性信息的启发。信息的职能就是为未来服务，而超前服务正是为了更好地发挥信息的这种职能，使决策者在掌握预测信息的基础上作出有预见性的正确决策。③有助于决策者更新知识，开阔眼界，启发思路，增强敏感性和判断能力。

2) 决策中的信息服务——跟踪服务

在确立决策目标的过程中，需要对诸多问题进行分析研究，归纳出它们的共同性质，找出要解决的关键问题，从而构成决策目标。能否为决策者提供全面、详细、真实的信息，关系到目标能否正确确定。这时，信息工作应当紧紧围绕决策问题进行调查研究，全面收集有关问题的详细资料，查证核实后写出调查报告，为确定目标提供事实依据。当然，为了使目标的不确定性降到最低，还需要对与该目标有关的信息加以系统化，并进行科学分析，为决策者提供预测信息，供决策者选择目标时参考。

在目标确定后，需对目标进行分析，拟定出各种达到目标的方案。在决策方案拟定前也要经过一系列分析，这就需要有详细的项目背景资料，包括历史统计数据和现行的调查数据。同时，由于拟订方案是设计实际执行的方法，所以必须研究并明确全部可预测到的不确定因素，明确这些因素的影响程度以及能否排除。此外，还要研究实施结果对环境的影响。

如果信息不准，出现错误，则所拟订的方案就必然不是最佳方案。因此，这一阶段的信息工作，不仅应根据决策问题的特点，作出历史的、现实的、科学的调查，还应收集关于行动方案可能出现的后果的信息。

决策方案拟订后，需选取其一或将之综合加以处理以实现优化。在方案选择的过程中，任何一个层次上发现问题，都必须根据问题产生的原因与性质，及时地将信息反馈到相应层次中去，以便对方案加以修订补充。对方案的选择是一件非常复杂的事情，需要聘请各方面有经验的人员及方案实施者共同参加，广泛征求意见。信息工作则应及时提供以上各方面的反馈信息、决策对象及其所处环境条件的变化信息，并注意信息的完整、准确。

3) 决策后的信息服务——反馈服务

决策一般都不会十全十美，方案实施后可能会遇到各种各样的情况，这就需要在方案的实施过程中不断补充完善。因此，随时注意收集决策实施过程中出现的情况和问题，加强信息反馈工作，就成为决策作出之后的一项重要工作。这一环节的信息工作应注意：①把决策实施过程中的信息跟踪和信息反馈结合在一起，保证决策得以顺利实施和取得最佳效果。②当经过一定时间的反馈检查后，如发现决策目标危险较大，或需根据变化情况对原定目标或方案进行根本性修正时，就必须进行跟踪决策，重新分析研究，确定问题，调整方案的实施策略。

9.3.2 决策对信息的要求

决策的依据是信息，信息是决策的基础，信息的质量决定着决策的质量。在决策过程中，始终存在着如何判断信息、筛选信息、利用信息等一系列问题。就决策活动而言，对信息的要求包括可靠性、完整性和精确性三个方面。

1) 可靠性

可靠性亦称可信度，是指信息的真实性和准确性。信息的可靠性包括两个方面：一是信息人员收集到的原始信息是真实和准确的；二是信息人员为决策者所提供的经过加工的信息是真实和准确的。为决策提供的信息，一定要实事求是地反映客观情况，只有真实、准确的信息才能使决策建立在科学的基础上。当然，在现实中，人们所得到的信息并不一定是真实可靠的，有些信息可能是虚假的，也有些可能是真假掺杂的。之所以如此，既有客观原因，也有主观原因，这就要求我们提高识别能力，善于判断信息的真伪。

2) 完整性

完整性亦称完全度，是指要包括决策对象的全部信息。这里说的全部信息有范围、种类、时间等多方面的涵义。用于决策的信息之所以要求完整，是由于决策系统可以向多个不同的方向发展，不同的外界条件也可以引出决策系统的不同变化。考虑到现代环境的复杂性、多变性、多学科交叉等因素，需要进行多源头、多渠道的信息收集，直至获得较为完整的信息。保证信息的完整性，需要我们做到兼顾反映正反两方面问题的信息，只有这样，决策者才能够正确地把握事物的发展变化，进行科学的决策。

3) 精确性

精确性亦称精确度，是指信息所反映的事物特征的细微化程度。决策者之所以在决策工作中需要获取信息,是为了了解情况,消除自己认识上的某种不确定性。每一项决策,因其性质不同,对信息的精确度会有不同的要求,如果判定失误,会带来决策失误。有的决策对信息的精度要求很高,若提供的尺度过宽,那可能"差之毫厘,失之千里",而有的决策本来对信息精度要求不那么高,如果信息收集尺度过严,就可能导致不必要的浪费,或是延误了决策的时机。一般来说,战略性问题的决策,需要的信息内容就比较概要,精确度可以不太高,而比较具体问题的决策,则需要详细的、具体的、精确度高的信息。为了使决策能够更好地进行,在确定精度时,一般应确定出一定的误差。

9.3.3　新产品研制决策中的信息保障

不同类型、不同问题的决策需要的信息保障是不同的。下面以新产品研制决策为例列举其所需要了解的信息。①

产品是企业发展的生命线,企业要想在激烈的市场竞争中求得生存和发展,必须不断开发出适销对路的新产品。新产品研制一般可划分为:创意产生与筛选、开发决策、设计、试制与鉴定、市场开发等5个阶段。每一个阶段都涉及研制工作的成败,都需要吸收、利用大量信息。

1) 创意产生与筛选中的信息保障

创意是指提出开发新产品的初步设想和构思。每一项新产品的开发都是从创意开始的,创意产生于对信息的收集、吸收和理解。一般而言,用户意见、要求和建议,企业职工的工作经验和体会,同类产品的发展、竞争,专利文献,国内外技术,产品展览,大专院校、科研单位的研究成果,市场需求变化等信息,都可以成为新产品方案构思的来源。创意孕育着新产品,因此要尽可能多地收集各种创意,使各种好的设想都能得到表达。但是新产品的开发具有高费用、高风险的特点,我们不可能对每一个创意都做一番试验,这就需要进行筛选。

筛选是从多个创意中选择出具有开发价值的项目的过程。筛选时,要注意考察信息的以下方面:①该项创意在构思上是否有新意,是否有人已经实施了;②该项创意是否符合国家政策,是否符合当地的实情;③该项创意企业是否有能力实施,或与其他单位联合是否有能力实施;④该项创意实施后,是否有市场,企业能否盈利。

2) 开发决策中的信息保障

这一阶段的主要任务,是针对经过初步筛选出的几个创意中的每一个新产品开发设想,围绕以下几个方面收集信息:①原材料供应的可能性和价格;②产品开发所需的知识产权问题;③产品开发所需的人力、经费及硬件设备;④最终产品的市场价格和按照本方案生产所需的费用;⑤产品设计、投入生产所需的时间;⑥副产品是否有使用价值,是否要处理;⑦估计需要的人力和对人员文化素质的要求;⑧环境污染的全部数据及解决办法;⑨对水、电、汽的消耗和供应保证;⑩投资、盈利及投资回收期;⑪现有技术的可靠性及新技术研究成功的可能性;⑫安全性,对可能出现的危险的估计等。

收集上述信息的目的,是从若干个初步入选的新产品开发设想中挑选出一个,作为企业

---

① 秦铁飞,王延飞,等.信息分析与决策[M].北京:北京大学出版社,2001.

的新产品研制项目。

3) 新产品设计中的信息保障

新产品设计包括方案设计、技术设计和施工设计3个方面。在新产品设计阶段,应当为产品开发设计人员提供以下一些方面的信息保障:①同类产品样品、样本;②产品生产标准、设计规范文件;③有关的专利文献;④与产品开发有关的技术发明;⑤用户对原产品的改进建议或意见;⑥有关产品造型设计与加工的技术文献;⑦产品零部件及原材料有关信息及技术资料;⑧产品的开发技术文献,特别是关键技术文献;⑨产品的生产工艺文献。

在新产品研制过程中,除了围绕以上3个阶段提供信息保障以外,还必须做好以下两个方面的工作:

第一,产品市场需求调查。产品市场需求调查是产品开发立项信息保障的一个重要方面,是产品开发决策的重要依据。市场调查的主要内容有:①用户需求调查。通过意向式的问卷调查,搜集用户对本企业和同类企业现销产品的意见和拟开发的新产品的要求,预测待开发的新产品投放市场后的用户购买率、市场占有率。②市场营销调查。市场营销调查包括调查同类产品的销售量、市场份额、营销中的反馈意见、市场竞争情况、市场分布以及市场营销管理等。调查的途径包括从营销企业获取信息、做市场抽样分析、利用有关统计资料作分析等。③销售产品的发展趋势调研。对于拟开发产品同类的产品发展趋势进行调研,获取产品质量、性能、外观和用途的变化情况,对获取的数据进行定量分析,为拟定项目开发计划提供依据。

第二,拟开发产品的技术分析。在市场调查的基础上,须对拟开发产品作出全面的技术分析,进行技术可行性论证。技术分析的信息保障应围绕以下内容展开:①产品生产技术的创新性。围绕新产品采用的生产技术,搜集有关资料,通过对比分析,明确产品开发的创新之处和技术优势。②产品开发的成熟性。针对产品的设计原理和采用的工艺,搜集国内外技术信息,进行技术的成熟性考察。③产品参数的先进性。搜集同类产品的样本资料、国内和国际标准,提供产品参数评估的信息保障,确认指标的先进性。④开发和生产环境的适应性。全面搜集新产品开发环境信息,如生产过程对周边环境的影响,环境保护政策、法规等,分析产品开发与生产同外部环境的适应性。⑤企业的开发能力。对反映企业技术、生产、管理和经济活动的信息进行系统分析,确认企业是否有能力开发这种新产品。

9.3.4 决策信息的基本载体及类型

1) 人脑

人脑是信息的第一个载体,也是一个重要的信息源。我们大脑中存储的大量信息是通过大脑加工处理、筛选后形成的有用的并成为记忆的信息。这对于决策来说是重要的决策信息源之一,也是重要的信息载体。

2) 语言

信息的交流,本质上是人与人之间的交流,而人与人之间的交流,就要通过语言。以语言作为载体的信息,也可称为口头信息。这种信息一般是通过参加报告会、座谈会、参观访问或者个别交谈等形式取得。这一信息载体的优点是:信息传递速度快,内容新,可以获得其他途径得不到的信息或隐性信息等。

3) **文献**

这里的文献指各种各样的以物质材料记录的信息。目前文献的物质形式主要有：印刷型、缩微型、机读型、电子型和声像型文献等。

4) **实物**

实物通常指机器、仪表、零部件、元器件等物质形式，由于形象直观、易于模仿吸收，同时又具有综合性、商品性、成熟性、隐蔽性等特点，历来为决策者所重视。

9.3.5 利用决策信息时应注意的问题

决策的质量很大程度上取决于信息的质量。然而,信息的全面性、精确性、可靠性是相对的,绝大多数决策都是在信息不很全面、不够精确的情况下作出的,因此在利用这些信息决策时,要注意以下几个问题：

第一,不同的决策问题对信息的精度有不同的要求。各种决策对信息的质量要求是不一样的,如果决策的对象是确定某产品的生产规模,那么对该产品的市场供求情况的信息就要求精确一些；如果决策目标仅仅是为了确定今后的生产方向,那么只要了解市场变化总趋势即可。在每项决策中总存在少数几个关键的因素,对反映这些因素的信息的质量自然要求高些,而对反映次要因素的信息的要求就低一些。决策者应清楚其所决策的问题对各种信息质量的要求。

第二,要清楚各种信息资料在决策中的作用。要清楚哪些资料可靠程度大,可以作为决策的主要依据,哪些不十分可靠,仅能作为参考。哪些资料可直接使用,哪些资料必须经过加工处理后才能使用。

第三,尽量提高决策方案的适用性和灵活性。由于作为决策依据的信息资料并不一定十分准确、可靠,因此对决策结果的估计可能不是十分正确,如果选择一个丝毫没有回旋余地的方案,将来一旦因为预先估计不足而出现意料之外的情况,就将束手无策。因而在决策时,要注意所选方案具有较高的适应性和弹性。

第四,决策时应对可选择的决策方案进行敏感性分析。如果某项信息不十分可靠,就会使我们制定和选择方案面临困难,这时可以根据对已有信息的初步整理、判断,先作出初步决策,然后再反过来提出这样的问题：此信息如果发生变化,那么改变多大会使我们改变决策？这就是敏感性分析。敏感性分析在决策中作用很大,它不仅在信息资料质量不好而难于决策时要使用,而且在决策已经执行后,由于条件和环境发生变化而实际结果与预期目标之间出现差异时,也要使用。

思考练习题

1) 简要说明何为科学决策。
2) 决策基本公理有哪些？
3) 简要说明决策的基本步骤。

4) 决策的基本分类有哪些？
5) 分析说明信息在决策中的作用。
6) 决策应遵循的基本原则有哪些？

10 确定型与非确定型决策

10.1 确定型决策的特点与基本思路

10.1.1 确定型决策的基本特点

所谓确定型决策是指在决策系统及所处环境条件下,决策者根据已掌握的科学知识和技术手段,对不可控制因素能够完全作出科学、正确的判断。确定型决策一般具备以下条件:①存在决策者希望达到的一个明确目标;②只存在一个决策者不可控制的自然状态;③存在着可供决策者选择的两个或两个以上的备选方案;④不同的决策方案在确定状态下的收益值或损失值能够计算出来。如企业生产规模确定、库存最佳规模的设计、进货批量的安排及原料的套裁等问题。

10.1.2 确定型决策的基本思路

一般确定型决策可以用单纯选优决策法和模型选优的数学分析决策法来进行。

单纯选优法是一种较简单的决策方法。如果决策者遇到的是下面这样一类决策问题,即其行动方案个数不多,而且掌握的数据资料也无须加工计算,就可以逐个比较直接选出最优方案,这种在确定情况下的决策就是单纯选优决策法。如有利率不同的多种渠道均可以筹措到一笔资金,在单一决策目标(即筹资成本最低)下,我们就可以选定利率最低的渠道去筹措资金。

确定型决策问题看起来似乎很简单,但是遇到很复杂的实际问题,或可供选择的方案有很多时,决策者往往也会难以选择。例如,有 N 个产地、M 个销地的某种物资的运输问题,当 M,N 较大时,运输方案相当多,这就需要找出运费最少的方案。对于确定型决策的模型选优,一般常用的方法有:线性规划、非线性规划、整数规划、动态规划、投入产出模型、确定性存储技术、网络分析技术等。

模型选优决策方法的基本思路是:

(1)决策目标的设计,包括单一目标的决策和多目标的决策。在多目标决策问题中,还应区分各目标之间的优先级顺序及重要程度。

(2)确定型决策约束条件的建立。有些确定型决策问题要实现指标的最大化或最小化是有一定限制条件的,如资源的限制等。这时,要得到最优方案,必须在满足约束条件的基础上进行。

(3)求解确定型决策的优化解,即最优方案。

10.2 确定型决策的几种方法

10.2.1 盈亏平衡决策模型

1)线性盈亏平衡分析

所谓线性盈亏平衡分析,就是对企业总成本和总收益的变化作线性分析,目的在于掌握企业经营的盈亏界限,并进一步确定企业的最优生产规模或价格水平等,使企业获得最大的经济效益。

以 Q 表示产量(亦即销售量),F 表示生产固定成本,v 表示单位可变成本,P 为销售价格,TC 表示总成本,TR 表示总收入,则 $TR=PQ$,$TC=F+Qv$。

若盈亏平衡,$TR=TC$,则 $PQ=F+Qv$。当 $Q=\dfrac{F}{P-v}$ 时,成本与收入持平,实现盈亏平衡。

例 10.1 生产规模的盈亏平衡分析。某企业新购置一自动化设备,固定成本 400 万元,单位可变成本为 50 元,每件产品的销售价格为 100 元,试确定该企业的最小经济生产规模。

解 $Q=\dfrac{F}{P-v}=\dfrac{4\,000\,000}{100-50}=80\,000(件)$

即该企业的最小经济生产规模为 80 000 件,低于此生产规模时,该企业将亏损,见图 10.1。

例 10.2 生产规模与购置选择的盈亏分析模型。某企业正准备筹建一个新项目,提出 3 个备选方案:①采用高度自动化设备,固定成本将较高,达到 800 万元,单位可变成本为 10 元。②采用半自动化设备,固定成本为 600 万元,单位可变成本为 12 元。③采用非自动化设备,固定成本虽然较低为 400 万元,但单位可变成本却较高,为 16 元。在此基础上试确定该项目的最佳建设方案。

解 经过分析,我们可以看到,决策的目标是在一定产量下取得最高的利润或达到生产成本最低。假设售价不变,利润的高低取决于生产规模,即在不同的生产规模下,采用的最优方案将会有所不同。设年产量为 Q,则各方案的总成本为:

$$TC_1 = 800 + 10Q$$
$$TC_2 = 600 + 12Q$$
$$TC_3 = 400 + 16Q$$

将这 3 条总成本线描绘在同一图上,形成总成本结构分析图,参见图 10.2。

当生产规模为 50 万时,$TC_2=TC_3$;当生产规模为 100 万时,$TC_2=TC_1$。

当生产规模小于 50 万时,第三方案的总成本最低,则应采用第三方案。当生产规模小

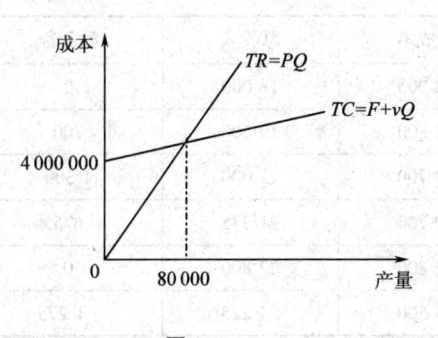

图 10.1

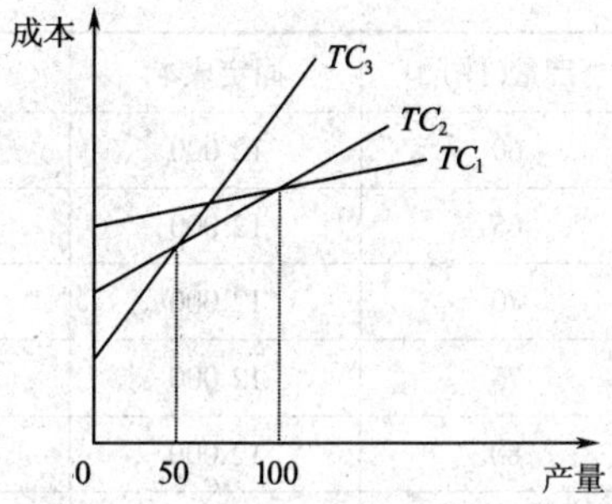

图 10.2

于 100 万且大于 50 万时,第二方案的总成本最低,则应采用第二方案。当生产规模大于 100 万时,第一方案总成本最低,则应采用第一方案。

2) 非线性盈亏平衡分析模型

在现实经济领域中,很多的决策问题所研究变量之间呈现的关系不是线性关系,而是一种非线性关系,有时甚至不能用代数关系来描述。如盈亏平衡的基本关系式是 $TR=TC$,若收益、成本与产量之间的关系是二次曲线关系,则

$$TR = a_1 Q + a_2 Q^2$$
$$TC = F + b_1 Q + b_2 Q^2$$

盈亏平衡状态下, $TR=TC$,这样会得到:

$$a_1 Q + a_2 Q^2 = F + b_1 Q + b_2 Q^2$$
$$(a_2 - b_2)Q^2 + (a_1 - b_1)Q - F = 0$$

这样,解方程可以得到两个根,即两个盈亏平衡点。由上面方程或图 10.3,均可以得出盈利区和亏损区。若要在盈利区中确定最佳生产规模,可以对上式两边关于 Q 求导,即得:

$$(a_1 - b_1) + 2(a_2 - b_2)Q = 0$$

满足此方程的产量即为最大盈利产量。

当企业的收益、成本、产量呈非线性关系,且不易用代数关系来描述时,也可用表格法来进行分析,确定最佳生产规模。例如,一家企业的固定成本保持不变为 12 000 元,但随着产量的增长,单

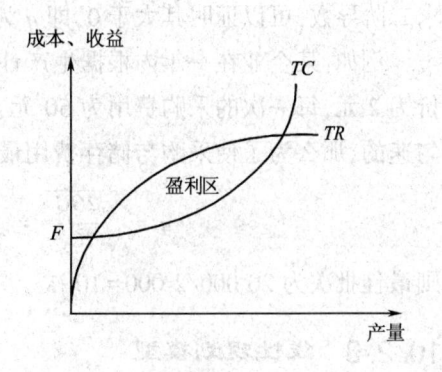

图 10.3

位可变成本不成比例地增长,同时销售价格也随着销售数量的增多而发生变化。该企业成本与收益的测算结果如表 10.1 所示。

表 10.1   单位:元

产量(件)	固定成本	可变成本	总成本	总收入	盈亏额
50	12 000	4 300	16 300	15 000	-1 300
55	12 000	5 200	17 200	16 500	-700

续表

产量(件)	固定成本	可变成本	总成本	总收入	盈亏额
60	12 000	6 000	18 000	18 000	0
65	12 000	6 800	18 800	19 500	700
70	12 000	7 700	19 700	21 000	1 300
75	12 000	8 700	20 700	21 375	675
80	12 000	10 800	22 800	22 800	0
85	12 000	13 500	25 500	24 225	−1 275

由计算表可以看到,该企业有两个盈亏平衡点,其盈利的产量区间范围是 60~80 件,其中最佳的生产规模是 70 件。

10.2.2 最优经济批量决策模型

最优经济批量决策,分为经济采购批量决策和经济生产批量决策等多种类型。对于这类决策问题,可以先建立数学模型,然后再借助微分知识寻求其最优解。

若某企业在一年内根据生产计划估计全年需要外购某种原料 Q 公斤,每公斤单价为 P 元,每一次的采购费用为 C_1 元,每公斤平均储存费用为 C_2 元。假定原料的消耗是匀速的,那么为使采购与储存费用最低,试确定最优采购批量和批次。

设最佳采购批量为 q,则采购费用为 QC_1/q,储存费用为 $qC_2/2$,总费用为 $C = QC_1/q + qC_2/2$。若要使总费用达到最小,对上式两边求导数,并令其为 0,得 $q = \sqrt{2QC_1/C_2}$,对其再求二阶导数,可以证明其大于 0,即 q 为总成本最小时的最优采购批量,采购批次为 Q/q。

例如:某企业在一年内根据生产计划估计全年需要外购某种原料 20 000 公斤,每公斤单价为 2 元,每一次的采购费用为 50 元,每公斤平均储存费用为 0.5 元。假定原料的消耗是匀速的,那么为了使采购与储存费用最低,则最佳采购批量为:

$$q = \sqrt{\frac{2QC_1}{C_2}} = \sqrt{\frac{2 \times 20\,000 \times 50}{0.5}} = 2\,000(公斤)$$

则最佳批次为 20 000/2 000 = 10 次。

10.2.3 线性规划模型

对于决策系统的实际问题,通过确立线性规划模型进行分析往往是决策者经常采用的一种方法。在利用这种方法时,第一要识别该问题是否属于线性规划问题。应注意,决策系统的决策问题,要有一个明确的决策目标,而且这个目标可表示为决策变量的线性函数,这一线性函数称为决策问题的目标函数。根据研究问题的不同,要求此目标函数达到最大或最小值。同时,决策问题应存在一定的限制条件(即约束条件),而且这些限制条件都可以用一组决策变量的线性等式或不等式来表述。第二就是建立线性规划的数学分析模型。设计线性规划的数学分析模型,是将实际决策问题定量地表示成数学解析方程的过程。实际上,就是把决策系统用数学符号定量地表示成数学方程的过程。

例如，某电视机制造厂最关心的问题是，为了得到最大利润，下一个生产周期应该生产甲、乙、丙三种电视机各多少台？根据过去的需求得知，甲、乙、丙三种类型电视机产品最少各需 200 台、250 台和 100 台。另外，在下一个生产周期，制造厂可用的工时最多为 1 000 单位，原料最多为 2 000 单位。相关资料如下表 10.2 所示。在这种情况下，该电视机制造厂应如何安排生产。

表 10.2

产品类型	原料(单位产品)	工时(单位产品)	最小需求量(台)	利润(单位产品)
甲	1.0	2.0	200	10
乙	1.5	1.2	250	14
丙	4.0	1.0	100	12
可利用总量	2 000	1 000	——	

该问题可建立线性规划模型如下：设 3 种不同类型产品的生产量即决策变量分别为 X_1，X_2，X_3，则：

目标函数：$\max Z = 10X_1 + 14X_2 + 12X_3$

约束条件：
$$\begin{cases} 1.0X_1 + 1.5X_2 + 4.0X_3 \leq 2\,000 \text{(原料单位)} \\ 2.0X_1 + 1.2X_2 + 1.0X_3 \leq 1\,000 \text{(工时单位)} \\ X_1 \geq 200 \text{(产品台数)} \\ X_2 \geq 250 \text{(产品台数)} \\ X_3 \geq 100 \text{(产品台数)} \end{cases}$$

该线性规划模型的最优解为：生产 200 台甲电视机、250 台乙电视机、300 台丙电视机，最大利润为 9 100 单位。

对一般的线性规划问题，建立模型的一般形式是：

目标函数：$\max Z = c_1 x_1 + c_2 x_2 + \cdots + c_j x_j$

约束条件：
$$\begin{cases} a_{11}X_1 + a_{12}X_2 + \cdots + a_{1n}X_n \leq b_1 \\ a_{21}X_1 + a_{22}X_2 + \cdots + a_{2n}X_n \leq b_2 \\ \cdots\cdots \\ a_{m1}X_1 + a_{m2}X_2 + \cdots + a_{mn}X_n \leq b_m \end{cases}$$

10.3 非确定型决策的若干决策准则

非确定型决策是指决策者对未来事件虽有一定程度的了解，知道可能出现的自然状态，但无法确定各种自然状态可能发生的概率的情况下的决策。这种决策由于有关因素难以计算，因此完全取决于决策者的经验、判断、估计和胆识，其选择带有很大的主观性。针对非确定型的问题通常有若干种决策准则。

10.3.1 乐观决策准则

乐观决策准则,也称"最大最大决策"准则,即充分考虑可能出现的最大利益,在各最大利益中选取最大者,将其对应的方案作为最优方案。这种决策准则的基础是决策者感到前途乐观,有信心取得最佳结果。其基本思想与决策步骤如下:

第一,确定各种可行方案。

第二,确定决策问题将面临的各种自然状态。

第三,将各种方案在各种自然状态下的损益值列于决策矩阵表中,如表10.3所示。

表10.3

损益值 方案 自然状态	θ_1	θ_2	...	θ_n
A_1	a_{11}	a_{12}	...	a_{13}
A_2	a_{21}	a_{22}	...	a_{2n}
⋮	⋮	⋮	⋮	⋮
A_m	a_{m1}	a_{m2}	...	a_{21}

第四,求每一方案在各自然状态下的最大收益值,即求

$$\max\{a_{11}, a_{12}, \cdots a_{1n}\}$$

$$\max\{a_{21}, a_{22}, \cdots a_{2n}\}$$

$$\cdots\cdots\cdots$$

$$\max\{a_{m1}, a_{m2}, \cdots a_{mn}\}$$

第五,取$\max_{\theta_j}[a_{ij}]$中的最大值$\max_{A_i}\{\max_{\theta_j}[a_{ij}]\}$,其所对应的方案$A_i$即为最佳决策方案。

例10.3 某企业要作出购置设备的决策,拟定有3个购置方案,同时经过调查测算得到3种不同的市场条件下的收益值,如表10.4所列。

表10.4

	自然状态1(θ_1)	自然状态2(θ_2)	自然状态3(θ_3)	max
方案1(A_1)	5	8	10	10
方案2(A_2)	6	7	8	8
方案3(A_3)	8	9	7	9

利用上面所提供的测算资料,可以求出每一方案在各自然状态下的最大收益值(或最小损失值),见表10.5中的max一列。最后取max列中的最大值所对应的方案A_1(max(10,8,9)=10),即为决策行动方案。

乐观决策的最大特点在于决策者是完全的乐观主义,认为自己在任何情况下总能处于最有利的地位。就本例而言,如果表中给出的是损失值,则应首先求出每一方案在各种自然

状态下的最小损失值,然后,在各最小损失值中再取最小值所对应的方案为最终选择方案。

10.3.2 悲观决策准则

这种决策准则非常重视可能出现的最大损失(或最小利益),在各种最大损失(或最小利益)中选取最小(或最大)者,将其对应的方案作为最优方案。这种决策准则的基础是决策者感到前途难测,持保守态度,其决策步骤如下:

第一步,确定各种可行方案;
第二步,确定决策问题将面临的各种自然状态;
第三步,将各种方案在各种自然状态下的损益值列于决策矩阵表中;
第四步,求每一方案在各自然状态下的最小收益值,即

$$\min\{a_{11}, a_{12}, \cdots, a_{1n}\}$$
$$\min\{a_{21}, a_{22}, \cdots, a_{2n}\}$$
$$\cdots\cdots$$
$$\min\{a_{m1}, a_{m2}, \cdots, a_{mn}\}$$

取 $\min_{\theta_j}[a_{ij}]$ 中的最大值 $\max_{A_i}\{\min_{\theta_j}[a_{ij}]\}$,所对应的方案 A_i 为最佳决策方案。

对于上例,若表中测算的资料为收益值,采用悲观决策准则选择决策方案,则应首先求每一方案在各自然状态下的最小收益值(或最大损失值)(见表 10.5 中的 min 一列),最后取 min 列中的最大值所对应的方案 $A_3(\max(5,6,7)=7)$,即为决策行动方案。

表 10.5

	自然状态 1(θ_1)	自然状态 2(θ_2)	自然状态 3(θ_3)	min
方案 1(A_1)	5	8	10	5
方案 2(A_2)	6	7	8	6
方案 3(A_3)	8	9	7	7

悲观决策准则的最大特点在于决策者极端惧怕损失,认为自己在任何情况下总是处于最不利的地位,因而设法保住自己收益的最低限。如本例中,若选取方案 3,不论任何自然状态都可以保证决策者至少获取 7 的收益值。

10.3.3 赫威斯决策准则

赫威斯决策准则,又称乐观系数决策准则,是介于乐观决策准则与悲观决策准则之间的一种决策准则。它的特点是对客观条件的估计既不过分乐观,也不极端悲观,可以用一个数值 α 来反映决策者的乐观程度。在运用这种准则进行方案的选优时,首先要根据决策者的态度确定一个乐观系数 α,以反映该决策者的乐观程度。通常 α 是一个介于 0 到 1 的数值,α 越趋近于 1,说明决策者对状态的估计越乐观,反之越悲观。用这种决策准则进行决策,其选择方案的基本依据是加权平均值,计算公式如下:

$$f_i = \alpha \times (\text{第 } i \text{ 方案的最大收益值}) + (1-\alpha) \times (\text{第 } i \text{ 方案的最小收益值})$$

然后进行比较,选择最大的 f 数值所对应的方案。

在例 10.3 中,若假定某决策者的乐观系数为 0.8,则 3 个方案的收益估计值分别为:

$$f_1 = 0.8 \times 10 + (1 - 0.8) \times 5 = 9$$
$$f_2 = 0.8 \times 8 + (1 - 0.8) \times 6 = 7.6$$
$$f_3 = 0.8 \times 9 + (1 - 0.8) \times 7 = 8.6$$

按赫威斯决策准则,第一方案是最优决策方案。

10.3.4 后悔值决策法

后悔值决策准则属于较为保守的一类决策准则,但它又不同于前面所介绍的悲观决策准则。在不确定型决策问题中,虽然各种自然状态的出现概率无法估计,但决策一经作出并付诸实施,其结果好坏就可以看出。若所选方案不如其他方案好,决策者就会感到后悔。而衡量后悔程度的后悔值,就是所选方案的收益值与该状态下真正的最优方案的收益值之差。很显然,按这种思路,后悔值越小,所选方案就越接近最优方案。

例 10.4 某机械厂拟对其生产的某种机器是否明年改型以及怎样改型作出决策,现拟定 3 个可供选择的方案。方案 A_1:机芯、机壳同时改型;方案 A_2:机芯改型、机壳不改型;方案 A_3:机壳改型,机芯不改型。改型后的机器可能遇到 3 种不同的市场状态:高需求、中需求和低需求,其收益矩阵如表 10.6 所列。

表 10.6　　　　　　　　　　　　收益矩阵

	高需求(θ_1)	中等需求(θ_2)	低需求(θ_3)
方案 A_1	105	60	92
方案 A_2	55	80	120
方案 A_3	80	65	130

解　在作决策时,针对表 10.7 中的收益值,可以首先计算出各方案在不同自然状态下的后悔值,即其实际值与该自然状态下的最佳收益值之差。各后悔值如表 10.7 所列。

表 10.7　　　　　　　　　　　　后悔值矩阵

	高需求(θ_1)	中等需求(θ_2)	低需求(θ_3)	max
方案 A_1	0	20	38	38
方案 A_2	50	0	10	50
方案 A_3	25	15	0	25

然后从各方案的最大后悔值中,选取后悔值最小的方案,这就是后悔值决策准则。本例中,各方案的最大后悔值分别为 38,50 和 25,从中选取最小的后悔值为 25,其所对应的方案为第三方案。若选第三方案,则意味着无论自然状态如何,用后悔值表示的决策者的后悔程度不会超过 25。

10.3.5 等概率决策准则

不确定型决策的最大特点是不知道各种自然状态中哪种状态容易出现,出现的概率是多大,此时就可以认为这些自然状态出现的概率是相等的。在这种假定条件下,计算各个行动方案的期望收益值,则其中具有最大收益值的方案,就是最优方案。例10.4中,三个方案的收益期望值经过计算分别为:

$$E_1 = \frac{1}{3} \times 105 + \frac{1}{3} \times 60 + \frac{1}{3} \times 92 = \frac{257}{3}$$

$$E_2 = \frac{1}{3} \times 55 + \frac{1}{3} \times 80 + \frac{1}{3} \times 120 = \frac{255}{3}$$

$$E_3 = \frac{1}{3} \times 80 + \frac{1}{3} \times 65 + \frac{1}{3} \times 130 = \frac{275}{3}$$

根据计算结果,可以选择方案3。

10.3.6 不同决策准则的比较和选择

可以看到,对不确定型决策采用不同的决策准则,就要选择不同的行动方案。这主要是因为决策具有一定的主观随意性,每一个决策准则都分别反映了不同类型的决策者的心态。决策者主观意识不同,心态不同,自然在同一条件下就会有不同的选择。因此,对于解决不确定型决策问题,理论上无法证明哪一种评选标准是最合理的,我们应该充分认识到主观意识若脱离了决策问题所处的客观环境,即使运用最完美的决策准则来决策也会失去它的科学价值。故对于一个具体的决策问题,其准则的选取还必须以决策问题所处的客观条件作为决策基础。一般对于那些企业规模小、技术装备不良、承受不起较大经济风险的企业来说,决策者对未来的把握信心不足,或对于那些比较保守稳妥、害怕承担较大风险的决策者来说,较多采用的是悲观决策准则。若决策者对未来的发展乐观,有充分信心取得每一决策方案的最理想结果,则较多采用的是乐观决策准则。赫威斯决策准则主要为那些对形势判断既不乐观也不太悲观的决策者所采用。后悔值决策准则主要为那些对决策失误的后果看得较重的决策者所采用。

思考练习题

1)企业准备投资一种新产品,拟订了3种方案。一是引进高度自动化的设备,经测算,年固定成本总额为600万元,单位产品可变成本为10元。二是采用一般国产自动化设备进行生产,年固定成本总额为400万元,单位产品可变成本为12元。三是采用自动化程度较低的国产设备进行生产,年固定成本总额为200万元,单位产品的可变成本为15元。试分析确定企业的最佳生产规模。

2)某生产集团公司需要某种设备65台,解决办法有两种:①向外订购;②自己制造。如果向外订购,每台价格为3 000元;如果自制,需要固定成本60 000元,可变成本为1 800元/台。试作出决策,该公司应向外订购还是自制这种设备?

3) 某企业生产某种产品,一年内需采购某原材料 600 吨,每吨原材料价格为 20 元,每吨原料储存保管费用为 2 元。假定原料均匀消耗,且不出现停料现象,每一次采购费用为 200 元。为使总费用最低,应如何确定对这种原料的最大采购批量和最优采购批次。

4) 企业生产某种产品,年固定成本总额为 15 万元。可变成本由两部分构成,一部分单位成本与产量成正比,产量每增加一台,增加 0.5 元;一部分单位成本不变。为使单位成本最低,该企业每年应生产多少产品。

5) 某公司经过分析测算,估计在各种经营方式及不同市场状态下的年收益值如下:

经营方式 \ 收益值 \ 市场状态	畅销	一般	滞销
经营方式 1	9	7	4
经营方式 2	12	8	-1
经营方式 3	10	6	3

试按乐观决策准则、悲观决策准则和后悔值决策准则分别选择相应的方案。

6) 根据下面所给信息(表中数据为损失值),试按乐观决策准则、悲观决策准则、等概率决策准则和后悔值决策准则分别选择相应的方案,进行对比分析。

方案 \ 市场状况	畅销	一般	滞销
扩建	15	13	-4
技术改造	8	7	4
建设新企业	17	12	-6

11 风险型决策模型与期望损益决策

11.1 风险型决策的基本问题

11.1.1 风险型决策的概念

风险型决策,是决策者根据各种自然状态可能发生的概率及各方案相应的条件收益值所进行的决策。风险型决策的环境不完全确定,但其发生的概率是已知的。

例如,某商场拟购进一批羽绒服供冬季销售,若在上半年向工厂订货,每件200元,但销售较慢时,库存时间加长,花费也会增加;若下半年进货则每件300元。羽绒服的销售状况取决于冬天的天气,天气寒冷,羽绒服的销售量就大,相应地应该多进货;天气状况一般,羽绒服的销售状况也一般,应该进中等量的货;天气较暖和,羽绒服的销售量大大减少,就应该少进一些货,进货量大卖不出去商场将遭受损失。气象部门根据以往的资料和当年的情况,一般会在上半年对冬季的天气进行预测,但预测也不能完全准确。根据以往的经验,预测是寒冷冬天,实际是寒冷冬天的概率为60%,是一般冬天的可能性为30%,是暖和冬天的概率为10%,因而,决策者还是要冒预测失误的风险。这就是一个风险型决策问题。

从例中我们可以看到,决策者所采取的任何一个行动方案都会遇到一个以上的自然状态所引起的不同结果,这些结果出现的机会是用各种自然状态出现的概率来表示的。由于不管决策者选择哪个行动方案,都要承担一定的风险,所以这种决策属于风险型决策。

11.1.2 风险型决策的特征

一般而言,风险型决策具有以下4个特征:

第一,存在着决策者希望达到的一个及一个以上的明确决策目标。

第二,存在着决策者可以主动选择的两个及以上的行动方案,即存在着多个可供选择的备选方案。

第三,存在着不以决策者主观意志为转移的两种及以上的自然状态,且能根据有关资料估计或算出每种状态将会出现的概率。这种概率信息,也称为先验概率,主要来源于经验数据和历史资料,有时也可以通过大量的重复试验获得总体分布的信息,以此得到各种自然状态出现的概率。

第四,可以具体计算得出不同行动方案在不同自然状态下的损益值。决策最终是依据不同行动方案在不同自然状态下的损益值做出的,因此,必须有能够量化的具体的损益值,比如我们只说天气好时商品的销售状况也好是不行的,必须有相应量化指标,像获利2万元,这样才可以进行定量决策。

11.2 期望损益值决策方法

11.2.1 期望损益值决策方法的概念和步骤

期望损益值决策方法是根据各种方案在各种不同自然状态下的收益值或损失值,计算各可行方案收益的期望值,选择其中期望收益值最大(或期望损失值最小)的方案作为最优方案的决策方法。

设有 m 个可行方案,记为 A_i, $i=1,2,\cdots,m$。方案所面临的自然状态有 n 种,每一种自然状态用 θ_j 表示,$j=1,2,\cdots,n$,其发生的概率为 $P(\theta_j)$。可行方案 A_i 在自然状态 θ_j 下的收益值或损失值为 a_{ij},则可行方案 A_i 的期望损益值为

$$E(A_i) = \sum_{j=1}^{n} a_{ij} P(\theta_j)$$

如果是期望收益,选择 $\max\{E(A_i)\}$ 为最优方案;如果是期望损失,选择 $\min\{E(A_i)\}$ 为最优方案。

利用期望值决策法选择行动方案的基本步骤是:

第一,在确定决策目标的基础上,设计各种可行的备选方案。可行方案一般是由各方面专家根据决策目标,综合考虑资源条件及实现的可能性,经充分讨论研究制定出来的,它是决策者可以在未来实施的方案,不是空想。例如商场要进行羽绒服进货时间和进货量的决策,经过综合考虑,认为有以下4种可行方案:上半年进大量的货;上半年进中等数量的货;下半年进少量的货;上半年进少量的货,下半年进少量的货;上半年进少量的货,下半年进中等数量的货。

第二,分析各种可行的备选方案实施后可能遇到的决策者无法控制的自然状态,并预测各种自然状态可能出现的概率。自然状态来自系统的外部环境,一般决策者不能控制,如前面所说羽绒服销售面临的天气状况,天气寒冷、一般,还是较温暖就是3种自然状态。各种自然状态发生的概率需要进行预测。

第三,估计、预测各种方案在各种不同的自然状态下可能取得的收益值或损失值。对不同可行方案在不同自然状况下的情况进行综合分析,计算出收益值或损失值,如企业的利润总额、投资收益等。

把可行方案、自然状态及其发生的概率、损益值在一张表上表示出来,就形成了收益矩阵表,参见表11.1。少数情况下,通过收益和损失矩阵表可以直接找出最优方案。

表 11.1　　　　　　　　　　　　　　　收益矩阵表

	自然状态 $1(\theta_1)$	自然状态 $2(\theta_2)$	……	自然状态 $n(\theta_n)$
概率	$P(\theta_1)$	$P(\theta_2)$	……	$P(\theta_n)$
方案 $1(A_1)$	a_{11}	a_{12}	……	a_{1n}
方案 $2(A_2)$	a_{21}	a_{22}	……	a_{2n}
……	……	……	……	……
方案 $m(A_m)$	a_{m1}	a_{m2}	……	a_{mn}

例 11.1　某小企业承揽零件加工业务,拟定两个方案。方案一:企业长期雇用两名高级技术工人,一年共需要支付 10 万元,有活的月份还需要雇用零工 20 人,每月工资 500 元;方案二:企业长期雇用 20 名低级工,没活的月份每人每月 200 元,有活的月份每人每月 500 元,且需要聘用技术指导,每月 5 000 元。自然状态为业务多(10 个月有活、2 个月没活)的可能性为 30%,业务中等(8 个月有活、4 个月没活)的可能性为 50%,业务少(6 个月有活、6 个月没活)的可能性为 20%。

解　根据上述资料,计算并编制企业年支出费用(人工成本)矩阵,见表 11.2。由表可见,在各种情况下,方案二都好于方案一,因此该企业应选择长期雇用低级工,有活时聘技术指导。

表 11.2　　　　　　　　　某企业年支出费用表　　　　　　　　　　单位:万元

自然状态及概率	业务多(30%)	业务中等(50%)	业务少(20%)
方案一	10+0.05×20×10=20	10+0.05×20×8=18	10+0.05×20×6=16
方案二	(0.05×10+0.02×2)×20+0.5×10=15.8	(0.05×8+0.02×4)×20+0.5×8=13.6	(0.05×6+0.02×6)×20+0.5×6=11.4

大多数情况下,我们不能直接通过收益和损失矩阵确定最优方案,而需要选择一定的衡量标准,以确定行动方案的优劣。

根据面临的问题、分析的数据、决策的内容不同期望值决策法又可分为以下几种:单级期望值决策模型、增量分析决策模型、多级决策的决策树模型,以及相关的信息价值测算。这些模型决策的依据均为期望值,在本节中主要讨论单级期望值决策模型。

11.2.2　单级期望值决策模型

单级期望值决策模型是指决策者面临单级的决策问题,需根据各种方案在各种不同自然状态下的收益值或损失值,计算各可行方案的期望值,选择其中期望收益值最大(或期望损失值最小)的方案作为最优方案的决策方法。计算公式为

$$E(A_i) = \sum_{j=1}^{n} a_{ij} P(\theta_j)$$

例 11.2　某商场经销某种商品,进货成本为 60 元/千克,销售价格为 110 元/千克。如

果在一周内不能出售,则由于质量降低或部分霉烂等原因不得不降价出售,平均每千克只能收回40元。商场可以选择每周进货50千克、60千克、70千克、80千克。这种商品过去60周的每周销售量资料如表11.3所示,试确定商场每周最佳进货量。

表11.3　　　　　　　　　　　某企业60周销售资料

周销售量(千克)	50	60	70	80
周数	12	24	18	6

解　该决策问题可按如下步骤确定最优的可行方案。

(1)确定决策目标及各种可行的备选方案。决策目标是使商场的收益值(销售利润)最大,可行的备选方案为每周进货50千克、60千克、70千克、80千克。

(2)分析自然状态,并预测各种自然状态可能出现的概率。本例中各种销售量可能出现的概率可以根据历史资料计算确定,如表11.4所示。

表11.4　　　　　　　　　　　概率计算表

周销售量(千克)	50	60	70	80
概率	0.2	0.4	0.3	0.1

(3)计算各种方案在各种不同的自然状态下可能取得的收益值或损失值。各种行动方案在不同自然状态下的收益值如表11.5所示。

表11.5　　　　　　　　　某企业收益损失值表　　　　　　　　　　单位:元

自然状态		需求量50	需求量60	需求量70	需求量80
概率		0.2	0.4	0.3	0.1
方案	50	2 500	2 500	2 500	2 500
	60	2 300	3 000	3 000	3 000
	70	2 100	2 800	3 500	3 500
	80	1 900	2 600	3 300	4 000

当需求量大于或等于进货量时,商品全部售出,进货量就是销售量,则

收益值(销售利润)=进货量(销售量)×(销售单价-进货成本)

如需求量为70千克,进货量为60千克时,收益值为60×(110-60)=3 000(元);如需求量为70千克,进货量为70千克时,收益值为70×(110-60)=3 500(元)。

当需求量小于进货量时,只有相当于需求量的商品能够卖出,未能售出的商品只能降价处理,销售量为需求量,则

收益值(销售利润)=需求量×(销售单价-进货成本)+(进货量-需求量)×(处理价-进货成本)

如需求量为60千克,进货量为70千克时,企业收益值为60×(110-60)+(70-60)×(40-60)=2 800(元);如需求量为50千克,进货量为80千克时,企业收益值为50×(110-60)+

$(80-50)\times(40-60)=1\,900(元)$。

(4) 对损益表进行初步审查。初步审查后如果能够直接观察到在各种自然状况下收益都高于其他方案,损失都低于其他方案,就可以确定该方案为最优方案。不过这种情况很少见。大部分情况下,对损益表进行初步审查仅可以帮助我们发现并剔除不合理的劣势方案。所谓劣势方案就是在各种自然状况下都劣于某一个方案的方案,即收益都小于某一方案,损失都大于某一方案。如果发现这种劣势方案,就可以直接从损益表中剔除,以简化分析。我们对表 11.5 进行分析,不能直接从中发现最优方案,也没有发现明显的劣势方案,因此,都需要保留以供选择。

(5) 计算各方案的期望收益值(或期望损失值),并根据期望值的大小,选择相应的行动方案。计算各方案的期望收益值分别为:

$E_1 = 0.2\times2\,500+0.4\times2\,500+0.3\times2\,500+0.1\times2\,500=2\,500$
$E_2 = 0.2\times2\,300+0.4\times3\,000+0.3\times3\,000+0.1\times3\,000=2\,860$
$E_3 = 0.2\times2\,100+0.4\times2\,800+0.3\times3\,500+0.1\times3\,500=2\,940$
$E_4 = 0.2\times1\,900+0.4\times2\,600+0.3\times3\,300+0.1\times4\,000=2\,810$

从计算结果看,进货量为 70 千克时期望收益值最大,即为最优行动方案。

11.3 增量分析决策模型

11.3.1 增量分析决策模型的原理

对于离散型变量进行单级决策可以采用期望值决策模型,但在实际决策中常常会遇到连续性的变量,或者虽然是离散型的,但可能出现的数值很多,比如某商场一种小食品的销售量,每天的数值都有所不同。显然,对于连续型变量,一般我们列不出所有的备选方案,而对于取值很多的离散型变量,列出的备选方案又可能太多了,这样我们就无法直接采用前面所讲的期望值决策模型来进行决策。

一般而言,无论是连续型变量还是取值很多的离散型变量,备选方案依一定次序的变化是有一定规律的。比如冷饮、蔬菜这一类商品,进货量的变化区间较大,即行动方案很多,每天的销售量变化也较大,进货多卖不出去会有损失,进货少没货卖会减少盈利,但销售利润往往会随进货量的增加先增后减,呈现一定的规律性。如果决策变量在该决策问题定义的区间内是单峰的,则其峰值所对应的那一个备选方案,就应是该决策问题的最优方案。这样就可以避开计算每一个备选方案的期望值,从而解决此类决策问题。

由于决策变量(如利润)峰值所对应的方案为最优方案,是源于经济学中的边际费用和边际收入相等时可获得最大利润的原理,因此,这种决策方法也称为增量分析法或边际分析法。下面简单介绍几个概念:

1) 边际费用(成本)和边际收入

边际费用是指增加一个单位产品所需增加的费用。比如某工厂多生产一件产品需要增加的原材料费、加工费、机床折旧费、工人工资等相关费用,菜场多进一车菜所增加的购菜款、运输费、装卸费等。而边际收入是指生产和出售一个单位产品所获得的收益增量。比如工厂多卖出一件产品所获得的收入,菜场多卖出一车菜所获得的收入。显然,如果增加一单位产品获得的收入增量大于费用增量,决策者应增加该单位产品,以增加利润总额;反之,决策者不应增加该单位产品。按照西方经济学的理论,当边际收入等于边际费用时,利润总额最大。

依据这一理论进行风险型决策,边际收入和边际费用需要用期望边际利润和期望边际损失来替代。

2) 期望边际利润和期望边际损失

将每生产并售出(或存有并售出)一个单位产品可能得到的利润值,乘以该单位产品能够售出的概率,就得到期望边际利润。将由于新生产(或存有)一个单位产品但未能售出所可能造成的损失值,乘以该单位产品未能售出的概率,就得到期望边际损失。如果增加一个单位产品的期望边际利润大于期望边际损失,决策者就应该增加生产或存有该单位产品,这样不断增加生产或存有产品,直到两者相等。如果再增加一个单位产品,其期望边际利润会小于期望边际损失,决策者就不会增加生产或存有该单位产品。增量分析模型就是选择期望边际利润等于期望边际损失时所对应的行动方案为决策方案,以获得最大的期望收益的方法。

11.3.2 离散型变量的增量分析模型

对离散型变量运用增量分析模型进行决策,基本步骤为:

第一,根据决策问题确定行动方案的边际利润 MP 和边际损失 ML。

第二,依据历史资料或经验等,预测和确定各种自然状况发生的概率。

第三,按自然状态的一定顺序(如销售量由大到小),计算并编制各种自然状态下的累计概率值表。

第四,根据决策标准 $EMP=EML$,计算出转折概率(p_t)。转折概率 p_t 是由增量部分出现盈利的概率到增量部分带来亏损的概率的转折点。p_t 满足等式:

$$MP \times p_t = ML \times (1 - p_t)$$

$$p_t = \frac{ML}{MP + ML}$$

第五,根据转折概率 p_t 和各种自然状态下累计概率值表,观察得出或计算得出最佳行动方案。

例 11.3 仍用例 11.2 的资料,试用增量分析模型确定商场每周最佳进货量。

解 (1)分析。我们可以从增量分析入手。每增加进货 1 千克,都存在本周顺利售出或未售出两种可能。顺利售出可以多得(增加)利润 110-60=50 元,即边际利润 $MP=50$ 元,未能售出将会蒙受损失 40-60=-20 元,即边际损失 $ML=20$ 元。

(2)概率的确定。该商场根据以往资料,计算每周销售量可能出现的概率,如表 11.4 所示。

(3)按自然状态的一定顺序,计算并编制各种自然状态下的累计概率值表。本例中按销售量由大到小的顺序计算并编制累计概率表。

表 11.6　　　　　　　　　　某商场周销售量累计概率值表

周销售量(千克)	概率	累计概率
80	0.1	0.1
70	0.3	0.4
60	0.4	0.8
50	0.2	1.0

表 11.6 中累计销售概率的含义为每周销售量大于或等于该数量的概率;周销售量至少为 50 千克的概率为 1,周销售量至少为 60 千克的概率为 0.8,周销售量至少为 70 千克的概率为 0.4,周销售量至少为 80 千克的概率为 0.1。

(4)计算出转折概率 p_t。当考虑是否增加一单位进货时,需要比较期望边际利润 EMP 和期望边际损失 EML,如果 $EMP>EML$,应进货;如果 $EMP<EML$,不应进货;当 $EMP=EML$ 时,可以获得最大期望利润。

用 p 表示当周能够顺利销售最后 1 千克商品的累计概率,那么这一千克商品未能售出的概率为 $1-p$,则达到最佳进货量的最后 1 千克商品的售出概率就是转折概率 p_t。转折概率 p_t 应满足:

$$p_t = \frac{ML}{MP+ML} = \frac{20}{50+20} \approx 0.2857$$

(5)确定最佳行动方案。根据转折概率 $p_t=0.2857$,对表 11.6 进行观察,发现表中没有累计概率正好等于 0.2857 的周销售量。0.2857 介于 0.1 和 0.4 之间,则最佳进货量应该在 70 千克到 80 千克之间。可以用线性内插法近似计算出最佳进货量。

$$最佳进货量 = 70 + \frac{80-70}{0.4-0.1} \times (0.4-0.2857) \approx 74(千克)$$

各种进货量下的期望边际利润 EMP 和期望边际损失 EML 如表 11.7 所示。

表 11.7　　　　　期望边际利润 EMP 和期望边际损失 EML 比较表

周销售量(千克)	累计概率	$EMP=MP\times p$	比较	$EML=ML(1-p)$
50	1.0	50×1.0=50	>	0
60	0.8	50×0.8=40	>	20×0.2=4
70	0.4	50×0.4=20	>	20×0.6=12
74	0.286	50×0.286=14.3	=	20×0.714=14.3
80	0.1	50×0.1=5	<	20×0.9=18

每周进货为 50 千克、60 千克、70 千克时,$EMP>EML$,增加进货盈利的可能性大,应增加进货;当每周进货量为 80 千克,$EMP<EML$,增加进货损失的可能性大,应减少进货;当

进货量为 74 千克时，$EMP = EML$，可以获得最大期望利润总额。

11.3.3 多级决策的决策树模型

对于一些复杂的、多阶段的决策问题，难以采用损益表来进行列表计算。例如货物运输中海运、公路、铁路的选择，不同的自然状态为天气状况，由于不同的运输路线在相同的自然状态(天气)下运输的时间和成本是不同的，用损益表列表计算比较困难。有些问题是多阶段的，选择某种行动方案会出现不同的状态，在不同的状态下又要做下一步行动方案的决策，这类风险决策问题一般适于用决策树模型进行决策分析。

决策树模型是对决策局面的一种图解方式，也是风险型决策中常用的方法。它的优点是能使决策问题形象化，它把各种备选方案、可能出现的自然状态及各种收益值、损失值简明地绘制在一张图上，便于决策者审度决策局面，分析决策过程。特别是在多级决策问题的分析中，能起到层次分明，一目了然，计算简便的作用。

决策树决策法的基本步骤如下：

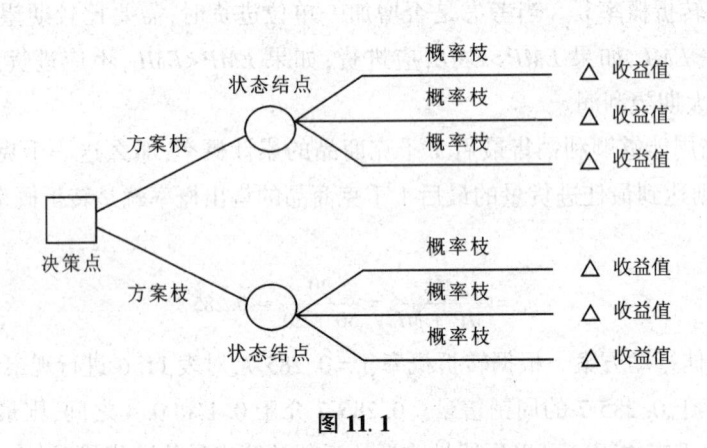

图 11.1

第一，按决策过程将决策的基本要素以树形的结构绘制成图，如图 11.1 所示。图中由决策点引出若干方案枝(用于表明所设计的若干备选方案)；方案枝后紧跟状态结点，状态结点后引出概率枝，每一概率枝表示一自然状态，用于标明各行动方案实施后可能面临的各种自然状态及其出现的概率；概率枝末端注明每一方案在不同自然状态下的条件收益值(或条件损失值)。

第二，按决策树的结构计算各决策方案枝的期望收益值或期望损失值。

第三，将期望收益值或期望损失值进行比较，并作剪枝决策，只保留最佳方案。决策树图的分析程序是先从损益值开始由左向右推导的，也称反推决策树方法。把行动方案在不同状态下的损益值和相应概率的乘积相加就可以计算出该方案的损益期望，在每一阶段舍弃收益值低的(或损失值大的)，逐级推动直到最初的决策点，这样可以得到各阶段的最优策略。这种分析程序的依据是动态规划的最优性原理：作为整个过程的最优策略具有这样的性质，即无论过去的状态和决策如何，对前面的决策所形成的状态而言，余下的诸决策必须构成最优策略。

例 11.4 某企业计划生产一种新产品，根据市场需求分析和估计，产品销路为好(Q_1)、一般(Q_2)、差(Q_3)的概率分别为 0.3,0.5,0.2。可供选择的方案也有 3 种,即大批量生产(A_1)、中批量生产(A_2)和小批量生产(A_3)。根据产量多少和销售情况,企业盈利情况也有所不同,可能获利也可能亏损,其条件收益值如表 11.8 所示。

表 11.8   单位:万元

自然状态		销路好	销路一般	销路差
概率		0.3	0.5	0.2
方案	大批量	30	23	−15
	中批量	25	20	0
	小批量	12	12	12

解 绘制决策树如图 11.2 所示。

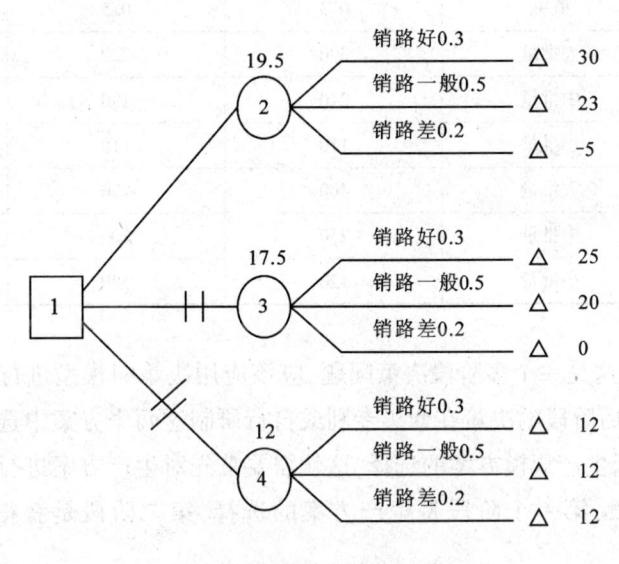

图 11.2

图中有三个方案枝,分别代表大批量生产、中批量生产和小批量生产,从而引出 3 个状态结点 2,3,4,每个状态结点后连接的是各方案可能面临的各种自然状态及其概率。如可能的自然状态包括销路好、销路一般和销路差 3 种,其概率分别是 0.3,0.5 和 0.2。在概率枝后面显示的数值则是各方案在不同状态发生时的收益值(或损失值)。状态结点上反映各方案的期望收益值 E 的计算如下:

状态结点 E_2:30×0.3+23×0.5−5×0.2 = 19.5(万元)
状态结点 E_3:25×0.3+20×0.5+0×0.2 = 17.5(万元)
状态结点 E_4:12×0.3+12×0.5+12×0.2 = 12(万元)

比较各方案的期望收益值,方案一(大批量生产)的期望收益值 19.5 万元,最大。进行剪枝决策,去掉第二方案和第三方案,选择第一方案。这是一个单阶段的决策问题,也可以用期望损益值方法进行决策,但决策树模型更加一目了然。

下面是一个多阶段问题应用决策树模型的例子。

例 11.5 某企业前几年生产工艺水平低,产品质量差,生产量少,市场占有率不断下降,企业面临困境。企业领导决定改进生产工艺,工艺改进后产品的质量和数量会有很大提高。该生产工艺可以通过自行研制或从国外引进两种方式获得。自行研制不需要额外的花费,但研制成功的可能性只有 0.6;通过引进的方式获得新生产工艺会得到地方政府的支持,且谈判成功的可能性比较高,为 0.9,但要支付购买费用 10 万元。不论通过哪种途径,只要有了新的生产工艺,就可以生产优质的产品。生产规模有两种选择:中批量和大批量。如果自行研制或谈判失败,就只能小批量生产原产品。市场销路及相应损益值预测资料如表 11.9 所示,那么企业应该如何选择获得生产工艺的方式和生产规模?

表 11.9 单位:万元

自然状态		销路好	销路一般	销路差
概率		0.3	0.5	0.2
方案一 国外购买	大批量	390	220	−160
	中批量	240	190	−10
	小批量	110	110	110
方案二 自行研制	大批量	400	230	−150
	中批量	250	200	0
	小批量	120	120	120

解 (1)分析。这是一个多阶段决策问题,应该应用决策树模型进行决策,按照决策树模型的决策顺序,最后阶段的决策在购买专利或自行研制这两个方案中选择一个,但这两个方案的损益值依赖于生产规模方案的选择,这就需要首先对生产方案进行选择。因此,我们把决策分为两个阶段,第一个阶段是生产方案的选择,第二阶段是获得生产工艺方式的选择。

(2)按决策过程将决策的基本要素以树形的结构绘制成图,再把已知条件按决策树的绘制要求填入图中,得到决策树图如图 11.3 所示。然后,采用反推决策树的方法,按决策树的结构计算各决策方案值的期望收益值或期望损失值。

(3)本例为两阶段决策。第一阶段决策:生产规模方案的选择。生产方案的选择,决策点为 4,5,6,7,需要计算各状态结点 8,9,10,11,12,13 的期望利润(或期望损失)$E_8, E_9, E_{10}, E_{11}, E_{12}, E_{13}$,计算方法前已述及。如 $E_8 = 390×0.3+220×0.5−160×0.2 = 195$(万元),同样,$E_9 = 165$ 万元,$E_{10} = 110$ 万元,$E_{11} = 205$ 万元,$E_{12} = 175$ 万元,$E_{13} = 120$ 万元。

将上述各期望值填在方案之上,选择期望利润值较大的方案,剪去期望利润值小的方案,作为第一阶段选定的方案,即在决策点 4 选 8,大批量生产方案,剪去中批量生产方案 12;在决策点 5 选 10,小批量生产方案;在决策点 6 选 11,大批量生产方案,剪去中批量生产方案 12;决策点 7 选 13,小批量生产方案。

(4)第二阶段决策:获得生产工艺方式的选择。在第一阶段最优决策的基础上进行第二

阶段决策,计算状态结点 2 和 3 的期望利润值:

$$E_2 = 195 \times 0.9 + 110 \times 0.1 = 186.5(万元)$$

$$E_3 = 205 \times 0.6 + 120 \times 0.4 = 171(万元)$$

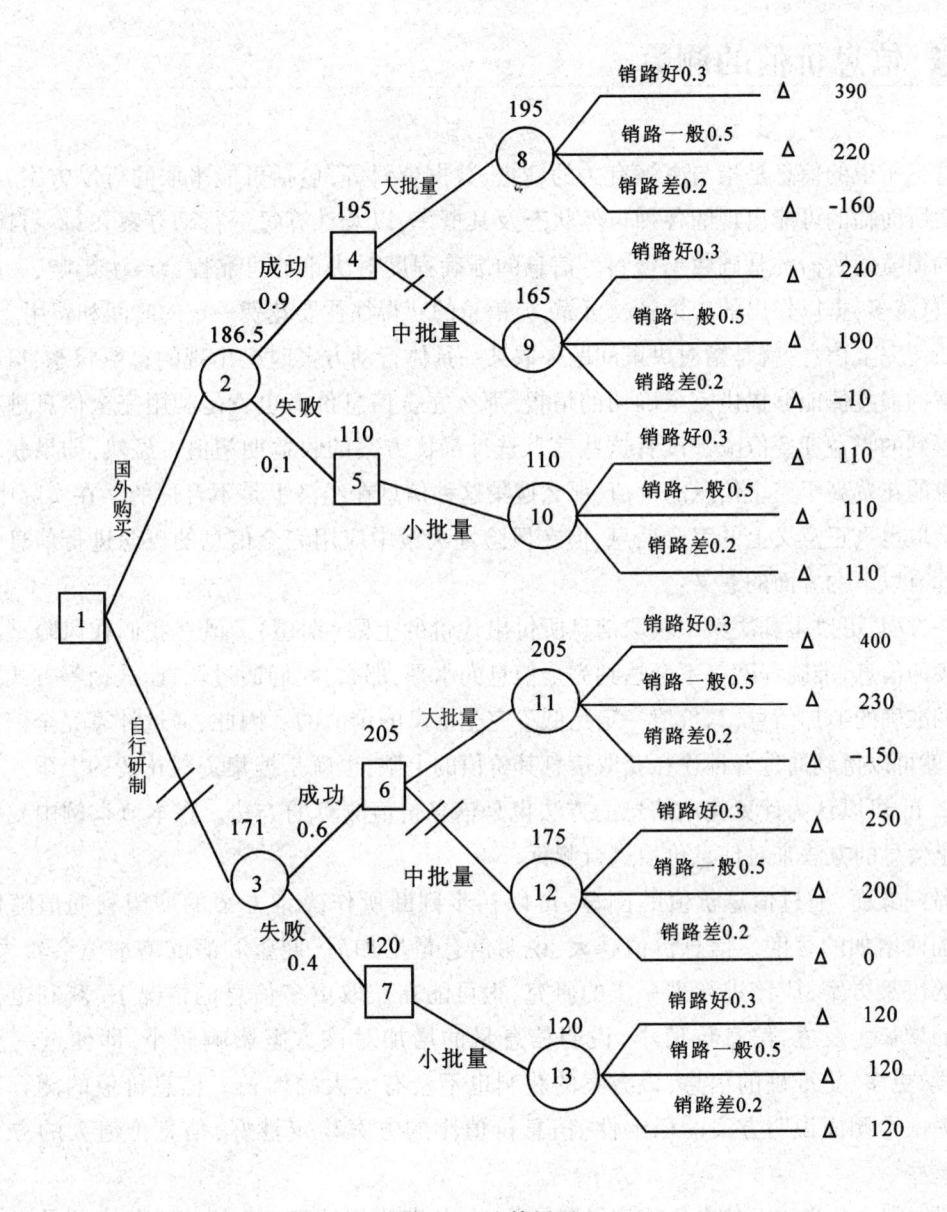

图 11.3 决策树图

由于 $E_2 > E_3$,所以,应选择购买专利作为第二阶段决策方案。

整个决策过程可以用图 11.3 来表示。可见,对于该企业,应该选择从国外购买生产工艺,如果购买成功,就采取大批量生产的方式,可期望获得 195 万元的利润;如果购买失败,就按原来的生产规模小批量生产,可期望获得 110 万元的利润。

应用决策树模型进行决策,是采取从后往前反推的方式进行分析,在实践中关键要注意阶段的划分,通过阶段的划分应该把复杂的问题整理成相互关联的简单问题,如果这种整理既符合实际又结构清晰,每一个阶段的决策实际上和单级期望值决策模型是一样的。当然,损益值预测的准确与否、概率的确定是否符合实际在一定程度上也会影响决策的效果。

11.4 信息价值的测算

这里所说的信息是指与决策有关的情报、数据资料等,包括可能采取的行动方案,各行动方案所面临的可能出现的各种自然状态及其概率,以及计算每一行动方案在每一自然状态下的损益值所需的基础数据资料。信息的准确程度对决策的可靠性会产生影响,一般而言,信息越多,据以作出的决策就越可靠,但信息的获得往往要花费一定的时间和费用。

所谓完全信息,就是指对决策问题采取某一具体行动方案时会出现的自然状态、概率以及方案的损益值能够提供完全确切的情报,那么完全信息价值也就是利用完全信息进行决策所得到的收益期望值减去没有这些信息选择最优方案的收益期望值。显然,如果获取这些信息的花费高于完全信息的价值,那么搜集这种信息在经济上是不合适的。在实际中,一般不会取得真正意义上的完全信息,但在风险性决策中应用完全信息的概念进行信息价值的测算有以下两方面的意义:

一方面,可以得到决策中获取信息所付出代价的上限(期望)。既然我们在风险型决策中搜集的信息,准确程度都不会达到完全信息的水平,那么,我们通过调查、试销等方式取得的更加准确的追加信息,其价值一定是低于完全信息的价值的。因此,通过计算完全信息的价值,就可以得到通过各种途径获取信息其价值的上限,也就是搜集资料花费的上限。从这个意义上,可以认为计算完全信息的方法也是信息价值测算的方法。在本节举例中我们运用完全信息的方法来对信息价值进行测算。

另一方面,通过信息价值的测算,可以初步判断所作决策方案的期望利润值随信息量增加而增加的程度。信息价值越大,说明信息量增加后,期望利润的增加值会较大,对这样的决策方案,应该进行进一步的研究,很可能在获取更多信息的情况下,获利也会有很大的增长。反之,信息价值小,说明信息量的增加对该方案影响较小,即使进一步调查,获取更多、更准确的信息,该方案的获利也不会有太大的增长。信息价值的测算还可以从另一个侧面说明方案的稳定性,信息价值小的方案稳定性好,信息价值大的方案稳定性差些。

运用完全信息进行信息价值测算时应注意,从期望值的意义上讲完全信息价值是信息价值的理论上限,但并不是信息价值的实际上限。由于完全信息是理论上的确切、可靠信息,因此完全信息价值一定是信息价值的上限,也就是说,如果获取更准确信息的费用大于完全信息价值,获取这种信息的努力一定是不可取的,如图 11.4 中区域 A。实际中即使进行了进一步的调查、研究,也不能获得完全信息,信息的实际价值低于完全信息的价值。如果决策时获取更准确信息的费用低于完全信息的价值,则获取这种信息有可能是值得的,如图 11.4 中区域 C,也有可能是不值得的,如图 11.4 中区域 B。不过,还应该注意,完全信息价值实际上是一个期望值,即平均的完全信息价值。

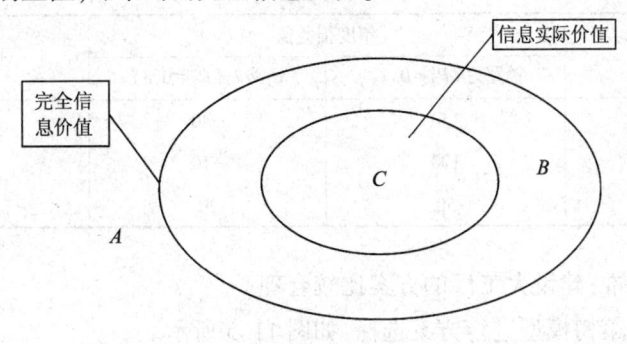

图 11.4

在例 11.2 中,我们应用期望损益值法进行决策,上述期望收益是不同进货方案在各种不同市场需求状态下,用销售概率对条件收益加权计算,获得的一种平均利润。它既具有一定的代表性,也具有一定的风险性。如果能够加强市场销售趋势的调查研究,掌握完整的市场情况资料,使每天的进货量完全符合市场的需要量,既无缺货,又无剩余,这时可以获得最大的利润,参见表 11.10。

表 11.10

自然状态	需求量 50	需求量 60	需求量 70	需求量 80
概率	0.2	0.4	0.3	0.1
方案 50	2 500	—	—	—
方案 60	—	3 000	—	—
方案 70	—	—	3 500	—
方案 80	—	—	—	4 000

其期望收益值为:$E = 0.2 \times 2\,500 + 0.4 \times 3\,000 + 0.3 \times 3\,500 + 0.1 \times 4\,000 = 3\,150$(元),这时的期望收益值比没有完整资料时的最大期望值 2940 元高出 210 元。这一价值即是完整资料的价值。在决策时,是否需要花费力量进行调查研究取得完整的市场资料,或支付多少经费去获得这些资料,需要计算进一步获取资料的费用是否超出这两种情况下的收益值之差,即 210 元,如果超出,进行调查是不值得的。

例 11.6 某地区为生产某种产品而设计了 3 个基本建设方案,方案一:建设大工厂,需要投资 560 万元;方案二:建设中等规模工厂,需要投资 320 万元;方案三:建设小工厂,仅需要投资 150 万元。三者的使用期都是 10 年,估计在此期间内,产品销路好的可能性是 0.7,销路差的可能性是 0.3,3 个方案投产后的年度损益值和期望损益值如表 11.11 所示(此例没有考虑资金的时间价值)。所列损益值及期望损益值为 10 年总的损益值。

表 11.11　　　　　　　　方案投产后年度损益值和期望损益值表　　　　　　　单位：万元

基本建设方案	年度损益值 销路好($P_1=0.7$)	年度损益值 销路差($P_2=0.3$)	10年期望损益值
方案一	150	−40	370
方案二	100	−10	350
方案三	50	20	260

根据期望值标准,建设大工厂的方案比较合理。

此例也可用决策树模型进行方案选择,如图11.5所示。

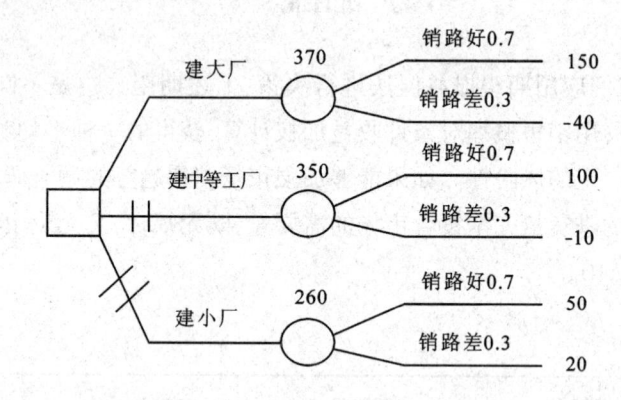

图 11.5

然而,完全信息下的决策树如图11.6所示。

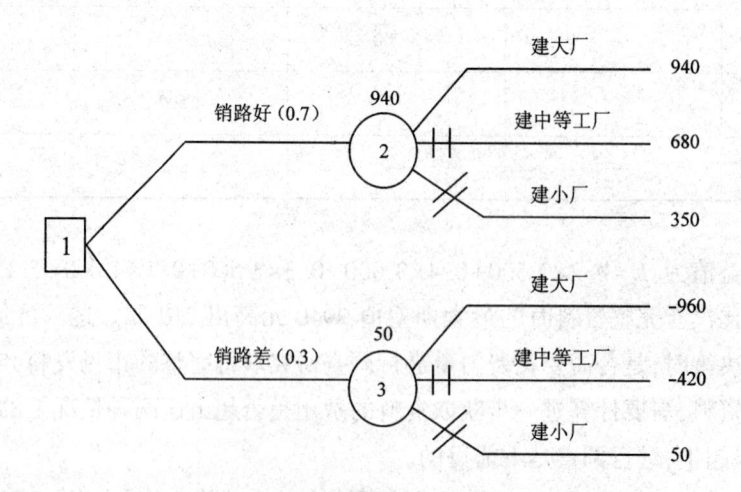

图 11.6

损益值计算如下:

(1)销路好的情况下:

建设大工厂方案损益值：150×10-560=940(万元)

建设中等规模工厂方案损益值：100×10-320=680(万元)

建设大工厂方案损益值：50×10-150=350(万元)

可见，在已知销路好的情况下，应建设大工厂，可期望获取收益 E_2=960万元。

(2)销路差的情况下：

建设大工厂方案损益值：-40×10-560=-960(万元)

建设中等规模工厂方案损益值：-10×10-320=-420(万元)

建设大工厂方案损益值：20×10-150=50(万元)

可见，在已知销路差的情况下，应建设小工厂，期望收益为 E_3=50万元。

(3)完全信息价值的测算：

完全信息下决策的期望收益值：E_1=0.7×940+0.3×50=673(万元)

完全信息价值：673万元-370万元=303(万元)

可见，该项目信息价值较大，应该进行进一步的调查，搜集更多的信息，信息量增加后期望利润应该有较大的增加。

思考练习题

1)什么叫风险型决策？概率应如何确定？

2)为什么要用增量分析决策模型？它和期望损益值法有什么区别？

3)决策树分析法的基本步骤是什么？

4)对信息价值进行测算有什么意义？

5)某地要建一百货商店，有两个设计方案，一是建大型综合性商场，二是建小型综合性商店。建大型商场需要投资400万元，小型商店需要投资100万元，两者使用期都是10年，估计在此其间，产品销路好的可能性为0.8。两个方案的年度效益值列表如下：

自然状态	概率	年度效益值(万元)	
		建大型商场	建小型商店
销路好	0.8	100	40
销路差	0.2	10	15

试利用期望值决策法选择方案。

6)某公司生产某种产品，一直在本地销售。现在公司想通过向全国销售来增加利润。经过市场调查，了解到全国和本地区对此产品具有高需求的概率都是0.5，中等需求的概率都是0.25，低需求的概率都是0.25。两种销售方案在各种需求影响下的利润如下：

	高需求(0.5)	中等需求(0.25)	低需求(0.25)
方案一	600	400	250
方案二	400	380	350

现问,企业应选择方案一:扩大到全国销售,还是方案二:继续只在本地销售,可以期望获得更大的利润?

7) 某冷饮店准备制定销售旺季(6,7,8 三月)的日进货计划,该品种冷饮从厂家进货成本每箱 30 元,销售价格每箱 50 元,如果当天销售出去每箱可获利 20 元,但如果当天没有售出,就返还厂家,每剩余一箱,会亏损冷藏等费用 10 元。当年的市场需求情况尚不清楚,但前 5 年共 460 天的日销售资料如下表所示,使用增量分析法对日进货计划进行决策。

日进货量	100	110	120	130
完成销售天数	92	184	138	46

8) 根据第 5 题资料,应用决策树模型进行决策,并应用完全信息测算信息价值。

9) 有一种游戏分两阶段进行,第一阶段,参加者需先付 10 元,然后从一个装有 20%白球和 80%红球的罐子里任意摸一球,并决定是否继续第二阶段。如果决定继续,则需要再付 10 元,根据第一阶段摸到的球的颜色在相同颜色的罐子中再摸一球。已知白色罐子中含 70%蓝球和 30%绿球,红色罐子中含 10%蓝球和 90%绿球。第一阶段摸到白球再参加第二阶段并摸到蓝球,参加者可得奖励 50 元;第一阶段摸到红球再参加第二阶段并摸到蓝球,参加者可得奖励 100 元。如第二阶段摸到的是绿球或不参加第二阶段游戏均无所得。甲说游戏对参与者有利,乙说对参与者不利。试用决策树法分析谁说得对。

10) 某企业准备投资一种新产品,拟定了 3 种方案。方案一是引进高度自动化设备进行生产,经测算固定成本总额为 600 万元,单位可变成本为 10 元。方案二是采用一般国产自动化设备进行生产,年固定成本总额为 400 万元,单位产品的可变成本为 12 元。方案三是采用自动化程度较低的国产设备进行生产,年固定成本总额为 200 万元,单位产品的可变成本为 15 元。试分析确定企业的最佳生产规模。

12 抽样信息与贝叶斯决策

12.1 贝叶斯定理与贝叶斯决策法则

12.1.1 信息的类别

决策者进行决策时,所掌握的信息是不同的,确定型决策是根据未来确定的结果按一定的标准来决策,非确定型决策是在不确定的未来的条件下,按一定的原则来决策,但是对风险型决策,虽然不可控制的因素存在多种可能,但各种可能情况即自然状态出现的概率是已知的。这些概率是风险型决策所需要的信息。实际上进行决策使用的信息可分为总体信息、抽样信息、先验信息3种。

总体信息,是指关于总体数据和总体分布的信息。总体信息是很重要的信息,但获取总体信息往往耗费很大。如我国为证明国产轴承寿命服从两参数威布尔分布,前后花了5年时间。依据总体信息进行风险型决策,能够取得决策标准(如期望值)下的最佳方案。但真正意义上的总体信息是比较少的,即使有关于总体的全面调查资料,但由于事情是不断发展变化的,也不一定能反映变化了的总体。不过在很多情况下,只要经济上合理且仍然具有适用性,总体信息能够提供令人满意的结果。

一般情况下,我们观察到的是从总体中抽取的样本信息,从数据的实效性看,样本信息是"最新鲜"的信息,更加贴近实际,而且在决策中一般是可以由决策者搜集的。如企业研究产品的市场需求,不太可能进行全国或世界范围的需求调查,但可以在几个主要市场进行小范围的调查获取抽样信息。可见,抽样信息比较容易搜集,目的性和针对性比较强,所费时间和费用比较少,在组织合理的情形下,可以获得比较客观而又及时、准确的信息。通过各种调查、试验获得的信息在某种程度上都可以看做抽样信息。决策中,决策者可以决定是否搜集抽样信息,如何得到抽样信息及怎样利用抽样信息。合理搜集和利用各种抽样信息也是决定决策效果的一个重要方面。

12.1.2 贝叶斯决策的概念和步骤

依据期望值进行风险型决策的各种模型,都是根据各种事件可能发生的概率——先验概率计算期望值,从而选择最佳方案。这种先验概率可以根据历史资料或主观判断确定,具有一定的科学性,但它只是对自然状态的概率的初步估计,不论来源于经验还是历史资料,都没有经过实验或实践的证实。为了更符合实际,减少风险,实践中我们可以通过科学实验和调查等方法获得更为准确的情报信息,利用其对先验概率加以修正得到后验概率,并据以确定各个方案的期望值,协助决策者作出正确的选择,这就是贝叶斯决策。可见,贝叶斯决策既充分利用了人们的经验和历史资料提供的信息——先验概率,又不局限于先验概率,而是结合调查、试验等提供的新鲜及时的抽样信息,形成后验概率,再据以决策。一般情况下,贝叶斯决策方法比仅应用先验概率各种期望值决策的方法准确程度要高,因为它考虑了样本的信息;也比仅用样本信息进行推断的方法要准确,因为它充分挖掘了历史资料和经验所能提供的信息。

一般而言,在已具备先验概率的条件下,一个完整的贝叶斯决策过程由以下几个步骤构成:

第一,进行预后验分析,即决定是否值得搜集补充资料以及根据补充资料可能得到的结果决定最优的行动策略。尽管进一步的调查、试验,获取更翔实的样本资料和信息一般可以提高决策的准确性,对先验概率进行修正,但这种调查、试验信息的取得也是要付出一定费用的,只有提高信息质量带来的收益大于为此付出的费用时,进一步搜集信息的工作才是经济上可行的。

第二,搜集补充资料,取得条件概率,包括历史概率和逻辑概率。对历史概率要加以检验,辨明其是否适合计算后验概率。要计算后验概率,即调查信息 B 出现的情形下自然状态是 A_i 的概率,需要有各种自然状态(先验概率所对应的自然状态)下,出现某一调查信息的概率,即条件概率的资料。这里实际上有两个问题,一个是要有所有先验概率对应的自然状态下出现该调查信息的概率,另一个是条件概率确定的准确性。

第三,用贝叶斯定理计算后验概率。依据先验概率和条件概率,就可以计算出联合概率和边际概率,然后应用贝叶斯定理计算后验概率。

第四,用后验概率算出期望值进行决策分析。决策的依据仍然是期望值,不过现在的期望值是用后验概率来计算的,也就是说,综合了调查、试验的样本信息和先验信息,提高了决策的准确性和效率。

12.1.3 贝叶斯定理

贝叶斯定理由英国学者(牧师)贝叶斯(Bayes)提出,该定理在概率运算和风险决策方面非常有用,取得了很多有价值的成果。

设自然状态 θ 有 k 种,分别用 $\theta_1, \theta_2, \cdots, \theta_k$ 表示,$P(\theta_i)$ 表示自然状态 θ_i 发生的先验概率,用 x 表示调查的结果,$P(x|\theta_i)$ 表示在 θ_i 条件下调查结果刚好为 x 的概率,这就是条件概率。则:

$$联合概率:P(x\theta_i) = P(\theta_i)P(x|\theta_i)$$

$$边际概率:P(x) = \sum_{i=1}^{k} P(\theta_i)P(x|\theta_i)$$

通过调查得到的结果 x 包含了有关于自然状态 θ_i 的信息,利用这些信息可对自然状

θ_i 发生的概率重新认识,并加以修正,修正后的概率即后验概率为:

$$P(\theta_i \mid x) = \frac{P(x \mid \theta_i) P(\theta_i)}{\sum_{i=1}^{k} P(x \mid \theta_i) P(\theta_i)}$$

这就是贝叶斯公式。后面将举例说明该定理的性质,以及后验概率对先验概率的修正。

12.1.4 贝叶斯决策的优点及其局限性

1) 优点

贝叶斯决策自产生开始,经过不断的研究和完善,已应用于工业、经济、管理、医学等领域,取得了很大的成功,应用贝叶斯决策主要有如下优点:

(1) 贝叶斯决策能够综合先验概率和调查信息,充分利用历史资料、主观经验、调查信息,因此是合理而富有成效的,可以提高决策的准确性。由于综合了主观和客观、历史和现实的数据,形成更为可靠的后验信息,从而使决策更加有效。

(2) 科学评价调查结果,正确判断调查信息价值。一般的决策方法,对调查结果或者是完全相信,或者是完全不相信,贝叶斯决策对调查结果的准确性加以数量化的评价,认为调查结果也是有一定的可靠性的,这比较符合实际,因此更加科学,据以得到的信息价值也会更加准确、更加符合实际,这样就可以对是否采集新信息、组织调查实验,做出科学的判断。

(3) 贝叶斯决策可以在决策过程中,根据新情况、新信息,连续不断地使用,不断修正、不断地接近实际情况,使决策逐步完善,更加科学。

2) 局限性

利用抽样调查、科学实验等信息进行贝叶斯决策,一般会提高决策的科学性,但其也有其局限性,主要表现在:

(1) 分析过程比较复杂。在实际决策问题中,自然状态比较多,行动方案也比较多。这对于期望损益值模型影响不大,即使是最复杂的多阶段决策树模型,也可以通过剪枝减少方案,逐渐简化决策树,计算量并没有因此而增加。对于贝叶斯决策情况就不同了,后验概率的数量是自然状态数和调查出现状态数的乘积,再加上联合概率和边际概率的计算,计算量就已经很大了,而如果是连续的贝叶斯决策,即序贯分析,仅这种概率计算量的增长就已经十分惊人了,更不要说还需要同时应用期望损益值模型和决策树模型进行决策。这使得贝叶斯决策方法在解决复杂问题时分析过于复杂,在一定程度上限制了这种方法的应用。

(2) 时效性和费用。进行进一步的调查,一般不仅要花费人力、物力、财力,还要推迟决策的时间,如果市场变化较大,不仅会影响调查结果的有效性,可能还会使决策者错失机会。

另外,贝叶斯决策需要的信息比较多,不仅要确定先验概率,还需要确定条件概率,而条件概率的确定有时会采用主观概率的方法,不同的人可能会给出不同的概率,这在一定程度上影响了贝叶斯决策方法的广泛应用。

12.2 先验分析与预后验分析

12.2.1 先验分析

先验分析就是指决策者在列出备选的行动方案,各种自然状态及先验概率,以及各行动方案在各种自然状态下的损益值之后,依据先验概率计算期望损益值来从各备选方案中选出最佳行动方案的决策过程。显然,先验分析在很多情况下是必要的,如在时间、人力、财力等不允许进行进一步调查、搜集更完备信息的情况下,决策者往往会采用先验分析的方法。

在贝叶斯决策中,先验分析也是必要的,它是进行深入分析的必要条件,在通过预后验分析确定没有必要搜集和分析追加信息的情况下,还是决策选择的最终分析方法。但在一般情况下,贝叶斯决策不会止于先验分析,而是通过先验分析→预后验分析→后验分析的过程进行决策。

例 12.1 某企业要研制一种新产品,首要的问题是要研究这种新产品的销路。经过预测与分析,企业估计出:当新产品销路好时,采用新产品可盈利 8 万元;不采用新产品而生产老产品时,其他竞争者会开发新产品,而使老产品滞销,企业可能亏损 4 万元。当新产品销路不好时,采用新产品就要亏损 3 万元;当不采用新产品,就有可能用更多的资金来发展老产品,可获利 10 万元。现确定销路好的概率为 0.6,销路差的概率 0.4。企业应如何决策?

解 我们应用期望损益值法进行决策,决策过程如表 12.1 所示,企业应该选择期望收益值大的方案一,即生产新产品,可期望获得利润 3.6 万元。

表 12.1　　　　　　　　　　　　　　　　　　　　　　　　　　　　　单位:万元

行动方案\自然状态	销路好 0.6	销路差 0.4	期望收益值
方案一:生产新产品	8	-3	3.6
方案二:生产老产品	-4	10	1.6

在决策分析中,常采用损益值来进行决策。所谓损失,是"该赚而没有赚到的钱"而不仅仅是亏损,如某商场本可以赚 2 000 元,由于决策失误而亏损了 1 000 元,那么损失值就是 3 000 元。本问题如果采用期望损失值来决策,决策原则为损失值最小。决策过程如表 12.2 所示,结果和期望损益值法一样,选择方案一,生产新产品。

表 12.2　　　　　　　　　　　　　　　　　　　　　　　　　　　　　单位:万元

行动方案\自然状态	销路好 0.6	销路差 0.4	期望损失值
方案一:生产新产品	0	13	5.2
方案二:生产老产品	12	0	7.2

12.2.2 预后验分析

所谓预后验分析实际上是后验分析方法的一种特殊形式的演算。在先验概率一定的情况下，根据情况确定条件概率，运用贝叶斯定理计算后验概率，用后验概率来对多种行动策略组合进行演算，这就是预后验分析。

预后验分析有两种形式，一种是扩大型的预后验分析，实际上是一种反推决策树分析方法；二是常规型的预后验分析，是正向分析的方法，常用表格形式分析。由于两种分析方法得出的结论是一致的，在此我们只讨论扩大型预后验分析。

如果决策十分重要，多花费一些时间进行深入调查不会丧失机会的情况下，决策者会考虑是否有必要组织调查、进行实验、搜集和分析新的信息。首先，获取和分析这些信息需要付出额外的费用；其次，这些信息也不可能完全准确，无论是组织良好的抽样调查、严谨的小规模实验，还是小范围试销，得到的结论都不能保证和实际完全吻合。条件概率的确定和先验概率的确定方法类似，可以根据以往的资料，也可以采用专家询问等方法。

在确定条件概率时一定要注意，必须涵盖自然状态下所有调查结果和试验结果，而且其概率值和为 1。如果自然状态 θ 有 k 种，分别用 $\theta_1,\theta_2,\cdots,\theta_k$ 表示，在自然状态 i 下调查结果 A_i 有 h 种，分别用 $A_{1i},A_{2i},\cdots,A_{hi}$ 表示，那么必须有 $P(A_{1i}|\theta_i),P(A_{2i}|\theta_i),\cdots,P(A_{hi}|\theta_i)$ 的条件概率，并且

$$\sum_{j=1}^{h} P(A_{ji}|\theta_i) = 1 \quad i=1,2,\cdots,k$$

有了先验概率和各类条件概率，就可以依据贝叶斯定理计算出后验概率。后验概率实际上也是一种条件概率，是在追加信息已知，各种调查结果、实验结果确定的条件下，各种自然状态出现的概率。得到追加信息后，实际情况也仍然存在多种可能。可见，有必要对追加信息下各种自然状况出现的可能性给出一定的评价，这实际上就是后验概率的确定。

确定了各类后验概率，才能实施预后验分析，对后验分析进行演算。这种预后验分析主要解决两个问题，一是要不要追加信息；二是确定追加信息对决策者有多大价值。如果追加信息价值大于搜集信息的花费，那么追加信息就是可行的，否则，就不应该进行。可见，预后验分析也是对信息价值的测算，不过测算的基础是依据后验概率计算的期望值。

例 12.2 仍用例 12.1 的资料，该企业考虑是否要用市场调查的方法来分析新产品的销路。根据市场调查的经验，企业的市场研究人员知道市场调查不可能完全准确，但一般能估计出调查的准确程度，如表 12.3 所示。问企业是否应该进行调查？

表 12.3　　　　　　　　　　调查结果的条件概率 $P(Z_j|Q_i)$

自然状态＼调查结果	Z_1(销路好)	Z_2(销路差)	Z_3(不确定)
Q_1(销路好)	0.8	0.1	0.1
Q_2(销路差)	0.1	0.75	0.15

解　（1）计算新产品销路状况的后验概率。根据已知信息，包括最新的市场调查信息，

对原来的先验概率进行修正,得到后验概率。计算过程如表 12.4 所示。

表 12.4　　　　　　　　　新产品的联合概率和全概率计算表

调查结果	Z_1	Z_2	Z_3	$P(Q_i)$
$P(Q_1)P(Z_j\|Q_1)$	0.8×0.6=0.48	0.1×0.6=0.06	0.1×0.6=0.06	0.60
$P(Q_2)P(Z_j\|Q_2)$	0.1×0.4=0.04	0.75×0.4=0.3	0.15×0.4=0.06	0.40
$P(Z_j)$	0.52	0.36	0.12	1.0

其中,联合概率 $P(Z_jQ_i)= P(Q_i)P(Z_j|Q_i)$。如 $P(Z_1Q_1)= P(Q_1)P(Z_1|Q_1)=0.8×0.6=0.48$,即市场调查结果为新产品销路好,且实际上销路好的概率为 0.48。

边际概率(无条件概率、全概率) $P(Z_j)=\sum_{i=1}^{2}P(Q_i)P(Z_j|Q_i)$。

根据已知资料,可以算出 3 种调查结果可能出现的概率 $P(Z_1)= P(Q_1)P(Z_1|Q_1)+P(Q_2)P(Z_1|Q_2)= 0.48+0.04 = 0.52$,即调查结果为销路好的概率是 0.52,无论实际情况是销路好还是销路差。

同理可得,无论实际情况是销路好还是销路差,调查结果是销路差的概率 $P(Z_2) = 0.36$;调查结果是不确定的概率 $P(Z_3)= 1-0.52-0.36 = 0.12$,然后应用贝叶斯公式计算后验概率,如表 12.5 所示。

表 12.5

调查结果	Z_1	Z_2	Z_3
$P(Q_1\|Z_j)$	$\frac{0.48}{0.52}=0.923$	$\frac{0.06}{0.36}=0.167$	$\frac{0.06}{0.12}=0.50$
$P(Q_2\|Z_j)$	$\frac{0.04}{0.52}=0.077$	$\frac{0.30}{0.36}=0.833$	$\frac{0.06}{0.12}=0.50$

其中,后验概率 $P(Q_i|Z_j)=\dfrac{P(Z_j|Q_i)P(Q_i)}{\sum_{i=1}^{k}P(Z_j|Q_i)P(Q_i)}$。

如果已知调查信息是销路好,今后市场实际销路好的概率为:

$$P(Q_1|z_1) = \frac{0.6 \times 0.8}{0.6 \times 0.8 + 0.4 \times 0.1} = 0.923$$

已知调查信息是销路好,今后市场实际销路差的概率为:

$$P(Q_2|z_1) = 1 - P(Q_1|z_1) = 0.077$$

(2)进行决策。用后验概率计算期望值,利用决策树进行决策分析,并估算调查费用。若目前首先决定是否需要进行市场调查获取补充资料,就需要考虑补充信息的价值问题。对于本例,我们第一步要作出的决策是直接用先验信息作决策还是经过调查之后再作决策。第二步是调查结果有多种可能(可能是好、差、不确定),在得到调查结果之后,才涉及根据调查结果选择采用新产品还是老产品的问题。这是一个典型的二阶段决策问题,可用决策树模型进行决策。

将前面计算的后验概率及已知的有关概率标于决策树相应的概率枝上,将相关的损益值标在相应的位置,并计算各状态结点的期望损益值。决策树见图 12.1。

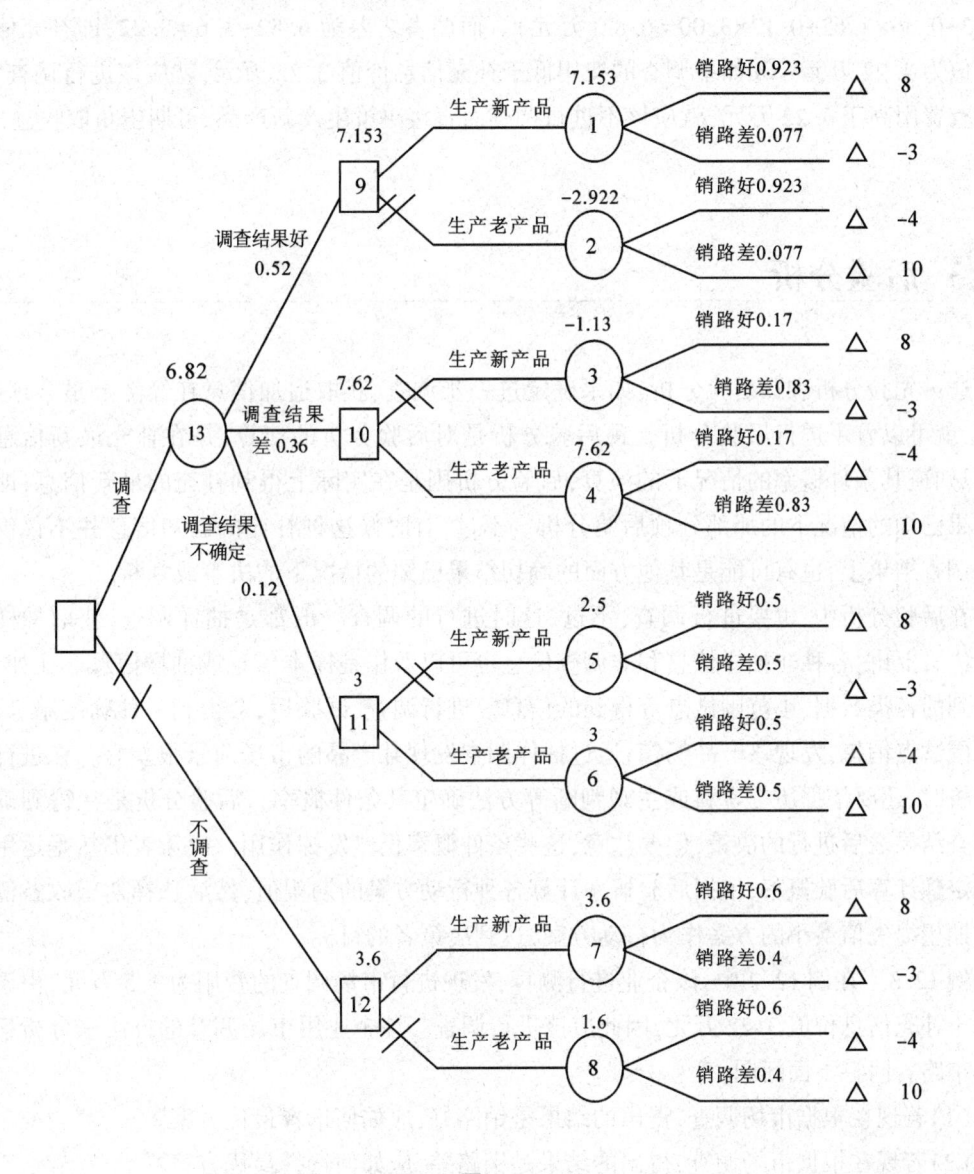

图 12.1

本题按照逆向计算决策树的顺序计算标注状态结点和决策点序号,利用期望值计算公式,计算出各状态结点上的期望值:

状态结点 1 的期望值:$8 \times 0.923 + (-3) \times 0.077 = 7.153$

状态结点 2 的期望值:$(-4) \times 0.923 + 10 \times 0.077 = -2.922$

由于 7.153 > -2.922,做剪枝决策,去掉生产老产品的方案,选取生产新产品的方案。调查结果为好时的期望收益值为 7.153,即决策点 9 上的期望收益值为 7.153。

同理可以计算出图中其他所有点上的收益值,并进行相应的决策。计算结果表明:①调查结果为好、差、不确定的概率分别是 0.52,0.36,0.12。当调查结果为好时,应选择新产品;当调查结果为差或不确定时,应选择老产品。②只利用先验概率进行分析,得到的决策是生产新产品,其期望收益值为 3.6 万元。若先进行调查再作决策得到的期望收益值为:0.52×7.153+0.36×7.62+0.12×3.00=6.82(万元)。而两者之差为 6.82-3.6=3.22,即补充信息的价值为 3.22 万元。③如果调查的费用低于补充信息价值 3.22 万元,就应该进行调查,如果调查费用高于 3.22 万元,就应该不进行调查而直接决策生产新产品,可期望获取收益 3.6 万元。

12.3 后验分析

通过先验分析和预后验分析,如果确定进一步调查、获取追加信息在经济上是合理的,那么,就可以着手进行后验分析。预后验分析是对后验分析的演算,是在补充最新信息未知、只知道其条件概率的情况下的演算,后验分析则是在实际上得到补充的最新信息,即调查结果已知的情况下的那部分预后验分析。不过,有时候这种补充的已知信息并不仅仅局限于调查结果上,也有可能是其他方面的确切结果已知的情况下的决策或判断。

在后验分析中,也要进行调查,不过,这时进行的调查一般都是抽样调查,获取抽样信息。广义上讲,各种非抽样信息和非调查信息也可以看作是样本信息或抽样信息。比如,实验得到的各类数据、小范围试点等得到的信息。进行调查、试验后,会得到一种确定结果,如小范围试点销售,发现该产品畅销;通过抽样调查发现某产品的市场前景很差等。在进行后验分析时,还要依据历史资料或主观判断等方法确定其条件概率。后验分析是在得到确切的调查结果之后进行的决策,但要注意,这些条件概率仍然发挥作用。决策者仍然是运用贝叶斯定理计算后验概率,依据后验概率计算各种行动方案的期望值,然后选择期望收益值最高或期望损失值最小的方案作为行动方案,达到决策者的目标。

例 12.3 在例 12.2 中,该企业进行测算,发现进行市场调查的费用为 1.5 万元,由于调查低于补充信息价值 3.22 万元,因此应该进行调查。该企业用市场调查的方法来分析新产品的销路。回答下面问题:

(1)若现在根据市场调查,得出的结果是销路好,应如何选择最优方案?
(2)若现在根据市场调查,得出的结果是销路差,应如何选择最优方案?
(3)若现在根据市场调查,得出的结果是销路不确定,应如何选择最优方案?

解 (1)如果已知调查结果为销路好:采用新产品的期望收益值为 0.923×8+0.077×(-3)=7.153;采用老产品的期望收益值为 0.923×(-4)+0.077×10=-2.92。显然当调查信息为销路好时,应该选取新产品这一方案。该决策过程用决策树表示如图 12.3 所示。

(2)如果已知调查结果为销路差:采用新产品的期望收益值为 8×0.17+(-3)×0.83=-1.13,采用老产品的期望收益值为-4×0.17+10×0.83=7.62,显然当调查信息为销路差时,应该选取生产老产品这一方案。该决策过程用决策树表示如图 12.4 所示。

(3)如果已知调查结果为销路不确定:采用新产品的期望收益值为 8×0.5+(-3)×0.5=

2.5,采用老产品的期望收益值为$-4×0.5+10×0.5=3$,显然当调查信息为销路不确定时,应该选取生产老产品这一方案。该决策过程用决策树表示如图 12.5 所示。

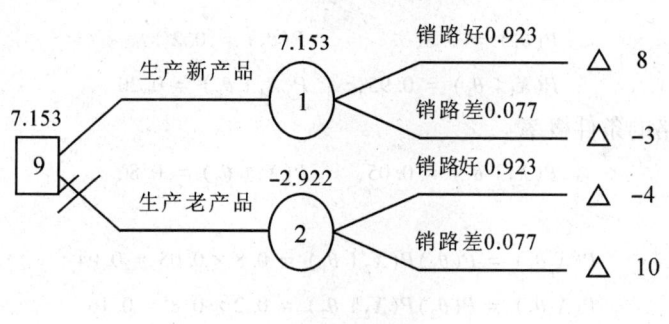

图 12.2

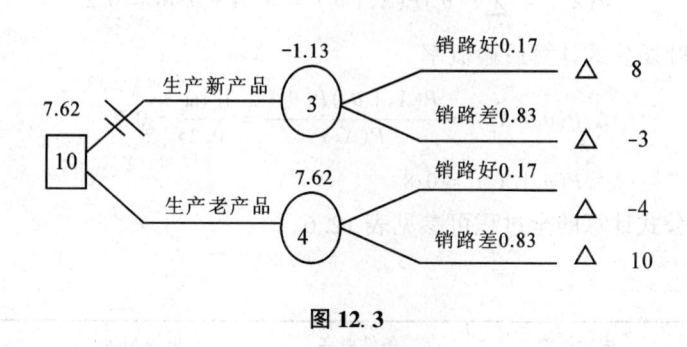

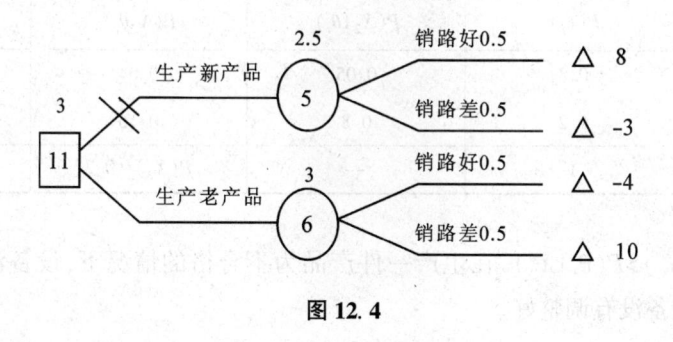

图 12.3

图 12.4

可见,该企业进行调查后,当调查结果为好时,应选择新产品;当调查结果为差或不确定时,应选择老产品。

后验分析除了可以用来进行行动方案的选择,还可以检验、推断一个判断的正确和错误,下面举例说明。

例 12.4 某企业有一项自动生产设备,每次生产前,该设备需要经过精密调整,以确保质量。根据以往经验,如果该设备调整良好,则生产的产品有 95% 为合格品,如果调整不成功,则仅有 20% 的产品为合格品。根据以往的记录,调整成功的次数占 80%,调整不成功的次数占 20%。该企业做完调整后,就进行试生产,以判断设备是否调整好。如果生产一件产品,发现其为不合格品,试据此判断该设备是否调整好?

解 此问题的自然状态是设备是否调整好,将设备调整好的事件记为 θ_1,没有调整好的事件记为 θ_2,产品合格的事件记为 X_1,产品不合格的事件记为 X_2,由题目可得先验概率和条件概率:

$$P(\theta_1) = 0.8, \quad P(\theta_2) = 0.2$$

$$P(X_1 \mid \theta_1) = 0.95, \quad P(X_1 \mid \theta_2) = 0.20$$

则生产产品不合格的条件概率:

$$P(X_2 \mid \theta_1) = 0.05, \quad P(X_2 \mid \theta_2) = 0.80$$

联合概率为

$$P(X_2\theta_1) = P(\theta_1)P(X_2 \mid \theta_1) = 0.8 \times 0.05 = 0.04$$

$$P(X_2\theta_2) = P(\theta_2)P(X_2 \mid \theta_2) = 0.2 \times 0.8 = 0.16$$

边际概率(无条件概率)为

$$P(X_2) = \sum_{i=1}^{2} P(\theta_i)P(X_2 \mid \theta_i) = 0.04 + 0.16 = 0.2$$

然后可以根据贝叶斯公式计算后验概率

$$P(\theta_1 \mid X_2) = \frac{P(X_2 \mid \theta_1)P(\theta_1)}{P(X_2)} = \frac{0.04}{0.2} = 0.2$$

$$P(\theta_2 \mid X_2) = 0.8$$

利用贝叶斯公式计算的全过程可参见表 12.6。

表 12.6

事件 θ_i	先验概率 $P(\theta_i)$	条件概率 $P(X_2\mid\theta_i)$	联合概率 $P(X_2\theta_i)$	后验概率 $P(\theta_i\mid X_2)$
θ_1 调整好	0.8	0.05	0.04	0.2
θ_2 未调整好	0.2	0.8	0.16	0.8
合计	1	—	$P(X_2) = 0.2$	1

可见,$P(\theta_2\mid X_2) > P(\theta_1\mid X_2)$,在生产一件产品为不合格的情况下,设备没有调整好的可能性大,可判断设备没有调整好。

思考练习题

1)什么是贝叶斯决策?贝叶斯定理的内容是什么?
2)贝叶斯决策的基本步骤有哪些?
3)贝叶斯决策有什么优点和局限性?
4)什么是预后验分析?预后验分析主要解决什么问题?
5)什么是后验分析?
6)某企业试制出一种新产品,决定是否将该产品投入生产。如果生产该产品并投放市场,那么市场销路好时,该企业可获利 10 万元,销路差则亏损 2 万元。根据市场调查,估计该产品市场销路好的概率是 0.3。如果企业不将该产品投入生产,资金可以用作其他稳健投资,企业收益为 1 万元。企业打算采取试生产销售确定产品销路,但其费用为 3 000 元。过去的经验表明,试生产销售所提供的市场情报不一定百分之百正确,销路好的可靠性为 0.8,销路差的可靠性为 0.7,问企业是否值得进行试生产销售?

7) 某公司准备经营某种新产品,可以采取的行动有:小批量生产、中批量生产和大批量生产。如果大批量生产,在畅销时可获利 100 万元,一般时可获利 30 万元,滞销时会亏损 60 万元;如果中批量生产,在畅销时可获利 50 万元,一般时可获利 40 万元,滞销时会亏损 20 万元;如果小批量生产,在畅销时可获利 10 万元,一般时可获利 9 万元,滞销时会亏损 6 万元。根据以往经验,同类产品为畅销、一般和滞销的概率分别是 0.2,0.5,0.3,我们可以把它们看成是正在考虑的新产品的先验概率。现公司考虑委托专门机构对产品的销路进行预测,用 X_1 表示预测结果为畅销,X_2 表示预测结果为一般,X_3 表示预测结果为滞销。预测的准确程度如下表所示:

θ	$P(\theta)$	$P(X_1|\theta_i)$	$P(X_2|\theta_i)$	$P(X_3|\theta_i)$
θ_1	0.2	0.8	0.15	0.05
θ_2	0.5	0.2	0.7	0.1
θ_3	0.3	0.02	0.08	0.9

(1) 如果不委托专门机构对产品的销路进行预测,应如何选择决策方案?

(2) 如果委托专门机构对产品的销路进行预测,应如何进行决策?企业花费的上限是多少?

(3) 如果预测结果是畅销,试进行后验分析,确定公司的最优行动方案。

8) 某企业有一项自动生产设备,每次生产前,该设备都需要经过精密调整,以确保质量。根据以往经验,如果该设备调整良好,则生产的产品有 95% 为合格品;如果调整不成功,则仅有 30% 的产品为合格品。根据以往的记录,调整成功的次数占 75%,调整不成功的次数占 25%,该企业做完调整后,进行试生产,以判断设备是否调整好。如果生产一件产品,发现其为不合格品,试据此判断设备是否调整好?

13 效用理论与风险型决策

13.1 期望损益值决策的局限

期望损益值是在相同条件下,进行大量的重复试验所得结果的平均值,而在决策的实践中,有时只作几次甚至一次决策,这时仍以期望值作为决策标准就有一定的局限性。

13.1.1 期望损益值适用的情况

以期望值为标准的决策方法一般只适用于下列几种情况:①概率的出现具有明显的客观性质,而且比较稳定;②决策不是解决一次性问题,而是解决多次重复的问题;③决策的结果不会对决策者带来严重后果,即决策的风险较小。

如果不符合上述情况,期望损益值标准就不适用了,会产生期望值决策失效的问题。

13.1.2 圣·彼得堡悖论(St. Petersburg Paradox)

1738年,丹尼尔·伯努利(Danil Bernoulli)研究发现,把期望损益值作为决策准则和实际决策行动存在矛盾。

在掷钱币的赌博游戏中,当参与者掷钱币出现正面时,则重复掷下去,直到出现反面为止。约定庄家付给参与掷钱币者 2^n 元,n 为首次出现反面时掷钱币的累计次数。即当第一次就出现反面时,得 2 元;当掷第二次出现反面时则得 4 元;当掷到第三次才出现反面时则得 $2^3 = 8$ 元……需要解决的决策问题是参与者愿意付出多少赌金才肯参与一局这种博弈。如果按期望损益值决策,则可先计算参与者一局博弈可获得的期望收益:

掷钱币的次数	钱币出现反面的概率	参与者的收益
$N=1$	$P(N=1) = 1/2$	2
$N=2$	$P(N=2) = 1/2^2$	$2^2 = 4$
$N=3$	$P(N=3) = 1/2^3$	$2^3 = 8$
……		
$N=i$	$P(N=i) = 1/2^i$	2^i

所以,期望值为

$$E(X) = 2 \times (1/2) + 4 \times (1/4) + 8 \times (1/8) + 16 \times (1/16) + \cdots$$

$$= 1 + 1 + 1 + \cdots$$
$$= \infty$$

期望收益值可达∞,因此,结论似乎是参与者愿意为每局的游戏付给庄家较大的赌金;但实际上人们往往只愿意付几元钱参与赌博。于是,在收益的数学期望与观察到的乐于支付金额之间产生了"悖论"。因当时伯努利在圣·彼得堡,人们把这种悖论称为圣·彼得堡悖论,这一悖论说明在有些情况下,人们不会按照期望损益值这一准则行事。

13.1.3 期望损益值决策局限性分析

为什么人们并不总是按期望损益值来决策呢?这是因为决策是由人作出的,决策的结果也是由人承担的,决策人的经验、才智、胆识和判断能力等主观因素,不可能不对决策的过程产生影响。如果完全以期望值的大小作为决策标准,就会把决策人的主观因素排除在外,这是不合理的。此外,影响决策的还有决策者对风险的态度。一般地,当同一决策要重复多次,或风险损失的数值较小时,决策者的兴趣就会与期望损益值的高低大体一致,而当同一决策只进行一次,并且包含有较大风险时,决策人的兴趣往往会与期望损益值存在较大差异,这可以从下面的实例中看出。

例 13.1 某企业准备试制新产品,有两个可能的方案:方案甲是试制产品 A,根据以往经验,试制成功后可以盈利 400 万元,但成功的把握只有 50%,如果失败会损失 200 万元。方案乙是试制产品 B,因为技术过关,有 100%把握成功,但成功后的盈利仅有 50 万元,对此需要作出最优方案的选择。

解 方案甲的期望利润值 $E_A = 0.5 \times 400 + 0.5 \times (-200) = 100$(万元)

方案乙的期望利润值 $E_B = 1 \times 50 = 50$(万元)

尽管方案甲的期望损益值是方案乙的两倍,但对企业决策者来说,宁愿选择方案乙。因为方案乙是肯定盈利 50 万元,不用冒 50%可能损失 200 万元的风险。当然也有人会选择方案甲,企图以 50%的概率盈利 400 万元。而如果方案甲中损失的概率降低为 15%,则可能有更多的决策者愿意选择它。

决策者怎么会对同一决策问题持有不同的态度呢? 这取决于决策者对风险的态度,即决策者对待利益和损失的态度,而这种态度是由人们的价值观决定的。在风险型决策中,不仅后果是不确定的,而且由于不同的决策者对不同的后果持有不同的态度和看法,即所谓后果的效用也是不同的,因此仅仅依靠期望损益值进行决策是远不够的。期望损益值决策没有考虑到决策者的主观性,这就成为期望损益值决策的局限所在。此外,在决策实践中,有的行动后果可以用货币值衡量,而有的则不能,更有的行动后果无法准确地数量化,这也使期望损益值作为决策准则并不总是适用的。

为此,我们必须在计算期望值的基础上,引入效用的概念,分析决策者在确定行动方案时的主观判断。效用理论的作用在于通过一些基本假设把各种事物的得失加以量化,统一用效用单位表示,这些量化的得失包括货币损益及非货币损益。

13.2 效用曲线与决策者类型分析

13.2.1 效用的度量与等效行动

效用没有固定的度量单位,因此,要测定效用的绝对值是比较困难的。数学家冯·诺伊曼(von Neumann)的"新效用理论"被公认是至今为止测定效用较好的依据,他和摩根斯坦(Morgenstern)于 1944 年共同提出的测定效用方法,被称为标准测定法,有时也称 N-M 心理测定法,或等效测定法。它通过对决策者提出一系列问题,并根据决策者的回答掌握其对风险的态度,从而测定其效用。

这里要引入"等效行动"概念,两个效用(或期望效用)相等的行动称为等效行动。例如,在一个决策者的投资机会选择中,他所拥有的货币可以用于两种投资,一是银行存款,一是购买国债,尽管购买国债会在收益上较银行存款高一点,但资金的流动性不如银行存款,所以,该投资者认为两种投资方式都可以,没有差异。这里,购买国债和银行存款就是等效行动。

"行动 a 的效用"是指决策者采取行动 a 所获收益 m 元的效用。假如一个行动 a 可能有两种收益 m_1, m_2,并以概率 a 获取收益 m_1,以 $1-a$ 获取收益 m_2 元,那么,此行动的期望效用是指 $aU(m_1)+(1-a)U(m_2)$。

13.2.2 效用曲线的绘制

一般对效用值可以有不同的度量方法,在此,我们用 0 到 1 之间的一个数值表示,效用值为 1 的收益值是决策者最偏爱的,效用值为 0 的收益值是决策者最厌恶的。若用横坐标代表收益值或损失值,用纵坐标代表效用值,把决策者对风险态度的变化关系绘出一条曲线,就称为决策者的效用曲线。效用曲线是效用函数的一种表现形式。效用函数可以通过计算效用值和绘制效用曲线的方法来衡量。下面举例说明效用值的计算和效用曲线的绘制。

例 13.2 已知有两个方案:方案 A_1 能以 0.5 的概率获得收益值 200 元,以 0.5 的概率损失 100 元。方案 A_2 能以 1.0 的概率获得收益 25 元,见图 13.1。

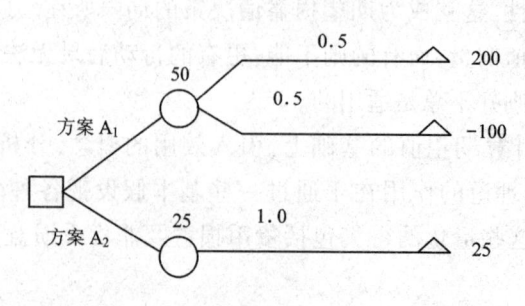

图 13.1

解 一个决策者究竟应该选择哪个方案?若选择方案 A_2,说明决策者认为方案 A_2 的效用值大于方案 A_1 的效用值,尽管方案 A_1 的期望值 $E(A_1)=0.5\times200+0.5\times(-100)=50$ 元,而方案 A_2 的期望值 $E(A_2)=25$ 元,但是决策者认为方案 A_2 的期望效用值大于 A_1 的期望效用值,即 $EU(A_1)>EU(A_2)$。这说明决策者不愿负担遭受损失的风险。由于方案 A_1 中 200 元是最大的收益值,因而其效用值为 1,即 $U(200)=1$,-100 元是最小的收益值,是决策者最不愿意接受的,因而其效用值为 0,$U(-100)=0$,方案 A_1 的期望效用值 $EU(A_1)=0.5\times1+0.5\times0=0.5$。那么当以 1.0 的概率获得多少收益值时,方案 A_2 与方案 A_1 是等效的呢?只有当决策者认为方案 A_1 与方案 A_2 对他的价值是相同的时候(如方案 A_2 是以 1.0 的概率获取 0 时),则方案 A_2 的效用值等于方案 A_1 的效用值,即为 0.5。这即是效用值的计算。这一过程可以按诺伊曼的"新效用理论"测定。即由投资者回答一些测定问题,从而计算出效用值。具体做法如下:

第一步:确定风险心理试验的测量范围。例 13.2 中,200 元是最大的收益值,因而其效用值为 1,-100 元是最小的收益值,是决策者最不愿意接受的,因而其效用值为 0。

第二步:进行心理测试。用 U_L 表示有概率 P 可能出现大货币量的效用值,U_S 表示有概率 $(1-P)$ 可能出现小货币量的效用值,可以从二者中间找出一个肯定的货币量,其效用值 U 等于大货币量和小货币量效用的期望值:

$$U = PU_L + (1-P)U_S \tag{13.1}$$

在这个等式中,U_L 和 U_S 是已知的,可以通过这一等式测定出效用曲线。具体有如下两种方法:

方法一 给定 P 值,并根据(13.1)式确定效用值 U,再通过提问的方式找出相应的货币量,由此确定效用函数的一个点。用同样的方法可以找出效用函数的多个点,并画出效用曲线,从曲线中推算出其他任何货币量的效用值。下面详细介绍作出例 13.2 的效用曲线图的步骤。

首先,以方案 A_1 为参考方案,找出损益值 -100 与 200 之间(相应效用值 0 与 1 之间)的效用曲线上的一个点。此时,$U_L=U(200)$,$U_S=U(-100)$。方案 A_1 的期望效用值为:$EU(A_1)=0.5\times U(200)+0.5\times U(-100)=0.5\times1+0.5\times0=0.5$。向决策者提问以找出效用值为 0.5 的货币量。

问:你认为 A_1 和 A_2 哪个方案好?

答:A_2。说明决策者认为 25 元的效用大于 A_1 方案的期望效用值,即 $U(25)>0.5$。

问:如果将方案 A_2 的 25 元减为 20 元,你选哪个方案?

答:选 A_2。说明 20 元的效用值仍大于 A_1 的期望效用值,即 $U(20)>0.5$。

问:如果方案 A_2 的 25 元变成 -10 元,即肯定损失 10 元,你选哪个方案?

答:选方案 A_1。决策者认为白白损失 10 元不划算,而宁愿选择方案 A_1,说明 -10 元的效用小于方案 A_1 的期望效用值,即 $U(-10)<0.5$。

经过多次询问,决策者认为方案 A_1 中的 25 元降为 0 元时,A_1 和 A_2 差不多,即二者效用相等,$U(0)=0.5$。于是找到效用曲线上的一点 $(0,0.5)$。

第三步:现在,修正原来的方案,方案 A_1 可以 0.5 的概率获得 200 元(效用值为 1)收益,以 0.5 的概率获得 0 元(效用值为 0.5)的收益,则该方案的期望效用值为 $EU(A_1)$ = 0.5×1+0.5×0.5=0.75。那么方案 A_2 以 1.0 的概率获得多少收益时,对于决策者来讲两个方案是等价的呢?同理,询问决策者,提问见表 13.1。

表 13.1　　　　　　　　　　效用值为 0.75 的心理试验程序

问题	决策者的反映	含义
(1)是愿意肯定得 150 元还是以 0.5 概率得 200 元、0.5 概率得 0 元?	肯定得 150 元	$U(150) > 0.75$
(2)是愿意肯定得 100 元还是以 0.5 概率得 200 元、0.5 概率得 0 元?	肯定得 100 元	$U(100) > 0.75$
(3)是愿意肯定得 20 还是以 0.5 概率得 200 元、0.5 概率得 0 元?	以 0.5 概率得 200 元、0.5 概率得 0 元	$U(20) < 0.75$
(4)是愿意肯定得 40 元还是以 0.5 概率得 200 元、0.5 概率得 0 元?	以 0.5 概率得 200 元、0.5 概率得 0 元	$U(40) < 0.75$
(5)是愿意肯定得 80 元还是以 0.5 概率得 200 元、0.5 概率得 0 元?	都可以	$U(80) = 0.75$

于是得出效用曲线上的一点(80,0.75)。

第四步:将方案调整为:方案 A_1 以 0.5 的概率获得 0(效用值为 0.5)元,以 0.5 的概率损失 100 元(效用值为 0),这时方案 A_1 的期望效用值为 $EU(A_1)$ = 0.5×0.5+0.5×0 = 0.25。若方案 A_2 以 1.0 的概率损失 60 元时,决策者认为两方案是等价的,则-60 的效用值为 0.25,坐标图上新的点为(-60,0.25)。同理,假设我们经过询问得到其余两点:(100,0.875),(-80,0.25),由此得出一系列损益值与效用值的对应关系值,参见表 13.2。

表 13.2　　　　　　　　　　效用函数对应数值表

损益值	200	80	0	-60	-100
效用值	1	0.75	0.5	0.25	0

将这些点连接起来就形成一条效用曲线,参见图 13.2。从效用曲线上可以找出对应于各个损益值的效用值;反之,也可以找出对应于各个效用值的损益值。

方法二 假设概率 P 的值未知,需要采取向决策者提问的方法来测定效用值 U。这种办法是用确定性等值向决策者试问,测得平衡点的概率 P 的值,最后确定效用 U 的值,从而得到效用曲线上的一个点。下面仍以例 13.2 来说明。

首先设 $U(200) = 1$,$U(-100) = 0$,再找出分别与损益值 100,80,0,-60 等对应的效用值。下面以确定损益值 100 的效用值为例,向决策者提问:

问:方案 A_2 是稳获 100 元,方案 A_1 是以 0.5 概率获 200 元,0.5 概率损失 100 元,你认为 A_1 和 A_2 哪个方案好?

答:选 A_2。此时说明决策者认为 100 元的效用大于 A_1 方案的期望效用值,即认为 0.5

图 13.2

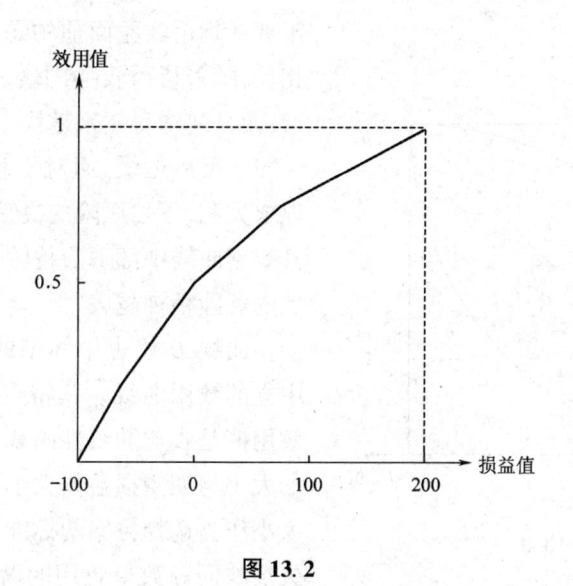

不是平衡概率。

问:如果将方案 A_1 改为以 0.6 的概率获得 200 元、0.4 的概率损失 100 元,你选哪个方案?

答:选 A_2。说明此时决策者仍认为 100 元的效用值大于 A_1 的期望效用值,0.6 也不是平衡概率,加大概率值再提问。

问:如果方案 A_1 改为以 0.9 的概率获得 200 元、0.1 的概率损失 100 元,你选哪个方案?

答:选方案 A_1。说明此时决策者认为 0.9 的概率获得 200 元、0.1 的概率损失 100 元,是值得冒险的,他宁愿选择有风险的方案 A_1,放弃肯定得到 100 元的方案 A_2。说明 100 元效用小于方案 A_1 的期望效用值,但概率 0.9 也不是平衡概率。

经过多次询问,决策者认为方案 A_1 改为以概率 0.75 获得 200 元、0.25 的概率损失 100 元时,A_1 和 A_2 差不多,即二者效用相等,即 0.75 是平衡概率。于是找到效用曲线上的一点 (100,0.75)。同理,可获得其他各点,绘制出效用曲线。

13.2.3 效用曲线的类型及不同类型的决策者

一般地,效用曲线有 3 种基本类型:曲线 A、曲线 B 和曲线 C(如图 13.3 所示),分别代表 3 种不同类型的决策者。

曲线 A 代表保守型的决策者。效用曲线是下凹形,表示决策者对货币收入的态度是,效用值随货币收入的增加而递增,但递增的速度越来越慢,这主要是由于边际效用递减规律的作用。这种类型的决策者对于收益的迅速增加,反应比较迟缓,而对可能的损失比较敏感,基本上属于不求大利、但求稳妥、谨慎小心的风险厌恶者。这种效用曲线的特点是曲线的中间部分呈上凸形状,上凸越厉害,表示决策者对风险的厌恶程度越高。例 13.2 中的决策者就属于此类,在实际中,此类决策者占大多数。

曲线 C 代表进攻型的决策者,是一种冒险型的效用曲线。曲线形状是向下凸的,表示决策者在货币收益面前的态度与 A 类决策者完全相反,随着货币收益的增加,其效用值也随着递增,而且递增得越来越快。这种类型的决策者对于损失反应迟缓,而对于利益比较敏感,是一种谋求大利、不怕风险的决策者,有极大的进取心。其效用曲线中部下凸越厉害,就意味着此类决策者的冒险精神越大。

曲线 B 代表中间型的决策者,是一种风险中立的效用曲线。其特点是决策者的货币收益效用值是收益的线性函数,即决策者认为效用值的大小与期望损益值大小一致,以期望损益值的大小作为选择方案的标准,即同等数量收益值得失反映同等数量效用的增减。这类决策者在选择方案时,将期望收益值或损失值作为唯一的决策标准,不需要效用函数,是一种比较机械的决策者。他们大多是循规蹈矩、四平八稳,既不保守也不冒险的风险中立者。

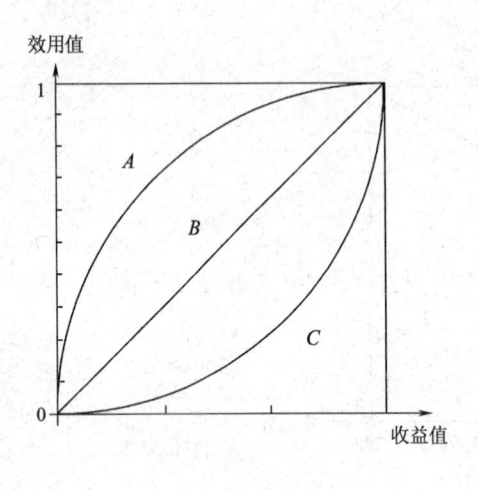

图 13.3

13.2.4 风险类型与效用函数特征

上述三类决策者,分别属于风险厌恶型、风险中性型、风险偏好型,在效用决策分析中,这 3 种类型的决策人的效用函数具有不同的特征:

第一,设 $U(x)$ 是风险厌恶型决策人的效用函数,则:①$U'(x)>0$,"多比少好"原理成立;②$U''(x)<0$,满足"边际效用递减"规律。若决策人效用函数同时满足①②,则该决策人是风险厌恶型。

第二,设 $U(x)$ 是风险中性型决策人的效用函数,则:①$U'(x)\equiv a>0$,"多比少好"原理成立;②$U''(x)\equiv 0$,边际效用为常数。若决策人的效用函数同时满足①②,则该决策人是风险中性型。

第三,设 $U(x)$ 是风险偏好型决策人的效用函数,则:①$U'(x)>0$,"多比少好"原理成立;②$U''(x)>0$,边际效用递增。若决策人效用函数同时满足①②,则该决策人是风险偏好型。

13.3 效用决策模式

效用决策模式是指在决策过程中,以效用最大化为原则进行的决策。一般先依据决策人的偏好确定其效用函数,然后计算决策人关于各决策变量评价方案的效用值或预期效用值,依照效用最大化的决策准则进行决策方案的选择。下面以实例说明效用决策模式。

例 13.3 某工厂准备推出一项新产品,通过初步调查,估计其销售情况有好、较好、一般、差 4 种,4 种情况出现的概率分别为 0.2,0.3,0.4,0.1。该厂拟订了 3 种生产方案:甲,引进生产线;乙,自建一条生产线;丙,改进生产线。每种生产方案在各种销售情况下的企业年效益值如表 13.3 所列,试使用效用分析法进行决策。

表 13.3 单位:万元

方案	好	较好	一般	差
	0.2	0.3	0.4	0.1
甲	65	45	−20	−40
乙	85	40	−35	−70
丙	50	30	15	−15

(1)绘制效用曲线。步骤如下:

第一步:确定效用的尺度范围。在甲、乙、丙 3 种方案中,最大收益是 85 万元,最小收益是−70 万元,则设 $U(85)=1, U(-70)=0$。

第二步:确定−70 万元与 85 万元之间的一个点的效用值,并对决策人进行多项询问,以测定决策人对不同方案的反应。其中,X 表示以 0.5 概率获得 85 万元和 0.5 概率损失 70 万元(具体测定方法同前述)。

同理在 0 与−70 万元之间进行测试,最后得出 (85,1),(−15,0.5),(30,0.76),(50,0.85),(−70,0),绘制出效用曲线,参见图 13.4。

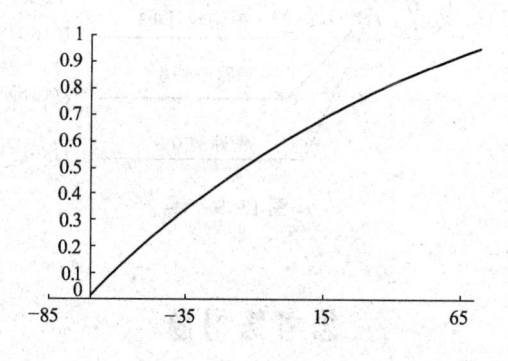

图 13.4

(2)利用效用曲线找出表中各损益值对应的效用值,见表 13.4。

表 13.4

损益值	−70	−40	−35	−20	−15	15	30	40	45	50	65	85
效用值	0	0.3	0.34	0.47	0.50	0.68	0.76	0.8	0.83	0.85	0.92	1

(3)根据表 13.4 计算各方案的期望效用值:

甲: $0.2U(65)+0.3U(45)+0.4U(-20)+0.1U(-40)$

$=0.2\times0.92+0.3\times0.83+0.4\times0.47+0.1\times0.3$

$=0.184+0.249+0.188+0.03=0.651$

乙： $0.2U(85)+0.3U(40)+0.4U(-35)+0.1U(-70)$
＝$0.2×1+0.3×0.8+0.4×0.34+0.1×0=0.576$

丙： $0.2U(50)+0.3U(30)+0.4U(15)+0.1U(-15)$
＝$0.2×0.85+0.3×0.76+0.4×0.68+0.1×0.5$
＝$0.17+0.228+0.272+0.05=0.72$

(4) 运用决策树技术进行决策，参见图13.5。

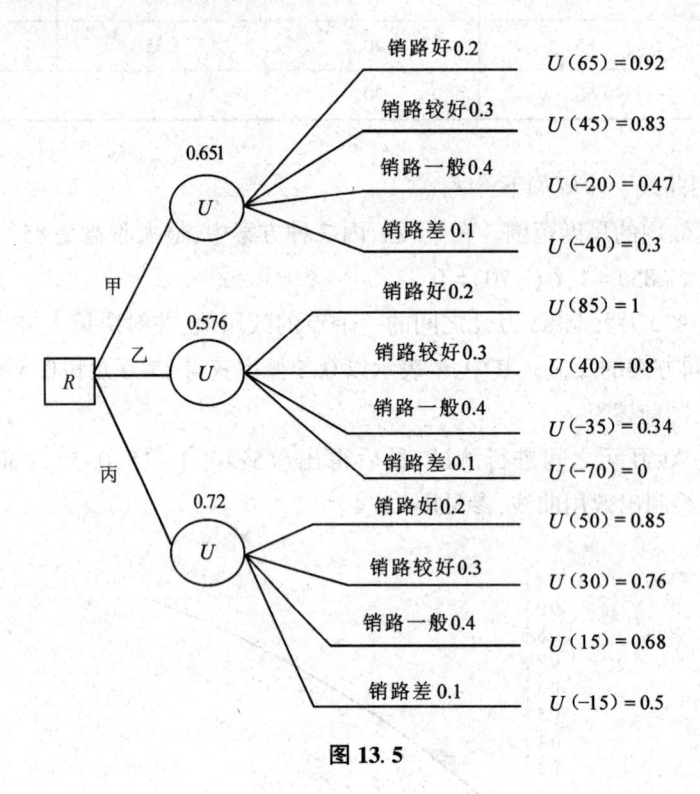

图 13.5

思考练习题

1) 期望损益值决策的局限性表现在什么地方？
2) 什么是效用？效用值应如何测定？
3) 效用分析中决策者的三种基本类型是什么？各有什么特征？
4) 什么是效用分析？它有何特点？
5) 效用分析决策模式的主要步骤是什么？
6) 什么是等效方案？举例说明。
7) 某人面对经济收益在-50元和300元之间的项目，问答如下：
问："如果有两个方案 A_1 和 A_2，A_1 方案能以0.5的概率获得300元收益和0.5的概率获得-50元收益，(即亏损50元)；方案 A_2 能以概率1获得125元收益，请问，你会选哪一个？"
答："A_1 方案。"
问："把方案 A_2 改为有100%概率获得多少元收益时，你认为方案 A_2 和 A_2 是等效的？"

答:"195 元。"

问:"如果方案 A 能有 0.75 概率获得 300 元收益和 0.25 概率获得-50 元收益;方案 A_2 能有 100%获得多少元收益时,你认为方案 A_1,A_2 是等效的?"

答:"255 元。"

问:如果方案 A_1 能有 0.25 的概率获得 300 元收益和 0.75 的概率获得-50 元收益,方案 A_2 为何能与 A_1 等效?

答:"方案 A_2 能有 1 的概率获得 125 元收益时,方案 A_1,A_2 是等效的。"

问:"如果方案 A_1 能有以 P 的概率获得 300 元和 1-P 的概率获得-50 元收益;方案 A_2 为不盈不亏,P=0.5,你喜欢哪个方案?"

答:" 选择方案 A_1"。

问:"如果 P=0.1 呢?"

答:"选择方案 A_2"。

问:"如果 P=0.3 呢?"

答:"选择方案 A_1"。

问:"如果 P=0.2 呢?"

答:"A_1,A_2 均可以。"

问:"如果方案 A_1 能以 0.5 的概率获得 125 元收益和 0.5 概率不盈不亏,那么方案 A_2 以 1 的概率获得多少收益时,方案 A_1 与 A_2 是等效的?"

答:"80 元。"

假定 $u(300)=1$;$u(-50)=0$,

(1)根据上述对话,绘制效用曲线。

(2)根据效用曲线图,求 150 元的效用值,并找出效用值为 0.6 的收益值。

(3)请问该决策者是什么类型的?

8)某公司准备经营某类商品,拟订了 3 种经营方案,未来市场有畅销、平销和滞销 3 种可能,市场状态和各方案的损益值如下表,试用效用准则求出最优方案。(单位:万元)

	畅销 (概率0.3)	平销 (概率0.5)	滞销 (概率0.2)
A	12	6	-10
B	8	3	-2
C	4	4	4

9)某企业有一幢可能遭遇火灾的建筑物,其最大可投保损失是 100 万元。设其没有不可投保损失。风险管理者经过权衡,得到建筑物的火灾损失分布如下表:(单位:万元)

损失金额	0	0.5	1	10	50	100
概率	0.8	0.1	0.08	0.017	0.002	0.001

目前有3种避险方法,一是完全自留风险;二是部分投保、部分自留,计划购买保额50万元,须付保险费0.64万元;三是全部投保,须付保险费0.71万元。假设决策者的效用值如下表,试作出决策,选出最优方案。

损失(万元) x	效用值 $U(x)$	损失(万元) x	效用值 $U(x)$
100	1	0.71	11/5120
50	3/8	0.64	7/5120
50.64	383/1000	0.5	1/2048
10	3/64	0	0
1	1/128		

*14 多目标决策

前面讨论的是单一决策目标问题,但实际上许多决策往往具有多个(两个或两个以上)决策目标,需要同时予以考虑,尽可能地满足。比如国家经济要发展,但是环境同样需要保护;工程建设中要降低造价,但同样要考虑建筑产品的质量、施工现场的安全;企业的经营计划决策,要同时达到产量、成本、利润、资源消耗等的最优;个人选购住房时,户型、朝向、楼层、地理位置、社区环境、价位等多种因素都要予以综合评价等等,这些问题的决策都是多目标决策。多目标决策可以使决策者更加全面、系统地考虑决策方案,作出更合理的决策,但是也增加了决策的难度,因为要统筹考虑多个目标的实现,决策变得更加复杂。

14.1 多目标决策的特点

14.1.1 多目标决策的基本特点

包含有两个及两个以上目标的决策,称为多目标决策。在实际决策问题中,多目标决策问题非常普遍,其特点主要有:

第一,目标之间的不可公度性,即各个目标之间没有一个统一的衡量标准(如经济目标与社会目标之间),很难直接进行比较。因为决策对象的多个目标往往具有不同的意义,其量纲因而也可能不同,计量单位彼此各异,如设计发电站时,电能用千瓦计量,而淹没的农田用亩或公顷计量。此外,各目标之间还可能存在相互冲突,即有的是以最大为最优,有的是以最小为最优,如工程建设中,建设成本的目标是以低为优,但建筑物的质量以好为优。此外,还有一些目标根本无法度量,比如服装的款式、建筑物的设计风格等。

第二,目标之间的矛盾性,即如果采用某一措施改善其中一个目标可能会损害其他目标的实现。如经济建设与环境保护两个目标之间就具有一定的矛盾性,经济的开发往往会对造成环境破坏;提高建筑工程质量往往就使工程建设成本增加,等等。因此,要同时满足所有的目标往往很难或不可能,多数情况下只能求得满意解,或使主要目标最优,其他目标次优,甚至予以放弃。

第三,决策人的偏好影响决策结果。决策人对风险的态度,或对某一目标的偏好不同,会极大地影响决策的结果。同样是对日常的消费,中年消费者更看重价格、质量,以实惠为主要目标,而青年消费者更看重包装、款式,以时尚、新潮为主要目标,不同的偏好形成了不

253

同的消费行为。

14.1.2 多目标决策的基本要素及目标体系

1) 多目标决策的基本要素

多目标决策的基本要素包括目标或目标集、属性和决策单元。

(1) 目标、目标集。人们要达到的目的即目标。对于一个决策问题,目标可以看做是决策者愿望和需要的直接反映。如生产经营决策中希望利润最大,这就是目标。目标可以是多层次的,一个决策问题其所有目标的集合构成一目标集。

(2) 属性。指用来表示目标达到的程度的评价指标。它是一个反映目标特征的量。对于属性的要求是要易于测量和理解。例如研究基本建设投资,就可以采用"投资规模"这一属性表示。属性取决于决策问题本身。如选拔干部,文化程度、技术职称、年龄是属性,它们是不受主观影响的客观属性;工作作风、工作能力也是属性,但属于主观属性。

(3) 决策单元,即决策过程中决策者、分析人员、计算机的结合,他们收集资料、处理信息、进行决策等活动。

2) 常用的多目标决策的目标体系

常用的多目标决策体系包括以下三类:

(1) 单层目标体系,即各个子目标同属于一个总目标下,各子目标之间是并列的关系,如图 14.1 所示。

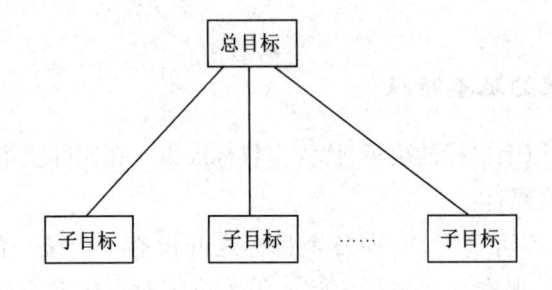

图 14.1

(2) 树形多层目标体系,即目标可分为多个层次,每个下层目标都隶属于一个而且只隶属于一个上层目标,下层目标是对上层目标更加具体的说明,如图 14.2 所示。

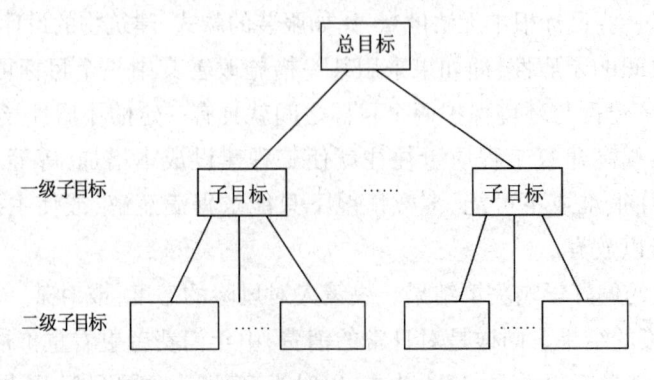

图 14.2

(3)网状多层次目标体系,即目标分为多层,每个下层目标隶属于某几个上层目标(至少有一个下层目标隶属于不止一个上层目标),各种目标体系之间的关系如图14.3所示。

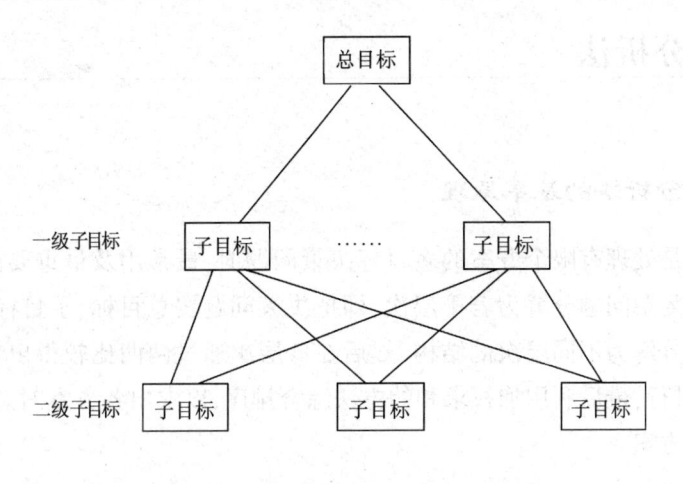

图 14.3

14.1.3 多目标决策求解的几种情况

多目标决策的求解较单目标决策困难,若对多目标决策问题的某可行方案与其他可行方案两两比较,其决策解一般有三种可能:

第一,某方案的所有目标都达到了最优,称为完全最优解,但这种情况极为少见。

第二,某方案的所有目标都是最劣的,称为劣解,即是可淘汰的方案。

第三,某方案的目标有优有劣,既不能肯定该方案为最优,也不能将其淘汰,称这种方案为非劣解。非劣解是指多目标决策中的这样一个方案,即没有其他的方案至少有一个目标值优于它,而其他目标值也不劣于它。反过来说,如果某方案相对于其他方案来说,至少有一个目标值劣于别的方案,而其他目标也不优于别的方案的话,那么,这个方案就是劣解。在决策科学中,非劣解也称有效解,或有效帕累托最优解、非被支配解。

14.1.4 多目标决策的处理原则

在多目标决策中,如果所提出的各种方案中,有一个方案的各种指标都比其余的方案好,那么决策就容易作出,它就是当然的最优解。但是在多数情况下,往往是除部分方案明显不好应该首批淘汰,余下的方案则各有千秋,这使决策问题变得复杂。为了使决策问题简单化,应遵循一定的原则,采用相应的方法。一般地,处理多目标决策问题应遵循以下基本原则:

原则一:在满足决策需要的前提下,应尽量减少目标的个数。因为目标数越多,选择标准就越多,比较和选择就越困难。因此在实际问题中,应尽量将目标化多为少。

原则二:目标排序,即决策者根据目标的重要性大小进行排序,这样,一是在选择方案时,可以保证先达到重要目标后才考虑下一个目标;二是综合分析时,可以分别赋予每个目标相应的重要性的权重。

在实际决策中,遇到多目标决策问题时,虽然有些可以通过减少目标数目,或化为单一目标问题来解决,但有些情况下很难做到。这样,仍然需要寻找解决多目标决策问题的方法。目前常用的多目标决策的量化方法主要有层次分析法、模糊决策法等。

14.2 层次分析法

14.2.1 层次分析法的基本原理

层次分析法是处理有限个方案的多目标决策问题时,最常用及最重要的方法之一。它的基本思想是把复杂问题分解为若干层次,即把决策问题按总目标、子目标、评价标准直至具体措施的顺序分解为不同层次的结构,然后在低层次通过两两比较得出各因素对上一层的权重,并逐层进行,最后利用加权求和的方法综合排序,以求出各方案对总目标的权重,权重最大者为最优方案。

14.2.2 层次分析法的具体应用

运用层次分析方法解决实际问题时,大体有以下几个步骤:

1) 分析决策系统中各因素之间的关系,建立递阶层次结构

首先,进行系统分析,把复杂问题分解为由多个元素组成的多个部分。再将这些元素按其属性分成若干组,形成不同层次,同一层次的元素作为准则对下一层次的某些元素起支配作用,同时它又受上一层次元素的支配。大体上分为三层:一是最高层,一般是问题的预定目标,这一层中只有一个元素;二是中间层,这一层次包括了总目标下的若干一级子目标(当然在一级子目标下还可以有二级、三级子目标等),它可以由若干层次组成,这一层次也可称为准则层;三是最低层,表示为实现目标可供选择的方案。典型的层次结构如图 14.4 所示。

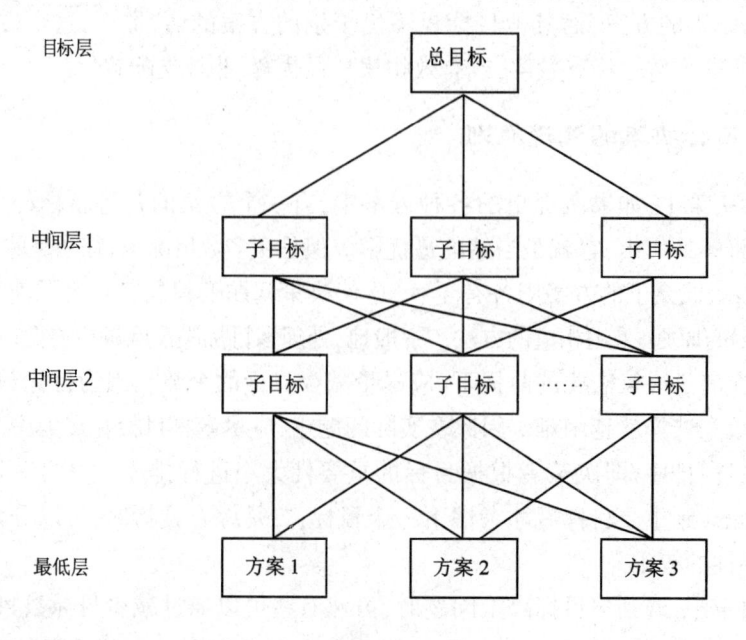

图 14.4

在层次结构中,若某元素与下一层中所有元素均有联系,则称该元素与下一层次存在着完全的层次关系;若某元素只与下一层次中的部分元素有联系,则称该元素与下一层次存在着不完全的层次关系。层次结构中的层次数与所研究问题的复杂程度及分析的需要有关,一般可以不受限制。

2) 构造两两判断矩阵

在建立层次结构后,上下层次之间元素的隶属关系就被确定了。据此,可以构造一系列的判断矩阵。首先构造总目标层与下一层次有联系的各元素的判断矩阵,而后从上而下建立以上一层的某个元素作为准则,并相对下一层的元素有影响关系的层次结构,目的是在该准则下,按它们的相对重要性赋予相应的权重。层次分析法通过元素之间的两两比较,判断其相对于上一层次的重要性,并利用 1~9 比例标度对重要性程度赋值。表 14.1 列出了 1~9 标度的含义。

表 14.1　　　　　　　　　　　　　1~9 标度含义

标度 a	含义
1	元素 i 与元素 j 相比,同样重要
3	元素 i 与元素 j 相比,稍微重要
5	元素 i 与元素 j 相比,明显重要
7	元素 i 与元素 j 相比,强烈重要
9	元素 i 与元素 j 相比,极端重要
2,4,6,8	上述相邻判断的中间值
$1/a$	i 比 j 得 a,则 j 比 i 得 $1/a$

对于 N 个元素来说,可得判断矩阵 $\boldsymbol{A} = (a_{ij})_{n \times n}$。

3) 层次单排序及一致性检验

这一步要解决在某一准则下,各元素的排序权重的计算问题,并对判断矩阵进行一致性检验。

对于判断矩阵 $\boldsymbol{A}$,解方程 $\boldsymbol{AW} = \lambda_{\max} \boldsymbol{W}$,解出最大特征根和特征向量,所得向量 $\boldsymbol{W}$ 经正规化后即是各元素在该准则下的排序权重。求解方法有多种,如方根法、和积法等。在精度要求不高的情况下,可采用近似的方法计算,如方根法,其计算步骤如下:

(1) 计算判断矩阵 A 中每一行元素的乘积 $M_i = \prod a_{ij}$;

(2) 计算 M_i 的 n 次方根,$\overline{W}_i = \sqrt[n]{M_i}$;

(3) 对向量 $\overline{W}_i$ 归一化,得排序权重向量 W_i,$W_i = \dfrac{\overline{W}_i}{\sum \overline{W}_i}$;

(4) 计算 $\lambda_{\max}$,$\lambda_{\max} = \sum \dfrac{(AW)_i}{nW_i}$。

为保持思维判断的一致性,避免出现甲比乙重要,乙比丙重要,丙比甲重要的逻辑错误,需进行一致性检验。首先计算一致性指标 $C.I.$，$C.I. = \dfrac{\lambda_{\max} - n}{n-1}$；其次，查找相应的平均随机一致性指标 $R.I.$，1~15 阶平均随机一致性指标如表 14.2 所列。最后计算一致性指标 $C.R.$，$C.R. = \dfrac{C.I.}{R.I.}$。

表 14.2

矩阵阶数	1	2	3	4	5	6	7	8
$R.I.$	0	0	0.58	0.90	1.12	1.24	1.32	1.41
矩阵阶数	9	10	11	12	13	14	15	
$R.I.$	1.46	1.49	1.52	1.54	1.56	1.58	1.59	

当 $C.R. < 0.1$ 时，认为判断矩阵的一致性是可以接受的，否则应对判断矩阵进行适当修正。

4) 层次总排序及一致性检验

为得到递阶层次结构中每一层次的所有元素相对于总目标的相对重要性权重，需要把第三步计算的单排序结果进行适当组合，最终计算出最低层次中各元素相对于总目标的相对权重，并整个递阶层次结构的一致性检验。

假定已经计算出第 $K-1$ 层上 n_{k-1} 个元素相对于总目标的排序权重向量 $W^{k-1} = (W_1^{k-1}, W_2^{k-1}, \cdots, W_{n_{k-1}}^{k-1})^T$，第 K 层上 n_k 个元素对第 $K-1$ 层上第 j 个元素为准则的排序权重向量为 $P_j^k = (P_{1j}^k, P_{2j}^k, \cdots, P_{n_k j}^k)^T$，则第 K 层元素对总目标的综合排序由下式给出：$W_j^k = P^k W^{k-1}$。同样地，从上到下逐层进行一致性检验。若已求得 k 层第 j 个元素为准则的一致性指标 $C.I._j^k$，平均随机一致性指标 $R.I._j^k$，一致性比例 $C.R._j^k$，当检验指标小于 0.1 时，可以认为递阶层次结构在 K 水平上的所有判断具有整体满意的一致性。

例 14.1 某企业为促进生产，准备对现有设备进行技术改造，经过初步可行性研究，提出五种技术改造方案。从改善劳动条件，促进技术进步，扩大生产能力来看，这五种方案均各有其合理因素。为达到促进企业生产发展的目的，要求对五种技术方案进行比较和评价，按优劣排序选择最佳方案。

解 这个问题可以采用层次分析法进行评价选择。

(1) 建立层次结构模型。技术改造方案的目的是改善劳动条件，促进技术进步，提高生产能力，而这一切最终都是为了促进企业的生产发展。根据上述分析，可建立层次分析结构，如图 14.5 所示。

(2) 构造判断矩阵。根据企业的实际情况，该企业主管部门采用专家意见法，就层次分析结构中各因素两两进行比较，构造判断矩阵如下：

① 判断矩阵 $A-B$（相对于促进企业生产发展的总目标，各准则之间的相对重要性比较）。表 14.3 中的数值即为两两准则相对于目标重要性比较的数值判断，如第 2 行第 3 列元素 $b_{12} = 1/5$，表示相对于促进企业发展这个总目标，改善劳动条件（准则 B_1）与促进技术进步

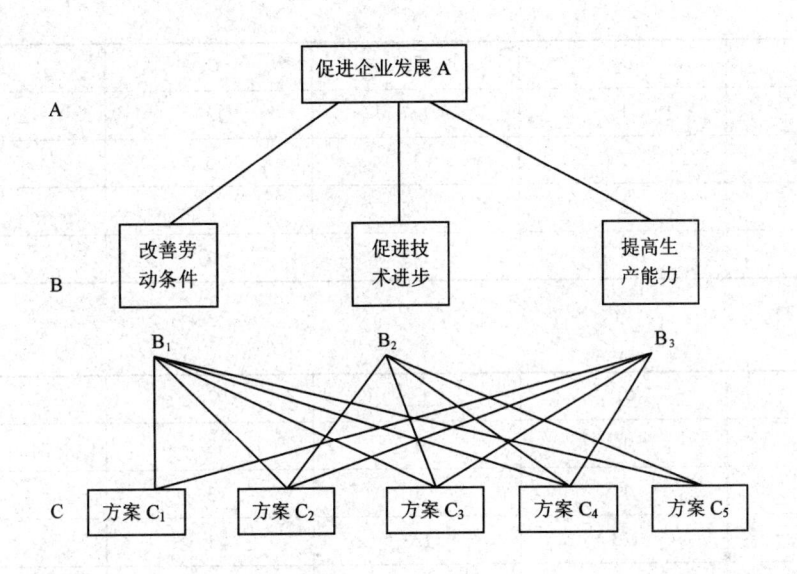

```
              ┌──────────────┐
        A     │ 促进企业发展 A │
              └──────────────┘
                    │
        ┌───────────┼───────────┐
    ┌───────┐   ┌───────┐   ┌───────┐
  B │改善劳  │   │促进技 │   │提高生 │
    │动条件 │   │术进步 │   │产能力 │
    └───────┘   └───────┘   └───────┘
       B₁          B₂          B₃
       方案C₁ 方案C₂ 方案C₃ 方案C₄ 方案C₅
```

图 14.5

(准则 B_2)相比较,B_2 比 B_1 明显重要,等等。

表 14.3

A	B_1	B_2	B_3
B_1	1	1/5	1/3
B_2	5	1	3
B_3	3	1/3	1

②判断矩阵 B_1-C(相对于改善劳动条件准则,各方案之间相对重要性比较),参见表 14.4。

③判断矩阵 B_2-C(相对于促进技术进步准则,各方案之间相对重要性比较),参见表 14.5。

④判断矩阵 B_3-C(相对于扩大生产能力准则,各方案之间相对重要性比较),参见表 14.6。

表 14.4

B_1	C_1	C_2	C_3	C_4	C_5
C_1	1	2	3	4	7
C_2	1/2	1	3	2	5
C_3	1/3	1/3	1	1/2	1
C_4	1/4	1/2	2	1	3
C_5	1/7	1/5	1/2	1/3	1

表 14.5

B_2	C_2	C_3	C_4	C_5
C_2	1	1/7	1/3	1/5
C_3	7	1	5	3
C_4	3	1/5	1	1/3
C_5	5	1/3	3	1

表 14.6

B_3	C_1	C_2	C_3	C_4
C_1	1	1	3	3
C_2	1	1	3	3
C_3	1/3	1/3	1	1
C_4	1/3	1/3	1	1

（3）层次单排序及其一致性检验。用方根法计算判断矩阵 A–B 的最大特征根及其对应的特征向量，并进行一致性检验。

①计算判断矩阵每一行元素的乘积：

$$M_1 = 1 \times \frac{1}{5} \times \frac{1}{3} = 0.067$$

$$M_2 = 5 \times 1 \times 3 = 15$$

$$M_3 = 3 \times \frac{1}{3} \times 1 = 1$$

②计算 M_i 的 n 次方根 $\overline{W}_i$：

$$\overline{W}_1 = \sqrt[3]{M_1} = \sqrt[3]{0.067} = 0.405$$

$$\overline{W}_2 = \sqrt[3]{M_2} = \sqrt[3]{15} = 2.466$$

$$\overline{W}_3 = \sqrt[3]{M_3} = \sqrt[3]{1} = 1$$

③对向量 $\overline{W} = [\overline{W}_1, \overline{W}_2, \overline{W}_3]^T = [0.405, 2.466, 1]^T$ 正规化：

$$\sum_{j=1}^{n} \overline{W}_j = 0.405 + 2.466 + 1 = 3.871$$

$$W_1 = \frac{\overline{W}_1}{\sum_{j=1}^{n} \overline{W}_j} = \frac{0.405}{3.871} = 0.105$$

$$W_2 = \frac{\overline{W}_2}{\sum_{j=1}^{n} \overline{W}_j} = \frac{2.466}{3.871} = 0.637$$

$$W_3 = \frac{\overline{W}_3}{\sum_{j=1}^{n} \overline{W}_j} = \frac{1}{3.871} = 0.258$$

则所求特征向量 $W=[0.105, 0.637, 0.258]^T$。

④计算判断矩阵的最大特征根：

$$AW = \begin{pmatrix} 1 & 1/5 & 1/3 \\ 5 & 1 & 3 \\ 3 & 1/3 & 1 \end{pmatrix} \begin{pmatrix} 0.105 \\ 0.637 \\ 0.258 \end{pmatrix} = \begin{pmatrix} 0.318 \\ 1.936 \\ 0.785 \end{pmatrix}$$

$$\lambda_{max} = \sum_{i=1}^{n} \frac{(AW)_i}{nW_i} = \frac{0.318}{3 \times 0.105} + \frac{1.936}{3 \times 0.637} + \frac{0.785}{3 \times 0.258} = 3.037$$

⑤进行一致性检验：

$$C.I. = \frac{\lambda_{max} - n}{n - 1} = \frac{3.037 - 3}{3 - 1} = 0.019$$

$$R.I. = 0.58$$

$$C.R. = \frac{C.I.}{R.I.} = \frac{0.019}{0.58} = 0.033$$

同理可得判断矩阵 B_1-C(各方案相对于改善劳动条件准则的相对重要性排序权值)：

$$W = \begin{pmatrix} 0.491 \\ 0.232 \\ 0.092 \\ 0.138 \\ 0.046 \end{pmatrix}, \quad \lambda_{max} = 5.126, \quad C.I. = 0.032, \quad R.I. = 1.12, \quad C.R. = 0.029$$

判断矩阵 B_2-C(各方案相对于促进技术进步准则的相对重要性排序权值)：

$$W = \begin{pmatrix} 0.055 \\ 0.564 \\ 0.118 \\ 0.263 \end{pmatrix}, \quad \lambda_{max} = 4.117, \quad C.I. = 0.039, \quad R.I. = 0.90, \quad C.R. = 0.043$$

判断矩阵 B_3-C(各方案相对于扩大生产能力准则的相对重要性排序权值)：

$$W = \begin{pmatrix} 0.406 \\ 0.406 \\ 0.094 \\ 0.094 \end{pmatrix}, \quad \lambda_{max} = 4, \quad C.I. = 0, \quad R.I. = 0.90, \quad C.R. = 0$$

(4) 层次总排序及其一致性检验。各方案相对于促进企业生产发展总目标的层次总排序计算，如表 14.7 所示。

层次总排序一致性检验如下：

$$R.I. = \frac{\sum_{j=1}^{3} B_j C.I._j}{\sum_{j=1}^{3} B_j C.R._j} = \frac{0.105 \times 0.032 + 0.637 \times 0.039 + 0.258 \times 0}{0.105 \times 1.12 + 0.637 \times 0.9 + 0.258 \times 0}$$

$$= 0.041 < 0.1$$

通过一致性检验。

由表 14.7 中所示层次总排序结果可以看出，对于促进生产发展这个总目标，各方案相对优先排序为：方案 3、方案 5、方案 2、方案 1、方案 4。

表 14.7

方案	B_1	B_2	B_3	层次 C 总排权值
	0.105	0.637	0.258	
C_1	0.491	0	0.406	0.157
C_2	0.232	0.055	0.406	0.164
C_3	0.092	0.564	0.094	0.393
C_4	0.138	0.118	0.094	0.113
C_5	0.046	0.263	0	0.172

14.3 模糊决策法

模糊数学诞生于 1965 年,它的创始人是美国的自动控制专家查德(L. A. Zadeh)教授,他发表的第一篇用数学方法研究模糊现象的论文《模糊集合》,开创了模糊数学的新领域。模糊数学就是用数学的方法研究和处理模糊现象的数学。多年以来,模糊数学理论得以迅速发展和广泛应用。以模糊理论为基础编制的计算机程序,可以更广泛、更深入地模拟人的思维,提高计算机的智能。模糊数学方法在许多实际领域都得到了应用,如控制、模糊识别、人工智能、数据库、机器人、医疗诊断、各种预测和分析、交通规划、民意测验、证券投资等。

14.3.1 概述

所谓模糊,指的是客观事物差异的中间过渡中的"不分明性"或"亦彼亦此"性。在经典数学中,每个概念给出的定义是明确的,有着明确的内涵和外延,如等边三角形的内涵是"三条边相等",外延是"三角形";在普通的集合中,一个事物(元素)对于一个集合来说,或者属于或者不属于,即"非此即彼"。然而,在自然现象和社会现象中,存在着大量事物之间的中间过渡状态或形式,如胖和瘦、年轻和年长、好看和不好看、天气热和凉、好人和坏人、商品的舒适、美观、价格合理等概念。这些现象很难用经典的数学语言来描述,它们的内涵比较清楚,但外延是模糊的,并且因人而异。各人对这些模糊概念的描述都有着各自的认识,彼此不同。正因为在现实经济生活中,很多概念是模糊的,利用模糊数学进行决策分析的应用就越来越广泛,模糊决策方法也成为决策领域中一种很有实用价值的工具。模糊决策就是对事先难以确定的决策目标的模糊性,用定量的方法作出决定。

1) 模糊集合和隶属函数

模糊集合是相对于经典集合而言的。集合是指具有某种特定属性的事物的全体,一般具有几个特征:同一集合中的元素具有某种共同性质;集合是元素组成的整体,元素之间可以互相区别;集合里的元素是确定的。我们一般用列举法、描述法或特征函数法来表示经典集合。

经典集合中元素与集合的关系可以用特征函数表示为

$$C_A(X) = \begin{cases} 1 & X \in A \\ 0 & X \notin A \end{cases}$$

即若 X 是 A 中元素,则特征函数值取 1,否则取 0。

如果将普通集合特征函数的取值范围从开区间(0,1)扩展到闭区间[0,1]内连续取值,模糊集合就可以借助于普通集合的特征函数来描述了。模糊集合的特征函数我们称为隶属函数。

考虑一个集合,某元素属于该集合的程度(隶属度)用 0 到 1 之间的一个数表示。例如,完全属于的情况记为 1,完全不属于的情况记为 0。这样隶属度在 0 到 1 之间任意数值的集合即为模糊集合。

定义 设 X 为一基本集,若对每个 $x \in X$,都指定一个数 $\mu_{\underset{\sim}{A}}(x_i)$,则在 X 上定义模糊子集 $\underset{\sim}{A}$:

$$\underset{\sim}{A} = \left\{ \left| \left| \frac{\mu_{\underset{\sim}{A}}(x)}{x} \right| \right| x \in X \right\}.$$

$\mu_{\underset{\sim}{A}}(X)$ 称为 $\underset{\sim}{A}$ 的隶属函数,$\mu_{\underset{\sim}{A}}(x_i)$ 称为元素 x_i 的隶属度。

模糊集合与普通集合的不同之处在于:对于普通集合,隶属度非 0 即 1,即如果某元素属于该集合,则隶属度为 1;不属于该集合,则隶属度为 0。将考虑问题的范围称为"论域",用大写字母 U,E,X,Y 等表示,论域中的每个对象称为元素,论域中部分元素的全体称为论域中的集合,常用 A,B,C 等表示。所谓模糊集合,实际上就是论域 U 到 $[0,1]$ 上的一个映射,模糊子集 $\underset{\sim}{A}$ 完全由其隶属函数刻画。如 $\mu_{\underset{\sim}{A}}(x) = 0$ 表示 x 完全不属于 $\underset{\sim}{A}$;$\mu_{\underset{\sim}{A}}(x) = 1$ 表示 x 完全属于 $\underset{\sim}{A}$;$\mu_{\underset{\sim}{A}}(x) = 0.6$ 表示 x 有六成属于 $\underset{\sim}{A}$。特别地,当 $\mu_{\underset{\sim}{A}}(x)$ 的值域只取 $\{0,1\}$ 两个值时,$\underset{\sim}{A}$ 便退化成普通函数,隶属函数也就退化成普通集合的特征函数。因此,普通函数是模糊函数的特例。对于模糊子集 $\underset{\sim}{A}$ 的运算,实际上可以转换成对隶属函数的运算。

最大隶属原则:设 $\underset{\sim}{A}$ 是 X 中的模糊子集,x_1, x_2 是 X 中的两个元素,若有 $\mu_{\underset{\sim}{A}}(x_1) > \mu_{\underset{\sim}{A}}(x_2)$,则称 x_1 比 x_2 更隶属于 $\underset{\sim}{A}$。

例 14.2 我们判断某一班组员工是否勤奋问题,设小组员工有 6 人,记为 $x_1 \sim x_6$,论域:$X = \{x_1, x_2, x_3, x_4, x_5, x_6\}$。现在分别对每个员工的勤奋程度打分,按百分制给分,再除以 100,每个员工的得分将是 0 到 1 之间的某个数,这实际上给出了 X 到 $[0,1]$ 区间的映射,如下:

x_1	85 分	对应 0.85
x_2	80 分	对应 0.8
x_3	75 分	对应 0.75
x_4	95 分	对应 0.95
x_5	60 分	对应 0.6
x_6	55 分	对应 0.55

这样就确定了一个模糊集合 $\underset{\sim}{A}$,它表示小组的员工对"勤奋"这个模糊概念的符合程度。这个模糊集合可以写成:

$$\underset{\sim}{A} = \{(1|0.85),(2|0.8),(3|0.75),(4|0.95),(5|0.6),(6|0.55)\}$$

括弧内,前面的数表示集合的元素,后面的数表示该元素的隶属程度。查德教授的描述方法是:

$$\underset{\sim}{A} = \frac{0.85}{1} + \frac{0.8}{2} + \frac{0.75}{3} + \frac{0.95}{4} + \frac{0.6}{5} + \frac{0.55}{6}$$

上面式子中,分母表示该集合中的元素,分子表示此元素的隶属度。"+"表示模糊集合的元素相并列,不是"加"的含义。

2) 隶属函数的确定

模糊集合的另一个重要概念,是隶属度及隶属函数。上例中什么样的员工算是"勤奋",在每个人头脑中形成的概念是一个模糊概念,它没有明显的外延,不能用普通集合去刻画。因为对指明的集合 $\underset{\sim}{A}$,不能绝对地区别"属于"还是"不属于",而只能问属于的程度是多少?即论域上的元素符合概念的程度不是绝对的 0 或者 1,而是介于 0 与 1 之间的一个实数。

利用模糊集合确定问题,首先要找出集合的隶属函数。实践中隶属函数的确定有许多方法,各种方法的客观程度也不一样。这里介绍模糊统计确定隶属函数的方法。该方法是先选取一个基本集,然后取其中任一元素 x_i,再考虑此元素属于集合 $\underset{\sim}{A}$ 的可能性。例如,先确定模糊集合是高个子,然后考虑某人 a 属于高个子模糊集合的可能性。为得到量化的数据,可以邀请一些人来评判 a 是否为高个子。由于人们对高个子的界定不一样,有人认为是,有人认为不是,这样可以得到:

$$\mu(a) = \lim_{n \to \infty} \frac{a \in \underset{\sim}{A} \text{ 的次数}}{n}$$

这里 n 是专家评判总人数,试验次数只要充分大,$\mu(a)$ 就会趋向 $[0,1]$ 中的一个数,此数即为隶属度。

3) 截集与模糊集合的转化

模糊集合的 λ 截集是一个普通集合,它的直观意义是:论域 X 中对于模糊集合 $\underset{\sim}{A}$ 的隶属度不小于 λ 的一切元素所组成的集合。其定义为:对于给定的实数 $\lambda(0 \leq \lambda \leq 1)$,定义 $\underset{\sim}{A}_\lambda = \{x \mid x \in X, \mu_{\underset{\sim}{A}}(x) \geq \lambda\}$ 为 $\underset{\sim}{A}$ 的 λ 截集。其中,λ 称为置信水平。

截集在模糊集合与普通集合的相互转化中起着桥梁作用。例 14.2 中,企业对员工是否"勤奋"的评价,用百分制进行综合评定,再除以 100,即折合成隶属度,则其全体员工的得分构成一个模糊集合,记为 $\underset{\sim}{A}$。评定标准 λ 是置信水平,若取 $\lambda = 0.9$ 表示员工是勤奋的,则由 $\lambda = 0.9$ 所确定的勤奋员工集合就是 $\underset{\sim}{A}$ 的截集 $\underset{\sim}{A}_\lambda$,它是百分制综合评定时,得分不低于 90 分的员工集合。这样,模糊集合"工作勤奋的员工"就转化为普通集合"按百分制打分不低于 90 分的员工"。

4) 模糊关系与模糊矩阵

客观世界中的各种事物之间存在着不同的相互联系,在数学上,用关系作为一种数学模型来描述事物之间的联系。普通关系 R 描述集合的元素之间是否有联系,若两元素 u, v 有 R 这种关系,则记作 $R(u, v) = 1$;没有 R 这种关系则记作 $R(u, v) = 0$。但在现实生活中却存在大量的更复杂的关系,元素之间的关联很难用"有"或"没有"来衡量,必须考虑元素之间的关联程度。因此,需要把普通关系加以拓广,为此引入模糊关系的概念。

所谓从集合 U 到集合 V 的模糊关系 R,是指 $U \times V = \{(u, v) \mid u \in U, v \in V\}$ 上的一个模糊子集 R,若 $(u, v) \in U \times V$,则称模糊关系 R 的隶属函数 $\mu_R(u, v)$ 为 (u, v) 具有关系 R 的程度,

$\mu_R(u,v)$ 简记为 $R(u,v)$。这是二元模糊关系的数学定义,同理可定义多元模糊关系。

例 14.3 对一新楼盘进行评定时,方案的因素论域为 $U=\{x_1,x_2,x_3,x_4,x_5\}$,$x_1$ 表示楼盘的位置,x_2 表示楼盘的交通条件,x_3 表示楼盘的价位,x_4 表示楼盘的户型,x_5 表示楼盘的信贷政策。V 表示定性评价的评语论域 $V=\{y_1,y_2,y_3,y_4\}$,y_1,y_2,y_3,y_4 分别表示很好、较好、一般、不好。通过专家审定打分,获得 U-V 上的每个有序对 (x_i,y_i) 的隶属度,如表 14.8 所示。

表 14.8　　　　　　　　　有序对 (x_i,y_i) 的隶属度

U \ V	y_1	y_2	y_3	y_4
x_1	0.45	0.35	0.15	0.05
x_2	0.30	0.34	0.10	0.26
x_3	0.50	0.30	0.10	0.10
x_4	0.60	0.30	0.05	0.05
x_5	0.56	0.10	0.20	0.14

由此,确定一个从 U 到 V 的模糊关系 R。这个模糊关系的隶属函数是一个 5×4 阶矩阵,记为:

$$R = \begin{pmatrix} 0.45 & 0.35 & 0.15 & 0.05 \\ 0.30 & 0.34 & 0.10 & 0.26 \\ 0.50 & 0.30 & 0.10 & 0.10 \\ 0.60 & 0.30 & 0.05 & 0.05 \\ 0.56 & 0.10 & 0.20 & 0.14 \end{pmatrix}$$

称 R 为模糊关系矩阵,简称模糊矩阵。模糊关系是一种特殊形式的模糊集合。

14.3.2 模糊决策

模糊数学在决策中的应用十分广泛,下面我们用实例介绍两种常用的方法。

1) 模糊综合评价法

例 14.4 某服装厂设计制作了甲、乙两种服装,顾客是否喜欢依赖于若干因素,如花色、式样、价格、耐久性、舒适性等。批量生产之前,企业对两种服装进行了测验,因素集为 $U=$ {花色、式样、价格、耐久性、舒适性};评价集为 $V=$ {很欢迎,比较欢迎,不太欢迎,不欢迎}。

通过对有代表性的顾客的调查,可对上述 5 个因素进行模糊评判,对甲产品花色的调查结果是:20%的人很喜欢,50%的人比较喜欢,30%的人不太喜欢,没有人不喜欢。则对花色的评判结果为模糊集:

$$R_1 = 0.2/\text{很喜欢} + 0.5/\text{比较喜欢} + 0.3/\text{不太喜欢} + 0/\text{不喜欢}$$

写成模糊向量为 $R_1=(0.2\quad 0.5\quad 0.3\quad 0)$。

同理,对于甲产品其他 4 个因素的评价结果为:

$$R_2 = (0.1\quad 0.4\quad 0.4\quad 0.1)$$

$$R_3 = (0 \quad 0.5 \quad 0.4 \quad 0.1)$$
$$R_4 = (0 \quad 0.5 \quad 0.3 \quad 0.2)$$
$$R_5 = (0.5 \quad 0.3 \quad 0.2 \quad 0)$$

乙产品的 5 个因素的评价结果为：

$$T_1 = (0.3 \quad 0.4 \quad 0.1 \quad 0.2)$$
$$T_2 = (0.2 \quad 0.3 \quad 0.1 \quad 0.4)$$
$$T_3 = (0 \quad 0.3 \quad 0.4 \quad 0.3)$$
$$T_4 = (0.4 \quad 0.3 \quad 0.3 \quad 0)$$
$$T_5 = (0 \quad 0.3 \quad 0.4 \quad 0.3)$$

由以上评判结果得出评判矩阵：

$$R = \begin{pmatrix} 0.2 & 0.5 & 0.3 & 0 \\ 0.1 & 0.4 & 0.4 & 0.1 \\ 0 & 0.5 & 0.4 & 0.1 \\ 0 & 0.5 & 0.3 & 0.2 \\ 0.5 & 0.3 & 0.2 & 0 \end{pmatrix}$$

$$T = \begin{pmatrix} 0.3 & 0.4 & 0.1 & 0.2 \\ 0.2 & 0.3 & 0.1 & 0.4 \\ 0 & 0.3 & 0.4 & 0.3 \\ 0.4 & 0.3 & 0.3 & 0 \\ 0 & 0.3 & 0.4 & 0.3 \end{pmatrix}$$

假定选择的受调查顾客对各因素的权重分配如表 14.9 所示。

表 14.9　　　　　　　　　　　　　权重系数

因素	花色	式样	价格	耐久性	舒适性
权重	0.2	0.3	0.3	0.1	0.1

写成向量形式：$X = (0.2 \quad 0.3 \quad 0.3 \quad 0.1 \quad 0.1)$。

于是，顾客对甲服装的综合评价为：

$$Y = X \cdot R$$

$$= (0.2 \quad 0.3 \quad 0.3 \quad 0.1 \quad 0.1) \begin{pmatrix} 0.2 & 0.5 & 0.3 & 0 \\ 0.1 & 0.4 & 0.4 & 0.1 \\ 0 & 0.5 & 0.4 & 0.1 \\ 0 & 0.5 & 0.3 & 0.2 \\ 0.5 & 0.3 & 0.2 & 0 \end{pmatrix}$$

$$= (0.2 \quad 0.3 \quad 0.3 \quad 0.1)$$

同理，顾客对乙服装的综合评价为：

$$Z = X \cdot T$$

$$= (0.2 \quad 0.3 \quad 0.3 \quad 0.1 \quad 0.1) \begin{pmatrix} 0.3 & 0.4 & 0.1 & 0.2 \\ 0.2 & 0.3 & 0.1 & 0.4 \\ 0 & 0.3 & 0.4 & 0.3 \\ 0.4 & 0.3 & 0.3 & 0 \\ 0 & 0.3 & 0.4 & 0.3 \end{pmatrix}$$

$$= (0.2 \quad 0.3 \quad 0.3 \quad 0.3)$$

因为 0.2+0.3+0.3+0.1=0.9≠1,且 0.2+0.3+0.3+0.3=1.1≠1,作归一化处理得

$$Y = (0.22 \quad 0.33 \quad 0.33 \quad 0.12)$$
$$Z = (0.181 \quad 0.273 \quad 0.273 \quad 0.273)$$

这样,我们得出对甲乙两种产品的综合评价。对于甲产品的评价是很喜欢、比较喜欢的占到 55%(0.22+0.33=0.55),对于乙产品的评价是很喜欢、比较喜欢的占到 45.4%(0.181+0.273=0.454)。

2) 模糊综合评价决策法

例 14.5 现以例 14.4 中所给数据所作出的综合评价决策的评价结果作自然状态概率,再根据市场预测求出各个产品的损益值表,参见表 14.10。

表 14.10   单位:万元

产品	A				B			
状态概率	0.22	0.33	0.33	0.12	0.181	0.273	0.273	0.273
损益值	120	80	40	−30	100	70	30	−20

状态概率的含义表明:如果甲产品很受欢迎,则利润为 120 万元,其可能性为 0.22;若甲产品较受欢迎,则利润为 80 万元,其可能性为 0.33;若甲产品较不受欢迎,则利润为 40 万元,其可能性也为 0.33;若甲产品不受欢迎,则亏损 30 万元,其可能性为 0.12。对于乙产品含义同此。由表 14.10 可算出两产品的期望损益值:

$$E_甲 = 0.22 \times 120 + 0.33 \times 80 + 0.33 \times 40 + 0.12 \times (-30)$$
$$= 26.4 + 26.4 + 13.2 + (-3.6) = 62.4$$
$$E_乙 = 0.181 \times 100 + 0.273 \times 70 + 0.273 \times 30 + 0.273 \times (-20)$$
$$= 18.1 + 19.11 + 8.19 + (-5.46) = 39.94$$

故选择生产产品甲,可多获得 22.46(62.4−39.94)万元。

思考练习题

1) 什么是多目标决策?其基本原则和方法是什么?
2) 解决多目标决策问题主要有哪些方法?各有什么特点?
3) 举例说明层次分析的目标体系的基本类型。
4) 什么是模糊决策法?如何应用它解决决策分析问题?
5) 什么是劣解、非劣解?多目标决策问题有无最优解?

6) 一商场对三种电饭煲进行销售趋势分析,以制定进货计划。假设有 B_1, B_2, B_3 三种电饭煲投入市场,顾客在选购该类商品时依据对该商品的样式(A_1)、耐久性(A_2)、价格(A_3)三个标准进行优劣比较。评价优秀的,销售趋势好,则组织进货。对这一问题的评价分析建立如下层次结构。

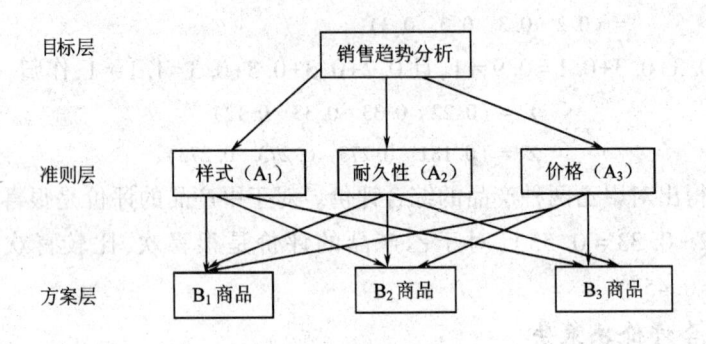

其判断矩阵 $A_1-B = \begin{pmatrix} 1 & 3 & 5 \\ \frac{1}{3} & 1 & 3 \\ \frac{1}{5} & \frac{1}{3} & 1 \end{pmatrix}$, $A_2-B = \begin{pmatrix} 1 & 5 & 3 \\ \frac{1}{5} & 1 & \frac{1}{3} \\ \frac{1}{3} & 3 & 1 \end{pmatrix}$, $A_3-B = \begin{pmatrix} 1 & \frac{1}{3} & \frac{1}{5} \\ 3 & 1 & \frac{1}{3} \\ 5 & 3 & 1 \end{pmatrix}$。相对于趋势分析目标($A$),准则之间相对重要性比较的判断矩阵为:

$f-A = \begin{pmatrix} 1 & \frac{1}{5} & \frac{1}{3} \\ 5 & 1 & 3 \\ 3 & \frac{1}{3} & 1 \end{pmatrix}$。试对该问题进行决策。

7) 设有一种品牌的电视机,要求运用模糊综合评价法对其进行评价。给定价值因素集合为 $U=\{$图像,声音,价格,运行稳定性$\}$,评价水平集合为 $V=\{$优,良,一般$\}$。试设计对其进行商场和用户的调查,并获得一个 U 到 V 的模糊关系集合 R 与 U 上的模糊子集 A,最后根据统计结果,对其进行模糊综合评价。

8) 某公司在研究产品发展方向时,有两个方案可供考虑,A 方案是生产产品型号为甲,B 方案是生产产品型号乙。公司决策层对产品进行了功能分析,认为产品应具有耐磨性,舒适性和美观性三大功能,相应的功能集合为:$X=\{X_1($舒适性$), X_2($耐磨性$), X_3($美观性$)\}$;针对不同功能因素,由有代表性的顾客子集对这三个因素进行评述,评级域定为:$V=\{V_1($很好$), V_2($好$), V_3($不太好$), V_4($不好$)\}$。对产品型号甲的"舒适性",顾客中有30%认为很好,60%认为"好",还有10%认为不太好,却无人认为不好。则对产品型号甲的"舒适性"评价为:(0.3 0.6 0.1 0)。相似地,可得出产品型号甲的"耐磨性"和"美观性"的评价分别为:(0.3 0.6 0.1 0),(0.4 0.3 0.2 0.1);同样对产品型号乙的"舒适性"、"耐磨性""美观性"的评价为:(0.1 0.2 0.6 0.1),(0.1 0.3 0.5 0.1),(0.2 0.2 0.3 0.3)。由于顾客对"舒适性"、"耐磨性"和"美观性"的要求不一,三者有所不同,因此,要相应地加上不同权值,舒适性给予权值 0.3,耐磨性给予权值 0.3,美观性给予权值 0.4。两种产品在不同自然状态下的损益值如下表所示。

自然状态		产品评价			
		V_1	V_2	V_3	V_4
损益值	方案 A_1	1000	800	300	−300
	方案 A_2	800	700	200	−200

试用模糊综合评价决策法对两种产品进行评价。

15 决策风险分析

风险在生活中无处不在,无论是宏观的战略决策,还是企业的经营管理决策,甚至是日常的生活选择,人们时刻要面对风险。科学的风险分析可以帮助我们规避风险、降低风险所造成的不良影响,提高决策管理水平。

15.1 风险因素辨识的基本方法

15.1.1 风险产生的原因

风险产生的原因可以从主观和客观两方面进行分析:

1) 主观方面

风险产生的主观原因有两个:

(1) 信息的不完全性与不充分性。信息在质和量两个方面不能完全或充分地满足预测未来的需要,而获取完全或充分的信息要耗费大量的时间和资金,不利于经济、及时地作出决策。

(2) 人的有限理性。人的有限理性决定了人不可能准确无误地预测未来的一切。人的能力等主观因素的限制再加上预测工具以及工作条件的限制,决定了预测结果与实际情况肯定有或大或小的偏差。

2) 客观方面

风险产生的客观原因也有两个:

(1) 变化性。对客观现象来说,不变是相对的,变化是绝对的,未来决不是过去和现在的简单延伸,任何事物都处于变化之中,影响事物变化的因素复杂多样。社会、政治、文化、经济等因素的变化会带来不确定性,市场情况的变化会带来不确定性,自然条件与资源的变化会带来不确定性,工艺技术的变化同样也会带来不确定性,从而可能会产生风险。

(2) 随机性。我们的世界中充满了随机现象,而随机现象的存在不可避免地带来了风险,运用先进的方法与工具固然可以对客观现象未来进行预测,但客观现象的随机性仍然存在,百分之百准确地预测是不可能的。

总之,风险与不确定性是不可避免的。在决策时,我们所要做的是更科学地分析风险因素及风险程度,研究规避风险的方法,作出可靠的决策。

15.1.2 风险的含义、种类及基本特性

1) 含义

对风险含义的理解，从不同的角度有不同的表述。一般认为，风险是指某一事件出现的实际状况与预期状况相背离，从而产生的一种损失。这种损失有时表现为收益的绝对减少，有时表现为相对减少或机会损失，也可以理解为未实现预期目标值。同时这种损失的出现又是不确定的，不能对其出现与否作出确定性的判断。

2) 种类

针对各种各样的风险，我们可以根据不同的层次和范畴，把风险分为不同的类型。根据不同的范围和层次，风险可以分为宏观风险和微观风险。根据所涉及的领域不同，有经济风险、军事风险、政治风险等。其中，经济风险按经济活动的过程和范围又可分为生产风险、能源风险、流通风险、投资风险、金融风险、结算风险和管理风险等。在企业经济、管理决策活动中，根据不同的影响因素，风险还可以分为购买力风险、利率风险、流动性风险、财务风险、资金风险、市场风险等等。

3) 基本特性

风险是存在于社会生活中的普遍现象，它具有以下基本特性：

(1) 客观性。风险的存在取决于导致风险的各种因素，不管我们是否意识到风险，只要决定风险的因素出现，风险就会出现，它不以人的意志为转移。

(2) 随机性。风险的产生往往给人一种突发的感觉，实际上，风险的发生表面上看是随机和偶然的，但其中隐含着一定的必然性。当导致风险的各种因素达至某一临界值时，只要某些诱发性因素产生，风险就会不可避免地发生。例如，当金融市场的泡沫和过度投机超过一定范围时，任何一项不慎的政策或措施都可能使金融系统遭受灾难性的重创。

(3) 多变性。由于受到各种因素的影响，风险在性质、破坏程度等方面呈现动态变化的特征。比如，企业面临的市场风险就是一种处在不断变化过程中的风险。当市场容量、消费者偏好、竞争结构、技术资金等环境要素发生变化时，风险的性质和程度也将随之改变。由于决策系统的风险受内外环境因素的不确定性的影响，因此难以具有稳定的形态。

(4) 风险征兆的隐含性。风险在出现之前一般都有一定的前兆，如果我们能及时识别这些征兆并利用它们来进行预警和预防，便会减少风险所带来的损失。但由于人们所面临的风险大都具有隐含性，不易察觉和把握，这就给风险防范和风险预警、预控带来了一定的困难。

15.1.3 风险因素识别的原则

对风险因素的识别，应该遵循如下基本原则：

第一，全面的原则。风险识别必须全面地了解各种风险事件存在和发生的可能性及损失的严重程度，了解风险因素以及因风险的出现而导致的其他问题，及时而清晰地为决策者提供比较完备的决策信息。

第二，综合考察的原则。通常我们所面临的风险是一个复杂的系统，其中包括不同类

型、不同性质、不同损失程度的各种风险。复杂风险系统的存在，使独立的分析方法难以对全部风险奏效，从而必须采用多种方法，并综合使用。

第三，量力而行原则。风险识别和衡量的目的在于为风险管理提供前提，以保证决策者及政策实施者以最小的支出获得最大的安全保障，减少风险损失。因此，在经费限制的条件下，必须根据实际的情况，根据自身的财务承受能力，选择效果最佳、经费最少的识别和衡量方法。在风险识别和衡量的同时，应对该项活动所造成的成本进行综合考察，以保证以较小的支出，换取较大的收益。

第四，系统化、制度化、经常化的原则。风险识别与衡量是风险管理的前提和基础，是否能准确识别和衡量风险决定了管理效果的大小。为了保证最初分析的准确度，就必须作周密系统的调查分析，将风险进行综合归类，揭示各种风险的性质及后果。如果没有科学系统的方法来识别和衡量风险，就不可能对风险有一个总体的、综合的认识，难以合理地选择控制和处置风险的方法。此外，由于风险是随时存在的，因此，风险的识别与衡量必须是一个连续不断的制度化的过程。

15.1.4　风险因素的识别方法

要减少和避免风险，就必须及时发现可能导致风险的因素，以规避风险。但是，在现实的社会经济生活中，产生风险的因素多种多样，很多因素本身就是不确定的，因而要完全避免风险是不可能的，风险的客观存在性要求我们应充分认识风险，承认风险，采取相应的措施，尽可能减少和化解风险。

1) 分解分析法

这种方法就是将复杂的事物分解成比较简单的、容易被认识的事物，将大系统分解成小系统，这是人们在分析问题时常用的方法。例如要建造一座化工厂，可首先根据事物本身的规律将风险分解为以下几方面：①市场风险；②经营风险；③技术风险；④资源及原材料风险；⑤环境污染风险等。然后对每一种风险再作进一步的分析。如其中的市场风险又可分解为以下三个方面：①竞争能力；②外厂同种产品的预计产量，或者有相似功能的新产品出现的时间和产量；③消费者拥有该产品的饱和度、消费者的现有购买力和潜在需求量。此外，还需要考虑到地区、时间和社会条件等因素的影响。

2) 头脑风暴法

此方法是通过小组会议的形式，使每位与会者畅所欲言，鼓励大家提出新思想、新观点、新方法，并促使大家讨论和交流工作经验，以便相互启发，使与会成员产生更多更好的想法。这种方法一般适用于问题简单、目标明确的情况。如果决策分析的问题较复杂，首先需要对分析问题进行分解和简化，使要解决的任务更为突出、目标更为明确。

3) 调查法

这种方法就是通过调查来辨识信息，捕捉机会，发现风险。包括以下几种具体的方法：①现场调查法，即深入现场，了解信息。②问卷调查法，即以问卷作为调查的载体，了解信息，发现潜在的和现实的风险。③咨询法，指以专家咨询的方式进行风险的识别与分析。如企业要开发新产品，便可聘请有关工程技术专家进行技术风险咨询，聘请财务专家进行盈亏分析,请市场专家进行市场风险分析等。

4) 实验法

这种方法通过试点、小范围了解信息,为风险防范提供信息基础。实验法包括:①试点,即投石问路。例如企业要进行某项制度的改革,但又预计到这项改革可能会面临一定的阻力和风险,因而可选择一个分厂或车间进行试点,在试点中发现问题,然后对方案进行修改完善,再进行全面铺开。②试销,指产品开发出来后,先进行小批量生产试销,观察消费者的反应,并根据消费者的意见对新产品进行改进和完善,再全面推向市场。③比较实验法,即改变某些因素,观察并分析这些因素改变后产生的效果,然后再采取相应的措施。

5) 信息推断法

这种方法是根据少量的、不完整的信息来进行推断,以扩大信息量、提高信息的真实度,把握风险的本质,以便采取措施规避风险。信息推断法是风险识别中的重要方法。具体方式有:①由部分推断整体,即通过掌握的部分数据资料、信息进行整体推断。②由目前推断未来,即根据历史的以及当前的发展状态,利用趋势分析方法,推断未来的发展趋势,也就是风险预测。进行风险预测时应该注意,未来的状况并不是历史和现在趋势的简单延伸,而是在一定的大趋势下有调整、有变动,甚至还可能会有突发性的变化。在进行风险预测时,要对这些变化因素进行充分分析和重点考虑。③由现在推断过去,也称为信息反推或风险诊断,其目的在于发现过去存在的问题,用以指导未来的风险防范。其基本做法是:第一,分析症状,主要通过与其他同类型的企业进行横向比较分析,以找出问题所在。第二,寻找原因,找出影响企业发展、导致企业出现各种风险症状的原因。第三,找出导致企业风险的根本原因。④由表面推断本质。通过调查所获得的资料和信息,有些可能是已经过时的信息或错误的信息,有些信息虽然比较真实,但可能仅仅是表面的信息。对此,需要透过表面去推断本质。

6) 幕景分析法

这是一种能在风险分析中帮助识别引起风险的关键因素及其影响程度的方法。所谓幕景,是指对一个决策对象(如一个工程项目)的未来某种状态的描述,包括用图表、曲线或数据的描述。现代的大型风险决策问题,一般都必须依赖计算机才能完成复杂的计算和分析任务。应用幕景分析,则是在计算机上对各种变化状态下的模拟分析。当某种因素发生不同的变化,它对整个决策问题会发生什么样的影响?影响程度如何?有哪些严重后果?像电影上的镜头一样可以一幕一幕地展现出来,供分析人员进行比较研究。幕景分析的结果一般可分为两类:一类是对未来某种状态的描述;另一类是描述目标问题的发展过程,预测未来一段时期内目标问题的变化链和演变轨迹。比如,对一项投资方案的风险分析,幕景分析可以提供未来三年内该投资方案最好、一般和最坏的前景。并且可以详细给出这三种不同情况下可能发生的事件和风险,为决策提供参考和判断依据。

幕景分析法在风险识别时包括筛选、监测和诊断三大步骤。筛选、监测和诊断是紧密相连的。筛选是依据一定的程序,将可能导致风险的具有潜在危险的产品、过程、现象或个人进行分类的风险识别过程。监测是对上述各种具有潜在危险的因素进行观测、记录和分析的显示过程。诊断是根据症状或某种后果及可能存在的某种因果关系进行分析和判断,找出原因,提出改进措施。

7) **故障树分析法**

这种方法是利用图形对目标问题的风险因素进行查找和分析。它的基本做法是采用树枝图形将大的故障风险分解成各种小的故障,从而便于对引起故障的各种原因进行分解。树枝图形由上朝下分枝,越分越细,可一步一步找出导致风险的各个因素。一般来说,故障树方法常用于直接经验很少的风险辨识,从可能产生所分析的某种风险的若干种直接因素入手,不断地向下一级分解,通过层层分解的办法,最后可以确认产生故障的因素。在应用故障树进行风险识别时,还应该运用相关知识和历史资料,找出影响总风险的各种因素之间的相互联系,给出它们的概率,最后计算出由某种因素导致总风险的概率。在实际分析中,故障树可以有很多分枝,构造也较为复杂。

8) **SWOT 法**

SWOT 法是将研究对象作为一个系统,通过分析外部环境和内部条件,从而分析风险发生状况的有效工具和方法。以企业风险分析为例,SWOT 法可以通过比较分析企业内部条件和外部环境的相互关系,确定企业风险发生的领域和影响状况,参见图 15.1。

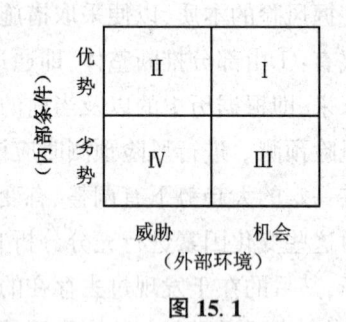

从图 15.1 中可以看到,由不同的内部条件和外部环境构成了四个区域。在第 I 区域,外部环境为企业发展提供了机会,企业内部又具备一定的优势条件,此时企业处于最佳状态,产生风险的可能性最小,是企业最理想的经营条件。第 II 区域表明,外部环境中存在一定的对企业发展不利的条件,企业内部处于优势状态,如果企业能较好地发挥自己的优势,努力克服外部环境带来的一定困难,消除其不利影响,企业仍有可能维持较理想的经营环境和条件,产生风险的可能性可以减小。第 III 区域表明,外部环境给企业发展提供了机会,但企业内部条件不佳,此时若能抓住外部环境提供的机遇,改善内部状况,则可能减小风险。第 IV 区域表明,企业既面临不利的外部环境,同时又不具备内部条件的优势,企业产生重大风险的可能性很大。

15.2 风险估计方法

风险分析是对各种不确定因素及其变化可能对方案实施效果产生的影响的定量分析。这有助于决策者了解方案的风险情况,确定在决策过程及方案实施中需要重点研究与控制的因素。在实际决策及风险分析中,我们经常要对不确定因素各种结果的可能性进行估计,因为这将会影响到决策方案的选择结果。风险估计方法主要有期望值法、模拟法等。在介绍风险估计方法之前,须先引入两个重要概念:主观概率与客观概率。

15.2.1 主观概率与客观概率

概率是进行风险分析时,需要获得的关于状态变量的概率分布信息。

1) 客观概率

所谓客观概率是以客观存在的数据为基础而估计的概率。获得客观概率的信息一般有两种途径：一是根据大量的试验进行统计计算；二是根据概率的古典定义，将事件集分解成基本事件，用分析的方法进行计算。

2) 主观概率

在实际工作中，有时不能获得充分的信息计算客观概率，但在风险决策分析时，有必要对事件出现的概率进行估计。此时，只能由决策者或分析人员对事件发生的概率作出主观估计。这种既没有大量的历史数据作依据，又未通过试验或精确计算，主要靠个人依据自己的经验判断获得的概率称为主观概率。主观概率虽然是一种个人的主观判断，但它并不是随心所欲、毫无根据的瞎猜，而是估计者根据当时所获得的其他相关信息、类似的经验数据及个人的合理判断与理性分析得到的结果。因此可以认为，主观概率是客观概率的近似值，在风险估计中具有广泛的应用。

主观概率的估计可以通过累计概率法、专家咨询法、社会调查法进行。确定主观概率应注意到它是一种主观度量，直接受主观概率估计者的经验、知识、判断能力以及心态、倾向、情绪等因素的影响。因此，在应用主观概率估计值时，需要对该估计人员的具体情况作全面了解，必要时需要对估计值作出必要的修正。

3) 合成概率

合成概率由主观概率与客观概率相互结合产生。这种由合成而得到的第三种估计概率称为"合成概率"。

15.2.2 期望值法

期望值法的基本原理是，假设各参数是服从某种概率分布（如正态分布和均匀分布等）的相互独立的随机变量，先根据经验对各参数作出概率估计，并以此为基础计算方案的效果指标，通过对效果指标的期望值、累计概率、标准差及离差系数的计算分析，定量地反映出方案的风险和不确定性程度。

期望值法主要采用的是主观概率，它是根据经验设定各种情况发生的概率，计算方案效果指标的期望值大于或等于最低标准的累计概率。其一般步骤及注意事项是：①列出各种要考虑的不确定性或风险因素，并设定各不确定因素可能发生变化的几种情况。②分别确定每种情况出现的概率，确定概率值时应利用同类问题的历史统计资料认真分析，尽量避免概率的主观性，不确定因素各种可能情况的概率之和必须等于1。③分别求出各种情况下的效果指标（如项目的经济效益指标净现值），并根据各种情况发生的概率计算效果指标的加权平均数。④求出效果指标值大于或等于最低标准的累计概率，分析方案风险的情况。

1) 经济效果指标期望值的计算

期望值，是在大量随机事件中随机变量各种可能取值的平均值。如在进行多项目的经济效益评价决策时，投资项目的经济效益期望值是指在参数值不确定的情况下，投资的经济效益可能达到的平均水平，一般计算公式是：

$$E(x) = \sum_{i=1}^{n} x_i P_i = x_1 P_1 + x_2 P_2 + \cdots\cdots + x_n P_n$$

式中,$E(x)$为随机变量x的期望值,x_i为随机变量x的各种可能取值,P_i为随机变量x_i的概率值。

例 15.1 已知某投资项目决策方案的主要参数及其各种可能结果如表 15.1 所示。

表 15.1

投资额		贴现率		年净收益(元)		项目寿命(年)	
数值	概率	数值	概率	数值	概率	数值	概率
200 000	1	9%	1	50 000	0.3	2	0.2
				100 000	0.5	3	0.2
				125 000	0.2	4	0.5
						5	0.1

对此决策问题,首先我们可以列出各参数不同取值的所有组合,计算每种组合下的经济效益指标(各年净收益的现值之和,即净现值)及相应的组合概率。根据四个参数不同取值的组合,该方案有 12 种可能的结果,每一种结果都有不同的组合概率。下面计算各种可能组合的概率及相应的经济效果指标净现值。

组合 1:投资额 200 000,贴现率 9%,年净收益 50 000,项目寿命 2 年,其组合概率为 1×1×0.3×0.2=0.06;净现值为-200 000+50 000$(P/A,9\%,2)$=-112 045(具体计算请参阅财务管理相关内容)。

依此计算 12 个组合的概率及净现值如表 15.2 所列。

表 15.2

	投资额	贴现率	年净收益	项目寿命	组合概率 P	各年净收益现值 x
1	200 000(1)	9%(1)	50 000(0.3)	2 (0.2)	0.06	-112 045
2	200 000(1)	9%(1)	50 000(0.3)	3(0.2)	0.06	-73 440
3	200 000(1)	9%(1)	50 000(0.3)	4(0.5)	0.15	-38 020
4	200 000(1)	9%(1)	50 000(0.3)	5(0.1)	0.03	-5 520
5	200 000(1)	9%(1)	100 000(0.5)	2(0.2)	0.10	-24 090
6	200 000(1)	9%(1)	100 000(0.5)	3(0.2)	0.10	53 120
7	200 000(1)	9%(1)	100 000(0.5)	4(0.5)	0.25	123 960
8	200 000(1)	9%(1)	100 000(0.5)	5(0.1)	0.05	188 960
9	200 000(1)	9%(1)	125 000(0.2)	2(0.2)	0.04	19 888
10	200 000(1)	9%(1)	125 000(0.2)	3(0.2)	0.04	116 400
11	200 000(1)	9%(1)	125 000(0.2)	4(0.5)	0.10	204 950
12	200 000(1)	9%(1)	125 000(0.2)	5(0.1)	0.02	286 200
合计	—	—	—	—	1	—

在此基础上,计算出各组合净现值的期望值为:

$$E(x) = \sum_{i=1}^{n} x_i P_i = x_1 P_1 + x_2 P_2 + \cdots + x_n P_n = 58\ 013.82$$

该指标表明,此方案若实施,其经济效果指标净现值期望水平为 58 013.82 元。

2) 效果指标累计概率的计算

在风险分析中,有时要了解所分析方案经济效益发生在某一区间的可能性究竟有多大,这就需要计算这个区间内所有可能取值的概率之和,即累计概率。其具体步骤如下:

(1) 计算方案在不同情况下的效果指标(如净现值),并将计算的指标由小到大排序,注明各种情况发生的概率。

(2) 计算累计概率。

(3) 根据效果指标的累计概率,对方案进行风险分析。

例 15.1 中各种情况下的净现值及累计概率如表 15.3 所列。

表 15.3

净现值	组合概率 P	累计概率
−112 045	0.06	0.06
−73 440	0.06	0.12
−38 020	0.15	0.27
−24 090	0.1	0.37
−5 520	0.03	0.4
19 888	0.04	0.44
53 120	0.1	0.54
116 400	0.04	0.58
123 960	0.25	0.83
188 960	0.05	0.88
204 950	0.1	0.98
286 200	0.02	1

从计算结果看,该方案的经济效果指标净现值小于最低标准值(0)的概率为 0.4,这意味着虽然该方案的期望收益值为 58 013.82 元,但其亏损的可能性约为 40%,同时方案净现值在 150 000 元的可能性略大于 40%,超过 150 000 元的可能性约为 15% 左右,这些数字从不同角度反映了方案的风险程度。

3) 效果指标的标准差的计算

标准差是一个表示随机变量实际发生值对其期望值离散程度的重要指标。在方案效果指标分析中,标准差说明其效益实际发生值对其期望值的偏离程度,这种偏离程度也可作为度量方案风险的一种尺度。一般来讲,概率分布越窄,实际值越接近期望值,因而风险越小。反之,概率分布越宽,实际值偏离期望值的可能性就越大,风险也越大。在经济效果指标相同的方案中,标准差大的意味着风险大,标准差小的意味着风险小。标准差的计算公式如下：

$$\sigma = \sqrt{\sum_{j=1}^{n} P_j(x_j - E(x))^2}$$

4）效果指标离差系数的计算

由标准差的计算公式可知，标准差的大小与变量及变量均值的大小有关。在进行单个项目的分析时，可以直接用期望值和标准差，但是在进行不同方案的比较时，某一方案的期望值与标准差均比其余方案大，并不能说明其风险就一定大，还必须进一步用相对效果指标进行分析和比较。为了更准确地比较各方案的风险，可以用标准差系数指标。它是标准差与期望值之比，由于是一个相对数值，不受变量和期望值的绝对值大小的影响，所以用它来反映方案的风险比标准差更好。

15.2.3 模拟法

风险发生的重要原因之一是外部环境的变化和人们对于事物认识的局限性，人们对某些问题的判断与实际情况之间常常会出现偏离。虽然在社会活动中存在着许多不确定因素，但是它们的变化是有一定规律的，并且是可以预见的，为了了解这个变化规律，我们可以对其进行模拟，通过大量的统计试验，使之尽可能接近并反映出实际变化的情况。

模拟法是用数学方法在计算机上模拟实际概率的过程，通过随机模拟各种变量之间的动态关系，解决某些具有不确定性的复杂问题，被公认为是一种经济而有效的方法。其基本做法是：

（1）用适当的方法确定不确定事件及各种可能结果的主观概率，即确定变量及其概率分布。

（2）通过模拟试验，独立地随机抽取各输入变量的值，并使所抽取的随机数值符合既定的概率分布。

（3）建立数学模型，确定试验次数以满足预定的精度要求，用逐渐积累的较大样本来模拟输出函数的概率分布。

此方法借助人们对未来事件的主观概率估计及计算机随机模拟，解决难以用数学分析方法求解的动态系统复杂问题，具有较大的优越性。

15.3 决策方案的敏感性分析

在决策之前，研究分析人员在占有一定信息资料的基础上，对影响决策的各种效果，包括经济效果和社会效果等进行预测、分析和判断，作为决策的依据。但是，由于影响各拟订方案结果的诸多因素如政治、文化、社会因素，经济环境、资源与市场条件、技术发展等的未来变化都具有不确定性，加上主观预测能力的局限性，对方案后果，尤其是一些经济效果指标的预测可能会出现一定的偏差或误差。为了保证决策的科学性和可靠性，需要在进行决策时，对所选方案进行敏感性分析。

15.3.1 盈亏平衡分析

盈亏平衡分析是通过对产量(或销售量)、成本和利润之间关系的分析来说明盈亏状况的方法。用这种方法进行投资项目风险与不确定性分析时,主要是研究各种不确定性因素,如投资、成本、销售量、产品价格等的变化对所选方案的经济效果的影响。尤其重要的是,当这些因素的变化达到某一临界值时,将影响方案的选择。盈亏平衡分析就是要找到这种临界值,判断所选方案对不确定因素的变化的敏感程度,为提高决策的可靠性提供依据。

盈亏平衡的基本公式是:

$$TR = TC$$
$$PQ = F + vQ$$

其中,TR 表示总收入,TC 表示总成本,P 表示产品销售价格,v 表示单位产品不变成本,F 表示固定成本。进行盈亏平衡分析的基本步骤如下:

第一,确定盈亏平衡点。盈亏平衡产量为 $Q^* = \dfrac{F}{P-v}$,这一盈亏平衡点也是生产最低产量,否则就要亏本。

若企业设计生产能力为 Q_c,则盈亏平衡的生产能力利用率为 $E^* = \dfrac{Q^*}{Q_c} \times 100\% = \dfrac{F}{(P-v)Q_c} \times 100\%$。

如果按项目的设计生产能力 Q_c 进行生产和销售,则盈亏平衡的单位产品售价为 $P^* = \dfrac{vQ_c + F}{Q_c}$。

如果按设计生产能力 Q_c 生产和销售产品,且单位产品售价已定为 P,则盈亏平衡的单位产品变动成本为 $v^* = \dfrac{PQ_c - F}{Q_c}$。

第二,在确定了相应的盈亏平衡点的基础上,可以通过计算经营安全系数,进行风险分析、评价及敏感性分析。经营安全系数的计算公式是:经验安全系数=1-盈亏平衡点比率。其中,

$$盈亏平衡点比率 = \frac{分析指标的盈亏平衡值}{该指标预测值} \times 100\%$$

此系数可作为对方案的敏感性分析的依据之一,判别标准可参见表 15.4。

表 15.4

经营安全系数	判断度
40%以上	超安全
21%~40%	安全
16%~21%	较安全
10%~16%	要注意
10%以下	危险、不可靠

例 15.2 某项目年设计生产能力为生产某产品 5 万件,单位产品售价 2 000 元,生产总成本估计为 5 200 万元,其中固定成本 2 000 万元,总变动成本与产量为正比关系,计算盈亏平衡点并进行敏感性分析。

解 通过现有资料,可以计算出

单位产品变动成本 $v = \dfrac{\text{总成本} - \text{固定成本}}{\text{产量}} = \dfrac{(5\,200 - 2\,000) \times 10^4}{50\,000} = 640(元)$

盈亏平衡产量 $Q^* = \dfrac{F}{P-v} = \dfrac{2\,000 \times 10^4}{2\,000 - 640} = 14\,706(件)$

盈亏平衡的单位产品售价 $P^* = \dfrac{vQ_c + F}{Q_c} = \dfrac{640 \times 50\,000 + 2\,000 \times 10^4}{50\,000} = 1\,040(元/件)$

经营安全系数(设预测每年产量为 4 万件) $= 1 - \dfrac{Q^*}{Q_0} \times 100\% = 63.2\%$

可见,此项目在生产量上是安全的。

借助于盈亏平衡分析,可以找出各主要经济因素间的因果关系,确定建设项目最佳的生产和运营方案,有效地降低盈亏临界值。通过分析,可以找出对盈亏平衡点影响最大、最直接、最敏感的因素,以便于采取措施,避免风险。

在应用盈亏平衡分析时,应注意该方法的假设条件,如项目只生产单一产品。若是同时生产几种产品,则这些产品在计算上必须能容易地转换成某一种基本产品。

15.3.2 敏感性分析

为了更好地为决策提供依据,在分析时须分析研究各主要影响因素变化时,对方案的最终效果的影响及影响程度。这样的分析研究工作称为敏感性分析,也称灵敏度分析。敏感性分析是一种用途广泛的分析技术,它是研究与分析一个系统因周围条件发生变化而引起其状态或输出结果变化的敏感度的一种方法。

所谓敏感度强弱,是指效果指标在不确定因素变化时反应的灵敏程度,这可以通过敏感系数来反映。敏感系数一般定义为目标值变动百分数与参数值(影响因素)变动百分数之比。通常把使效果指标产生强烈敏感性的不确定因素称为敏感性因素,反之称为非敏感性因素。

进行敏感性分析,可以研究各种不确定因素变动对方案效果的影响范围和程度,了解方案的风险根源和风险大小;可以筛选出比较敏感的因素,有利于对它们集中力量重点研究,尽量降低因素的不确定性,进而减少方案的风险。此外,进行敏感性分析,还可以确定不确定因素在什么范围内变化能使方案的效果最好,在什么范围内变化则方案的效果较差等。

1) 敏感性分析的步骤

(1) 确定分析指标。敏感性分析指标,也就是效果指标,即敏感分析的具体对象。当比较方案的效果指标比较多时,敏感性分析可围绕其中一个或几个重要的指标进行,而放弃另外的指标。

(2) 选择需要分析的不确定因素。根据分析的不确定因素的多少,及分析时对这些因素变动之间关系的不同假设,可将敏感性分析分为单因素敏感性分析和多因素敏感性分析。

具体地,在影响方案效果的多个不确定因素中,可以根据两条原则选择主要的不确定因素进行敏感性分析。一是预计在可能的变化范围内,该因素的变动将会强烈地影响方案的效果指标,二是对确定性分析中所采用的该因素的数据的可靠性、准确性把握不大的因素。

(3)研究并设定不确定因素的变动范围,并列示不确定因素的不同变化率或不同取值的几个点态。

(4)计算分析不确定因素变动对效果指标的影响程度,建立相应的模型与数量关系,确定敏感性因素。

(5)结合确定性分析与敏感性分析的结果,对方案作进一步的评价,还可以进一步寻找相应的控制风险的对策。

2)单因素敏感性分析

假设影响方案效果指标的其他因素保持在某一水平不变,仅考察其中一个因素变化对方案效果指标的影响,这种敏感性分析称为单因素敏感性分析。在单因素敏感性分析中,最核心的是要确定敏感性因素,从而对方案风险作出评价。具体的方法有:

(1)变动幅度测定法。设定要分析的各种不确定因素均从其预测结果的具体数值开始变动(令某个因素变动时,假定其他因素保持不变),且各因素每次变动的幅度(增加或减少的百分数)相同,比较在同一变动幅度下各因素变动对方案效果指标的影响,据此判断方案效果指标对各因素变动的敏感程度。一般用图或表的形式表示出对应的数量关系,以判断敏感性因素。

(2)悲观值测定法。是指设各因素均向对方案不利的方向变动,并取其有可能出现的对方案最不利的数值,据此计算方案的效果指标,看其是否可达到使方案无法接受的程度,若某因素可能出现的最不利的数值会使方案变得不可接受,则表明该因素是该方案的敏感因素。

(3)临界值测定法。先设有关方案效果指标的临界值,然后求待分析的不确定因素的最大允许变动幅度,并与其可能出现的最大变动幅度相比,若某因素可能出现的变动幅度超过最大允许变动幅度,则说明该不确定因素是敏感因素。

上面三种敏感性分析方法都可以看作是盈亏平衡分析的进一步应用。

例 15.3 某企业要就某一投资作出决策,是否投资取决于经济效果指标,如各年净收益现值(简称净现值)。现经过调查预测估计出影响净现值的各年的各主要经济指标的数值如表 15.5 所示,折现率 10%。

表 15.5　　　　　　　　　　　　　　　　　　　　　　　　　　　　　单位:万元

年份	0	1	2——11
投资额	200 000		
经营成本			50 000
纯收入			110 000
净收益	−200 000		60 000

解 根据上表数据可以计算出净现值：

$$净现值 = \sum 各年净收益现值 = 135\,130.62(万元)$$

即各年净收益折合现值为 135 130.62 万元。

由于投资额、经营成本和纯收入三个影响因素均是经过测算预测出来的数值，具有一定的不确定性，因此实际值未必与表 15.5 中的预测结果完全一致，这就需要进行不确定性分析。

在此以变动幅度测定法为例，计算每个影响因素指标在其他指标不变的情况下，分别变动一个百分比（如±5%，±10%），对净现值的影响方向和影响程度，计算结果见表 15.6。

表 15.6 敏感性分析表

净现值 变动率 不确定指标	-20%	-15%	-10%	-5%	0
投资额	175 130.62	165 130.62	155 130.62	145 130.62	135 130.62
经营成本	190 985.72	177 021.95	163 058.17	149 094.4	135 130.62
纯收入	12 249.39	42 969.7	73 690.01	104 410.31	135 130.62
	20%	15%	10%	5%	±1%
投资额	95 130.62	105 130.62	115 130.62	125 130.62	∓2 000.00
经营成本	79 275.526	93 239.29	107 203.07	121 166.84	∓2 792.756
纯收入	258 011.85	227 291.54	196 571.23	165 850.93	±6 144.06

由表中数据资料可以看到各因素的变动对净现值的影响，当纯收入增加（或减少）1%时，净现值将会增加（或减少）6 144.06 万元，是三个因素中最为敏感的因素。

思考练习题

1) 什么是风险？管理决策中的主要风险因素有哪些？
2) 风险因素的识别方法有哪些？
3) 风险程度的测定方法有哪些？
4) 决策时为何要进行风险分析？
5) 风险因素识别的原则有哪些？
6) 试分析确定市场营销策略时的主要风险因素。
7) 试分析产品开发决策的主要风险因素。
8) 如何确定决策问题中的敏感因素？

Excel 和 SPSS 在预测与决策中的应用

16　Excel 在预测与决策中的应用

学习和掌握了预测与决策的基本原理和方法之后,还需要将其应用到解决实际问题的实践中去。完成预测与决策的有关计算可有多种应用软件选择,例如 SAS、SPSS、E-views 和 Excel 等。考虑到应用方便和操作简单等因素,下面简要介绍应用 Excel 完成预测和决策有关计算的基本操作方法。

16.1　Excel 概述

美国微软公司的 Office 应用软件包是运行于 Windows 环境下应用最为广泛的软件之一。Excel 作为 Office 应用软件包的一员,是一个功能强大、技术先进、使用方便的电子数据表软件。它可以进行各种数据处理、统计分析和辅助决策操作,几乎可以完成本书介绍的所有预测和决策模型的计算。

从形式上看,电子数据表软件与一般的电子表格软件类似,也是以表格方式工作,但是实质上二者有着很大的差异。这就是电子数据表中有大量的、各种形式的计算公式,能够根据电子数据表中的数据自动完成所需的计算和分析。Excel 更是提供了许多数据分析与辅助决策工具,如模拟运算表,假设检验,方差分析,移动平均,指数平滑,回归分析,规划求解等工具。利用这些工具,不需考虑繁琐的计算过程,更不需编写程序,而只要正确地选择适当的参数,即可完成各种预测和决策模型的求解,得到相应的分析结果和完整的求解报告。

Excel 采用表格的形式对数据进行组织和处理,直观方便,符合人们日常工作的习惯。它的基础工作环境是一个包含若干个工作表的工作簿文件。其中的工作表类似于人们日常使用的各种报表,由若干行和列组成。而每个行和列的交叉点是电子数据表处理数据的最小单位,称作单元格。在单元格中既可以输入不同类型的数据,也可以建立复杂的计算公式。在计算公式中当需要引用其他单元格的数据时,使用单元格的相对地址(单元格所在的行号和列标)或绝对地址(单元格相对地址加符号"$")表示。例如第一行第一列单元格的相对地址为"A1",绝对地址为"A1"。当需要引用一批连续的单元格的数据时,还可以使用单元格区域。单元格区域通常使用该区域的左上角和右下角单元格的地址中间用冒号分隔表示。例如"B2:C5"表示的是 B2、B3、B4、B5、C2、C3、C4 和 C5 这 8 个单元格。

在 Excel 中完成一个任务通常可以有多种可选择的方法,例如可以使用不同选项卡中的命令,也可以使用快捷菜单,还可以使用键盘快捷键。用户可以根据自己的偏好和习惯来进行不同的操作。一般来说,总有一、两种方法是最简单快捷的。绝大多数情况下,使用快捷菜单具有方式统一、简单方便、功能全面的特点。

16.2 公式与函数的应用

公式与函数的应用是电子数据表软件的最重要的特征之一,也是应用 Excel 求解各种问题的基础。

16.2.1 基本概念

公式是由 Excel 执行的一系列计算,用来根据工作表其他单元格中已存在的数据或者直接键入的常数来计算出指定单元格中的值。而函数则是 Excel 为了方便使用者的应用,提供的一些预先定义的计算过程。例如需要在工作表的 E3 单元格计算出 B3、C3 和 D3 单元格数据的和,可以使用公式"=B3+C3+D3",也可以使用求和函数"=SUM(B3:D3)"。

在 Excel 中所有公式以等号(=)开始。公式中使用单元格地址来引用其他单元格的数据。使用时既可以使用相对地址也可以使用绝对地址。单元格的相对地址随公式所在位置的不同而变化。换句话说,如果将包含相对单元格地址的公式从一个单元格复制或移动到另一个单元格时,公式中引用的单元格地址将自动变化为新的单元格地址。例如,上例单元格 E3 中的公式被复制、移动或填充到单元格 E4 时,会自动变为"=B4+C4+D4"或是"=SUM(B4:D4)"。但是如果使用的是绝对地址,则引用的单元格地址不会改变。也就是说,公式仍使用初始的单元格地址进行计算。

16.2.2 应用示例

例 16.1 主观概率法的计算。经济预测的主观概率法是指利用主观概率对各种预测意见进行汇总整理,最后得出综合性预测结果的方法。常用的主观概率法有主观概率加权平均法和累积概率中位数法等,下面介绍利用 Excel 的公式和函数计算主观概率加权平均法的计算。

设某大型空调生产企业欲对下一年首季度空调产品的销售额进行预测,且预测工作主要由市场营销部和投资计划部来完成。(参见 2.2.3 中例 2.5)

第一步:在 Excel 工作簿中输入数据。首先输入预测人员甲对市场的最高、最低和最可能销售的估计以及相应的主观概率等数据,并将 A2:A5 单元格区域合并及居中,如图 16.1 所示。

然后选定 A2:B5 单元格区域,将鼠标指向 B5 单元格右下角的填充柄,向下拖至 B13 单元格,会自动填充预测人员乙和丙的指标。如图 16.2 所示。

继续输入预测人员乙和丙的销售额和主观概率等数据。

第二步:计算期望值。首先在 E2 单元格输入计算公式:"=C2*D2",如图 16.3 所示。

然后将其复制到 E3、E4;E6:E8;E10:E12 单元格区域。在单元格 E5 输入计算期望值的公式。选定单元格 E5，单击 *开始* 选项卡中 *编辑* 命令组的 *求和* 命令，如图 16.4 所示。

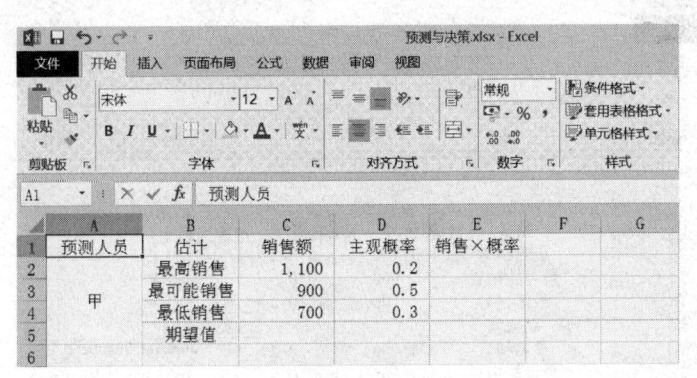

图 16.1

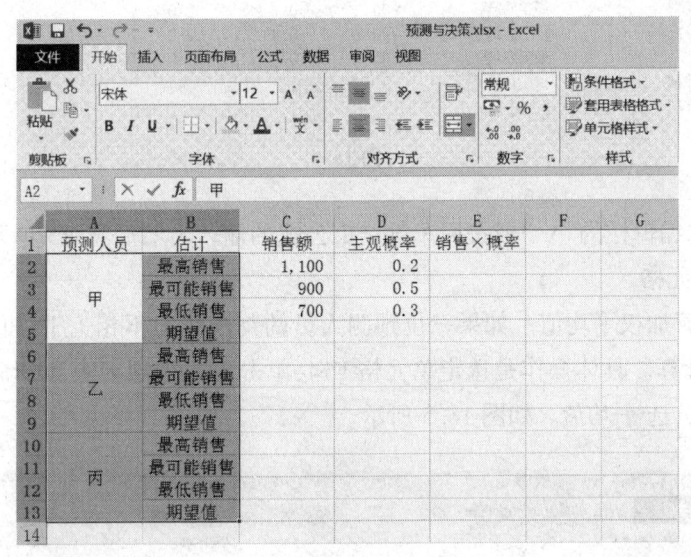

图 16.2

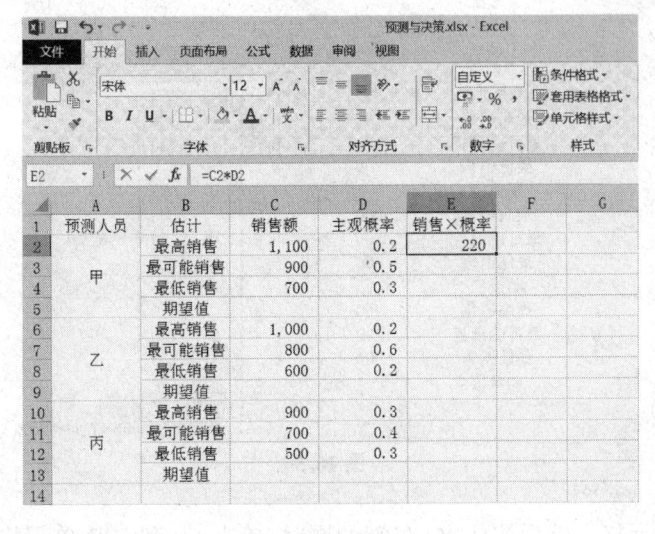

图 16.3

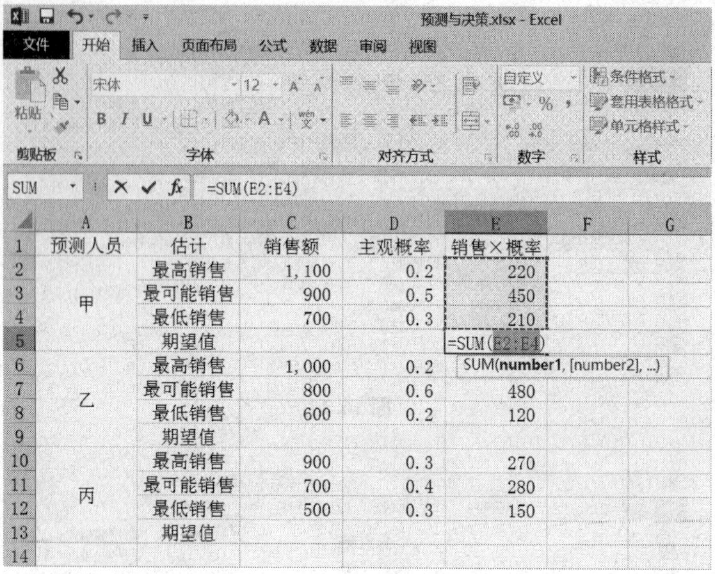

图 16.4

用鼠标勾选编辑栏的"√"或按回车键结束公式的输入。然后将 E5 单元格的公式复制到 E9 和 E13 单元格。

第三步：计算加权平均值。如果三位预测人员的判断能力不相上下，可以直接用 Excel 的*平均值*函数计算。具体操作是选定单元格 E14，单击*开始*选项卡中*编辑*命令组的*求和*命令按钮下拉箭头，选*平均值*。如图 16.5 所示。

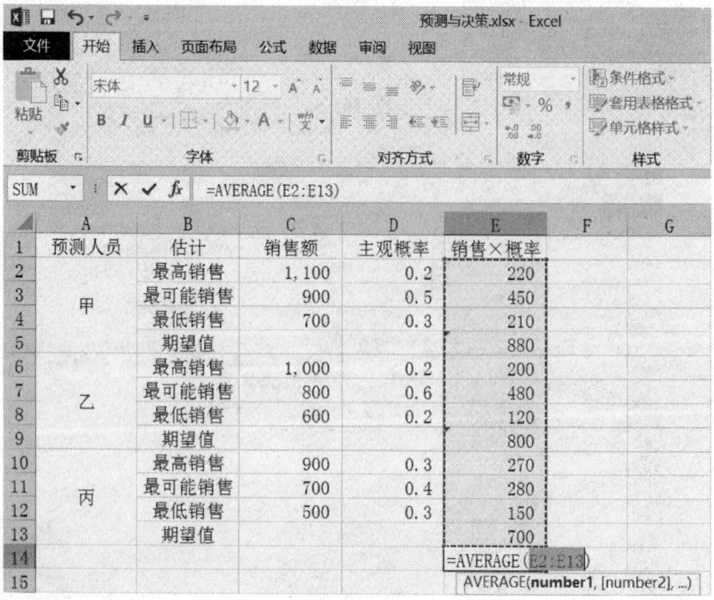

图 16.5

先单击 E5 单元格。然后按住[Ctrl]键的同时，单击 E9 和 E13 单元格，选定甲、乙和丙三位销售员的预测期望值数据。如图 16.6 所示。

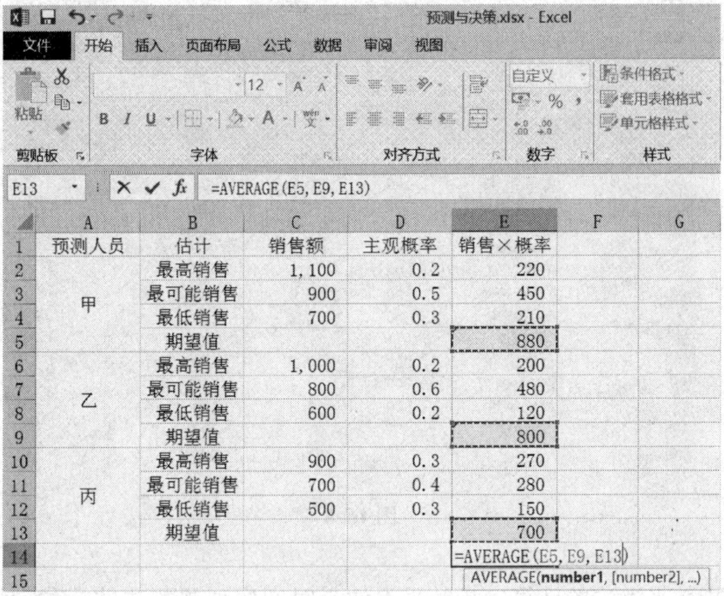
预测与决策.xlsx - Excel

E13　=AVERAGE(E5, E9, E13)

	A	B	C	D	E
1	预测人员	估计	销售额	主观概率	销售×概率
2	甲	最高销售	1,100	0.2	220
3		最可能销售	900	0.5	450
4		最低销售	700	0.3	210
5		期望值			880
6	乙	最高销售	1,000	0.2	200
7		最可能销售	800	0.6	480
8		最低销售	600	0.2	120
9		期望值			800
10	丙	最高销售	900	0.3	270
11		最可能销售	700	0.4	280
12		最低销售	500	0.3	150
13		期望值			700
14					=AVERAGE(E5, E9, E13)
15					

图 16.6

用鼠标勾选编辑栏的"√"或按回车键确认。计算结果如图 16.7 所示。

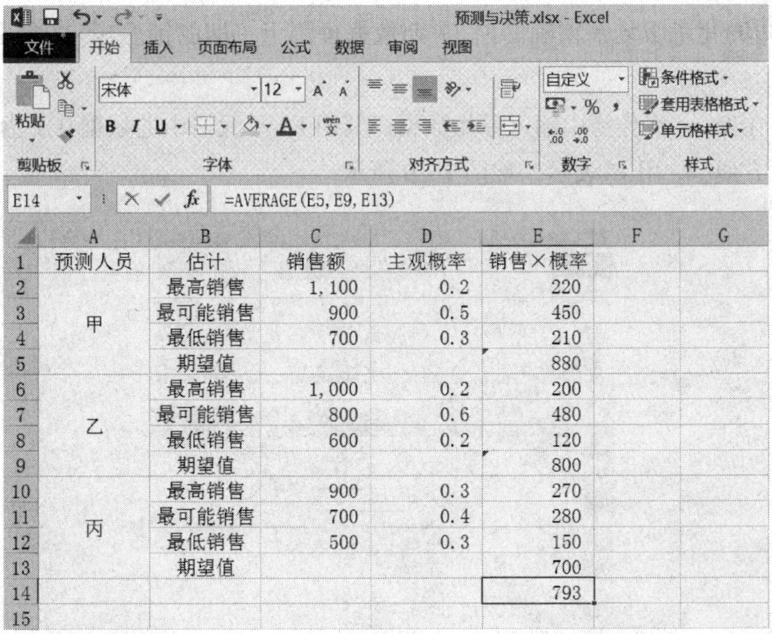
预测与决策.xlsx - Excel

E14　=AVERAGE(E5, E9, E13)

	A	B	C	D	E
1	预测人员	估计	销售额	主观概率	销售×概率
2	甲	最高销售	1,100	0.2	220
3		最可能销售	900	0.5	450
4		最低销售	700	0.3	210
5		期望值			880
6	乙	最高销售	1,000	0.2	200
7		最可能销售	800	0.6	480
8		最低销售	600	0.2	120
9		期望值			800
10	丙	最高销售	900	0.3	270
11		最可能销售	700	0.4	280
12		最低销售	500	0.3	150
13		期望值			700
14					793
15					

图 16.7

如果根据以往预测结果,三人的判断能力有差异,则可以根据其判断能力的高低,加权计算预测值。例如甲的判断能力优于乙和丙,则分别赋予权数 0.4、0.3 和 0.3,计算公式为"=E5 * F5+E9 * F9+E13 * F13",相应的计算结果如图 16.8 所示。

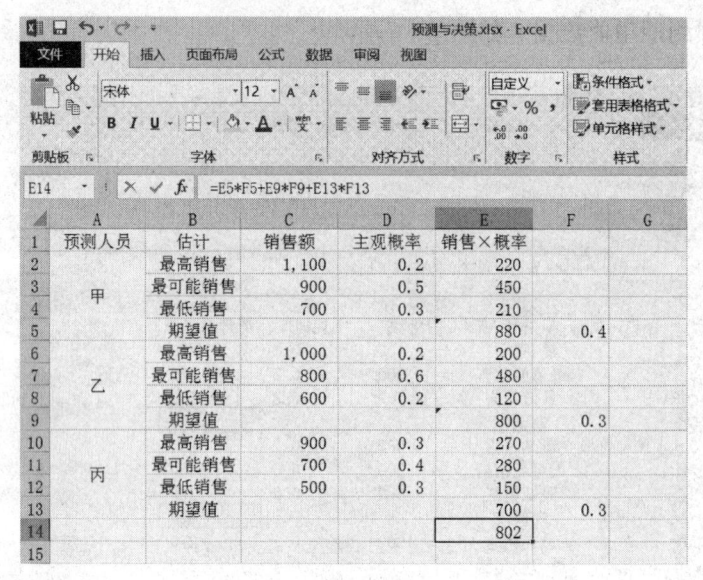

图 16.8

例 16.2 指数平滑法的计算。指数平滑法是时间序列预测法的一种,是移动平均法的改进方法。根据平滑次数的不同,可分为一次、二次和三次指数平滑法,分别适合于不同类型的时间序列的预测。下面介绍如何利用 Excel 的公式和函数进行一次指数平滑预测的计算。

利用已知的儿童服装销售额的前 12 期数据预测下一期的销售额。(参见 3.3.1 中例 3.4)

第一步:在 Excel 工作簿中输入原始数据。其中 E1 单元格中的数据 0.2 为加权系数 α。另外,为输入方便,$\hat{y}_1$ 用 y'_t 表示。如图 16.9 所示。

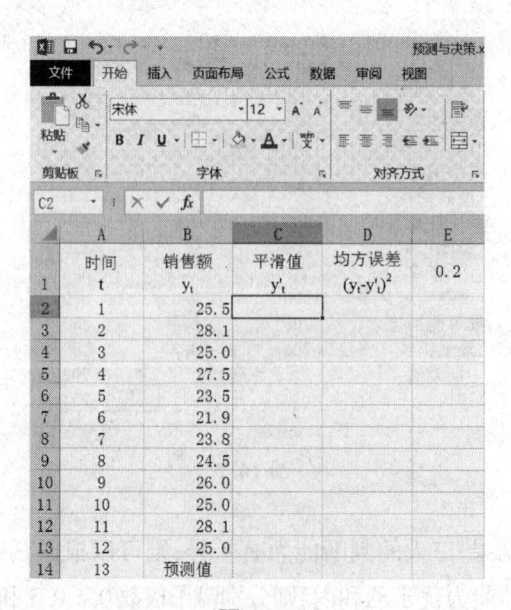

图 16.9

第二步：计算平滑预测值。在 C2 单元格输入计算初始值 $s_0^{(1)}$ 的公式："=SUM(B2:B7)/6"作为 $\hat{y}_1$；然后在 C3 单元格输入计算 $\hat{y}_2$ 的公式："=\$E\$1*B2+(1-\$E\$1)*C2"，并将其填充到 C4:C14 单元格区域。预测结果为"25.43"。如图 16.10 所示。

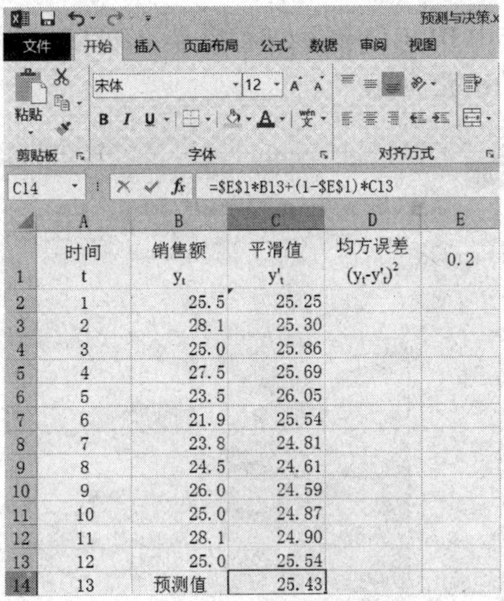

图 16.10

需要注意的是，在计算 $\hat{y}_2$ 的公式中，关于加权系数的引用应该使用绝对地址"\$E\$1"或是混合地址"E\$1"，这样当公式填充到 C4:C14 单元格区域时引用不变，否则会随着公式自动填充位置的不同，自动转换为 E2,E3,…,E13 等。

第三步：计算均方误差。在 D2 单元格输入计算均方误差的公式："=(B2-C2)^2"，并将其填充到 D3:D13 单元格区域。在 D14 单元格输入计算所有均方误差的平均值公式："=AVERAGE(D2:D13)"。计算结果为"3.773 5"。如图 16.11 所示。

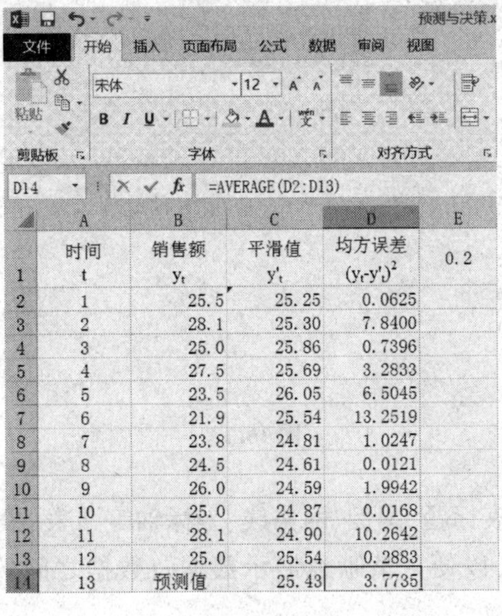

图 16.11

注意:这里计算结果与前面章节有误差,是由于计算机与手工计算的精度不同造成。

第四步:调整加权系数。将 E1 单元格的值分别改为 0.5 和 0.7,得到两组预测值和均方误差"25.78""4.1628""25.66""4.5106",误差均大于加权系数为 0.2 的预测结果。所以,最后选取加权系数为 0.2,预测结果为 25.43。

第五步:创建图表。选中 B1:C13 单元格区域,单击功能区 *插入* 选项卡 *图表命令组* 的 *插入折线图命令按钮*。如图 16.12 所示。

图 16.12

选定二维折线图中第二行第一个 *带数据标记的折线图*,创建的折线图如图 16.13 所示。

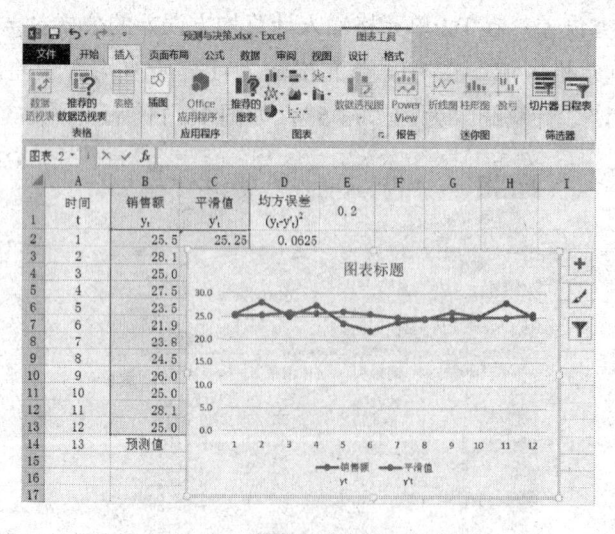

图 16.13

可以根据需要编辑图表标题、图例、网格线、坐标轴等图表要素,设置图表样式、配色方案,或是应用图表筛选器,以便更清晰地展示数据及数据之间的关系。编辑后的图表如图 16.14 所示。

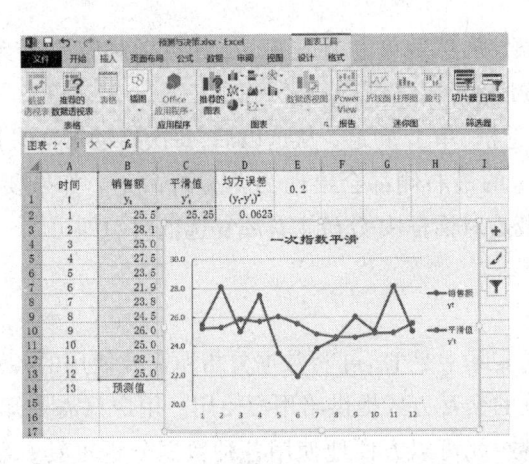

图 16.14

16.3 数据分析工具的应用

Excel 为了用户使用方便,提供了许多常用的数据分析工具。但是在初次运行 Excel 时,这些数据分析工具并没有安装,必须手动安装。具体操作方法是:单击文件菜单的选项命令,这时会出现 Excel 选项对话框,如图 16.15 所示。

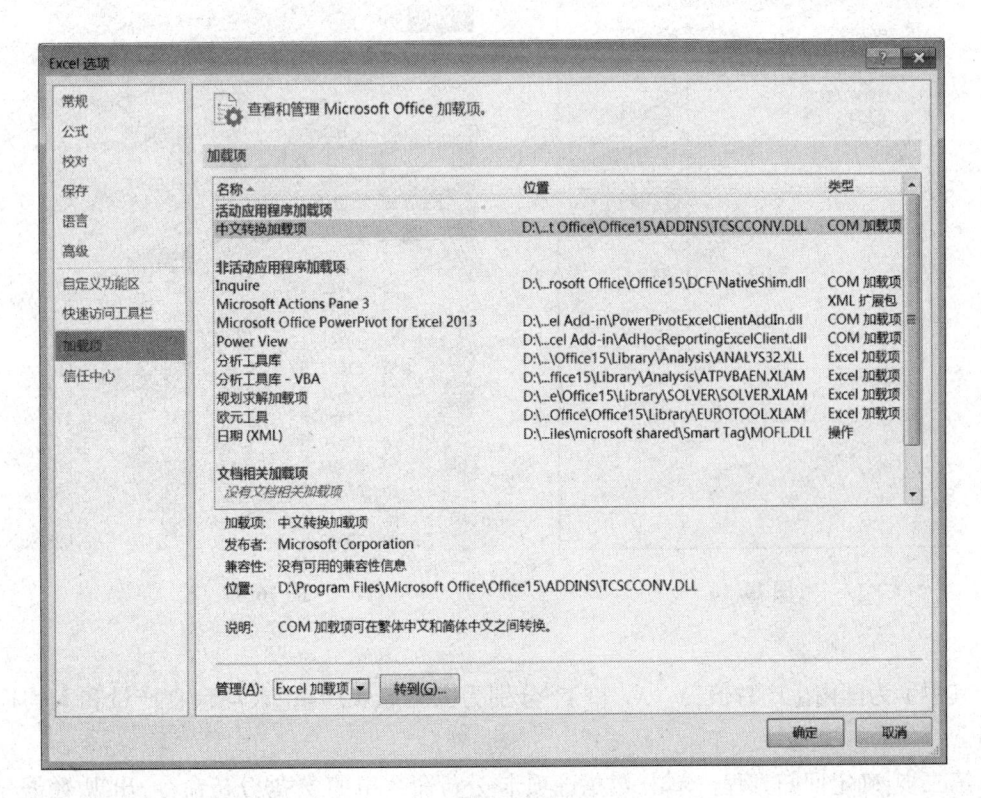

图 16.15

单击对话框左侧*加载项*,然后单击*管理 Excel 加载项*对应的*转到命令按钮*。将出现*加载宏对话框*,如图 16.16 所示。

勾选*分析工具库复选框*,单击*确定*。从这以后,每次启动 Excel,都会自动加载数据分析工具,功能区*数据选项卡的最右侧*都会出现*数据分析命令*。如果要卸载数据分析工具,按照类似的方法,去除*加载宏对话框中 分析工具库复选框*对勾即可。

16.3.1 基本概念

所谓数据分析工具,实际上是 Excel 将数据分析所需要使用的各种函数和功能分门别类进行集成,然后以对话框的交互方式提供给用户使用。用户只需要知道做什么,根据对话框中的内容输入指定的参数,就可以方便地使用各种数据分析工具。数据分析工具通常不是简单地给出计算结果,而是包含统计检验、误差分析、敏感分析和各种图表的报告。

16.3.2 应用示例

例 16.3 多元线性回归的计算。设利用 GDP 和人均原煤产量、人均粮食产量和人均棉花产量等人均主要产品产量的年度数据,预测人均煤炭产量、粮食产量和棉花产量分别达到 1.2、420 和 3.8 时的国内生产总值。

第一步:在 Excel 工作簿中输入原始数据。如图 16.17 所示。

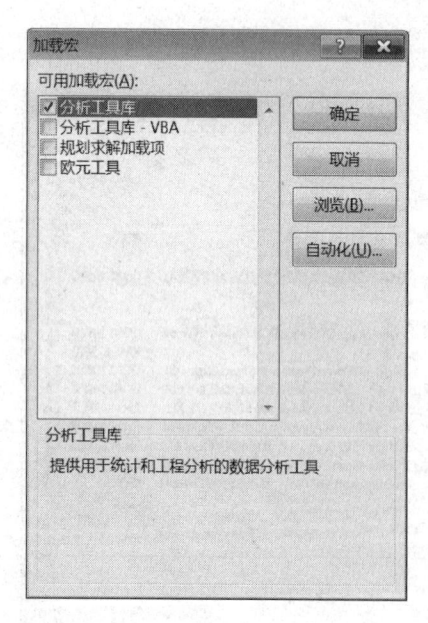

图 16.16

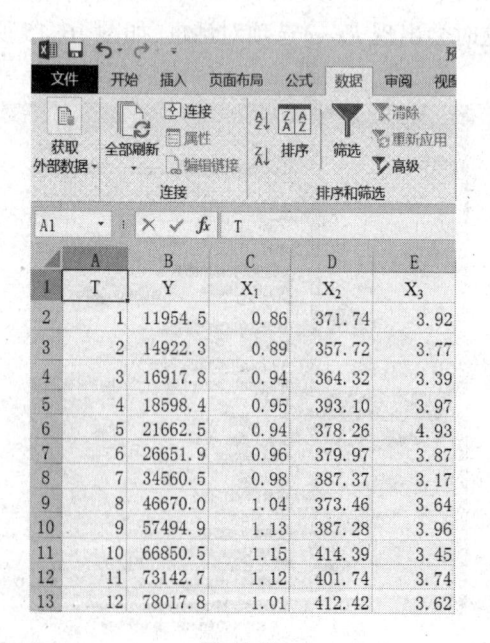

图 16.17

其中 Y 为国内生产总值,X_1、X_2 和 X_3 分别为人均原煤产量、人均粮食产量和人均棉花产量。

第二步:确定回归方程。单击*数据选项卡 分析命令组*的*数据分析命令*,出现*数据分析对话框*。在*分析工具列表框*中列出了 Excel 提供的有关分析工具列表。选定*回归工具*,如

图 16.18 所示。

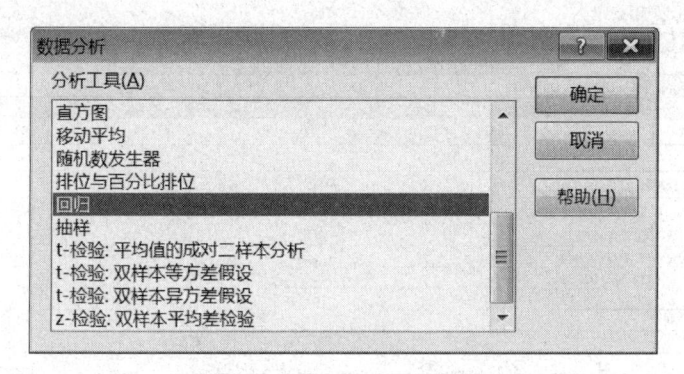

图 16.18

单击*确定*,出现*回归*对话框。在 Y 值输入区域(Y)和 X 值输入区域(X)分别输入或指定因变量数据和自变量数据所在的单元格区域"B1:B13"和"C1:E13"(当使用鼠标指定时,Excel 自动采用绝对地址引用)。因为指定的数据区域包含了数据标志,所以应选定*标志复选框*。然后指定*置信度*为 95%。最后指定*输出区域*的左上角单元格 G1。*回归*对话框和有关参数设置如图 16.19 所示。

图 16.19

单击*确定*,即可得到有关回归分析的计算结果,如图 16.20 所示。

在回归统计结果中给出了复相关系数 R、R^2、调整后的 R^2 等数据,可以看出该回归模型拟合优度较好。在方差分析结果中给出了 F 检验值 13.171 987,说明回归效果显著。在最

295

预测与决策概论

图 16.20

	G	H	I	J	K	L	M	N	O
1	SUMMARY OUTPUT								
2									
3		回归统计							
4	Multiple R	0.911940526							
5	R Square	0.831635523							
6	Adjusted R Square	0.768498844							
7	标准误差	11743.07731							
8	观测值	12							
9									
10	方差分析								
11		df	SS	MS	F	Significance F			
12	回归分析	3	5449245746	1816415249	13.171987	0.001839221			
13	残差	8	1103198918	137899865					
14	总计	11	6552444664						
15									
16		Coefficients	标准误差	t Stat	P-value	Lower 95%	Upper 95%	下限 95.0%	上限 95.0%
17	Intercept	-306717.449	89148.7992	-3.4405113	0.0088172	-513395.0815	101139.8165	-512295.0815	-101139.8165
18	X_1	142124.3822	51901.0552	2.73837173	0.0255134	22440.25698	261808.5074	22440.25698	261808.5074
19	X_2	570.9199106	271.568171	2.1023079	0.0686905	-55.31781917	1197.15764	-55.31781917	1197.15764
20	X_3	-4222.67624	8323.4014	-0.5073258	0.6256129	-23416.48671	14971.13423	-23416.48671	14971.13423

下方的回归模型区域给出了各回归系数的结果，其中解释变量 X_2 和 X_3 在 t 检验中未能通过显著性检验。因此还需要对模型进行修正。

为了检验是否存在多重共线性，对 X_1、X_2 和 X_3 三个自变量进行相关分析。单击**数据**选项卡**分析**命令组的**数据分析**命令，在出现的数据分析对话框的分析工具列表中选定**相关系数**工具，单击**确定**。在**相关系数**对话框**输入区域(I)** 中输入或指定 X_1、X_2 和 X_3 数据所在的单元格区域"C1:E13"。因为指定的数据区域包含了数据标志，所以应选定**标志位于第一行**复选框。最后指定输出区域为"Q1"。如图 16.21 所示。

单击**确定**。相关分析的结果如图 16.22 所示。可以认为不存在严重的多重共线性。

图 16.21

	Q	R	S	T
1		X1	X2	X3
2	X1	1		
3	X2	0.684966	1	
4	X3	-0.22602	-0.1671	1

图 16.22

接着，利用回归工具分别建立一个自变量和两个自变量的回归模型。比较分析结果，以 X_1 和 X_2 两个自变量的模型最佳，X_3（人均棉花产量）对 Y（GDP）没有显著影响，应该略去。最后回归结果如图 16.23 所示。

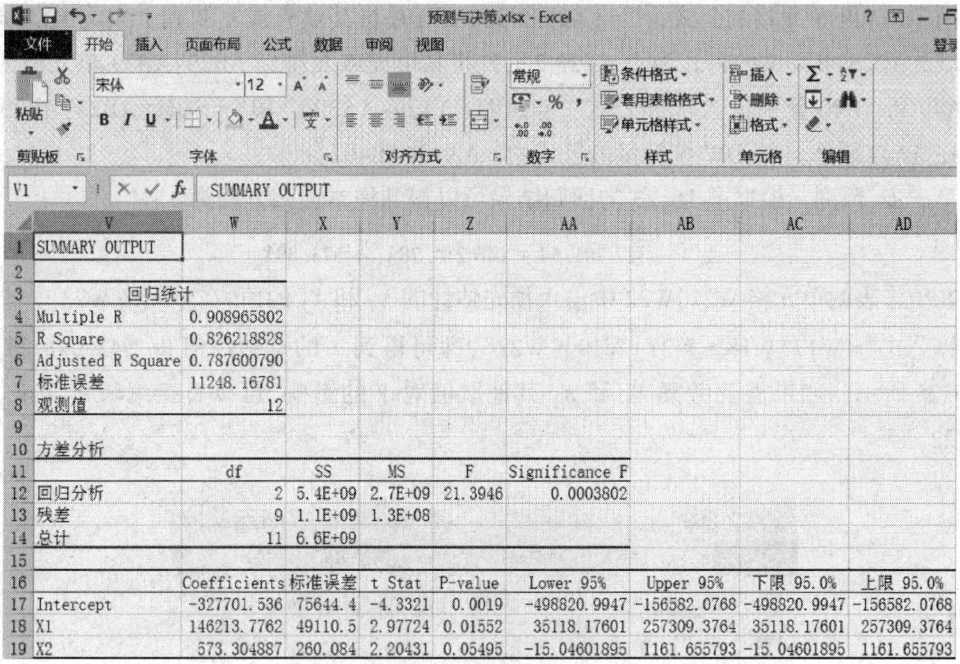

	V	W	X	Y	Z	AA	AB	AC	AD
1	SUMMARY OUTPUT								
2									
3	回归统计								
4	Multiple R	0.908965802							
5	R Square	0.826218828							
6	Adjusted R Square	0.787600790							
7	标准误差	11248.16781							
8	观测值	12							
9									
10	方差分析								
11		df	SS	MS	F	Significance F			
12	回归分析	2	5.4E+09	2.7E+09	21.3946	0.0003802			
13	残差	9	1.1E+09	1.3E+08					
14	总计	11	6.6E+09						
15									
16		Coefficients	标准误差	t Stat	P-value	Lower 95%	Upper 95%	下限 95.0%	上限 95.0%
17	Intercept	-327701.536	75644.4	-4.3321	0.0019	-498820.9947	-156582.0768	-498820.9947	-156582.0768
18	X1	146213.7762	49110.5	2.97724	0.01552	35118.17601	257309.3764	35118.17601	257309.3764
19	X2	573.304887	260.084	2.20431	0.05495	-15.04601895	1161.655793	-15.04601895	1161.655793

图 16.23

Excel 的回归工具没有提供 DW 检验的结果。如果需要进行 DW 检验需要用户利用有关公式和函数计算。首先在进行回归时,指定输出选项包含残差项。然后根据残差项,按 DW 的定义输入计算公式即可。DW 统计量的计算结果如图 16.24 所示。

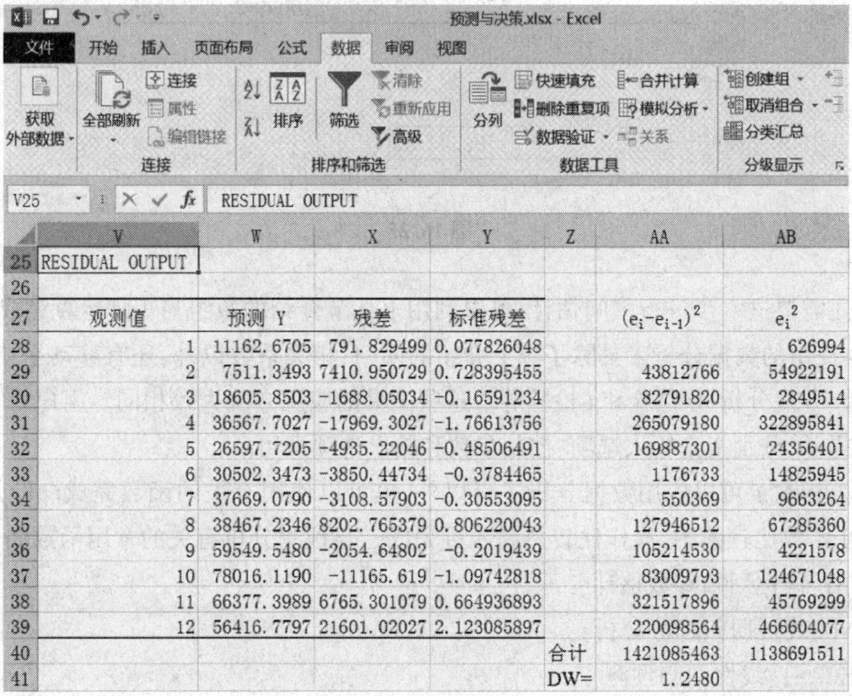

	V	W	X	Y	Z	AA	AB
25	RESIDUAL OUTPUT						
26							
27	观测值	预测 Y	残差	标准残差		$(e_i-e_{i-1})^2$	e_i^2
28	1	11162.6705	791.829499	0.077826048			626994
29	2	7511.3493	7410.950729	0.728395455		43812766	54922191
30	3	18605.8503	-1688.05034	-0.16591234		82791820	2849514
31	4	36567.7027	-17969.3027	-1.76613756		265079180	322895841
32	5	26597.7205	-4935.22046	-0.48506491		169887301	24356401
33	6	30502.3473	-3850.44734	-0.3784465		1176733	14825945
34	7	37669.0790	-3108.57903	-0.30553095		550369	9663264
35	8	38467.2346	8202.765379	0.806220043		127946512	67285360
36	9	59549.5480	-2054.64802	-0.2019439		105214530	4221578
37	10	78016.1190	-11165.619	-1.09742818		83009793	124671048
38	11	66377.3989	6765.301079	0.664936893		321517896	45769299
39	12	56416.7797	21601.02027	2.123085897		220098564	466604077
40					合计	1421085463	1138691511
41					DW=	1.2480	

图 16.24

图中 AA29 单元格的公式为"=(X29-X28)^2",并将其填充或复制到 AA30:AA39 单元格区域。AB28 单元格的公式为:"=X28^2",并将其填充或复制到 AB29:AB39 单元格区域。在 AA40 和 AB40 分别输入求和公式:"=SUM(AA29:AA39)"和"=SUM(AB28:AB39)"。最后在 AA41 输入计算 DW 统计量的公式:"=AA40/AB40"。

第三步:预测。根据图 16.23 的回归结果可以得到样本回归方程为:

$$\hat{Y} = -327\,701.54 + 146\,214.78X_1 + 573.30X_2$$

在工作表的单元格 W21、W22 中输入预先估计的 X_1 和 X_2 的值,在单元格 W23 中输入 Y 的计算公式"=W17+W18*W21+W19*W22",即可得到 Y 的点估计值 88 543.048 25。如图 16.25 所示。如果需要考察 X_1 和 X_2 其他取值对 Y 的影响,可以直接编辑单元格 W21 和 W22。

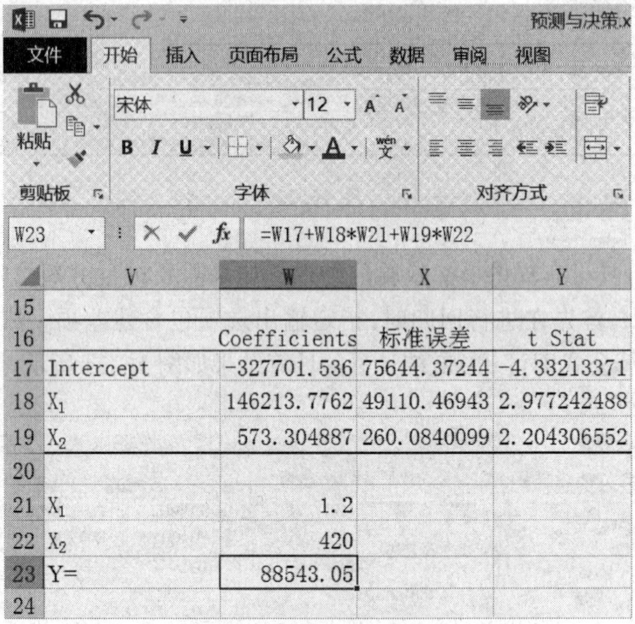

图 16.25

如果还需要进一步进行区间估计,可以利用下一节介绍的数组与矩阵运算完成。

Excel 提供的数据分析工具除了以上介绍的回归、相关系数以外,还有移动平均、指数平滑、协方差、方差分析、F 检验和 t 检验等。这些工具的应用方法大致相同。用户只需要根据对话框的提示,分别指定输入选项、控制参数和输出选项即可。

回归分析除了可以应用数据分析工具以外,也可以使用有关的函数完成。但是需要用户对 Excel 函数比较熟悉,操作比较熟练才可完成。与预测分析有关的常用函数如下:

LINEST:线性回归参数估计

TREND:线性回归趋势分析

FORECAST:线性回归预测

INTERCEPT:线性回归截距分析

SLOPE:线性回归斜率分析
LOGEST:指数回归参数估计
GROWTH:指数回归预测
FTEST:F 检验
TTEST:T 检验
ZTEST:Z 检验
STEYX:标准误差
COVAR:协方差

例 16.4 多目标规划的计算。设某企业拟安排甲、乙两种产品的生产。已知生产这两种产品需要经过加工和装配两条生产线,其产品的工时定额和相关资料如图 16.26 所示。

	A	B	C	D
1		甲产品工时	乙产品工时	可提供工时
2	加工线	1	3	120
3	装配线	1	1	80
4	单位产品产值	15	25	
5	日产量	0	0	

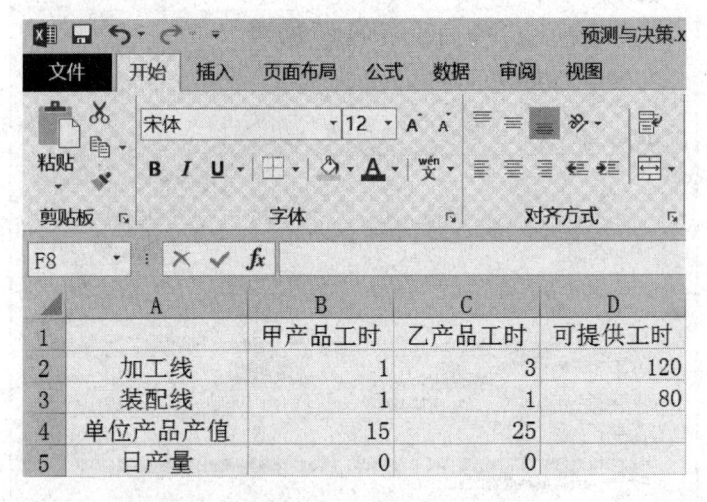

图 16.26

要求安排生产计划依次达到下述两个目标:

一级目标:每天产值至少为 1 500 元;

二级目标:充分利用生产线可提供的工时。

这是一个典型的多目标规划问题。可以在建立相应的数学模型后,应用 Excel 的 *规划求解* 工具计算。(注意:Excel 默认状态未安装 *规划求解* 工具,需要按照前面介绍的方法手动安装。安装了 *数据分析* 和 *规划求解* 工具的 *数据* 选项卡如图 16.27 所示。)

图 16.27

为了更好地说明多目标规划的特点,首先采用一般线性规划的方法求解。

第一步：设置决策变量、目标函数和约束条件。设甲、乙产品的日产量为决策变量，存放在 B5:C5 单元格。一级目标函数的公式为："= B4 * B5+C4 * C5"，存放在 B8 单元格。在 B9:B10 单元格分别输入甲、乙产品所需工时的计算公式："= B5 * B2+C5 * C2"和"= B5 * B3+C5 * C3"。

第二步：线性规划求解。单击 *数据*选项卡 *分析*命令组的 *规划求解*命令，出现 *规划求解参数*对话框。在 *设置目标*框中输入或指定目标函数所在的单元格 B8，并选中 *最大值*单选钮。在 *通过更改可变单元格*框中输入或指定决策变量所在的单元格 B5:C5。在 *选择求解方法*下拉列表中选 *单纯线性规划*。如图 16.28 所示。

图 16.28

单击 *添加*按钮，输入工时约束条件。

在 *单元格引用*框中指定或输入 B9:B10，在 *约束*框中指定或输入 D2:D3。如图 16.29 所示。

图 16.29

单击 *确定*按钮，加入该约束。返回到 *规划求解参数*对话框。如图 16.30 所示。如果模型有多个约束,可以单击 添加按钮依次添加,最后单击 取消按钮,返回 规划求解参数对话框。

图 16.30

单击 求解按钮,即可得到一组解。如图 16.31 所示。

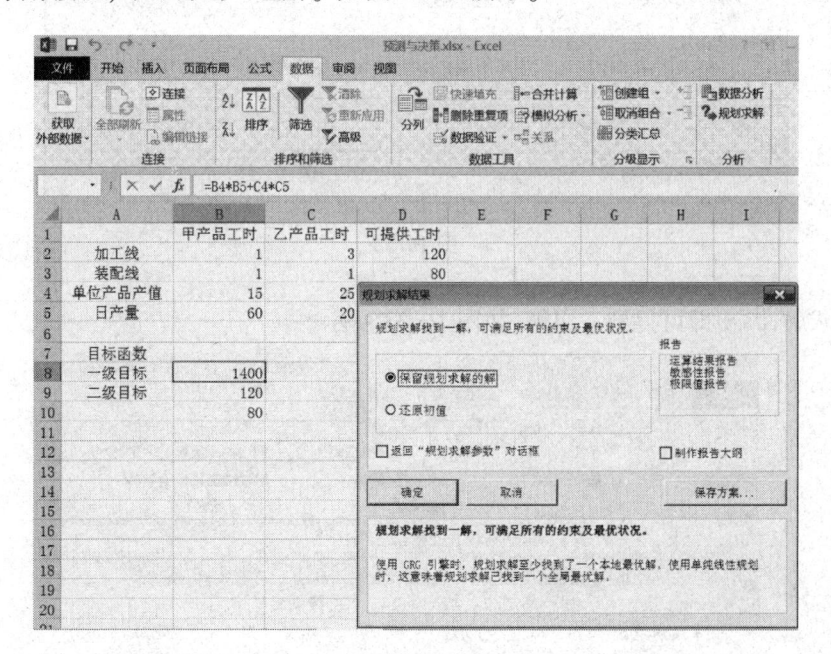

图 16.31

从中可以看出,由于有工时的限制,该解的产值为 1400,没有达到目标。下面考虑如何利用尽量少的加班工时达到目标。

第三步:多目标规划求解。在 E2、E3 和 E4 单元格分别输入偏差变量的计算公式"=(B5*B2+C5*C2)-D2","=(B5*B3+C5*C3)-D3"和"=B5*B4+C5*C4-1500"。在

F2:F4 单元格输入各偏差变量的权数,假设权数相同,均输入 1。在 B7 单元格输入目标函数的计算公式"=SUMPRODUCT(E2:E4,F2:F4)",表示各偏差变量与相应权数乘积的和。

单击 **数据** 选项卡 **分析** 命令组的 **规划求解** 命令,在 **设置目标单元格** 框中输入或指定目标函数所在的单元格 B7;选中 **最小值** 单选钮。可变单元格框内容不变;删除原来的约束条件,添加偏差变量大于等于 0 的约束条件。如图 16.32 所示。

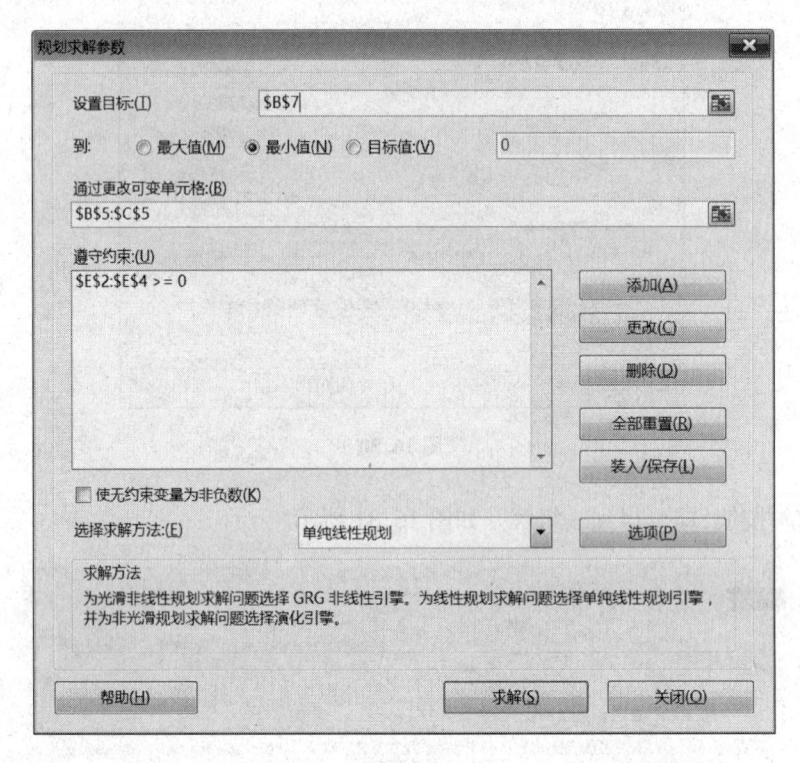

图 16.32

单击 **求解** 命令,即可得到一组解,如图 16.33 所示。

图 16.33

可以看出,该解达到了一级目标,产品产值为 1 500 元。所花费的工时数是加工线正好达到所能提供的工时的上限,装配线仅超过所能提供工时上限 10 小时,是一个满足目标的最佳生产计划。

此外还可以根据需要指定其他目标,调整偏差变量的权数,然后重新计算,规划其他所需的生产计划。

16.4 数组与矩阵的应用

在预测和决策分析过程中,经常需要对成组的数据或矩阵进行运算,Excel 为此提供了专门的计算函数,其具体计算方法同一般的公式计算有一些差别。

16.4.1 基本概念

在 Excel 中可以使用数组或矩阵的计算方法对成组的数据实施运算。这些计算同一般计算的差异主要体现在以下两个方面:

一是按[Ctrl]+[Shift]+[Enter]复合键结束公式的输入。一般计算公式输入完毕后,都是按回车键或是光标键结束,而数组或矩阵计算公式输入完毕后,必须按[Ctrl]+[Shift]+[Enter]复合键。这时相应的公式两端会自动加上花括号"{}",相应的计算也将按数组与矩阵运算规则进行。这是与一般数据计算的根本区别。

二是计算结果区域是一个整体。一般计算公式计算的结果通常是独立的单元格,而数组或矩阵运算的结果通常是一个单元格区域。当按[Ctrl]+[Shift]+[Enter]复合键结束输入时,计算结果将会填充到选定的整个结果区域,这时的整个结果区域是一个整体,不能单独编辑其中的某个单元格。

16.4.2 应用示例

例 16.5 马尔科夫预测法的计算。设某地区销售的鲜牛奶主要由 3 个厂家提供,分别用厂家 1、厂家 2 和厂家 3 表示。经过对 2 000 名消费者调查,得到购买厂家 1、厂家 2 和厂家 3 产品的消费者数分别为 800,600 和 600。相应的转移频数矩阵如下:

$$\begin{matrix} 320 & 240 & 240 \\ 260 & 180 & 60 \\ 360 & 60 & 180 \end{matrix}$$

现希望对未来若干月份的市场占有率进行预测,并计算出市场处于均衡状态时各厂家的市场占有率。(参见 6.3.1 中例 6.12)

第一步:在 Excel 工作簿中输入有关原始数据。如图 16.34 所示。

其中的消费者数是利用 SUM 函数计算出来的。即在单元格 E2 中输入公式"= SUM(B2:D2)",然后将其填充或复制到 E3:E4 单元个区域。单元格 E5 中的公式为"= SUM(E2:E4)"。单元格 F2 为厂家 1 的市场占有率,应利用公式"= E2/E5"计算。需要注意的问

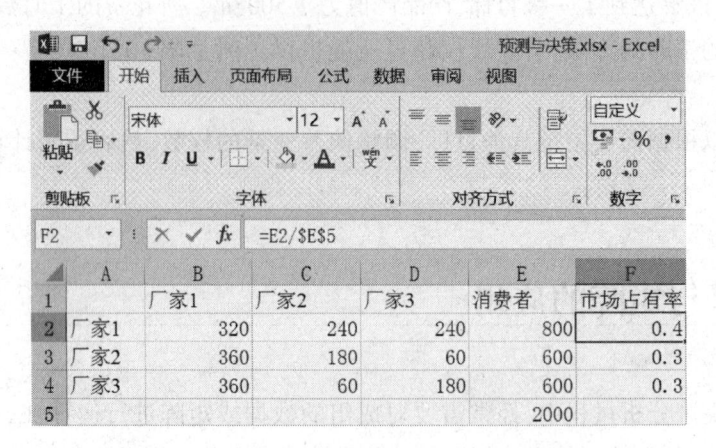

图 16.34

题是:为了方便计算厂家 2、厂家 3 的市场占有率,该公式中对 E5 单元格的引用应使用绝对地址或混合地址,即建立公式"=E2/＄E＄5",然后将其填充或复制到 F3:F4 单元格区域。

第二步:计算状态转移概率矩阵。状态转移概率矩阵的计算结果为一组数据,虽然可以使用一般公式的计算方法一项一项地计算,但是使用数组计算方法更加方便快捷。

具体操作方法是:先选定存放状态转移概率矩阵的单元格区域 B6:D9,然后输入计算公式"=B2:D4/E2:E4"。同一般公式计算不同的是,最后按[Ctrl]+[Shift]+[Enter]复合键结束输入。这时 Excel 会自动在公式的两端加上"{"和"}",并将计算结果填充到单元格区域 B6:D9 的 9 个单元格中。也就是说,这 9 个单元格是一个整体,无论选中这 9 个单元格的哪一个,编辑栏中显示的公式都是"{=B2:D4/E2:E4}"。计算结果如图 16.35 所示。

图 16.35

第三步:计算各期市场占有率 p^i。首先将初始市场占有率 p^0 由列向量转换为行向量:选中 F1:F4 单元格区域,右击鼠标,在弹出的快捷菜单中选 复制 命令。右击单元格 A6,在弹出的快捷菜单中单击 选择性粘贴 命令。如图 16.36 所示。

选中 数值 单选钮和 转置 复选框,然后单击 确定。转置结果如图 16.37 所示。

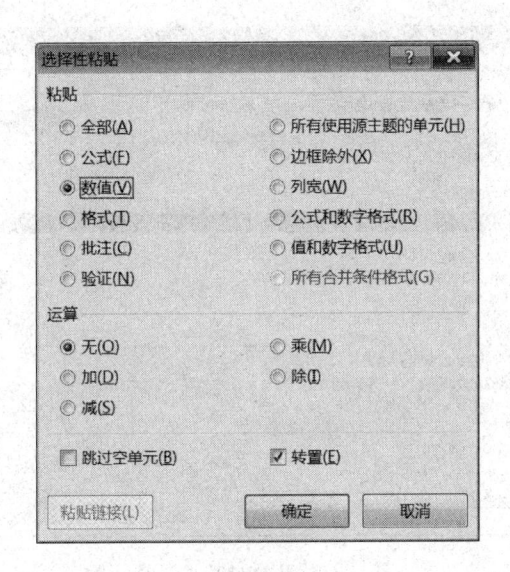

图 16.36

图 16.37

计算 $p^1,p^2,p^3,\cdots$ 其他各期市场占有率需要用到矩阵乘法。矩阵乘法和数组乘法不同，不能简单通过公式实现，而必须使用相应的函数。具体操作步骤为：首先选定存放 p^1 的单元格区域 B11:D11。然后单击 公式选项卡中 函数库命令组的 插入函数命令，出现 插入函数对话框。在 或选择类别下拉框中选 数学与三角函数分类，然后在 选择函数列表框中选矩阵乘法函数 MMULT。如图 16.38 所示。

单击 确定，出现 函数参数对话框。在 Array1 框中输入 p^0 矩阵的地址"B10:D10"；在 Array2 框中输入矩阵 P 的地址"＄B＄6:＄D＄8"。注意，输入 P 矩阵的地址时应使用绝对地址或混合地址，以便在计算 $p^2,p^3,\cdots$ 矩阵时继续正确引用矩阵 P。输入参数以后的 函数参数对话框如图 16.39 所示。

单击 确定。这时只计算出了 B11 一个单元格的结果。要计算整个矩阵的结果，应将光

图 16.38

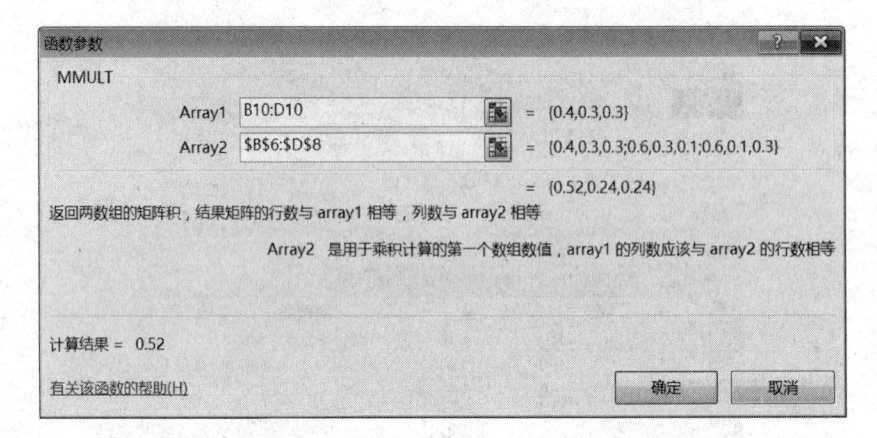

图 16.39

标定位于编辑栏中计算公式的最后,如图 16.40 所示。

图 16.40

然后按[Ctrl]+[Shift]+[Enter]复合键。这时 Excel 会自动在公式的两端加上"{"和"}",并将计算结果填充到单元格区域 B11:D11 的 3 个单元格中。如图 16.41 所示。

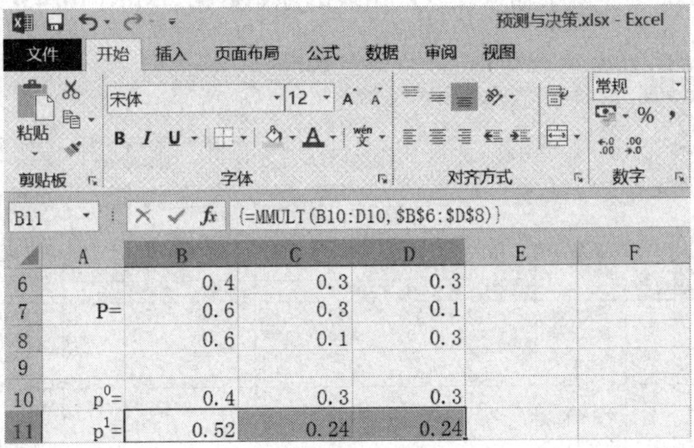

	A	B	C	D	E	F
6		0.4	0.3	0.3		
7	P=	0.6	0.3	0.1		
8		0.6	0.1	0.3		
9						
10	p^0=	0.4	0.3	0.3		
11	p^1=	0.52	0.24	0.24		

图 16.41

选定 A11:D11 单元格区域,然后将鼠标指向单元格 D11 右下角的填充柄,待鼠标指针变成黑色十字图形时,向下拖拽至 D22。自动填充的结果如图 16.42 所示。

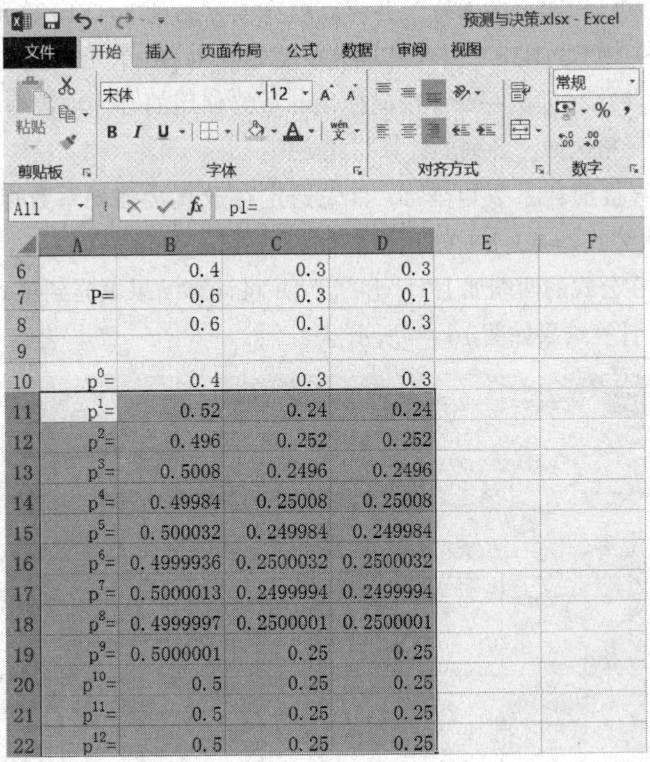

	A	B	C	D	E	F
6		0.4	0.3	0.3		
7	P=	0.6	0.3	0.1		
8		0.6	0.1	0.3		
9						
10	p^0=	0.4	0.3	0.3		
11	p^1=	0.52	0.24	0.24		
12	p^2=	0.496	0.252	0.252		
13	p^3=	0.5008	0.2496	0.2496		
14	p^4=	0.49984	0.25008	0.25008		
15	p^5=	0.500032	0.249984	0.249984		
16	p^6=	0.4999936	0.2500032	0.2500032		
17	p^7=	0.5000013	0.2499994	0.2499994		
18	p^8=	0.4999997	0.2500001	0.2500001		
19	p^9=	0.5000001	0.25	0.25		
20	p^{10}=	0.5	0.25	0.25		
21	p^{11}=	0.5	0.25	0.25		
22	p^{12}=	0.5	0.25	0.25		

图 16.42

从计算结果可以看出,随着时间的推移,厂家 1 的市场占有率逐渐稳定在 50%,而厂家 2 和厂家 3 的市场占有率都逐渐稳定在 25%。

例 16.6 投入产出法的计算。设计划期内三次产业的最终需求分别为 500 亿元、1 000 亿元和 400 亿元。试预测出三次产业总产出的数量。(参见 8.3 中例 8.1)

第一步:在 Excel 工作簿中输入投入产出表的原始数据。如图 16.43 所示。

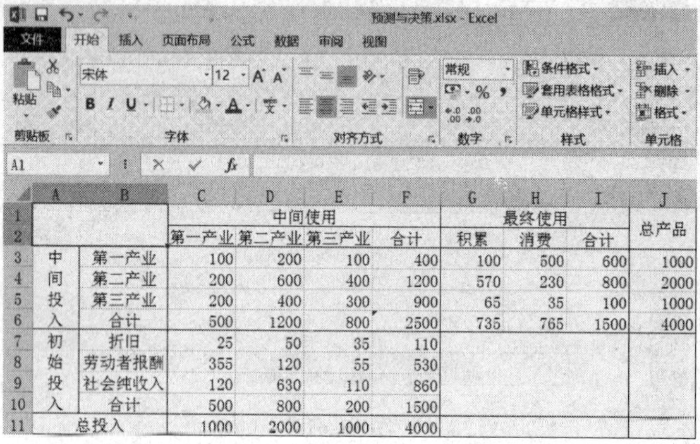

	A	B	C	D	E	F	G	H	I	J
1			中间使用				最终使用			总产品
2			第一产业	第二产业	第三产业	合计	积累	消费	合计	
3	中	第一产业	100	200	100	400	100	500	600	1000
4	间	第二产业	200	600	400	1200	570	230	800	2000
5	投	第三产业	200	400	300	900	65	35	100	1000
6	入	合计	500	1200	800	2500	735	765	1500	4000
7	初	折旧	25	50	35	110				
8	始	劳动者报酬	355	120	55	530				
9	投	社会纯收入	120	630	110	860				
10	入	合计	500	800	200	1500				
11	总投入		1000	2000	1000	4000				

图 16.43

其中的合计项和总产品、总投入等单元格的数据是利用 SUM 函数计算出来的。例如单元格 F3 中的公式为"=SUM(C3:E3)",并将其填充或复制到 F4:F10 单元格区域。单元格 I3 中的公式为"=SUM(G3:H3)",并将其填充或复制到 I4:I6 单元格区域。单元格 J3 中的公式为"=SUM(I3,F3)",即第一产业中间使用和最终使用的合计项数据的和,并将其填充或复制到 J4:J6 单元格区域。各列的计算与此类似。

第二步:计算直接消耗系数矩阵 *A*。首先选定存放直接消耗系数矩阵的单元格区域 C13:E15,然后输入公式"=C3:E5/C11:E11",按[Ctrl]+[Shift]+[Enter]复合键结束输入。这时 Excel 会自动在公式的两端加上"{"和"}",并将计算结果填充到单元格区域 C13:E15 的 9 个单元格中。计算结果如图 16.44 所示。

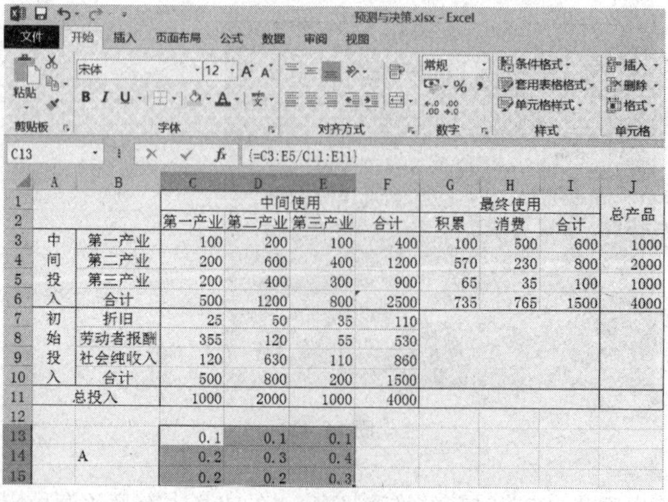

C13 {=C3:E5/C11:E11}

	A	B	C	D	E	F	G	H	I	J
1			中间使用				最终使用			总产品
2			第一产业	第二产业	第三产业	合计	积累	消费	合计	
3	中	第一产业	100	200	100	400	100	500	600	1000
4	间	第二产业	200	600	400	1200	570	230	800	2000
5	投	第三产业	200	400	300	900	65	35	100	1000
6	入	合计	500	1200	800	2500	735	765	1500	4000
7	初	折旧	25	50	35	110				
8	始	劳动者报酬	355	120	55	530				
9	投	社会纯收入	120	630	110	860				
10	入	合计	500	800	200	1500				
11	总投入		1000	2000	1000	4000				
12										
13			0.1	0.1	0.1					
14		A	0.2	0.3	0.4					
15			0.2	0.2	0.3					

图 16.44

第三步：计算列昂惕夫逆矩阵。首先在单元格区域 C17:E19 建立一个单位矩阵，然后选中要存放列昂惕夫逆矩阵的单元格区域 C21:E23。单击公式选项卡中*函数库*命令组的*插入函数*命令，出现*插入函数*对话框。在*或选择类别*下拉框中选*数学与三角函数*分类，然后在*选择函数*列表框中选求逆矩阵的函数 *MINVERSE*。如图 16.45 所示。

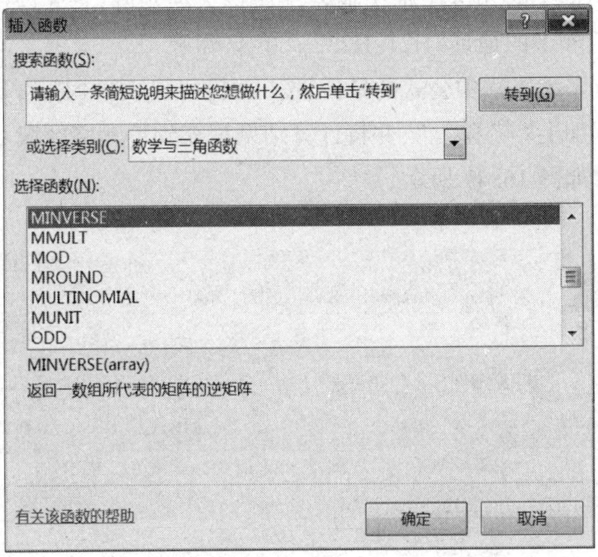

图 16.45

单击*确定*。在*函数参数*对话框中的 *Array* 框输入"C17:E19-C13:E15"，即单位矩阵减直接消耗系数矩阵。单击*确定*。这时只计算出了 C21 一个单元格的结果。要计算整个矩阵的结果，应将光标定位于编辑栏中计算公式的最后，然后按[Ctrl]+[Shift]+[Enter]复合键。这时 Excel 会自动在公式的两端加上"{"和"}"，并将计算结果填充到单元格区域 C21:E23 的 9 个单元格中。如图 16.46 所示。

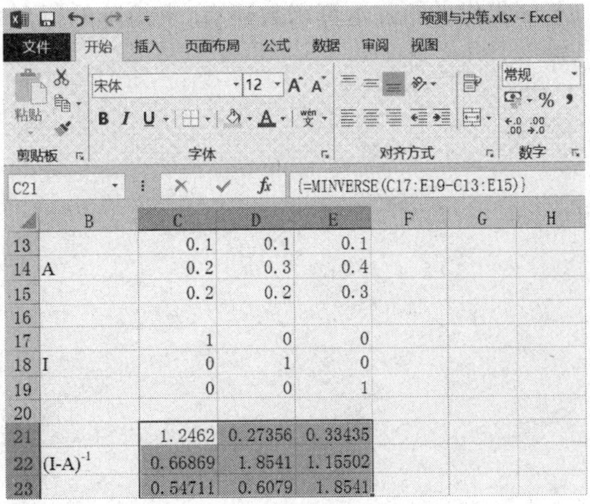

图 16.46

第四步:计算总产出的预测值。在单元格区域 H21:H23 输入 Y 向量的值。选中要存放总产出预测值的单元格区域 C25:C27。单击公式选项卡中 *函数库*命令组的 *插入函数*命令,出现 *插入函数*对话框。在 *或选择类别*下拉框中选 *数学与三角函数*分类,然后在 *选择函数*列表框中选矩阵乘法函数 *MMULT*。单击 *确定*。

在 *函数参数*对话框中的 *Array*1 框中输入列昂惕夫逆矩阵 $(I-A)^{-1}$ 的地址"C21:E23";在 *Array*2 框中输入矩阵 *Y* 的地址"H21:H23"。单击 *确定*。

然后将光标定位于编辑栏中公式的最后,按[Ctrl]+[Shift]+[Enter]复合键。这时 Excel 会自动在公式的两端加上"{"和"}",并将计算结果填充到单元格区域 C25:C27 的 3 个单元格中。最后预测结果如图 16.47 所示。

	B	C	D	E	F	G	H
21		1.2462	0.27356	0.33435			500
22	$(I-A)^{-1}$	0.66869	1.8541	1.15502		Y	1000
23		0.54711	0.6079	1.8541			400
24							
25		1030.40					
26	X	2650.46					
27		1623.10					

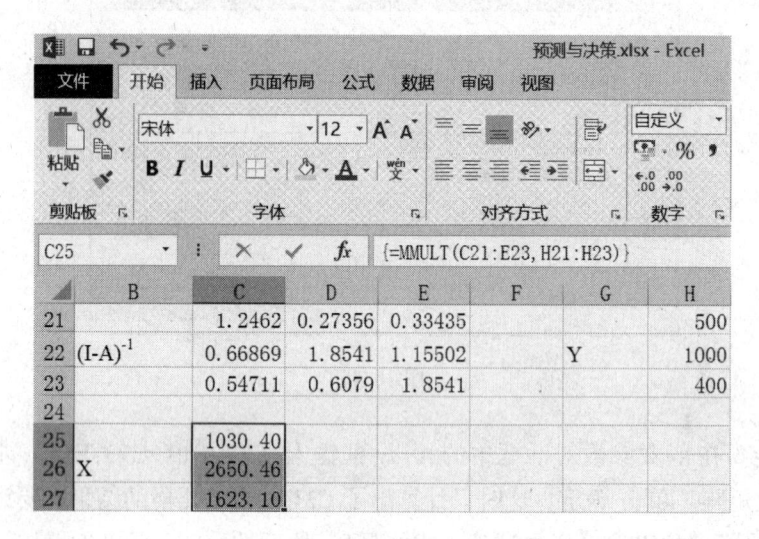

图 16.47

因此,三次产业总产出的预测值分别为 1 030.40、2 650.46 和 1 623.10。

在上面的计算过程中,所用到的两个函数 MMULT 和 MINVERSE 分别是矩阵乘法和求逆矩阵函数。类似的,Excel 提供的矩阵运算函数还有:求矩阵的行列式值 MDETERM、求矩阵的转置 TRANSPOSE 等。

17 IBM SPSS Statistics 26.0 简介与例解

解决预测方法的计算问题,有多种统计软件包可以选择,如 SAS、SPSS、E-views 等,但出于操作简便的考虑,本章简单介绍 IBM SPSS Statistics 26.0。一个模块齐全的 SPSS 几乎可以完成所有预测模型的计算。

17.1 IBM SPSS Statistics 26.0 简介

IBM SPSS Statistics 26.0 的运行方式有三种:完全窗口菜单方式、程序运行方式、前两种的混合运行方式。

为了掌握 SPSS,首先要认识 SPSS 的三大窗口,即数据编辑窗口(Data Editor),如图 17.3 所示;结果输出窗口(Output),如图 17.17 所示;语句编辑窗口(Syntax),如图 17.18 所示。

17.1.1 数据编辑窗口

数据编辑窗口的功能是建立新的数据文件,或编辑、显示已有的数据文件。在 SPSS 运行过程中,一次能打开和显示多个数据文件。打开数据编辑窗口有三种方式:

(1)SPSS 的启动:安装 SPSS26.0 软件之后,依次单击"开始"→ IBM SPSS Statistics,即可开启 SPSS;或者双击图标 ,也可以打开如图 17.1 所示的欢迎使用 IBM SPSS Statistic 的初始对话框。点击 Open 按钮可以新建数据集或打开已经存在的数据文件。

(2)打开一个已存在的数据文件,在数据编辑窗口的主菜单中点选 File → Open → Data,点击所选的数据文件,如图 17.2 所示,再点击 打开 即可。此时,旧的数据文件自动关闭。

(3)若在 SPSS 运行过程中,欲建立新的数据文件,则从主菜单中点选 File → New → Data,如图 17.3 所示。

311

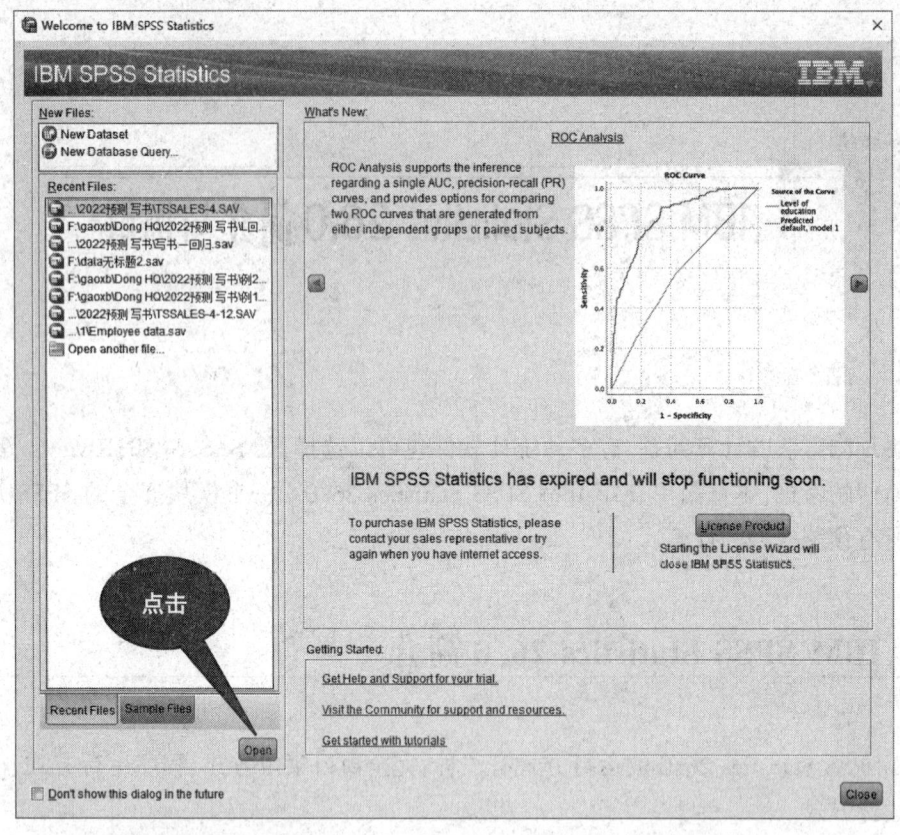

图 17.1

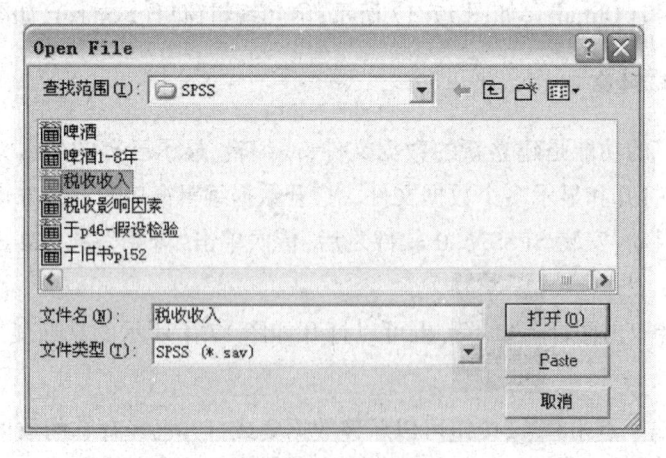

图 17.2 打开文件

建立新的数据文件时,首先在数据编辑窗口中,点选左下角的第二个图标 Variable View,打开定义变量的窗口,如图 17.4 所示。例如,定义变量 y,则在 Name(变量名)下键入 y,按回车键 Enter 后,光标会自动移至 Type(变量类型)下,且 Type 等会自动出现系统隐含设置——Numeric(标准数值型)、Width(宽度)为 8,Decimals(小数位)为 2 位……Measure(变量测度)为 Scale(间隔尺度)。若要改变设置,则将光标移至改动处进行修改。如,在 Lable(标识)下

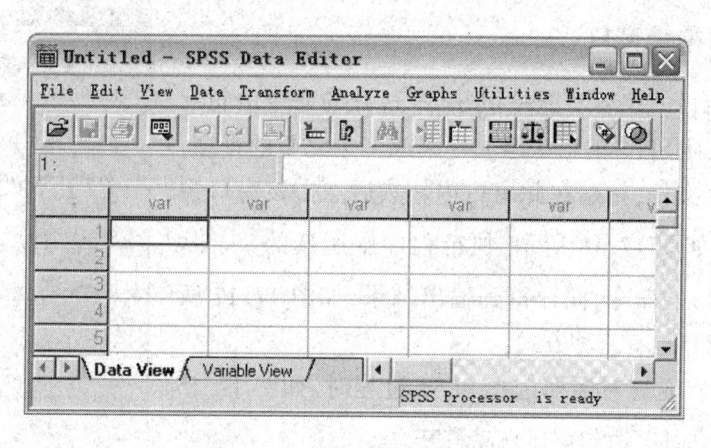

图 17.3 （新建）数据编辑窗口

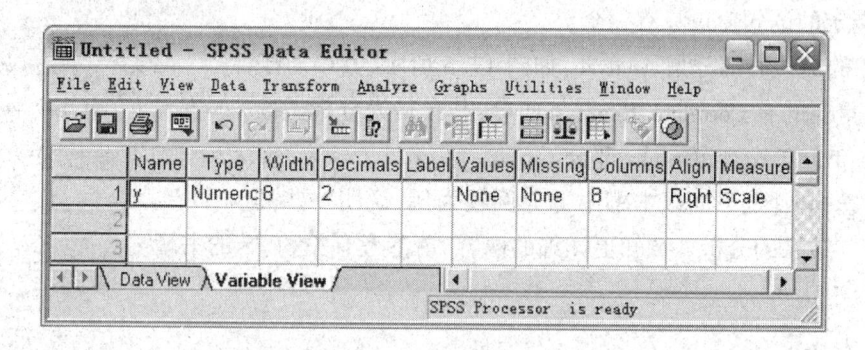

键入包括中文在内的对变量的解释说明。定义变量之后，再点选左下角的 Data View，重新回到数据编辑窗口，然后输入数据。

图 17.4 定义新变量

建立数据文件的目的是统计分析，此时点击数据窗口主菜单上的 Analyze，具体选择所需的统计方法。最后在主对话框内选择 OK 按钮，执行 SPSS 过程的所有操作（如例 17.3 的图 17.15），得到输出结果，如图 17.17 所示。

17.1.2 结果输出窗口

结果输出窗口的主要功能是输出分析的结果。打开结果输出窗口有三种方式：
(1) 在第一次产生分析结果的 SPSS 过程后，该窗口被自动打开，如例 17.3 的图 17.17。
(2) 与打开数据窗口一样，打开新的结果窗口，在主菜单上点击 File→New→Output。
(3) 打开已存在的结果输出文件：File→Open→Output。

在 SPSS 过程中可以打开多个结果输出窗口，也可以将此窗口的结果编辑（Edit）到 Word 或 PowerPoint 文档中。

17.1.3 语句编辑窗口

语句编辑窗口的主要功能是把 SPSS 过程的命令语句及其子命令语句按照 SPSS 的语法组成一个或多个完整的程序,并形成一个命令文件,粘贴在此窗口内。然后点击该窗口主菜单上的 Run,如图 17.18 所示,执行程序中所选的(Selection)或全部(All)的命令,同样得到输出结果,如图 17.17 所示。打开语句窗口也有三种方式:

(1) 在第一次通过对话框选择 SPSS 过程时,如图 17.15 所示,单击按钮 Paste,语句窗口自动打开。

(2) 打开新的语句编辑窗口:File → New → Syntax。

(3) 调用已存在的命令文件:File → Open → Syntax。

与结果输出窗口一样,也可以同时打开若干个语句编辑窗口,但指定的语句窗口只有一个。

SPSS 的最核心部分是 Analyze,如图 17.5 所示,其中对于预测非常重要的有 Correlate,Regression 等,其次是为分析做准备的 Data,Transform 与 Graphs 部分。

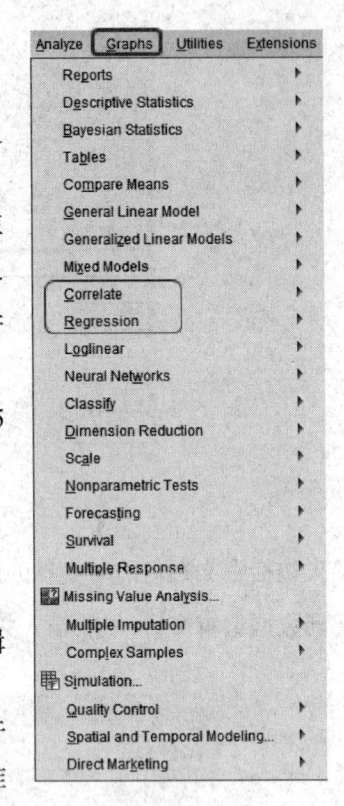

图 17.5

由于篇幅所限,下面以本书中部分例题为例,说明一些具体的操作与结果的分析。欲知更详细的内容,请参考有关 SPSS 的书籍。

17.2 例解

例 17.1 建立啤酒产量的预测模型,数据见图 17.6。

图 17.6 啤酒产量数据文件

首先建立数据文件"啤酒 1-8 年",如图 17.6 所示,在此数据窗口的主菜单上点选 Analyze → Regression → Linear,如图 17.7 所示,之后出现 Linear Regression 对话框,如图 17.8 所示,将预测变量(即因变量)y 移入 Dependent 栏,将时间变量(即自变量)t 移入 Independent(s)栏,如果需要,可进一步点选最下行的右边并排的四个图标(参见例 17.3),最后点击 OK 图标,即可得到输出结果,如表 17.1 所示,从中挑出有用的信息(阴影部分)。

表 17.1   关于啤酒产量的线性回归模型的计算结果

Regression Model Summary[b]

Model	R	R Square	Adjusted R Square	Std. Error of the Estimate
1	0.993[a]	0.986	0.984	1.942 6

a. Predictors:(Constant),t
b. Dependent Variable:y

ANOVA[a]

Model		Sum of Squares	df	Mean Square	F	Sig.
1	Regression	1 584.857	1	1 584.857	419.962	0.000[b]
	Residual	22.643	6	3.774		
	Total	1 607.500	7			

a. Dependent Variable:y
b. Predictors:(Constant),t

Coefficients[a]

Model		Unstandardized Coefficients		Standardized Coefficients	t	Sig.
		B	Std. Error	Beta		
1	(Constant)	142.107	1.514		93.882	0.000
	t	6.143	0.300	0.993	20.493	0.000

a. Dependent Variable:y

Residuals Statistics[a]

	Minimum	Maximum	Mean	Std. Deviation	N
Predicted Value	148.250	191.250	169.750	15.046 9	8
Residual	-2.678 6	2.750 0	0.000 0	1.798 5	8
Std. Predicted Value	-1.429	1.429	0.000	1.000	8
Std. Residual	-1.379	1.416	0.000	0.926	8

a. Dependent Variable:y

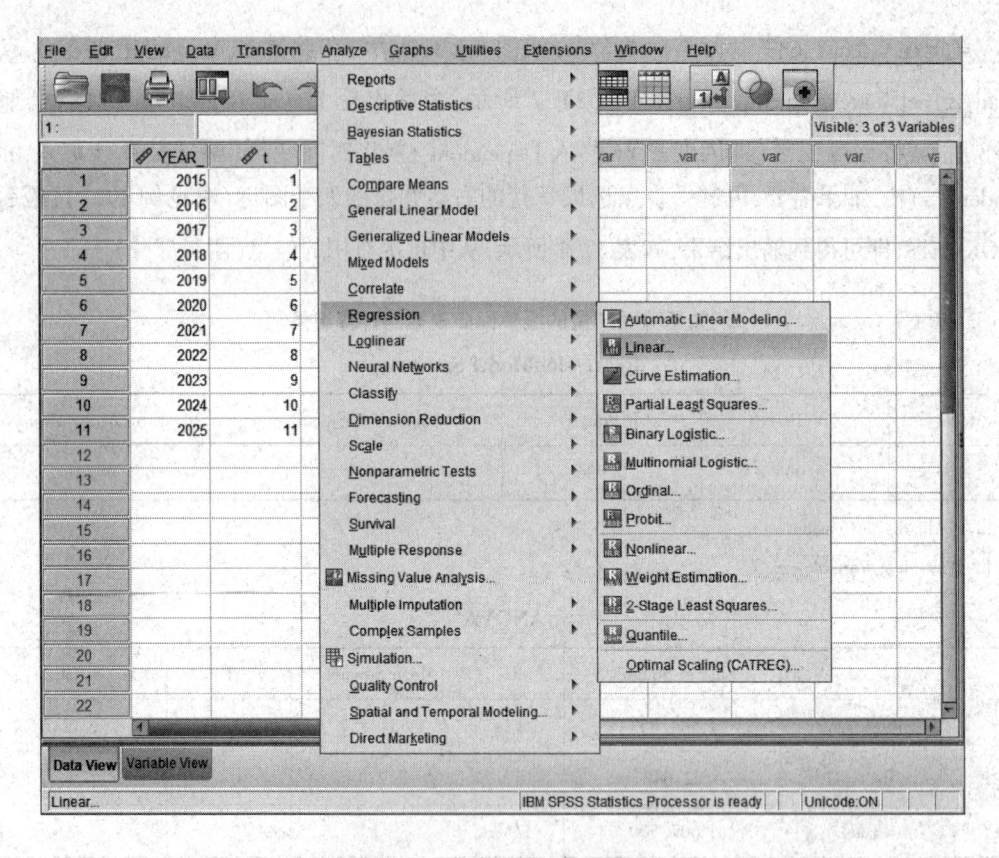

图 17.7　点选线性回归示意图

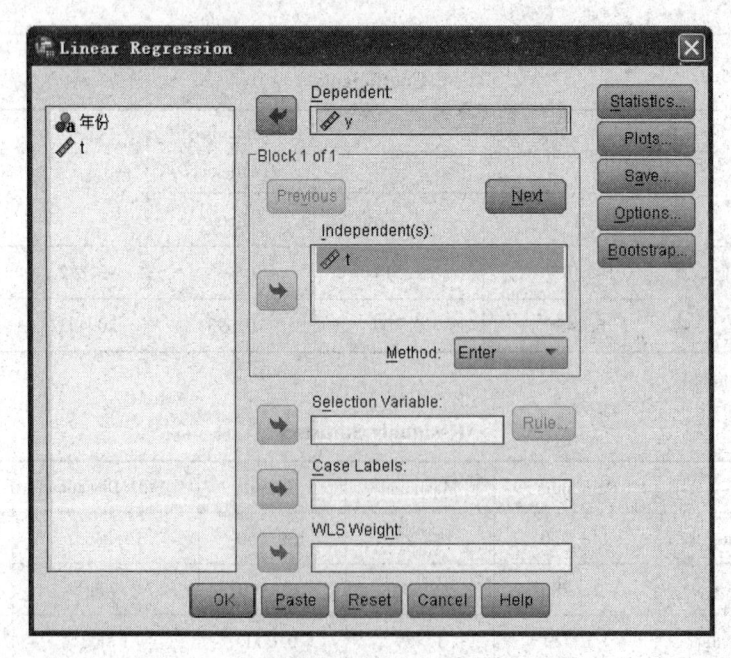

图 17.8　线性回归(Linear Regression)对话框

例 17.2 关于税收总收入的预测。

首先还是先建立地税局税收总收入的数据文件,在数据窗口的主菜单上点选 Analyze 的 Regression 的下拉菜单中的 Curve Estimation,如图 17.9 所示。之后会出现 Curve Estimation 对话框,如图 17.10 所示,将预测变量 y 移入 Dependent(s)一栏,将 t 移入 Independent 的 Variable 一栏(或直接点选 Time 选项,如本例),再从下方 Models 栏目中选择 Quadratic(二次曲线)、Cubic(三次曲线)和 Exponential(指数曲线),三种模型的形式分别为:

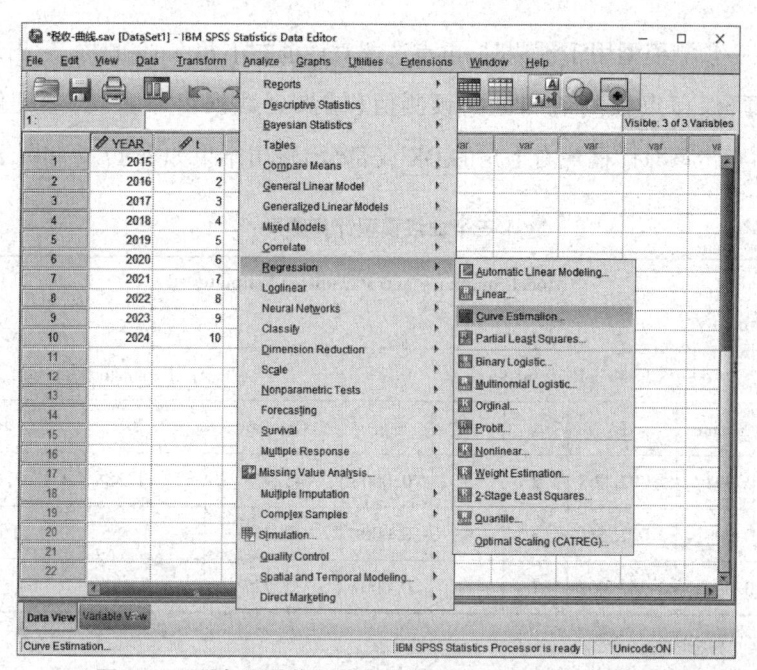

图 17.9　税务局税收总收入数据窗与 **Analyze** 下拉菜单

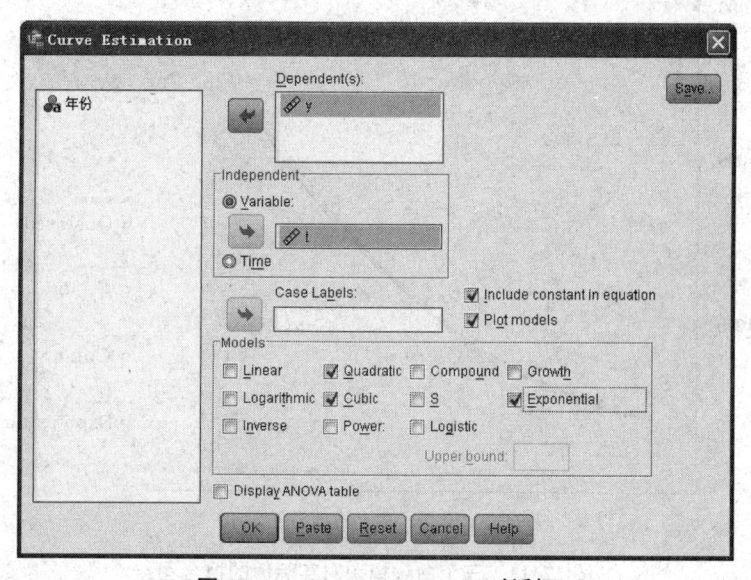

图 17.10　Curve Estimation 对话框

指数曲线模型(EXP)：

$$\hat{y}_t = b_0 e^{b_1 t}$$

二次曲线模型(QUA)：

$$\hat{y}_t = b_0 + b_1 t + b_2 t^2$$

三次曲线模型(CUB)：

$$\hat{y}_t = b_0 + b_1 t + b_2 t^2 + b_3 t^3$$

当确定某一预测模型用于预测时,再点选此对话框右下角 Save 图标,后出现如图 17.16 所示的对话框,保存点预测值和区间预测值(结果到数据窗口去找,参见例 17.3 的图 17.20)。最后点击该对话框最右上角的 OK ,(部分)输出结果如表 17.2 和图 17.11 所示。

表 17.2　　　　　　　　　　三个曲线模型计算结果

Model Summary and Parameter Estimates

Dependent Variable：y

Equation	Model Summary					Parameter Estimates			
	R Square	F	df_1	df_2	Sig.	Constant	b_1	b_2	b_3
Quadratic	0.998	1 392.068	2	5	0.000	45.953	−1.388	2.202	
Cubic	0.999	1 021.511	3	4	0.000	40.432	4.355	0.696	0.112
Exponential	0.996	1 363.602	1	6	0.000	35.727	0.197		

The independent variable is t.

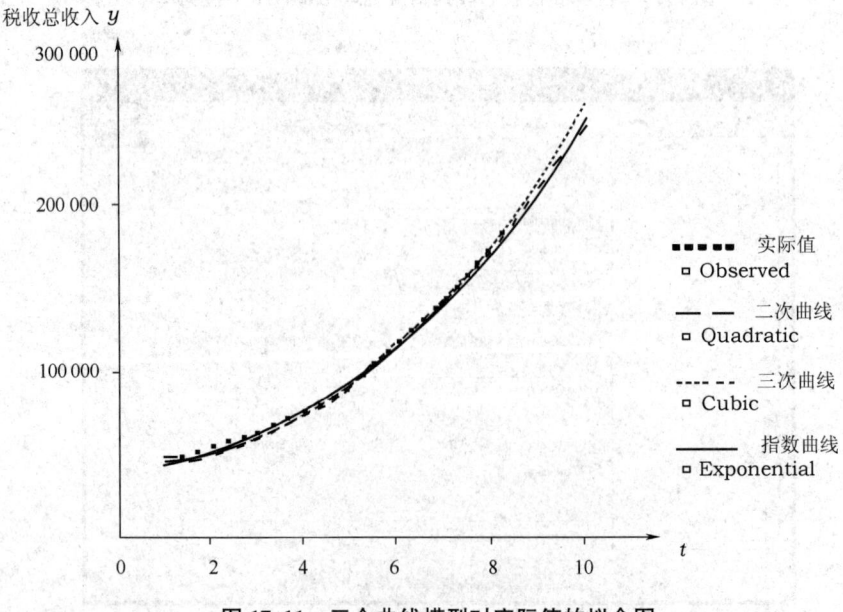

图 17.11　三个曲线模型对实际值的拟合图

由此得到三个模型分别为:

指数曲线模型:

$$\hat{y}_t = 35\,727.4e^{0.1967t}$$

二次曲线模型:

$$\hat{y}_t = 45\,952.7 - 1\,388.1t + 2\,201.74t^2$$

三次曲线模型:

$$\hat{y}_t = 40\,432.5 + 4\,355.22t + 696.215t^2 + 111.52t^3$$

模型评价:经过误差计算得到三个模型的 MAPE(即平均绝对百分比误差)如表 17.3 所示,分别为 2.738,2.315 和 1.594(最小),因此最终选择三次曲线模型进行预测,税收总收入的点预测与区间预测整理后如表 17.4 所示。

表 17.3　　　　三个曲线模型的预测误差($e = y_t - \hat{y}_t$)

年　份	指数曲线模型的预测误差 e_1	二次曲线模型的预测误差 e_2	三次曲线模型的预测误差 e_3
2015	1 272.969	−2 000.42	−829.455
2016	1 366.435	2 329.440	1 493.039
2017	−1 057.90	1 792.821	621.859 3
2018	−3 493.65	−657.274	−1 159.11
2019	−4 377.53	−2 913.85	−2 412.00
2020	2 429.593	1 824.107	2 995.069
2021	1 349.961	−1 215.42	−379.015
2022	4 275.700	840.583 3	−330.379
平均绝对百分比误差 MAPE(%)	2.738	2.315	1.594

表 17.4　　　　三次曲线模型的拟合值与预测值

年　份	三次曲线模型的点预测值 $\hat{y}_t$	y_t 的置信度为 95% 的区间预测值 下限	上限
2015	45 595.45	37 118.35	54 072.56
2016	52 819.96	45 598.41	60 041.51
2017	62 775.14	55 440.75	70 109.53
2018	76 130.11	69 069.57	83 190.65
2019	93 554.00	86 493.46	100 614.5
2020	115 715.9	108 381.5	123 050.3
2021	143 285.0	136 063.5	150 506.6
2022	176 930.4	168 453.3	185 407.5
2023	217 321.1	200 941.0	233 701.3

例 17.3 根据某小镇 2016—2022 年年底的人口数,如表 17.5 所示,试选择 Logistic 模型对该镇 2023 年年底的人口数进行预测。

表 17.5　　　　　　　　　某小镇人口数　　　　　　　　　单位:万人

年　份	时间 t	(实际)人口数 y_t	Logistic 模型的趋势值 $\hat{y}_t$(预测值)
2016	1	4.3	5.316 64
2017	2	8.2	7.213 51
2018	3	9.5	9.079 51
2019	4	10.4	10.669 34
2020	5	12.1	11.866 20
2021	6	12.7	12.685 95
2022	7	13.1	13.211 69
2023	8	—	13.534 8

这里使用 SPSS for Windows 软件包计算。

首先建立数据文件;然后,画出该小镇人口数 $\{y_t\}$ 的时序图:从主菜单上依次点选 Analyze → Forecasting → Sequence Charts...,如图 17.12 所示。

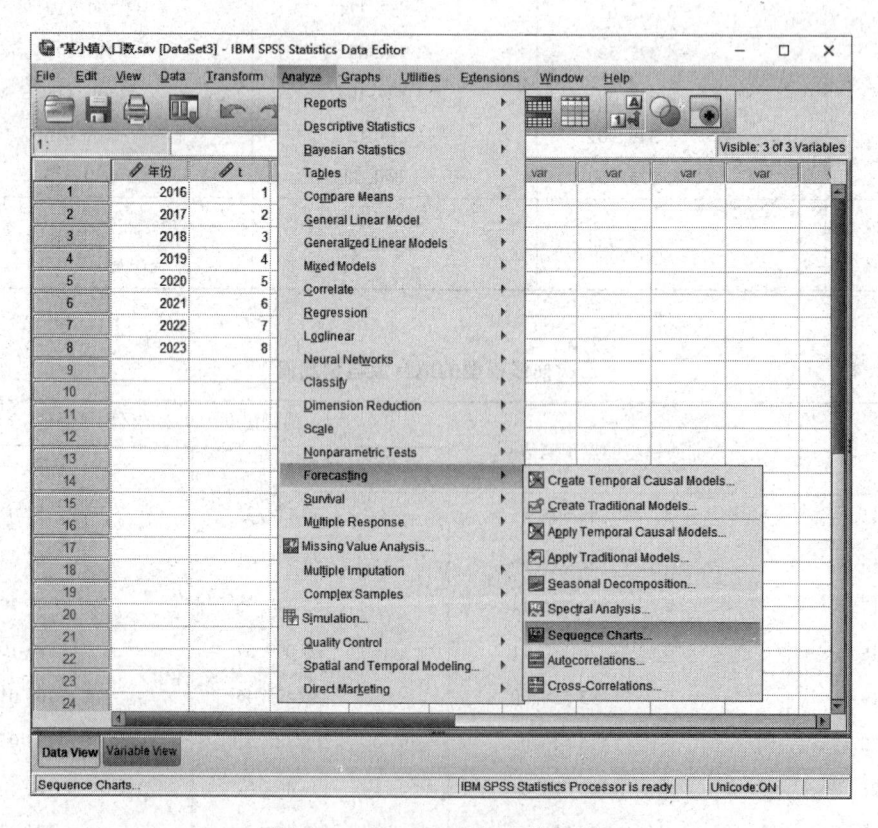

图 17.12　(Graph)作图点选示意图

之后打开 Sequence Charts 对话框,如图 17.13 所示,将 y 移入 Variables 栏下,将 t 移入 Time Axis Labels 栏下,点击 OK 即可画出图 17.14。

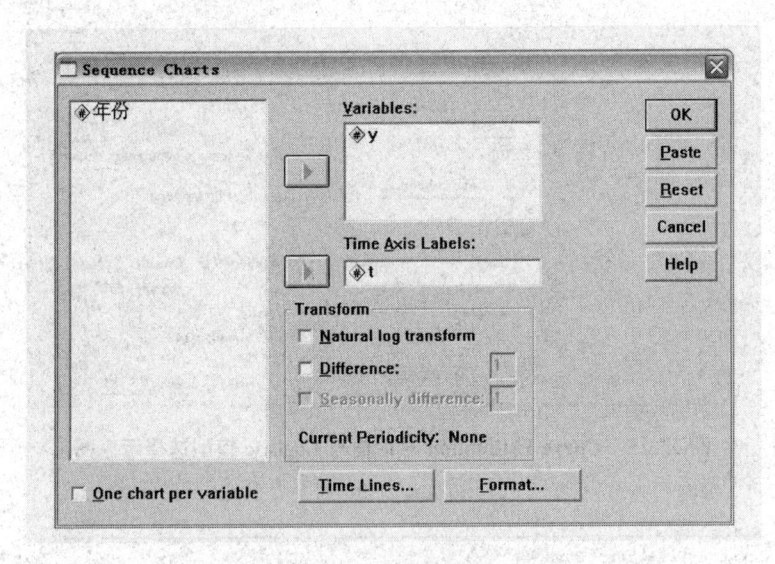

图 17.13 Sequence Charts 对话框

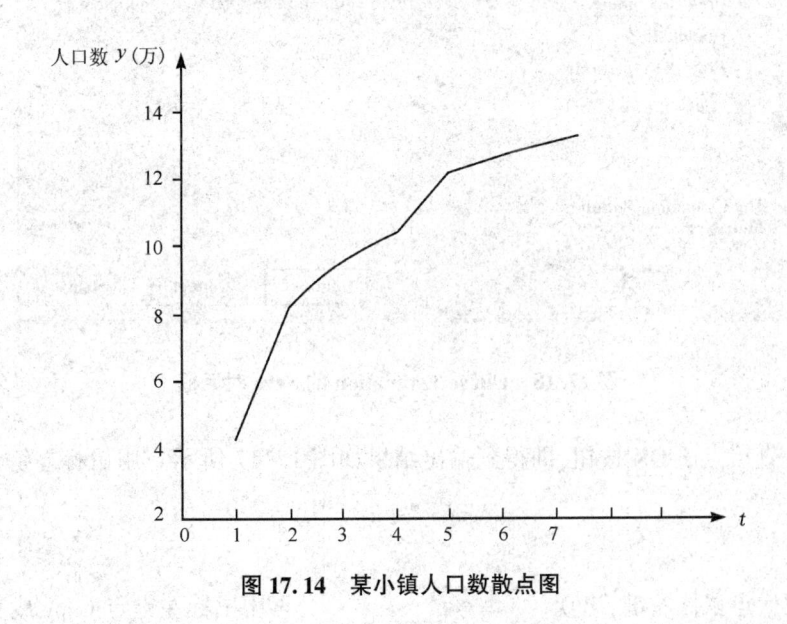

图 17.14 某小镇人口数散点图

该小镇的目标是将人口数控制在 14 万人左右,从图 17.14 可以看出,14 为其上限,因此选择模型的上限为 1/14。

之后,仿照例 17.2,打开曲线估计 Curve Estimation 对话框,如图 17.15 所示。点选模型 Models 中的 Logistic,并在 Upper bound 内键入 14;再点选最下行左部的方差分析表(Display ANOVA table),然后点选右下角的 Save,打开对话框,如图 17.16 所示,在其上点选欲存储的点预测值 Predicted values,点击最下一行 Continue 按钮,回到 Curve Estimation 对话框,待执行。

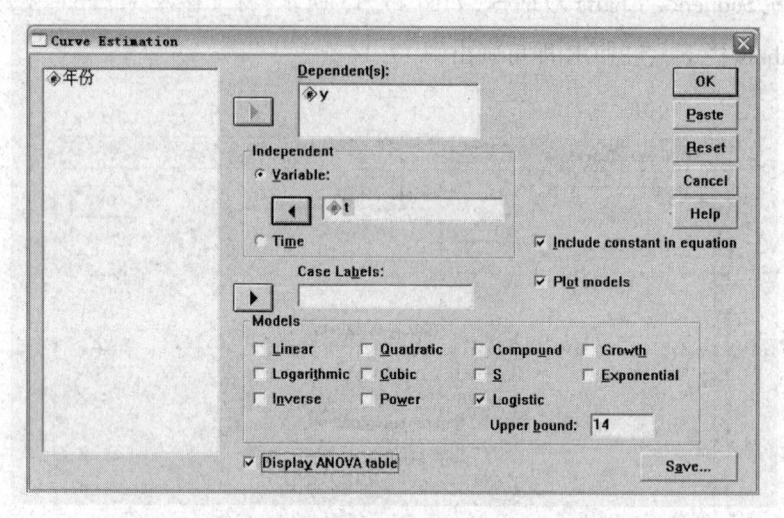

图 17.15　Curve Estimation 对话框与 Logistic 模型选择示意图

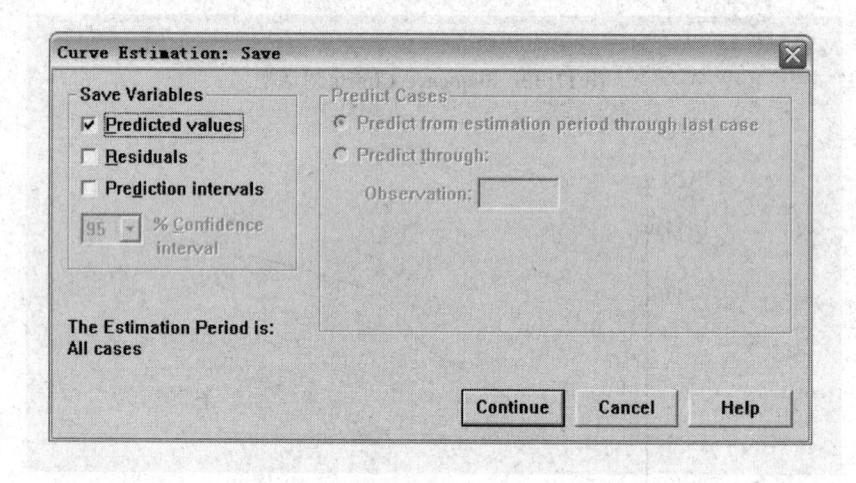

图 17.16　Curve Estimation 的 Save 对话框

方法一：直接点击 OK 按钮，即得到输出结果如图 17.17 所示。用鼠标左键点选所需分析的内容，而后点鼠标右键，出现　　　　　　，再用鼠标左键点 Copy 或 Copy objects 复制，最后粘贴整理到 Word 文档中，见表 17.6。

方法二：点击 Paste 按钮，则打开语句编辑窗口，生成命令文件，如图 17.18 所示。点击主菜单上 Run，同样可以得到输出结果，如图 17.17 所示。

表 17.6　　　　　　　　　　SPSS 关于小镇人口数的 Logistic 模型结果

```
Curve Fit
MODEL: MOD __ 1.
Dependent variable: Y              Method: LGSTIC
Listwise Deletion of Missing Data
Multiple R             0.98548
R Square               0.97117
Adjusted R Square      0.96541
Standard Error         0.22488
            Analysis of Variance:
            DF      Sum of Squares    Mean Square
Regression   1       8.5190328         8.5190328
Residuals    5       0.2528547         0.0505709
   F =   168.45707    Signif F =        0.0000
------------------- Variables in the Equation -------------------
Variable      B         SE B       Beta        T         Sig T
   T        0.576033   0.024480   0.373259   23.530     0.0000
(Constant)  0.202523   0.038491              5.262      0.0033
```

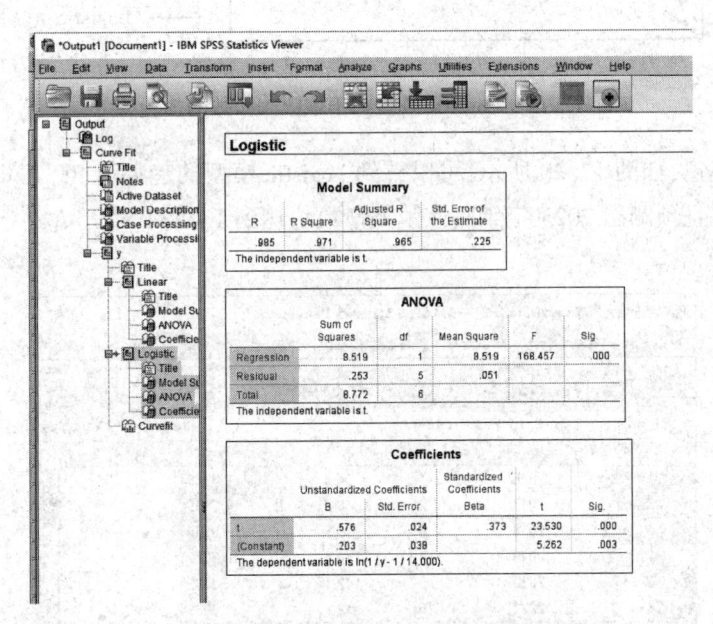

图 17.17　结果输出窗口——Logistic 模型的结果

由此可知,Logistic 模型对于该镇人口数的拟合优度 R^2 为 0.971 17,相当高,这也可以从图 17.19 得到确认。

Logistic 模型的形式为:

$$\hat{y}_t = \frac{1}{1/14 + 0.202\,523(0.576\,033)^t}$$

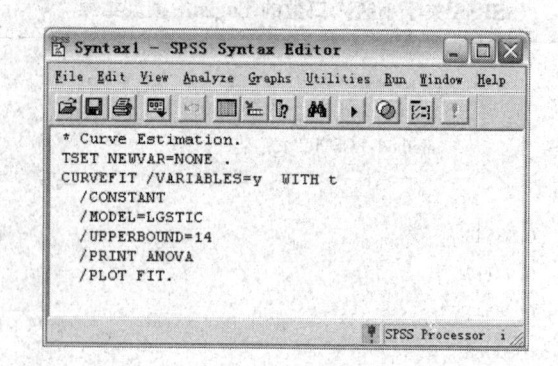

图 17.18　语句编辑窗口——Logistic 模型的计算程序

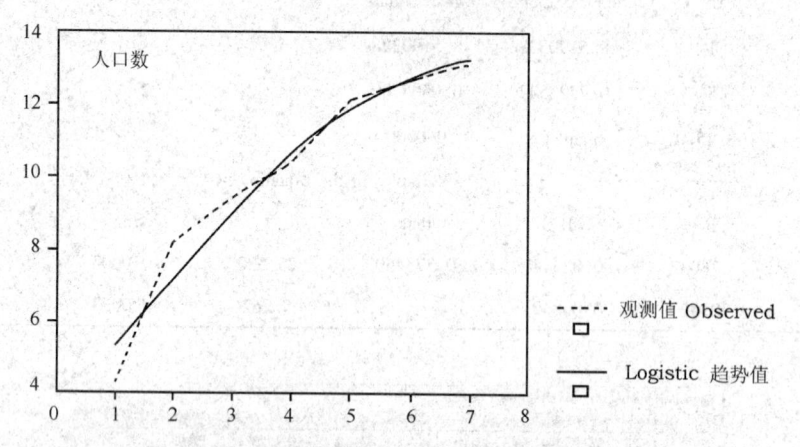

图 17.19　Logistic 模型对于该镇人口数的拟合图

再回到数据窗,如图 17.20 所示,可以看到 Logistic 模型的趋势值 fit_1 即为 $\hat{y}_t$,将它列于表 17.5 中,并且预测出 2023 年年底该镇人口数将达到 13.534 8 万人。

图 17.20　Logistic 模型的点预测值

例 17.4 回归分析实例。为了了解质量和价格对杂货店惠顾率的影响,调查了某城市中 14 个主要的店铺,根据店铺偏好、产品质量和定价情况进行排序。所有的排序都是用 11 级量表测量的,数字越大表示越好。要求:

第一,进行多元回归分析,解释产品质量和定价对店铺偏好的影响。
第二,对总体回归的显著性进行检验。
第三,检验本例中自变量是否存在多重共线性。

1) 操作步骤

(1) 首先仍是建立数据文件。如图 17.21 所示。

店铺编号	偏好	质量	价格
1	6	5	3
2	9	6	11
3	8	6	4
4	3	2	1
5	10	6	11
6	4	3	1
7	5	4	7
8	2	1	4
9	11	9	8
10	9	8	10
11	10	8	8
12	2	1	5
13	9	8	5
14	5	3	2

图 17.21 回归分析实例数据文件

(2) 在数据窗口中,同例 17.1、例 17.2 一样点选 Analyze → Regression → Linear,打开 Linear Regression 对话框,将因变量"偏好"移入 Dependent 一栏,将自变量"质量、价格"同时移入 Independent(s)栏。见图 17.22。在其下的 Method 复选框中,可以选用不同的方法,隐含的为 Enter(强制自变量全部进入回归方程中),还有 Stepwise(逐步回归)、Remove(强制淘汰)、Backward(反向淘汰)、Forward(向前进入),本例题为隐含所选。相应的输出结果见表 17.7。

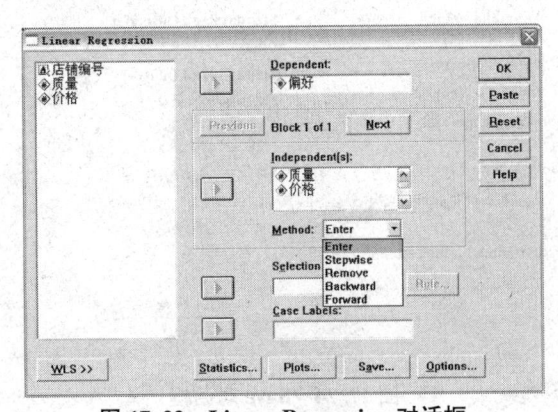

图 17.22 Linear Regression 对话框

(3)再点选 Linear Regression 对话框最下行的 Statistics... 图标,打开 Statistics 对话框(图 17.23),根据题目需要,除了隐含的选择外,再点选 Part and partial correlations 和 Collinearity diagnostics 选项,然后点 Continue(继续)图标,返回到上一级 Linear Regression 对话框。

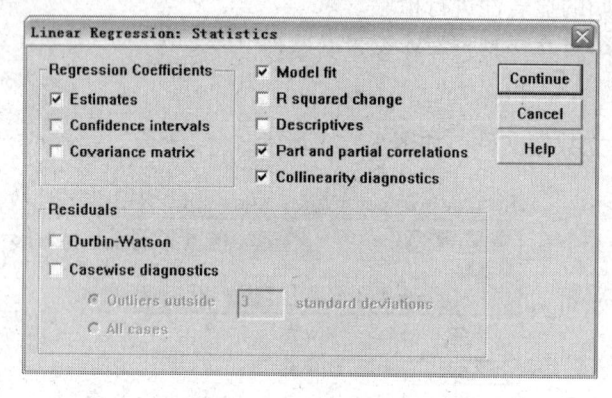

图 17.23 Statistics 对话框

(4)再点选 Linear Regression 对话框最下行的 Save... 图标,打开 Save 对话框,根据需要选择各个选项,然后可将其存入数据文件中,如图 17.24 所示。一般选择 Predicted Values 中的 Unstandardized 项,即存储因变量"偏好"的点估计值,以及因变量"偏好"的区间估计值,选择 Prediction Intervals 中的 Individual Confidence Interval,这里还可以键入置信水平,隐含为 95%。另外,为了做误差分析,还可以选择 Residuals 中的 Unstandardized 项。结果如图 17.25 所示。

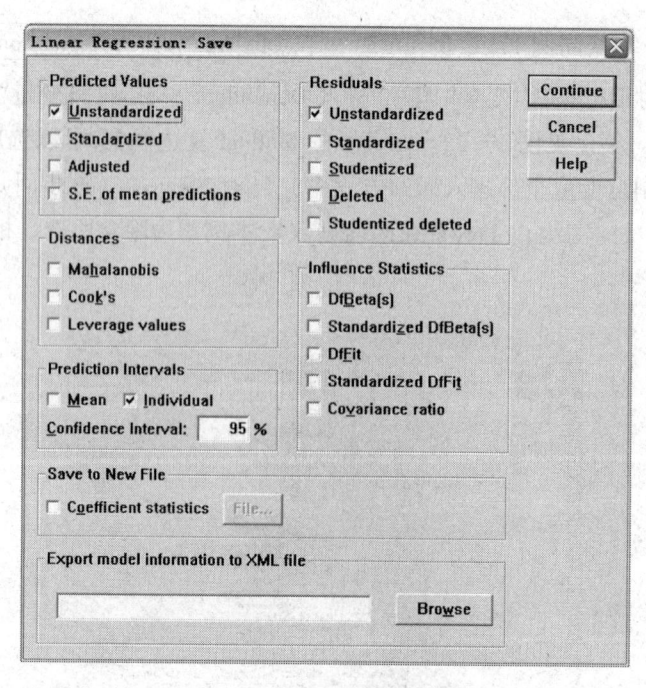

图 17.24 Save 对话框

	店铺编号	偏好	质量	价格	pre_1	lici_1	uici_1	res_1	var
1	1	6	5	3	6.17049	4.37707	7.96390	-.17049	
2	2	9	6	11	9.15589	7.27450	11.03728	-.15589	
3	3	8	6	4	7.39805	5.60218	9.19393	.60195	
4	4	3	2	1	2.73890	.88265	4.59515	.26110	
5	5	10	6	11	9.15589	7.27450	11.03728	.84411	
6	6	4	3	1	3.71535	1.86991	5.56079	.28465	
7	7	5	4	7	6.19852	4.43310	7.96393	-1.19852	
8	8	2	1	4	2.51581	.64395	4.38767	-.51581	
9	9	11	9	8	11.33188	9.43343	13.23032	-.33188	
10	10	9	5	10	7.92832	6.07519	9.78146	1.07168	
11	11	10	8	8	10.35543	8.52553	12.18533	-.35543	
12	12	2	1	5	2.76693	.87531	4.65856	-.76693	
13	13	9	8	5	9.60207	7.71150	11.49264	-.60207	
14	14	5	3	2	3.96647	2.16055	5.77239	1.03353	
15									

图 17.25 存储"偏好"的点估计值、区间估计值及误差之后的数据文件

然后,点 Continue (继续)图标,再次返回到上一级 Linear Regression 对话框。

(5)在 Linear Regression 对话框中,直接点击 OK 按钮,则系统执行上述操作,得到结果。或在 Linear Regression 对话框中,点击 Paste 按钮,则系统打开 Syntax 语句编辑窗口,自动生成程序如图 17.26 所示。

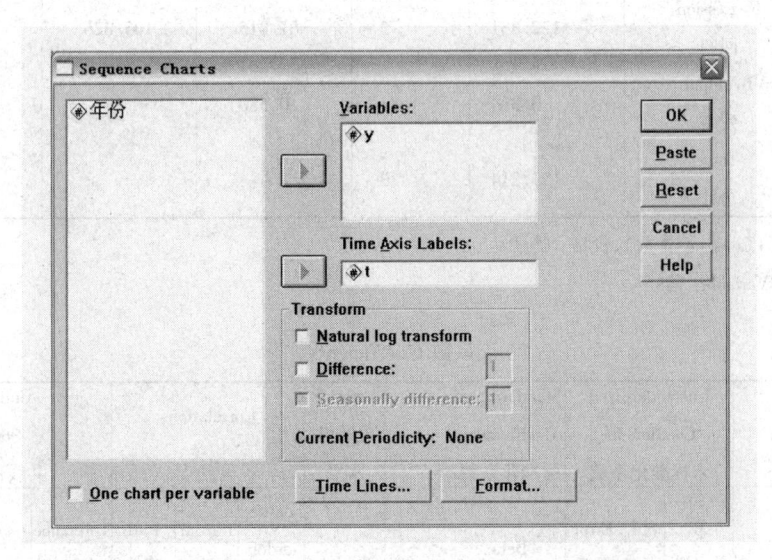

图 17.26 例 17.4 回归分析实例 Syntax 语句编辑窗口

最后,点击菜单上的 Run ,也同样得到如表 17.7 至表 17.10 所示的输出结果(这里将英文译成了中文)。

表 17.7　　　　　　　　　　**Variables Entered/Removed（选入/删除的变量）**

Model （模型）	Variables Entered （选入变量）	Variables Method （删除变量）	Method （方法）
1	价格 质量		Enter （全部进入）

a. All requested variables entered.

b. Dependent Variable：偏好

表 17.8　　　　　　　　　　**Model Summary（模型摘要）**

Model 模型	R	R Square （R^2）	Adjusted R Square （调整后的 R^2）	Std. Error of the Estimate （估计的标准误差）
1	0.975	0.951	0.942	0.762

a. Predictors：(Constant：常数)，价格，质量

b. Dependent Variable：偏好

表 17.9　　　　　　　　　　**ANOVA（方差分析表）**

Model 模型		Sum of Squares 平方和	df 自由度	Mean Square 均方	F	Sig. 显著性水平
1	Regression 回归	122.831	2	61.415	105.826	0.000
	Residual 残差	6.384	11	0.580		
	Total 总计	129.214	13			

a. Predictors：(Constant：常数)，价格，质量

b. Dependent Variable：偏好

表 17.10　　　　　　　　　　**系数 Coefficients**

Model 模型		Unstandardized Coefficients 未标准化系数 B 估计值	Std. Error 标准误差	Standardized Coefficients 标准化系数 Beta	t	Sig. 显著性水平	Correlations 相关 Zero-order 零阶	Partial 偏	Part 部分	Collinearity Statistics 共线性统计量 Tolerance 容忍值	VIF 方差膨胀因子
1	(Constant) 常数	0.535	0.471		1.136	0.280					
	质量	0.976	0.097	0.798	10.096	0.000	0.946	0.950	0.677	0.719	1.392
	价格	0.251	0.071	0.278	3.522	0.005	0.702	0.728	0.236	0.719	1.392

a. Dependent Variable：偏好

2) 结果分析

作者在十多年的教学中体会到,学生掌握统计软件包的三个关键之处是:①建立数据文件的技巧;②对于统计检验中显著性水平 Sig. 的理解;③正确解释输出结果。当然,首先要求专业英语无障碍,其次要充分理解统计分析方法,即搞清楚输出结果中各个量所表达的内容以及它们之间的关系。

根据表 17.10,可知偏好对质量和价格的回归方程为:

$$\text{偏好} = 0.535 + 0.976\,\text{质量} + 0.251\,\text{价格}$$
$$(10.096) \qquad (3.522)$$

这里,两个回归系数的 t 统计量值都很大,其显著性水平(Sig.)均小于 0.01,因此认为回归系数高度显著。在价格没有变化的情况下,当产品质量每提高一个数量级,顾客对店铺的偏好将平均增加 0.976 个数量级;在产品质量没有变化的情况下,当价格每提高一个数量级,顾客对店铺的偏好将平均增加 0.251 个数量级。

根据表 17.9,可知:

回归平方和

$$ESS = 122.831$$

残差平方和

$$RSS = 6.384$$

总平方和

$$TSS = 129.214$$

F 统计量

$$F = \frac{ESS/k}{RSS/(n-k-1)} = 105.826$$

传统的统计检验是:给定显著性水平 $\alpha = 0.01$,查 F 统计量分布表,得到临界值 $F_{0.01}(2,11) = 7.21$。然后,将 F 值与临界值 $F_{0.01}$ 比较,这里 $F = 105.826 > F_{0.01}(2,11) = 7.21$,因此认为所求出的回归方程高度显著。

下面对统计软件包中如何理解统计检验中的 Sig. 作些解析。

通常我们在统计检验中将显著性水平(Sig.)记为 α,它表示在 H_0 为真时错误地拒绝 H_0 的概率,也称为第一类错误的概率,故显著性水平用概率形式可以表示为:

$$P(F > F_\alpha(n_1, n_2)) = \alpha$$

一般 α 是一个很小的数,最大不超过 0.1,也就是一个小概率。那么,$F > F_\alpha$ 就是一个小概率事件。根据小概率原理——小概率事件在一次试验中几乎是不可能发生的,可作出判断:如果根据样本计算得到的 F 值大于临界值 F_α,那么就认为小概率事件($F > F_\alpha$)在一次试验中发生了,因此要否定原假设,换句话说,$F > F_\alpha$ 即为否定域(如图 17.27 中阴影部分所示)。

起初,统计学家们给出了 $\alpha = 0.01, 0.05, 0.1$ 等几个离散的小概率,然后计算出各种不同分布如标准正态分布、t 分布、F 分布 χ^2 分布等的临界值,再制作成表。那样,我们作检验的后几步就是计算出统计量的值,然后根据事先给定的 α 查分布表找到相应的临界值,二者再进行比较,最后得出结论。

图 17.27

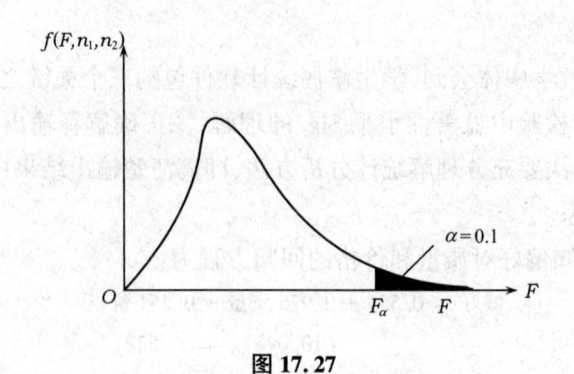

目前,有了计算机这个好的计算工具后,无论显著性水平 α 取多少(连续的点),各种分布的临界值都可以被计算出来。反之,若某值作为临界值,其落入拒绝域的概率即显著性水平(Sig.)也可以算出,因此,二者在统计软件包的输出结果中是同时给出,不分先后的。因此,根据软件包的输出结果作假设检验的步骤就可以非常简练,只需将 Sig. 的大小与传统的显著性水平 α 的几个值(0.001,0.01,0.05,0.1)进行比较即可。如果前者小,则拒绝原假设;如果前者大,则接受原假设。

对于本例,从表 17.9 可知:$F=105.826$,即 F 值很大,相应的显著性水平(Sig.)很小,小于 0.001,因此可以拒绝回归系数同时为零的假设,故认为所求出的回归方程高度显著(得到与传统方法的检验相同的结论)。

一般地,为了估计预测值的准确性,输出结果还计算出估计的标准误差 SEE(见表 17.8 最后一列):

$$SEE=\sqrt{\frac{RSS}{n-k-1}}=\sqrt{\frac{6.384}{11}}=0.762$$

另外,还可以做拟合优度 R^2 检验。根据表 17.8,本例 $R^2=0.951$,由此也可以看出,回归方程对样本数据拟合度很高。

最后,再讨论一下本例中的自变量——质量与价格是否存在多重共线性的问题。

从表 17.10 的 Collinearity Statistics 两个共线性统计量——容忍值 Tolerance 和方差膨胀因子 VIF(Variance Inflation Factor)的关系来看,VIF = 1 / Tolerance。本例中容忍值 Tolerance = 0.719,不是很小;方差膨胀因子 VIF = 1.392,也不太大,表明这两个自变量之间的相关性不强,因此,可以认为自变量之间不存在多重共线性的问题。

附 录

附表1 t 分布表

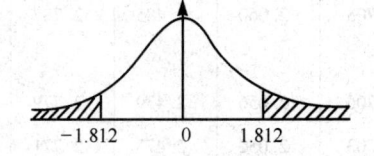

例：$df = 10$ 自由度
$P(t > 1.812) = 0.05$
$P(t < -1.812) = 0.05$

df \ α	0.25	0.20	0.15	0.10	0.05	0.025	0.01	0.005	0.0005
1	1.000	1.376	1.963	3.076	6.314	12.706	31.821	63.657	636.619
2	0.816	1.061	1.386	1.886	2.920	4.303	6.965	9.925	31.598
3	0.765	0.978	1.250	1.638	2.353	3.182	4.541	5.841	12.941
4	0.741	0.941	1.190	1.533	2.132	2.776	3.747	4.604	8.610
5	0.727	0.920	1.156	1.476	2.015	2.571	3.365	4.032	6.859
6	0.718	0.906	1.134	1.440	1.943	2.447	3.143	3.707	5.959
7	0.711	0.896	1.119	1.415	1.895	2.365	2.998	3.499	5.405
8	0.706	0.889	1.108	1.397	1.860	2.306	2.896	3.355	5.041
9	0.703	0.883	1.100	1.383	1.833	2.262	2.821	3.250	4.781
10	0.700	0.879	1.093	1.372	1.812	2.228	2.764	3.169	4.587
11	0.697	0.876	1.088	1.363	1.796	2.201	2.718	3.106	4.437
12	0.695	0.873	1.083	1.356	1.782	2.179	2.681	3.055	4.318
13	0.694	0.870	1.079	1.350	1.771	2.160	2.650	3.012	4.221
14	0.692	0.868	1.076	1.345	1.761	2.145	2.624	2.977	4.140
15	0.691	0.866	1.074	1.341	1.753	2.131	2.602	2.947	4.073
16	0.690	0.865	1.071	1.337	1.746	2.120	2.583	2.921	4.015
17	0.689	0.863	1.069	1.333	1.740	2.110	2.567	2.898	3.965
18	0.688	0.862	1.067	1.330	1.734	2.101	2.552	2.878	3.922
19	0.688	0.861	1.066	1.328	1.729	2.093	2.539	2.861	3.883
20	0.687	0.860	1.064	1.325	1.725	2.086	2.528	2.845	3.850
21	0.686	0.859	1.063	1.323	1.721	2.080	2.518	2.831	3.819
22	0.686	0.858	1.061	1.321	1.717	2.074	2.508	2.819	3.792
23	0.685	0.858	1.060	1.319	1.714	2.069	2.500	2.807	3.767
24	0.685	0.857	1.059	1.318	1.711	2.064	2.492	2.797	3.745

续表

α \ df	0.25	0.20	0.15	0.10	0.05	0.025	0.01	0.005	0.0005
25	0.684	0.856	1.058	1.316	1.708	2.060	2.485	2.787	3.725
26	0.684	0.856	1.058	1.315	1.706	2.056	2.479	2.779	3.707
27	0.684	0.855	1.057	1.314	1.703	2.052	2.473	2.771	3.690
28	0.683	0.855	1.056	1.313	1.701	2.048	2.467	2.763	3.674
29	0.683	0.854	1.055	1.311	1.699	2.045	2.462	2.756	3.659
30	0.683	0.854	1.055	1.310	1.697	2.042	2.457	2.750	3.646
40	0.681	0.851	1.050	1.303	1.684	2.021	2.423	2.704	3.551
60	0.679	0.848	1.046	1.296	1.671	2.000	2.390	2.660	3.460
120	0.677	0.845	1.041	1.289	1.658	1.980	2.358	2.617	3.373
∞	0.674	0.842	1.036	1.282	1.645	1.960	2.326	4.576	3.291

附表2 F 分布表

$F_{0.01}(df_1, df_2)$ 的值

df_2 \ df_1	1	2	3	4	5	6	7	8	9
1	4 052	4 999.5	5 403	5 625	5 764	5 859	5 928	5 982	6 022
2	98.49	99.00	99.17	99.25	99.30	99.33	99.34	99.37	99.39
3	34.12	30.82	29.46	28.71	28.24	27.91	27.67	27.49	27.36
4	21.20	18.00	16.69	15.98	15.52	15.21	14.98	14.80	14.66
5	16.26	13.27	12.06	11.39	10.97	10.67	10.45	10.28	10.16
6	13.74	10.92	9.78	9.15	8.75	8.47	8.26	8.10	7.98
7	12.25	9.55	8.45	7.85	7.46	7.19	6.99	6.84	6.72
8	11.26	8.65	7.59	7.01	6.63	6.37	6.18	6.03	5.91
9	10.56	8.02	6.99	6.42	6.06	5.80	5.61	5.47	5.35
10	10.04	7.56	6.55	5.99	5.64	5.39	5.20	5.06	4.94
11	9.65	7.21	6.22	5.67	5.32	5.07	4.89	4.74	4.63
12	9.33	6.93	5.95	5.41	5.06	4.82	4.64	4.50	4.39
13	9.07	6.70	5.74	5.21	4.86	4.62	4.44	4.30	4.19
14	8.86	6.51	5.56	5.04	4.69	4.46	4.28	4.14	4.03
15	8.68	6.36	5.42	4.89	4.56	4.32	4.14	4.00	3.89
16	8.53	6.23	5.29	4.77	4.44	4.20	4.03	3.89	3.78
17	8.40	6.11	5.18	4.67	4.34	4.10	3.93	3.79	3.68
18	8.29	6.01	5.09	4.58	4.25	4.01	3.84	3.71	3.60
19	8.18	5.93	5.01	4.50	4.17	3.94	3.77	3.63	3.52
20	8.10	5.85	4.94	4.43	4.10	3.87	3.70	3.56	3.46
21	8.02	5.78	4.87	4.37	4.04	3.81	3.64	3.51	3.40
22	7.95	5.72	4.82	4.31	3.99	3.76	3.59	3.45	3.25
23	7.88	5.66	4.76	4.26	3.94	3.71	3.54	3.41	3.30
24	7.82	5.61	4.72	4.22	3.90	3.67	3.50	3.36	3.26
25	7.77	5.57	4.68	4.18	3.85	3.63	3.46	3.32	3.22
26	7.72	5.53	4.64	4.14	3.82	3.59	3.42	3.29	3.18
27	7.68	5.49	4.60	4.11	3.78	3.56	3.39	3.26	3.15
28	7.64	5.45	4.57	4.07	3.75	3.53	3.36	3.23	3.12
29	7.60	5.42	4.54	4.04	3.73	3.50	3.33	3.20	3.09
30	7.56	5.39	4.51	4.02	3.70	3.47	3.30	3.17	3.07
40	7.31	5.18	4.31	3.83	3.61	3.29	3.12	2.99	2.89
60	7.03	4.98	4.13	3.65	3.34	3.12	2.95	2.82	2.72
120	6.85	4.79	3.95	3.48	3.17	2.96	2.79	2.65	2.56
∞	6.63	4.61	3.78	3.32	3.02	2.80	2.64	2.51	2.41

续表

df_1 df_2	10	12	15	20	24	30	40	50	120	∞
1	6 056	6 166	6 157	6 209	6 235	6 261	6 287	6 313	6 339	6 366
2	99.40	99.42	99.43	99.45	99.46	99.47	99.47	99.48	99.49	99.50
3	27.23	27.05	26.87	26.69	26.60	26.50	26.41	26.32	26.22	26.13
4	14.55	14.37	14.20	14.02	13.93	13.84	13.75	13.65	13.55	13.46
5	10.05	9.89	9.72	9.55	9.47	9.38	9.25	9.02	9.11	9.02
6	7.87	7.72	7.56	7.40	7.31	7.23	7.14	7.06	6.97	6.88
7	6.62	6.47	6.31	6.16	6.07	5.99	5.91	5.82	5.74	5.65
8	5.81	5.67	5.52	5.36	5.28	5.20	5.12	5.03	4.95	4.86
9	5.26	5.11	4.96	4.81	4.73	4.65	4.57	4.48	4.40	4.31
10	4.85	4.71	4.56	4.41	4.33	4.25	4.17	4.08	4.00	3.91
11	4.54	4.40	4.25	4.10	4.02	3.94	3.86	3.78	3.69	3.60
12	4.30	4.16	4.01	3.86	3.78	3.70	3.62	3.54	3.45	3.36
13	4.10	3.96	3.82	3.66	3.59	3.51	3.43	3.34	3.25	3.17
14	3.94	3.80	3.66	3.51	3.43	3.35	3.27	3.18	3.09	3.00
15	3.80	3.67	3.52	3.37	3.29	3.21	3.13	3.05	2.95	2.87
16	3.69	3.55	3.41	3.26	3.18	3.10	3.02	2.93	2.84	2.75
17	3.59	3.46	3.31	3.16	3.03	3.00	2.92	2.83	2.75	2.65
18	3.51	3.37	3.23	3.08	3.00	2.92	2.84	2.75	2.66	2.57
19	3.43	3.30	3.15	3.00	2.92	2.84	2.76	2.67	2.58	2.49
20	3.37	3.23	3.09	2.94	2.86	2.78	2.69	2.61	2.52	2.42
21	3.31	3.17	3.03	2.88	2.80	2.72	2.34	2.55	2.45	2.36
22	3.26	3.12	2.98	2.83	2.75	2.67	2.58	2.50	2.40	2.31
23	3.21	3.07	2.93	2.78	2.70	2.62	2.54	2.45	2.35	2.28
24	3.17	3.03	2.89	2.74	2.66	2.58	2.49	2.40	2.31	2.21
25	3.13	2.99	2.85	2.70	2.62	2.54	2.45	2.36	2.27	2.17
26	3.09	2.96	2.81	2.66	2.58	2.50	2.42	2.33	2.23	2.18
27	3.06	2.93	2.78	2.63	2.55	2.47	2.38	2.29	2.20	2.10
28	3.03	2.90	2.75	2.60	2.52	2.44	2.35	2.26	2.17	2.06
29	3.00	2.87	2.73	2.57	2.49	2.41	2.33	2.23	2.14	2.03
30	2.98	2.84	2.70	2.55	2.47	3.89	2.30	2.21	2.11	2.01
40	2.80	2.66	2.52	2.37	2.29	2.20	2.11	2.02	1.92	1.80
60	2.65	2.50	2.35	2.29	2.12	2.03	1.94	1.84	1.73	1.60
120	2.47	2.34	2.19	2.03	1.95	1.86	1.76	1.66	1.53	1.38
∞	2.32	2.18	2.04	1.88	1.79	1.70	1.59	1.47	1.32	1.00

$F_{0.05}(df_1, df_2)$ 的值

df_2 \ df_1	1	2	3	4	5	6	7	8	9
1	161.4	199.5	215.7	224.8	230.2	234.0	236.8	238.9	240.5
2	18.51	19.00	19.16	19.25	19.30	19.33	19.35	19.37	19.36
3	10.13	9.55	9.28	9.12	9.01	8.94	8.89	8.85	8.81
4	7.71	6.94	9.56	6.39	6.26	6.16	6.09	6.04	6.00
5	6.61	5.79	5.41	5.19	5.65	4.95	4.88	4.82	4.77
6	5.99	5.14	4.76	4.53	4.39	4.23	4.21	4.15	4.10
7	5.59	4.74	4.35	4.12	3.97	3.87	3.79	3.73	3.68
8	5.32	4.46	4.07	3.84	3.69	3.58	3.50	3.44	3.39
9	5.12	4.26	3.86	3.63	3.48	3.37	3.29	3.23	3.18
10	4.96	4.10	3.71	3.48	3.33	3.22	3.14	3.07	3.02
11	4.84	3.98	3.59	3.36	3.20	3.07	3.01	2.95	2.90
12	4.75	3.89	3.49	3.26	3.11	3.00	2.91	2.85	2.80
13	4.67	3.81	3.41	3.18	3.03	2.52	2.83	2.77	2.71
14	4.60	3.74	3.34	3.11	2.96	2.85	2.76	2.70	2.65
15	4.54	3.68	3.29	3.06	2.90	2.79	2.71	2.64	2.59
16	4.49	3.63	3.24	3.01	2.85	2.74	2.66	2.59	2.54
17	4.45	3.59	3.20	2.96	2.81	2.70	2.61	2.55	2.49
18	4.41	3.55	3.16	2.93	2.77	2.66	2.58	2.51	2.46
19	4.38	3.52	3.13	2.90	2.74	2.63	2.54	2.48	2.42
20	4.35	3.49	3.10	2.87	2.71	2.60	2.51	2.45	2.39
21	4.32	3.47	3.07	2.84	2.68	2.57	2.49	2.42	2.37
22	4.30	3.44	3.05	2.82	2.66	2.55	2.46	2.40	2.34
23	4.28	3.42	3.03	2.80	2.64	2.53	2.44	2.37	2.32
24	4.26	3.40	3.01	2.78	2.62	2.51	2.42	2.36	2.30
25	4.24	3.39	2.99	2.76	2.60	2.49	2.40	2.34	2.26
26	4.23	3.37	2.98	2.74	2.59	2.47	2.39	2.32	2.27
27	4.21	3.35	2.96	2.73	2.57	2.46	2.37	2.31	2.25
28	4.20	3.34	2.95	2.71	2.56	2.45	2.36	2.29	2.24
29	4.18	3.33	2.93	2.70	2.55	2.43	2.35	2.28	2.22
30	4.17	3.32	2.92	2.68	2.55	2.42	2.33	2.27	2.21
40	4.05	3.23	2.84	2.61	2.45	2.34	2.25	2.18	2.12
60	4.00	3.15	2.76	2.53	2.37	2.25	2.17	2.10	2.04
120	3.93	3.07	2.68	2.45	2.29	2.17	2.09	2.02	1.90
∞	3.84	3.00	2.60	2.37	2.21	2.10	2.01	1.94	1.86

续表

df_2 \ df_1	10	12	15	20	24	30	40	60	120	∞
1	241.9	243.9	245.9	248.0	249.1	250.1	251.1	252.2	253.3	254.3
2	19.40	19.41	19.43	19.485	19.45	19.46	19.47	19.48	19.49	19.58
3	8.79	8.74	8.70	8.66	8.64	8.62	8.59	8.57	8.55	8.53
4	5.06	5.91	5.86	5.80	5.71	5.75	5.72	5.69	5.66	5.63
5	4.74	4.68	4.62	4.56	4.53	4.50	4.46	4.43	4.40	4.36
6	4.66	4.00	3.94	3.87	3.84	3.81	3.77	3.74	3.70	3.67
7	3.64	3.57	3.51	3.44	3.41	3.38	3.34	3.30	3.27	3.23
8	3.35	3.28	3.22	3.15	3.12	2.03	3.04	3.01	2.97	2.93
9	3.14	3.07	3.01	2.94	2.90	2.86	2.82	2.79	2.75	2.71
10	2.98	2.91	2.85	2.77	2.74	2.70	2.65	2.62	2.53	2.54
11	2.85	2.79	2.72	2.65	2.61	2.57	2.53	2.49	2.45	2.40
12	2.75	2.69	2.62	2.54	2.51	2.47	2.43	2.33	2.34	2.30
13	2.67	2.60	2.53	2.46	2.42	2.38	2.34	2.30	2.25	2.21
14	2.60	2.53	2.46	2.39	2.35	2.31	2.27	2.22	2.18	2.13
15	2.54	2.48	2.40	2.33	2.29	2.25	2.20	2.18	2.11	2.07
16	2.49	2.42	2.35	2.28	2.24	1.19	2.15	2.11	2.06	2.01
17	2.45	2.38	2.31	2.23	2.19	2.15	2.10	2.06	2.01	1.96
18	2.41	2.34	2.27	2.19	2.15	2.11	2.06	2.02	1.97	1.92
19	2.33	2.31	2.23	2.16	2.11	2.07	2.03	1.96	1.93	1.88
20	2.35	2.28	2.20	2.12	2.08	2.04	1.99	1.95	1.90	1.84
21	2.32	2.25	2.18	2.10	2.05	2.01	1.96	1.92	1.87	1.81
22	2.30	2.23	2.15	2.07	2.03	1.98	1.94	1.89	1.84	1.78
23	2.27	2.20	2.13	2.05	2.01	1.96	1.91	1.88	1.81	1.76
24	2.25	2.18	2.11	2.03	1.98	1.94	1.89	1.84	1.79	1.73
25	2.24	2.16	2.09	2.01	1.96	1.92	1.87	1.82	1.77	1.71
26	2.22	2.15	2.07	1.99	1.95	1.90	1.85	1.80	1.76	1.69
27	2.20	2.13	2.06	1.97	1.93	1.88	1.84	1.79	1.73	1.67
28	1.19	2.12	2.04	1.96	1.91	1.87	1.82	1.77	1.71	1.65
29	2.18	2.10	2.03	1.94	1.90	1.85	1.81	1.75	1.70	1.64
30	2.16	2.09	2.01	1.93	1.89	1.84	1.79	1.74	1.68	1.62
40	2.06	2.00	1.92	1.84	1.79	1.74	1.60	1.64	1.58	1.51
60	1.99	1.92	1.84	1.75	1.70	1.65	1.59	1.53	1.47	1.50
120	1.91	1.83	1.75	1.66	1.61	1.55	1.50	1.43	1.35	1.25
∞	1.83	1.75	1.67	1.57	1.53	1.45	1.39	1.32	1.22	1.00

附表3 相关系数临界值表

df \ α	0.05	0.01	df \ α	0.05	0.01
1	0.997	1.000	21	0.413	0.526
2	0.950	0.990	22	0.404	0.515
3	0.878	0.959	23	0.396	0.505
4	0.811	0.917	24	0.388	0.496
5	0.754	0.874	25	0.381	0.487
6	0.707	0.834	26	0.374	0.478
7	0.666	0.798	27	0.367	0.470
8	0.632	0.765	28	0.361	0.463
9	0.602	0.735	29	0.355	0.456
10	0.576	0.708	30	0.349	0.449
11	0.553	0.684	35	0.325	0.418
12	0.532	0.661	40	0.304	0.393
13	0.514	0.641	45	0.288	0.372
14	0.497	0.623	50	0.273	0.354
15	0.482	0.606	60	0.250	0.325
16	0.468	0.590	70	0.232	0.302
17	0.456	0.575	80	0.217	0.283
18	0.444	0.561	90	0.205	0.267
19	0.433	0.549	100	0.195	0.254
20	0.423	0.537	200	0.138	0.181

附表4 D-W检验表

Durbin-Watson 检验临界值

5%

n	$k=1$ d_L	$k=1$ d_U	$k=2$ d_L	$k=2$ d_U	$k=3$ d_L	$k=3$ d_U	$k=4$ d_L	$k=4$ d_U	$k=5$ d_L	$k=5$ d_U
15	1.08	1.36	0.95	1.54	0.82	1.75	0.69	1.97	0.56	2.21
16	1.10	1.37	0.98	1.54	0.86	1.73	0.74	1.93	0.62	2.15
17	1.13	1.38	1.02	1.54	0.90	1.71	0.78	1.90	0.67	2.10
18	1.16	1.39	1.05	1.53	0.93	1.69	0.82	1.87	0.71	2.06
19	1.18	1.40	1.08	1.53	0.97	1.68	0.86	1.85	0.75	2.02
20	1.20	1.41	1.10	1.54	1.00	1.68	0.90	1.83	0.79	1.99
21	1.22	1.42	1.13	1.54	1.03	1.67	0.93	1.81	0.83	1.96
22	1.24	1.43	1.15	1.54	1.05	1.66	0.96	1.80	0.86	1.94
23	1.26	1.44	1.17	1.54	1.18	1.66	0.99	1.79	0.90	1.92
24	1.27	1.45	1.19	1.55	1.10	1.66	1.01	1.78	0.93	1.90
25	1.29	1.45	1.21	1.55	1.12	1.66	1.04	1.77	0.95	1.89
26	1.30	1.46	1.22	1.55	1.14	1.65	1.06	1.76	0.98	1.88
27	1.32	1.47	1.24	1.56	1.16	1.65	1.08	1.76	1.01	1.86
28	1.33	1.48	1.26	1.56	1.28	1.65	1.10	1.75	1.03	1.85
29	1.34	1.48	1.27	1.56	1.20	1.65	1.12	1.74	1.05	1.84
30	1.35	1.49	1.28	1.57	1.21	1.65	1.14	1.74	1.07	1.83
31	1.36	1.50	1.30	1.57	1.23	1.65	1.16	1.74	1.09	1.83
32	1.37	1.50	1.31	1.57	1.24	1.65	1.18	1.73	1.11	1.82
33	1.38	1.51	1.32	1.58	1.26	1.65	1.19	1.73	1.13	1.81
34	1.39	1.51	1.33	1.58	1.27	1.65	1.21	1.73	1.15	1.81
35	1.40	1.52	1.34	1.58	1.28	1.65	1.22	1.73	1.16	1.80
36	1.41	1.52	1.35	1.59	1.29	1.65	1.24	1.73	1.18	1.80
37	1.42	1.53	1.36	1.59	1.31	1.66	1.25	1.72	1.19	1.80
38	1.43	1.54	1.37	1.59	1.32	1.66	1.26	1.72	1.21	1.79
39	1.43	1.54	1.38	1.60	1.33	1.66	1.27	1.72	1.22	1.79
40	1.44	1.54	1.39	1.60	1.34	1.66	1.29	1.72	1.23	1.79
45	1.48	1.57	1.43	1.62	1.38	1.67	1.34	1.72	1.29	1.78
50	1.50	1.59	1.46	1.63	1.42	1.67	1.38	1.72	1.34	1.77
55	1.53	1.60	1.49	1.64	1.45	1.68	1.41	1.72	1.38	1.77
60	1.55	1.62	1.51	1.65	1.48	1.69	1.44	1.73	1.41	1.77
65	1.57	1.63	1.54	1.66	1.50	1.70	1.47	1.73	1.44	1.77

续表

n	k=1 d_L	k=1 d_U	k=2 d_L	k=2 d_U	k=3 d_L	k=3 d_U	k=4 d_L	k=4 d_U	k=5 d_L	k=5 d_U
70	1.58	1.64	1.55	1.67	1.52	1.70	1.49	1.74	1.46	1.77
75	1.60	1.65	1.57	1.68	1.54	1.71	1.51	1.74	1.49	1.77
80	1.61	1.66	1.59	1.69	1.56	1.72	1.53	1.74	1.51	1.77
85	1.62	1.67	1.60	1.70	1.57	1.72	1.55	1.75	1.52	1.77
90	1.63	1.68	1.61	1.70	1.58	1.73	1.57	1.75	1.54	1.78
95	1.64	1.69	1.62	1.71	1.60	1.73	1.58	1.75	1.50	1.78
100	1.65	1.69	1.63	1.72	1.61	1.74	1.59	1.76	1.57	1.78

2.5%

续表

n	k=1 d_L	k=1 d_U	k=2 d_L	k=2 d_U	k=3 d_L	k=3 d_U	k=4 d_L	k=4 d_U	k=5 d_L	k=5 d_U
15	0.95	1.23	0.83	1.40	0.72	1.61	0.59	1.84	0.48	2.09
16	0.98	1.24	0.86	1.40	0.75	1.59	0.64	1.80	0.53	2.03
17	1.01	1.25	0.90	1.40	0.79	1.58	0.68	1.77	0.57	1.98
18	1.03	1.26	0.93	1.40	0.82	1.56	0.72	1.74	0.62	1.93
19	1.06	1.28	0.96	1.41	0.86	1.55	0.76	1.72	0.66	1.90
20	1.08	1.28	0.99	1.41	0.89	1.55	0.79	1.70	0.70	1.87
21	1.10	1.30	1.01	1.41	0.92	1.54	0.83	1.69	0.73	1.84
22	1.12	1.31	1.04	1.42	0.95	1.54	0.86	1.68	0.77	1.82
23	1.14	1.32	1.06	1.42	0.97	1.54	0.89	1.67	0.80	1.80
24	1.16	1.33	1.08	1.43	1.00	1.54	0.91	1.66	0.83	1.79
25	1.18	1.34	1.10	1.43	1.02	1.54	0.94	1.65	0.86	1.77
26	1.19	1.35	1.12	1.44	1.04	1.54	0.96	1.65	0.88	1.76
27	1.21	1.36	1.13	1.44	1.06	1.54	0.99	1.64	0.91	1.75
28	1.22	1.37	1.15	1.45	1.08	1.54	1.01	1.64	0.93	1.74
29	1.24	1.38	1.17	1.45	1.10	1.54	1.03	1.63	0.96	1.73
30	1.25	1.38	1.18	1.46	1.12	1.54	1.05	1.63	0.98	1.73
31	1.26	1.39	1.20	1.47	1.13	1.55	1.07	1.63	1.00	1.72
32	1.27	1.40	1.21	1.47	1.15	1.55	1.08	1.63	1.02	1.71
33	1.28	1.41	1.22	1.48	1.16	1.55	1.10	1.63	1.04	1.71
34	1.29	1.41	1.24	1.48	1.17	1.55	1.12	1.63	1.06	1.70
35	1.30	1.42	1.25	1.48	1.19	1.55	1.13	1.63	1.07	1.70
36	1.31	1.43	1.26	1.49	1.20	1.56	1.15	1.63	1.09	1.70

续表

n	k=1 d_L	k=1 d_U	k=2 d_L	k=2 d_U	k=3 d_L	k=3 d_U	k=4 d_L	k=4 d_U	k=5 d_L	k=5 d_U
37	1.32	1.43	1.27	1.49	1.21	1.56	1.16	1.62	1.10	1.70
38	1.33	1.44	1.28	1.50	1.23	1.56	1.17	1.62	1.12	1.70
39	1.34	1.44	1.29	1.50	1.24	1.56	1.19	1.63	1.13	1.69
40	1.35	1.45	1.30	1.51	1.25	1.57	1.20	1.63	1.15	1.69
45	1.39	1.48	1.34	1.53	1.30	1.58	1.25	1.63	1.21	1.69
50	1.42	1.50	1.38	1.54	1.34	1.59	1.30	1.64	1.26	1.69
55	1.45	1.52	1.41	1.56	1.37	1.60	1.33	1.64	1.30	1.69
60	1.47	1.54	1.44	1.57	1.40	1.61	1.37	1.65	1.33	1.69
65	1.49	1.55	1.46	1.59	1.43	1.62	1.40	1.66	1.36	1.69
70	1.51	1.57	1.48	1.60	1.45	1.63	1.42	1.66	1.39	1.70
75	1.53	1.58	1.50	1.61	1.47	1.64	1.45	1.67	1.42	1.70
80	1.54	1.59	1.52	1.62	1.49	1.65	1.47	1.67	1.44	1.70
85	1.56	1.60	1.53	1.63	1.51	1.65	1.49	1.68	1.46	1.71
90	1.57	1.61	1.55	1.64	1.53	1.66	1.50	1.69	1.48	1.71
95	1.58	1.62	1.56	1.65	1.54	1.66	1.52	1.69	1.50	1.71
100	1.59	1.62	1.57	1.65	1.55	1.67	1.53	1.70	1.51	1.72

注：n 是观测值的数目；k 是回归方程中解释变量的数目。

参 考 文 献

[1]陈江,马立平.预测与决策概论[M].4版.北京:首都经济贸易大学出版社,2018.
[2]王文举,陈江.经济预测、决策与对策[M].2版.北京:首都经济贸易大学出版社,2013.
[3]暴奉贤,陈宏立.经济预测与决策方法[M].广州:暨南大学出版社,2008.
[4]冯文权,傅征.经济预测与决策技术[M].6版.武汉:武汉大学出版社,2018.
[5]易丹辉.经济预测与决策[M].北京:中国人民大学出版社,2018.
[6]徐国祥.统计预测与决策[M].5版.上海:上海财经大学出版社,2016.
[7]刘思峰,菅利荣,米传民.管理预测与决策方法[M].3版.北京:高等教育出版社,2017.
[8]李子奈,潘文卿.计量经济学[M].4版.北京:高等教育出版社,2015.
[9]李华,胡奇英.预测与决策[M].2版.西安:西安电子科技大学出版社,2019.
[10]朱建平,靳刘蕊.经济预测与决策[M].厦门:厦门大学出版社,2012.
[11]赵国庆.计量经济学[M].4版.北京:中国人民大学出版社,2012.
[12]宁宣熙,刘思峰.管理预测与决策方法.2版.北京:科学出版社,2009.
[13]苗敬毅,张玲.管理预测技术与方法[M].北京:清华大学出版社,2014.
[14]洪灏.预测:经济、周期与市场泡沫[M].北京:中信出版集团,2020.
[15]张晓峒.计量经济学基础[M].4版.天津:南开大学出版社,2014.
[16]郭立夫,郭文强,李北伟.决策理论与方法[M].2版.北京:高等教育出版社,2015.
[17]王书平.组合预测模型及其应用[M].北京:知识产权出版社,2019.
[18]董承章.投入产出分析[M].北京:中国财政经济出版社,2000.
[19]刘起运,陈璋,苏汝劼.投入产出分析[M].2版.北京:中国人民大学出版社,2011.
[20]唐小毅,吴靖,杨钰琳.Excel在经济管理中的应用[M].2版.北京:中国人民大学出版社,2013.
[21]夏丽华.SPSS数据统计与分析[M].北京:清华大学出版社,2014.
[22]张文彤,董伟.SPSS统计分析高级教程[M].3版.北京:高等教育出版社,2018.
[23]弗朗西斯·X.迪博尔德.经济预测[M].2版.张涛译.北京:中信出版社,2003.
[24]约翰·E.汉克,迪恩·W.威切恩.商业预测[M].8版.胡晓凤译.北京:清华大学出版社,2006.